中国社会科学院老年学者文库

中国社会科学院老年学者文库

先秦时期
国家机关的演进

俞鹿年/著

社会科学文献出版社
SOCIAL SCIENCES ACADEMIC PRESS (CHINA)

前　言

自公元 2009 年以来，笔者在中国社会科学院老年科研基金的资助下，陆续完成了下列三个课题：（一）中国国家机关发展简史；（二）中国文明的起源及其向国家的过渡；（三）《周礼》一书的基本内容及其对后世国家机关设置的影响。上述三个课题在几年前俱已完成，整理研究成果时，鉴于学者们对先秦国家形态的发展，意见颇不一致，故集结的内容以关于先秦时期的国家形态及其职官设置为主，定书名为《先秦时期国家机关的演进》，作为一家之言，以求教于专家和读者。

什么是国家？按照马克思主义的观点，它是凌驾于社会之上的公共权力。它的产生建立在阶级分化的基础之上，只有到了两个阶级的矛盾不可调和时，国家才应运而生。国家作为公共权力，从本质上看，无非一个阶级压迫另一个阶级的机器。也就是说，作为公共权力机关的军队、警察、官僚机构、法庭、监狱、法律制度，都是掌握在统治阶级手中，作为控制被压迫阶级使之服从的工具。但从功能上看，国家又是一个阶级矛盾的调节器，为了维护统治阶级的根本利益，也要在统治阶级与被统治阶级之间充当调停人，使两个对立的阶级不致两败俱伤，在维持一定秩序的各种措施方面，国家同样要起到控制公民使之服从的作用。公民在古代就是指包括统治阶级在内的全体有自由民资格的社会成员。国家的存在是与文明社会（即阶级存在的社会）相始终的，所以一个社会是否进入了文明时代，可以是否产生国家来衡量，文明的起源也就是国家的起源。

马克思主义认为，国家的形成必须同时满足两个条件：一个是"按地区划分国民"，一个是公共权力的设立。公共权力的设立，在氏族社会中就有了，但是达到了这个标准不一定就是国家，还必须满足另一个条件，即"按地区划分国民"，不同时具备这两个条件的，只是一些氏族和部落的共同体。若干年来，国内一些学者对恩格斯"按地区划分国民"这个国家形成的必要标准之一不大理会，他们在著作中仍把原始社会中有行政管理机构的组织看成国家，把"部落社会"称为"部落国家""古国"，把酋邦社会称为"方国"之类，有的学者甚至提出"恩格斯……的国家形成的两个标准，应修正为一是阶级、阶层的存在，二是强制性权力系统的设立"①。这样一来，虽然可以把中国文明起源的时间往前推，但严格来说不符合国家形成的标准，对于是否形成国家的判定，有很大的随意性。另有一些学者，对恩格斯的"按地区划分国民"的标准作了变通性的解释，如："国家产生的标准，主要体现在地域组织及公共权力的建立这两个方面，这在原则上是不错的。首先，国家已经不是原来那种单一的血缘组织，它的居民是按地区行政单位编制的，但是……所谓'地域组织'，对于一些早期国家来说，似应给予某种变通的解释，因为这些国家在相当长一段时间依然保留着各种形式的血缘组织。鉴于这些血缘组织相互之间不一定具有血缘关系，因而可以将这些散布在各个地方且对中央政府保有某种隶属关系的血缘组织看做是早期国家的基层行政单位。也就是说，所谓早期国家乃是由各个具有独自的血缘谱系的氏族团体组成的……这里所说的存在于早期国家内部且构成早期国家基本行政单位的这些氏族团体，就是酋邦……它与一般国家的区别，首先在于它是一个血缘组织，而国家则是一种地域组织；它与早期国家的区别，则在于它仅仅是一个由单一的继嗣群构成的血缘团体，而早期国家是由多个这样的团体，也就是由多个酋邦组成的政治组织。"② 上述观点，符合早期国家的理论，已为国内多数学者所接受。

本书试图以研究中国早期国家的问题为切入点，对于中国早期国家的产生、转型直至成为领土国家（即单一制国家）的过程加以考察，使读者更清晰地了解先秦时期国家机关发展的轨迹。

书中各章内容的安排如下。

---

① 王震中：《文明与国家——东夷民族的文明起源》，《中国史研究》1990 年第 3 期。
② 沈长云、张渭莲：《中国古代国家起源与形成研究》，人民出版社，2009，第 106～107 页。

关于"中国古代王权与国家的起源"的内容，列为第一章。该章以马克思主义关于国家起源的经典理论为指导，吸收当代人类学家和国内外学者对于文明与国家起源的研究成果，采用历史学与考古学相结合的方法，以聚落考古的研究成果为基础，结合历史文献和古代传说，对史前时期从文明起源和国家的形成角度作一概括性的考察。

关于"夏商西周时期中国早期国家的形态"的内容，列为第二章。中国早期国家的初期、发展时期和典型时期分别是夏、商和西周时期，三代生产力的发展水平制约了早期国家发展的形态：（一）早期国家所处时代的生产力水平，决定了血缘关系的普遍存在；（二）从家族奴隶制到宗族奴隶制是中国早期国家的奴隶制形态；（三）氏族机构发展为国家机关——宗统与君统合一；（四）政权的组织形式是分封制，权力的结构是复合制；（五）与分封制相联系的还有畿服制度；（六）贵族专制政体中还有原始民主的遗存，其表现形式为国君的副贰制、朝议制与国人参政制。本章就是从上述六个特征来立论的。

春秋时期国家机关的转型与战国时期分国领土国家的建立，都各自有其社会的推动力量，这些社会推动力量约有下列数端：（一）兼并——政治上的"聚变"现象，对于公共权力中心扩大统治区域起着促进作用；（二）国野区分的泯灭，为"按地区划分国民"提供了阶级基础；（三）生产力的发展，为"按地区划分国民"提供了经济基础；（四）官僚制度的发展，促进了领土国家的产生。本书第三章"春秋时期由早期国家向领土国家的转型"、第四章"战国时期以官僚制度为特征的分国领土国家的建立"，就是根据这几种社会力量的发展来立论。

研究先秦国家机关，不能抛开《周礼》。本书的第五章就是"《周礼》所蕴含的先秦官制及其对后世国家机关设置的影响"。过去有些学者认为《周礼》是西周官制的实录，是周公制礼作乐的基本内容，甚至认为《周礼》是我国第一部行政法典。但是根据西周时期生产力的发展水平，国家机关的设置不可能如此细密。顾颉刚先生认为它是战国时期的学者，很可能就是齐国稷下学派对于大一统以后国家机关设置所设计的一个蓝图，其中寄托着作者对理想国的期待。作者设计的大一统以后的国家机关仍是一个分封制国家，以王为中心，突出王权，国家机关的构成形式采取六官制度。书中收录了不少西周和春秋时期，特别是春秋时期实际设置过的官职，对战国时期的政治思想也有所反映。对于《周礼》，可以有以下几点概括的认识：（一）《周礼》一书对于财政和商业管理方面的职官的记载，远比春秋早中期实际存在的职官要多，它所反映的是春秋晚期至战国初期的情况；（二）《周礼》一书以天地四时分称六官，是受到战国时期阴阳五行学说的影响，而军队的编制与居民组织互相对应、密切结合，其所依据的是《管子》学说中的"作内政以寄军令"的原则；（三）战国时期在官僚体制下新设的职官之外所设的司徒、司马、司空、司寇、太傅、师、右师、左师、太宰、行人、封人、廪人、工师、乐人、太史、太卜、筮史、太子师、太子傅、庶子等沿袭春秋时期的官，与《周礼》中的职官同出一源，可以看作《周礼》对于战国官制的反映；（四）《周礼》构拟的职官体系，是维护各级封君的利益的，政权的组织形式以分封制和国野制的政治设计为特征，与战国时期新兴的官僚制度背道而驰，不能代表社会的进步力量，所以秦统一六国之后，采取的政府组织形式是区分中央与地方的单一制国家，中央机关实行三公九卿制，地方政权实行的是郡县制，而没有实行《周礼》所设计的那一套职官制度。《周礼》作为一种理想国的设计蓝图，虽然未能为秦代实际采用，但是它寄托了作者不少的政治理想，汇集了不少的治国经验，对后世有不少借鉴作用。总体来看，《周礼》仍是一部研究先秦政治制度和先秦政治思想史不可或缺的参考书。

拙作的立论和史料引用，恐有不当之处，敬请专家和读者不吝指正。

俞鹿年

公元 2018 年 10 月 21 日于北京

目　录
CONTENTS

第一章　中国古代王权与国家的起源

本章以马克思主义关于国家起源的经典理论为指导，吸收当代人类学和国内外学者对于国家起源的研究成果，采用历史学与考古学相整合的方法，以聚落考古学的研究成果为基础，结合历史文献和古代传说，对史前时期从文明起源到国家形成作一概括性的考察。

第一节　马克思主义关于国家起源的理论与当代学者对国家起源研究的贡献

一　马克思主义关于国家起源的经典理论

（一）关于国家的概念

关于国家的概念，马克思主义是从揭示国家存在的实质的角度来阐述的，恩格斯说：

> 国家是社会在一定发展阶段上的产物；国家是承认：这个社会陷入了不可解决的自我矛盾，分裂为不可调和的对立面而又无力摆脱这些对立面。而为了使这些对立面，这些经济利益互相冲突的阶级，不致在无谓的斗争中把自己和社会消灭，就需要有一种表面上凌驾于社会之上的力量，这种力量应当缓和冲突，把冲突保持在"秩序"的范围以内；这种从社会中产生但又自居于社会之上并且日益同社会相异

化的力量，就是国家。①

上面这段话包括下述几层意思。

第一，国家是一种政治范畴，只存在于阶级社会中，其存在与阶级社会相始终。按照《政治经济学辞典》的说法，国家"是在社会生产力发展到一定阶段，出现了剥削阶级和被剥削阶级的对抗的时候和地方才产生的。在原始社会，生产力水平极其低下，直接生产者整天地劳动只够糊口，没有剩余产品，因而不可能有剥削阶级，也不可能有国家。……与人类历史上三种基本剥削形式相适应，有三种基本类型的剥削阶级国家：奴隶主国家、封建主国家和资产阶级国家。……国家将随着阶级的消灭而逐步消亡"②。

第二，国家产生需要阶级分化这个社会基础。我国第一个早期国家——夏王朝产生的阶级基础是氏族社会的分化发展及父权家族奴隶制的出现与形成。田昌五在《古代社会形态析论》一书中指出：

> 原始社会的结构是血缘组织，其发达形态为氏族制度。氏族结构是怎样演变出阶级关系的，这是打开文明社会起源问题的关键。

> 从现在已知的民族资料和考古资料来看，氏族发展到一定程度，就要分解为母系大家族。母系大家族由于经济的原因转变为父系大家族，阶级就随之产生了。人类历史上最初的阶级结构，是以父权大家族的面貌出现的。所以，父权大家族的出现就预示着文明社会的到来。马克思在《摩尔根〈古代社会〉一书摘要》中称这种家族为父权家族，其特点一是父权，二是把非自由人包括在内。……

> 这种父权家族代表着一种新的社会机体，即奴隶制。奴隶是从收养子的习惯蜕变而来的，所以他们最初包括在父权制家族中。他们在家族中既是主人的财产，又是主人的妻妾和子女。因此，奴隶制在开始出现时并没有脱离出家族关系，而是在家族内部产生的。反之，也

---

① 《马克思恩格斯全集》第二十八卷，人民出版社，2018，第198～199页。
② 许涤新主编《政治经济学辞典》上册，人民出版社，1980，第125页。

可以说，有了奴隶制，才出现了父权家族。……这种带有家族关系的奴隶制并不是什么家内奴隶制。后者是恩格斯在《〈反杜林论〉的准备材料》中提到的，从他举"内宅的女奴"为例来看，指的显然是非生产奴隶。而父权制家族是从事生产的组织，既耕种土地，又繁殖家畜，还要生产商品。所以，这种奴隶制不能称为家奴制。如果要给它一个奴隶制的名称，最好称之为父权家族奴隶制。①

中国父权家庭奴隶制萌芽于铜石并用时期之初，即传说中的黄帝时代，形成于铜石并用时期之末，即龙山文化之末的夏王朝建立之前。整个铜石并用时期就是我国父权家族奴隶制的形成期。父权家族奴隶制的形成，就是我国第一个国家——夏王朝产生的阶级基础。

第三，国家是凌驾于社会之上的公共权力。此种公共权力可以从两个角度来理解。从阶级压迫的实质看，"实际上，国家无非是一个阶级镇压另一个阶级的机器"②。也就是说，作为"公共权力"的军队、警察、官僚机构、法庭、监狱、法律制度等，它们都是掌握在统治阶级手中，作为控制被压迫阶级使之服从的工具。但从作为阶级矛盾调节器这一角度看，为了维护统治阶级的根本利益，这种剥削性质的社会和剥削阶级不致被推翻，公共权力也包含着为了控制被压迫阶级使之符合统治阶级所需要的社会秩序和剥削制度而采取的另外一些缓和被压迫阶级反抗的手段，在许多情况下，国家甚至要在统治者与被统治者之间充当表面上的调停人，去调解他们之间的矛盾和冲突。③ 也就是说，在维持一定"秩序"的各种措施方面，国家同时也要起到"控制公民使之服从"④ 的作用，而"公民"在古代就是指包括统治阶级在内的全体有自由民资格的社会成员。

（二）国家形成的标志

恩格斯在《家庭、私有制和国家的起源》中说：

---

① 田昌五：《古代社会形态析论》，学林出版社，1986，第184～185页。
② 恩格斯在为马克思的《法兰西内战》单行本所写的导言中对国家这一概念所作的概括性表述。见《马克思恩格斯选集》第三卷，人民出版社，2012，第55页。
③ 《马克思恩格斯选集》第四卷，人民出版社，2012，第168页。
④ 《马克思恩格斯选集》第四卷，人民出版社，2012，第187页。

国家和旧的氏族组织不同的地方，第一点就是它按地区来划分它的国民……第二个不同点，是公共权力的设立。①

这就是马克思主义用来衡量国家是否形成的两个必要条件，被称作国家形成的标志，是马克思主义国家理论的重要组成部分。

近年来，国内一些学者看到恩格斯关于国家形成的两个标志对一些古老的民族有一定的局限性，有的学者就提出对恩格斯主张的标志进行修正。如：

> 值得指出的是，恩格斯在《家庭、私有制和国家的起源》中所提出的国家形成的两个标志——按地区划分它的国民及凌驾于社会之上的公共权力的设立，其中按地区来划分它的国民，对于古希腊罗马来说也许是适用的，而对于其他更为古老的许多文明民族则有一定的局限性，笔者认为国家形成的标志应修正为：一是阶级或阶层的存在；二是强制性的权力系统的设立。②

论者在另一本书中解释说：

> 阶级、阶层或等级之类的出现是国家得以成立的社会基础，凌驾于全社会之上的强制性的公共权力系统的设立则是国家的职能，是国家机器的本质特征，尽管在国家形成途径的解释上有管理论、内部冲突论、外部冲突论、融合论等多种理论观点的不同，但作为国家形成的标志，都有阶级或阶层、等级之类社会分化的存在，都有某种形式的强制性的权力系统形成途径和存在形式的差异，并不影响将国家的出现作为进入文明的标志。③

---

① 《马克思恩格斯选集》第四卷，人民出版社，2012，第187页。
② 王震中：《文明与国家——东夷民族的文明起源》，《中国史研究》1990年第3期。
③ 王震中：《中国文明起源的比较研究》，陕西人民出版社，1994，第3页。

这段话从理论层面上看，似有不妥。首先，王震中自己也认为："阶级阶层或等级之类的出现是国家得以成立的社会基础。"恩格斯的意思是只有阶级和阶层的存在并不是国家产生的标志，仅仅是公共权力产生的社会基础，所以，阶级的存在和公共权力的设置不能作为并列的两个标志。这样一修正，实际上就变成只有公共权力的存在一个标志了。按照这样的标志来衡量，就容易把原始社会中有行政管理机构的组织看成国家，如把部落社会称作"部落国家""古国"，把酋邦社会称作"方国"之类。这样一来，虽然可以把中国古代文明成熟的时间往前推，但严格来说不符合国家形成的标志，对是否形成国家的认定，有很大的随意性。

另有一些学者对恩格斯的"按地区来划分它的国民"的标志，作了变通性的解释，如：

国家产生的标准，主要体现在地域组织及公共权力的建立这两个方面，这在原则上是不错的。首先，国家已经不是原来那种单一的血缘组织，它的居民是按地区行政单位编制的。但是……所谓"地域组织"，对于一些早期国家来说，似应给予某种变通的解释，因为这些国家在相当长一段时间依然保留着各种形式的血缘组织，鉴于这些血缘组织相互之间不一定具有血缘关系，因而可以将这些散布在各个地方且对中央政府保有某种隶属关系的血缘组织看做是早期国家的基层行政单位。也就是说，所谓早期国家乃是由多个具有独自的血缘谱系的氏族团体组成的。……这里所说的存在于早期国家内部且构成早期国家基本行政单位的这些氏族团体，就是酋邦。……它与一般国家的区别，首先在于它是一个血缘组织，而国家则是一种地域组织，它与早期国家的区别，则在于它仅仅是一个由单一的继嗣群构成的血缘团体，而早期国家是由多个这样的团体，也就是由多个酋邦组成的政治组织。①

上述观点，符合早期国家的理论，已为国内多数学者所接受。

---

① 沈长云、张渭莲：《中国古代国家起源与形成研究》，人民出版社，2009，第106～107页。

（三）国家产生的途径

马克思主义认为国家的产生有两种途径。

关于国家产生的第一种途径，恩格斯说：

在每个这样的公社（文明民族的自然形成的农业公社）中，一开始就存在着一定的共同利益，维护这种利益的工作，虽然是在全体的监督之下，却不能不由个别成员来担当：如解决争端；制止个别人越权；监督用水，特别是在炎热的地方；最后，在非常原始的状态下执行宗教职能……这些职位被赋予了某种全权，这是国家权力的萌芽。①

有的学者对上述国家产生的途径作出解释：

这里提到的"原始农业公社"可以大致笼统地比作古代从事农业生产的氏族部落，或现时中国学者习惯称呼的"族邦"。……各单个的公社由于有了共同利益，并为了保卫这种共同利益和反对相抵触的利益而结成更大的整体（殆相当现时一些学者所说的族邦联盟或酋邦联盟），这些更大的整体当然又有了新的机构作为整个联合体的共同利益的代表。由于它位处在各单个的公社之上，处理着更大范围的事情（例如同其他部族集团的冲突，包括战争，或者更大规模的水利事业的修筑，等等），使得它们原有的管理职能逐渐产生了"独立化"的倾向。这种倾向的进一步发展，更形成为对社会的统治，于是原本是为维护共同体利益的机构变成为凌驾于各单个公社之上的权力机构，原本的"社会公仆"也变成为"社会的主人"，也就是压迫社会其他阶层人员的统治阶级。世袭制在这个过程中发展起来了，世袭王权无疑便是这样产生的。最后，这些"社会的主人"为要维护自己的权力，"终究也使用了暴力"，作为压迫机关的国家由是产生。②

---

① 《马克思恩格斯选集》第三卷，人民出版社，2012，第559页。
② 沈长云、张渭莲：《中国古代国家起源与形成研究》，人民出版社，2009，第67页。

至于第二种国家产生的途径，就是古希腊、古罗马等奴隶制国家产生的途径。有学者指出：

> 由原始公社内部农业家族的分工引起私有财产的积累，再引起贫富分化，进而，当生产力水平发展到人的劳动所能生产的东西超过了维护劳动力所需的情况下，一些富裕家庭便利用战争中的俘虏来充当剥削对象，由此出现了奴隶与奴隶主两大阶级的对立。恩格斯在这里没有继续谈到维持奴隶主阶级利益的国家机器的最终建立，但这是不言而喻的，因为他下面谈到了"没有奴隶制，就没有希腊国家，没有希腊的艺术和科学；没有奴隶制，就没有罗马帝国"，表明古希腊、罗马国家就是建立在奴隶制基础之上的。[①]

关于第一种国家产生的途径，恩格斯没有指明形成的是什么阶级统治的国家，人们只能笼统地理解为"贵族与平民相对立"的国家。但是奴隶社会与封建社会都有贵族和平民，那是一种政治地位的划分，不是阶级的划分。所以，第一种途径形成的国家到底是奴隶制国家呢，还是封建制国家？只好仁者见仁，智者见智了。中国是东方国家，国家形成走的是第一种途径。由于恩格斯没有明确地表述东方早期国家是由什么阶级统治的，联系到马克思、恩格斯著作中提到的亚细亚生产方式，从产生的时间上看，马克思是把它归结在原始社会之末的。亚细亚生产方式所形成的社会形态便是亚细亚形态，此种形态既然产生在原始社会之末，那么进入阶级社会后的第一种社会经济形态也应是亚细亚形态的延续。有些学者又把亚细亚形态与农奴制联系起来，认为中国古代不存在奴隶制社会，从原始社会过渡到阶级社会便是农奴制的封建国家。此种比附是不能成立的。根据学者田昌五的研究，马克思、恩格斯对古代东方社会的认识有一个较长的过程。他指出：

> 马克思和恩格斯对东方社会的认识过程大体上可以分为三个阶段：

---

① 沈长云、张渭莲：《中国古代国家起源与形成研究》，人民出版社，2009，第67~68页。

在 1877 年摩尔根的《古代社会》问世之前，他们谈到的亚细亚形态相当于原始社会，而实际上它是保留着农村公社的阶级社会，这和他们在这个时期视农村公社为原始社会是一致的，尽管这种农村公社已经是阶级社会中的东西了。……此后到《家庭、私有制和国家的起源》出版之前，是他们对东方社会认识的第二阶段。这时，他们认识到原始社会的本质特征和内部结构是氏族公社，农村公社不过是原始公社最后一种类型，并且是原始社会向阶级社会过渡的阶段。于是，他们把自己先前作为原始社会提出的亚细亚形态摆进了阶级社会，认为这种类型的阶级社会是从原始社会直接演变出来的，并对它形成的原因作了说明，但未指明它属于何种性质的阶级社会。所以，尽管他们说的亚细亚形态在社会内容上较前没有多少变化，但就把它作为阶级社会来说却有根本性的变化。……到第三个阶段，恩格斯执行马克思的遗言，在《家庭、私有制和国家的起源》中，提出东方古代也有它的发达奴隶制形态。后来又进一步指出：亚细亚古代和古典古代一样，阶级压迫的主要形式是奴隶制。[①]

所论甚是。

至于亚细亚形态，马克思开始把它作为东方原始社会时期的一种社会形态，在马克思和恩格斯发现了亚洲的古典古代之后，自然此种亚细亚形态应该归为奴隶社会之后的封建制的一种类型，它发生在东方若干较晚进入文明时代的民族。田昌五指出：

> 东方不仅经历了以氏族制为核心的原始社会，也经历了自己的古典古代社会。只是在东方的古典古代之后，在有些民族中才出现了马克思和恩格斯发现的那种亚细亚形态。这种以村社为基础，由专制君主来统治的关系，是封建制的一种类型。它是晚近出现的，非自古而然；而且它只限于亚洲有些较晚进入文明社会的民族。马克思和恩格

---

① 田昌五：《古代社会形态析论》，学林出版社，1986，第 2~3 页。

斯开始时把它当成了原始社会，是因为其中包含有农村公社的内容；继而说它是与古典古代并行发生的另一种统治和奴役关系，是因为还没有发现亚洲的古典古代社会；在他们发现了亚洲的古典古代社会之后，他们原来说的亚细亚形态自然应该是一种后起的封建制类型了。当然，亚洲古代社会和欧洲古典古代社会的具体形态会有所不同，封建制形态更不完全相同，这是用不着多说的。①

还有亚细亚形态和农奴制的关系问题，有的人把二者联系在一起，认为"普遍奴隶制度"就是恩格斯在1882年12月22日致马克思的信中说的农奴制②，田昌五则认为二者是毫不相干的。他说：

> 恩格斯在此信中提出，农奴制和依附关系有两种形式：一种是欧洲中世纪的封建农奴制，就德国来说，它是"古代日尔曼奴隶制的继续"，另一种是由征服引起的，征服者迫使当地居民为其耕种土地，这也可称为农奴制。这后一种农奴制在古典古代就已经有了。"在古代土耳其半封建制度的全盛时期，土耳其基督徒的地位也有某些与此相似之处。"这两种农奴制中，无论哪一种，都同"普遍奴隶制度"没有关系。因为"普遍奴隶制度"指的是专制君主对其臣民的统治和奴役关系，自与欧洲中世纪的封建农奴制不同。也不同于征服者和被征服者的关系。看来，这后一种农奴制不能构成一个独立的社会形态。它，或者是由征服引起的一种过渡性的社会关系，或者是一种从属性的社会生产关系。③

其说可从。

二　当代学者对国家起源研究的贡献

（一）酋邦理论是当今西方人类学者提出的新的进化理论

有的学者提出："酋邦理论是当今西方人类学者提出来的而为国际学术

---

① 田昌五：《古代社会形态析论》，学林出版社，1986，第80~81页。
② 《马克思恩格斯全集》第三十五卷，人民出版社，1971，第131页。
③ 田昌五：《古代社会形态析论》，学林出版社，1986，第80页。

界普遍认可的有关早期人类进化的理论，这个理论与马克思、恩格斯所采信的摩尔根的进化理论前后相继，总体精神并不相悖，但却对前者有重要的补苴完善作用。"① 此论甚是。

自 20 世纪 60 年代以来，美国人类学家塞维斯等人提出了酋邦社会这样的结构类型，并按照社会进化的观点把民族学上的各种社会加以分类，构想其演进的程序为：游团（地域性的狩猎采集集团）—部落（一般与农业经济相结合）—酋邦（具有初步不平等的分层社会）—国家（阶级社会）。到 20 世纪 60 年代末 70 年代初，桑德斯与普莱斯以及科林·伦弗鲁等学者又将酋邦制模式引入了考古领域，以此来探讨文明和国家的起源。将酋邦概念最初介绍给中国大陆学术界的是华裔美国学者张光直。他在 1983 年由生活·读书·新知三联书店出版的《中国青铜时代》一书中所收《从夏商周三代考古论三代关系与中国古代国家形成》一文中，较系统地概括了"游团""部落""酋邦""国家"这些概念及其所代表的社会发展阶段，同时还将它们与中国考古学文化的各个发展阶段相对应：旧石器和中石器时代相当于游团阶段；仰韶文化相当于部落阶段；龙山文化相当于酋邦阶段；从夏商周三代到春秋、战国、秦汉相当于国家阶段。此后国内学术界陆续有人应用酋邦模式来解释中国文明的起源与国家的形成。如谢维扬的《中国国家形成过程中的酋邦》，提出中国历史上从黄帝到尧舜禹的传说时代不属于"联盟"的部落时代，而属于酋邦时代的观点；童恩正的《中国北方与南方古代文明发展轨迹之异同》一文，认为考古学上的龙山文化时期到夏王朝建立之前，处于酋邦制发展阶段。②

为了正确理解关于酋邦的理论，我们应该明确下面几个问题。

1. 关于酋邦的起源

按照塞维斯的意见，酋邦的兴起主要与原始共同体正在发展的生产、社会分工和产品交换所需要的再分配活动有关。这种对共同体成员的生产活动和产品分配进行协调的活动发展到一定程度，势必会导

① 沈长云、张渭莲：《中国古代国家起源与形成研究》，人民出版社，2009，第 112 页。
② 李学勤主编《中国古代文明与国家形成研究》，云南人民出版社，1997，第 10~12 页。

致以共同体首领为中心的管理机构，包括首领个人权力或权威的出现，并接着导致与首领亲属关系远近划分的社会不平等的发生，这样就产生了酋邦。①

2. 酋邦社会的本质特征

塞维斯等人对酋邦最本质的概括，是称它为"不平等的民族社会"。张光直先生亦称"酋邦主要特征是其政治分级与亲属制度相结合"。由此可以论定，酋邦社会首先是一个泛亲属的社会，它的不平等，只是这个亲属社会内部的不平等，并不是不同亲属关系的社会团体的不平等。②

3. 酋邦社会的政治结构

酋邦至少可以划分出邦君、一般贵族、下层族众三个阶层。邦君以其与祖先血缘关系最为直接而处于地位与权力的顶端，其他两个阶层则以其与邦君血缘关系的远近而划分出社会地位的高低。这应该是酋邦社会的阶层结构。

关于邦内一般贵族与邦君之间的近亲关系，朱凤瀚的《商周家族形态研究》一书有很好的阐释。他以商周金文中"小子"对于"子"的臣属关系为例，指出"小子"对于"子"来说，实等于各宗族下的分族族长（"子"为宗族长，即邦君）。同时，证明各宗族长又多为众"小子"之父或长兄。虽然此为商周情形，但更早的夏代及夏代以前的情形应亦与之相同。

与邦君的贵族地位相适应，每个邦的邦君下面又有一批执事人员在协助着邦君处理邦内各种事务，他们在西周青铜器铭文中被称作邦之"有司"，如"荣有司""厉有司""颜有司""夨人有司"等。③ 这些执事人员

---

① 沈长云、张渭莲：《中国古代国家起源与形成研究》，人民出版社，2009，第89页。
② 沈长云、张渭莲：《中国古代国家起源与形成研究》，人民出版社，2009，第88页。
③ 沈长云、张渭莲：《中国古代国家起源与形成研究》，人民出版社，2009，第99~100页。

或出自邦君的近亲，或出自邦君的私臣。①

4. 酋邦的规模

那时一个邦的规模，尽管与过去简单的氏族组织不可同日而语，但也不至于十分庞大。……根据《逸周书·世俘》提供的周武王灭国的数字和他所杀戮与俘获的人口数来计算当时一个邦国的人口平均数，发现其时一个邦国的人口平均数只有4900人。持此与当今人类学者提到的世界各地酋邦的规模相比较，也可以看出，我国古代社会这些林立的邦国定位为酋邦是很合适的。②

5. 内部的剥削形式

我国古代这些林立的邦国内部都已存在着不同程度的原始剥削制度，并由此造成各社会成员对财富占有的不均。……这种原始剥削及对财富占有的不均亦正体现了酋邦社会所实行的再分配制度的精神。不过……这种"再分配"有着自己的特色，就是我们可采取的相当于其他地区的税收制度的方法是所谓"籍法"，也就是各位邦君打着祭祀共同祖先的旗号，令普通族众在自己领有的土地上进行无偿劳动式的剥削方法。这块土地称作"公田"，亦称"籍田"，其上的收获物名义上是提供给祖先的"粢盛"（据说也有一部分用于"布施"，见《国语·周语上》），实际上则是由邦君无偿占有。除此之外，当然也有一些从普通庶民那里征集贡品和摊派劳役之举，如《诗经·豳风·七月》所示。学者研究，所谓"籍法""籍田"，都是原始公社时期制度的存留，如是，这种剥削制度可以追溯到史前的酋邦社会是不成问题的。③

---

① 沈长云、张渭莲：《中国古代国家起源与形成研究》，人民出版社，2009，第99～100页。
② 沈长云、张渭莲：《中国古代国家起源与形成研究》，人民出版社，2009，第100页。
③ 沈长云、张渭莲：《中国古代国家起源与形成研究》，人民出版社，2009，第100页。

6. 酋邦的稳定性

　　酋邦作为一个特定的社会发展阶段，它的结构无疑具有十分稳定的性质，正因为如此，我们才不赞成将酋邦社会那些不平等即社会分层现象（分作阶等）看做是氏族解体过程中一种短暂的历史现象。……由于酋邦仍然维持了血缘亲属关系的社会架构（尽管是一个阶等的"金字塔"似的架构），且这种架构有十分牢固的性质，才得以保持其社会的稳定性。酋邦存在着某种程度的社会不平等和社会分层现象，但正好，正是这种分层才构成了酋邦社会的正常运转秩序。在这里，氏族制度与社会分层是相互协调统一的，血缘谱系乃是社会分层的依据，酋长依凭着与酋邦共同祖先最近的血缘关系享有无可争议的权威并得以维持其对共同体集中统一的领导。[①]

（二）早期国家理论是对恩格斯关于国家形成标志之一——按地区划分国民的变通解释

　　符合恩格斯关于国家形成的两个标志的，如古希腊与古罗马，它们都是成熟国家。事实上，许多东方国家，在分层的氏族社会（酋邦）与成熟国家之间，还存在着一个早期国家阶段。

　　关于早期国家的研究，据介绍，国际学术界曾于20世纪70年代后期和80年代前期组织过较大规模的合作研究，出版过《中国早期国家》[②] 这样的论文集或专著；国内学者明确提到"早期国家"这一命题的论文是林沄在1986年发表的《关于中国早期国家形式的几个问题》，他认为中国古文献中提到的"邦""国"就是早期国家，并以考古所见的自龙山时代即已出现的都鄙群这种聚落形式作为中国早期国家的组织形式。其实这些所谓"邦"国，不过是自然生长的氏族共同体，尚不具备早期国家的条件。尽管国内学者对于中国早期国家的特征认识不同，但是他们普遍地认为中国在成熟国家产生之前是存在着一个"早期国家"阶段的。

---

① 沈长云、张渭莲：《中国古代国家起源与形成研究》，人民出版社，2009，第105页。
② 谢维扬：《中国早期国家》，浙江人民出版社，1995，第23页。

（三）聚落考古的研究成果为酋邦理论提供了坚实的考古学基础

酋邦理论是人类学者对于人类社会发展形态的一种推定，具有鲜明的理论色彩。虽然它可以作为人类史前社会的一种形态，但是不同民族在酋邦阶段具体的情况究竟如何，要以考古学的成果为支撑。研究人类文明的起源离不开人的活动，反映人的活动信息量最大的考古学分支就是聚落考古。聚落考古近年来取得了不少研究成果。学者严文明于 1987 年 9 月在参加史前学和原史学国际联盟在联邦德国美因茨市举行的第十一届国际考古学会议时，在大会上作了题为《中国新石器时代聚落形态的考察》的发言。其发言稿后来以论文形式收入文物出版社 1989 年出版的《庆祝苏秉琦考古五十五年论文集》中。该文首先指出：

中国新石器时代聚落遗址的研究，在最近十多年来取得了颇大的进展，这主要表现在三个方面。

第一个方面是填补了若干时期和地域上的空白。从前的发现主要在中原地区，而且主要属于新石器时代晚期。近年来除中原外，在整个黄河流域、长江流域和辽河流域等都有许多新的发现；特别是大批新石器时代中期遗存的发现和铜石并用时代的被确认，使中国新石器时代文化有一个比较完整的编年体系，从而可以把聚落遗址的研究置于一个比较准确的时间和空间框架之中。

第二个方面是注意了聚落遗址的不同类型，并进而探讨了不同自然地理条件和社会发展阶段对聚落形态的影响。

第三个方面是对若干聚落遗址进行了比较深入的解剖，进而在探索当时的社会性质和社会结构的努力中取得了初步的、明显的成果。
……

根据现有的资料，可以把中国新石器文化分为早中晚三期；在它的后面还有一个铜石并用时代，这个时代也可分为早晚两期。[1]

---

[1] 《庆祝苏秉琦考古五十五年论文集》编辑组编《庆祝苏秉琦考古五十五年论文集》，文物出版社，1989，第 24 页。

接着该文把中国史前聚落遗址的发生和发展分为五期，即：

新石器时代早期：聚落遗址的发生；

新石器时代中期：聚落遗址的扩大；

新石器时代晚期：聚落遗址的发展；

铜石并用时代早期：聚落遗址的分化；

铜石并用时代晚期：早期城址的出现。

文中概述了中国新石器时代到铜石并用时代聚落形态的发展，并对每一阶段聚落形态的特点及其所反映的社会形态做了初步的探索。

学者王震中撰有《中国文明的起源与国家的形成——从聚落到国家》一文，此文是1993年在西安召开的"周秦文化学术研讨会"上提交的论文，后载于《周秦文化研究》。又，李学勤主编的《中国古代文明与国家形成研究》一书中，王震中为作者之一，书中第一章"文明社会的标志与国家形成的轨迹"中的观点与上面提到的论文无异，当为王震中所执笔。该书中说：

考古发现表明，不同时期的聚落有不同的形态特征，这种聚落形态的演进，直接体现了社会生产、社会结构、社会形态的推移和发展。据此，笔者曾依据世界各地的考古发现，将包括中国在内的世界上第一批原生形态的文明起源和国家形成划分为三大阶段，即由大体平等的农耕聚落形态发展为含有初步分化和不平等的中心聚落形态，再发展为都邑国家形态。……

由部落到国家，大体可作如上三个阶段的划分。这一划分是有意义的，一方面它可以与"游团—部落—酋邦—国家"的四个阶段中的后三个阶段相对照，使我们看到了社会形态与结构演进中的连续性与阶段性。另一方面，由于这一演进框架是以考古学为基础而建立的，可以达到历史与逻辑的统一，而且其可操作性也是显而易见的。[①]

---

① 李学勤主编《中国古代文明与国家形成研究》，云南人民出版社，1997，第14~15页。

根据严文明、王震中二氏的研究成果，结合关于酋邦与早期国家的理论，以及古代传说中的部族的活动，我们可以总结出由部落到国家演进的时空架构（见表 1-1）。

表 1-1　由部落到国家演进的时空架构

时代	分期	年代	聚落发展水平与相应的人类学社会形态	代表性的考古学文化
新石器时代	早期	公元前 10000 年至前 7000 年（历时 3000 年）	散处穴居时期（游团社会）	比较重要的有湖县玉蟾山和江西万年仙人洞，多属洞穴遗址
	中期	公元前 7000 年至前 5000 年（历时 2000 年）	大体平等的聚落时期（部落社会）	长江流域的彭头山文化、城背溪文化、黄河流域的磁山文化、老官台文化、北辛文化和辽河流域的兴隆洼文化
	晚期	公元前 5000 年至前 3500 年（历时 1500 年）	中心聚落时期（典型酋邦社会）	以长江流域的马家浜文化前期、黄河流域的仰韶文化前期、大汶口文化前期和辽河流域的红山文化前期等为代表
铜石并用时期	早期	公元前 3500 年至前 2600 年（历时 900 年）	都邑聚多级聚落前期（酋邦社会的发展期——部族联盟前期）	黄河流域的仰韶文化后期、大汶口文化后期、马家窑文化，辽河流域的红山文化后期、小河沿文化，长江流域的大溪文化后期、屈家岭文化、樊城堆文化、薛家岗文化、良渚文化的早期等
晚期（大体相当于通常所说的龙山文化时期）		公元前 2600 年至前 2000 年（历时 600 年）	都邑聚多级聚落后期（由酋邦向国家的过渡时期——部族联盟后期）	龙山文化、中原龙山文化、齐家文化、良渚文化晚期、石家河文化等

第二节　中国古代文明起源的多元性及其发展特点

一　关于文明起源与国家形成的关系

（一）文明与国家概念的相关性

关于探索中国文明起源的内涵，可以追溯到 20 世纪 20 年代。1928 年开始的对河南省安阳殷墟的发掘、研究成果，使吕振羽、范文澜、郭沫若、翦伯赞等一批马克思主义史学家开始认识到殷商时期已经出现国家。此后，至 20 世纪 80 年代初，我国学术界在探索中国文明起源或研究中国古代社会形态时，对所使用的"文明"一词，没有做过概念或定义上的研究，造成了"文明"一词在概念上模糊不清。夏鼐在《中国文明的起源》一书中，根据摩尔根和恩格斯的社会发展史学说对"文明期"的划分，指出：

> 现今史学界一般把"文明"一词用来指一个社会已经由氏族制度解体而进入有了国家组织的阶级社会阶段。①

这是我国学术界首次对"文明"一词的概念从理论上作清晰的解释。

沈长云、张渭莲在《中国古代国家起源与形成研究》一书中对文明与国家的概念从既相关又有区别的两个方面作了阐述，大意是说：

> 现在人们把具有同国家产生相匹配的经济文化发展水平的社会称作"文明社会"。这也是遵循当年摩尔根与恩格斯对"文明社会"内涵所作的界定。恩格斯那句经典性断语——"国家是文明社会的概括"②，无疑是说国家作为文明社会形成的标志，体现了文明社会所能达到的经济文化发展水平。不过，"文明社会"涵盖的内容应当更加广泛，国家必是文明社会在政治上的表现，属于政治文明或制度文明的范畴，除此之外，文明社会还有物质与精神文化方面的表现，它们可以分别归结为物质文明与精神文明的范畴。当然，各种文明的发展应当是彼此协调和相互适应的，也就是说，国家的产生与整个社会的文明进程是保持一致的。至于为什么文明社会要以国家的形成为标志，那是因为国家的产生体现着人际关系或政治结构的根本变化，从人类社会发展史的角度看，这种变化更加深刻，更体现了整个社会发生变革的性质，并且集中反映了人们物质生活与精神生活中出现的进步。③

---

① 夏鼐：《中国文明的起源》，文物出版社，1985，第 81 页。
② 《马克思恩格斯选集》第四卷，人民出版社，2012，第 193 页。
③ 沈长云、张渭莲：《中国古代国家起源与形成研究》，人民出版社，2009，第 53～54 页。

可见，国家的存在是与文明社会（即阶级存在的社会）相始终的，所以一个社会是否进入了文明时代，可以用是否产生国家来衡量，而文明的起源也就是国家的起源。对于史前时期从氏族管理机关到国家机关的发展，由于文献不足，不容易得到充分的了解。不过物质文明与制度文明是同时发展的，我们可以从考古学文化的发展程度，推测出史前社会管理机构的发展水平。这就是文明起源与国家形成的关系。

（二）从考古学文化推测酋邦社会的政治经济制度与社会分层分阶级的情况

下面以长江上游成都平原宝墩遗址群的考古学文化为例，略述如下。

1. 从城墙建筑分析政治权力的集中化

城墙建筑属于大范围集中劳动性质的大型建筑工程，足以反映集中化权力中心的存在。1995 年以来，在成都平原相继发现了新津宝墩、都江堰芒城村、崇州双河村和紫竹村、成都市郫都区古城村、大邑盐店和高山，以及广汉市三星堆文化一期等数座史前城址遗址或遗迹，经过不同程度的调查、勘探和发掘，基本上证实了这些城址是早于三星堆文化（不包括三星堆文化一期）的早期城址。成都平原已发现的 6 座早期城址，都筑有坚固厚实的城墙。各座古城都是依靠各城自身的力量独立修建的，它们各自能够修筑高大坚厚的城墙，开掘巨大的土方总量，加上土方运输、工具制作、城墙设计、城垣施工、食物供应、组织调度、监督指挥以及再分配体制等一系列必需的庞大配套系统，足以表明各座古城都分别控制着足够支配征发的劳动力资源，进而表明各座古城的统治者必已统治着众多的人口，控制着各自地域内丰富的自然资源和生产资源，控制着各种各样的劳动专门化分工和各种类型的生产性经济。这一切不仅意味着各座古城人口的增长、社会规模的扩大和社会组织的复杂化；更重要的是，从实质上分析，所有这些其实都是政治组织和经济组织发生变化的结果，从根本上反映了政治权力的集中化，表现出各座古城政治体系和经济结构的演变程度已经远远超出了原始血缘氏族水平，达到了酋邦制度的阶段。

2. 从城垣功能分析统治权力的象征性

宝墩遗址等成都平原的 6 座古城，其城垣建筑不仅反映了各城政治权力的集中化程度，还是政治组织和经济组织变化的结果。因此，城垣修建这一行为，从根本上说是一种政治行为，它把自然资源、生产资源和劳动力资源物化为大型城墙建筑，显示了酋邦组织的巨大威力，标志着权力的强大和尊严，象征着权力的构造物和支配能力。可见大型城墙其实是酋邦组织及其酋领统治权力的象征。

3. 从考古文化遗址分析社会等级的制度化发展

以宝墩遗址为例，1996 年在宝墩遗址中部（鼓墩子）发现了房屋基槽和大量柱洞，这些建筑遗存建立在一个高出当时周围地面约 1 米、面积约3000 平方米的台地上。与此形成对照的是，宝墩遗址中发现的长方形竖穴土坑墓，墓坑较浅，无随葬品。从墓葬反映墓主人生前实际地位的角度看，宝墩墓葬的主人在生前必定与鼓墩子台地上的大建筑群无缘，而大型建筑必定属于显贵人物所居。这就表明了社会差别的存在。两者间的差别，实质上反映了等级和地位的差别，而等级和地位的差别是由社会分层、经济分层及其所导致的对权力的集中与剥夺决定的。

4. 从大型礼仪性建筑分析宗教权力的集中化

大型礼仪中心的形成，表现出宗教权力的高度集中化。它是宗教和政治领袖控制意识形态的结果，是政治权力和经济权力集中化在意识形态领域的反映。此种情况不但反映了等级制度的形成，而且反映了等级之间的对立。

5. 从文化分期及特征分析政治组织的发展历程

宝墩文化古城群的发展，在文化特征上经历了一期的兴起、二期的繁荣、三期的稳定和四期的衰落四大阶段。四大阶段与政治组织的发展演变正相吻合，因而可以相应地把宝墩文化酋邦组织的发展历程概括为兴起、繁荣、稳定和衰落四个阶段。

6. 从古城群的堡垒文化现象分析政治组织之间的关系

宝墩文化古城显著的特点是，每座古城分别围以高大坚实的城垣，形成所谓堡垒化现象。这批古城集中分布在成都平原西部的有限空间之内，是有利于对这块有限空间的有限资源进行有效开发的。如果从界域的角度看，城垣同时也是各个政治组织权力中心的地域界标，是权力中心界域所在。实际上，各个政治组织所实际统辖的地域范围并不仅仅局限于各自所居的古城以内，它们还分别统辖着各自城外的相当一部分地域。从宝墩文化第三期水平分化、并存于世的几座古城来看，它们在文化特征上具有一致性，在文化发展上保持着同步性。可以推断，它们之间在总体上保持着友好的邻邦关系，而不是对抗和冲突的敌对关系。分踞于各个古城的族属原本是同出一源的关系，属于同一政治集团，其文化的兴起与衰落也是同步的。

7. 从社会文化分析政治组织的发展水平

考察上古时代政治组织的发展水平，可以从两个方面来加以比较和衡量：一方面是通过与血缘氏族社会的比较来看其发展水平，另一方面是通过与国家社会的比较来看其发展水平。从某些基本要素看，酋邦与国家没有太大的差别，例如经济分层、社会分化、政治经济宗教等的权力集中化、再分配系统等是酋邦组织和国家组织都共同具备而氏族化社会所没有的，所以不少中外学者把酋邦组织称为史前国家。但是从另外一些因素看，酋邦与国家却有着根本的差别。恩格斯在《家庭、私有制和国家的起源》中说，国家的特点有二：一是按照地缘而不按照血缘来划分国民，二是公共权力机关的设立。在公共权力机关的设置上，酋邦与国家有类似之处；而按地域划分居民，却是酋邦所不存在的。所以成都平原古城的政治组织应该属于酋邦阶段。

8. 关于成都平原史前古城的性质

尽管成都平原各座古城内部都已发生了严重的社会分化，但从目前已有的有关宝墩文化的全部考古资料中，还没有发现暴力冲突和武装镇压的迹象。这表明，在神权占统治地位的时代，统治者往往不需要更多地行使暴力。这正是酋邦组织区别于国家组织的另一个重要特征。

从以上分析来看，宝墩文化古城的政治组织，是发展比较充分、形态比较典型的酋邦组织，由不同时期各座古城的共存所形成的宝墩文化古城群是考古所见成都平原最早出现的酋邦社会。[1]

---

[1] 段渝：《酋邦与国家起源：长江流域文明起源比较研究》，中华书局，2007，第243～255页。

（三）进入文明时代的物化标志

判定一个社会是否进入了文明时代，或者说是否形成了国家，除用制度文明来判断外，从物质文明的要素而言也有一定的标志，这就是判定一个社会是否进入文明时代，或者说是形成国家的物化标志。当今绝大多数考古学家、历史学家和人类学家认为城市、文字、金属器是三大物化标志。只要在某个地域内的某个社会同时具备了上述标志中的两个，再加上大型礼仪建筑，便可确认这个地区内的这个社会已进入了文明时代，或者说已形成了国家。

为什么这几个物化标志可以说明进入文明社会的要素已经具备了呢？段渝在《酋邦与国家起源：长江流域文明起源比较研究》一书对此有所阐述。

关于城市：

> 城市是作为史前乡村的对立物出现的。城市的产生，是剩余财富集中和阶级分化加剧达到相当程度，以致导致一个类似政府的权力集中化的层级组织的出现，来对现状加以干预、实施控制并维持某种秩序的结果。城市植根于乡村而又凌驾于乡村之上，并引起整个社会结构和运作机制的根本转变，因而是文明形成的诸种物质文化标志中最重要的标志。①

关于金属器：

> 金属器的制造和使用，是体现古代社会生产力进步程度的一个重要标尺。在古代东方，尤其在中国，青铜时代被作为古代文明的同义语，其基本前提是手工业生产的专门化、职业化发展，形成包括采矿、运输、冶炼、铸造等多个环节，以及其间和其上的统一而复杂的组织、协调、指挥和管理系统。尤其是在缺乏铜、锡、铅等矿产资源的地区，青铜器的大量制作，还意味着存在广泛甚至远距离的贸易交换关系或

---

① 段渝：《酋邦与国家起源：长江流域文明起源比较研究》，中华书局，2007，第397～398页。

贡纳关系。因而青铜器的制作和使用，不单从经济、技术上，而且还从组织系统和管理系统上推动了社会的进步。尤其是将青铜器作为权力的象征物，象征着王权、神权和社会财富垄断之权这一点上，青铜器完全成为了国家权力的象征，正如"九鼎"与夏商周三代兴亡的关系一样。①

关于文字和大型礼仪建筑：

　　文字起源于经济管理的需要，或与祭祀活动有关。没有复杂的劳动分工、社会分工和专职化的管理机构，就不会产生文字。虽然，在世界古代文明中，并不是每一个古代文明社会都形成了自己的文字和文字制度，如古代印度河文明、古代印加文明等，就没有自己的文字。不过，文字的发明和使用，作为体现人类心智能力和社会复杂水平十分重要的标尺，在绝大多数文明社会里都是不可或缺的，至于大型的礼仪建筑，则从上层建筑领域折射出阶级统治的史影，从礼制方面反映了凌驾于社会之上，能够占有广大劳动者阶层剩余劳动的王权和神权政治机构的存在。②

一些学者根据上述物化标志进行研究，用来衡量中国进入文明社会的时间。

佟柱臣在《中国夏商王国文明与方国文明试论》一文中指出，夏代已具备了进入文明社会的物化标志。

①关于金属器。夏代已经进入青铜时代，二里头文化三期有铜器的发现，属于工具的有铜锛、铜凿、铜锥、铜刀、铜鱼钩；属于兵器的有铜戈、铜戚、铜镞；属于饰物的有圆泡形铜器、镶嵌绿松石铜器；属于礼器的有铜爵；属于乐器的有铜铃。可见夏代铜器的种类已相当复杂了，但是数量都不多。

---

① 段渝：《酋邦与国家起源：长江流域文明起源比较研究》，中华书局，2007，第398页。
② 段渝：《酋邦与国家起源：长江流域文明起源比较研究》，中华书局，2007，第398页。

②关于城市。二里头文化已有了统辖王畿千里的大都邑。二里头遗址东西长五里，南北宽三里，中部发现了一号大型宫殿址。在正方形的夯土台基上，筑成东西长 108 米、南北宽 100 米的宫殿址，从柱洞观察，这是一座阔八间、进深三间、双开间的大殿址。在一号宫殿址北 150 米处有二号宫殿址。这个殿址比一号宫殿址复杂些，可能是一座与宗庙有关的建筑遗址。一号宫殿址与二号宫殿址均属二里头文化三期，殿址有相似之处，如均有台基、长廊，柱洞与础石相似。

③关于文字。二里头文化时期，在大口尊内口沿上，有Ⅰ、Ⅱ、Ⅲ等记号，这些记号虽然还不一定是文字，但是它们具有了汉字的基本结构，应属于古文字原始系统。此外，这些记号已经与具体实物图像相差很远，近似抽象的形体。所以，夏代有文字，应是当然的事。①

关于夏代已有文字的证据，除上述佟柱臣所说之外，又有新的发现。1985 年 5 月，在西安西市郊斗门镇花园村龙山文化遗址出土原始甲骨文实物，在 15 块兽骨、兽牙、骨笄上，都有契刻文字，比殷墟甲骨文早 1700 年，其时正处于夏代。②

杨育彬在《龙山文化与中国文明——纪念城子崖龙山文化遗址发掘六十周年》一文中说，龙山文化时期是研究中国文明起源非常重要的时期，城址又是关于龙山文化的重要发现，结合发现的这时期的铜器和对刻画文字的分析，可以认为在龙山文化的晚期即夏代初期，阶级和国家已经产生，中国古代社会已经踏入文明时代的门槛。③　其说可从。

二　从考古学文化看中国文明起源的多元性

（一）黄河中游地区的仰韶文化系统

仰韶文化是中国境内最早被确认的新石器文化之一，因 1921 年安特生首次发现于河南省渑池县仰韶村而得名。其分布以渭、汾、洛诸黄河支流汇集的中原地区为中心，北到长城沿线及河套地区，南抵鄂西北，东至豫

---

① 佟柱臣：《中国夏商王国文明与方国文明试论》，《考古》1991 年第 11 期。
② 1986 年 5 月 1 日《光明日报》和 1987 年 3 月 2 日《人民日报》海外版均有报道。
③ 张学海主编《纪念城子崖遗址发掘 60 周年国际学术讨论会文集》，齐鲁书社，1993。

东一带，西到甘青接壤地带。共发现遗址 1000 多处，经较大规格发掘的典型遗址有 10 余处。其年代为公元前 5000 年至前 3000 年。仰韶文化的前身是老官台、李家村、磁山、裴李岗诸文化（统称前仰韶文化），下接河南龙山文化、陕西龙山文化与山西龙山文化。龙山文化泛指黄河中下游地区约新石器时代晚期的一类文化遗存，因 1928 年首先在山东省章丘县龙山镇城子崖发现而得名。龙山文化分布于各省者，均冠以所在地的省名。

仰韶文化系统的考古学文化遗址大略如表 1-2 所示。

表 1-2 仰韶文化系统的考古学文化遗址

类别	遗址
前仰韶文化遗址	裴李岗遗址、老官台遗址、磁山遗址、李家村遗址、大地湾遗址
仰韶文化遗址	仰韶遗址、王湾遗址、北首岭遗址、长葛（五期）遗址、半坡遗址、大河村遗址、姜寨遗址、后岗遗址、元君庙遗址、钓鱼台遗址、泉护村遗址、大司空遗址、庙底沟遗址、下王岗遗址、西王村遗址
河南龙山文化遗址	王湾遗址、后岗（二期）遗址、煤山遗址、汤阴白营遗址
陕西龙山文化遗址	客省庄遗址
山西龙山文化遗址	陶寺遗址

黄河中游地区文化发展序列可以分三个地区来排：

一是泾渭地区，其文化发展的序列是：

大地湾、老官台文化→仰韶文化〔半坡类型→庙底沟类型→西王村类型（包括半坡晚期、石岭下类型）〕→陕西龙山文化。

二是郑洛地区，其文化发展的序列是：

裴李岗文化→仰韶文化（长葛五期→大河村一、二期→大河村三、四期）→河南龙山文化（王湾二期上层→王湾三期→煤山一期）。

三是冀南豫北地区，其文化发展的序列为：

磁山文化→仰韶文化（后岗类型→钓鱼台类型→大司空类型）→河南龙山文化（后岗二期文化→汤阴白营二、三期）。

（二）黄河下游地区的大汶口文化系统

大汶口文化因 1959 年发掘山东泰安县大汶口遗址而得名。主要分布在山东泰安周围地区，东达黄海之滨，北抵渤海南岸，西至鲁西平原东部边缘，南及江苏淮北一带，安徽和河南也有零星发现。其年代约始自公元前4300年。大汶口文化的前身为后李文化、北辛文化，通称前大汶口文化。大汶口文化后接山东龙山文化。

大汶口文化系统的遗址大略如表1-3所示。

表1-3　大汶口文化系统的遗址

类别	遗址
前大汶口文化遗址	后李遗址、北辛遗址（属青莲岗文化）
大汶口文化遗址	王因遗址、邳州市大墩子遗址、大汶口墓地
山东龙山文化遗址	城子崖遗址、东海峪遗址、两城镇遗址

黄河下游地区文化发展的序列为：

后李文化→北辛文化→大汶口文化→山东龙山文化。

（三）黄河上游地区的马家窑与齐家文化系统

该地区以河湟地区为中心，大范围包括兰州附近、河西走廊、青海大部、四川西北和新疆东部。其文化发展还有些缺环，现知与黄河上游马家窑文化系列有关的有拉乙亥文化（黄河上游仰韶文化——石岭下类型的前身）、仰韶文化的石岭下类型、马家窑文化与齐家文化。其中，马家窑文化因甘肃省临洮县马家窑遗址而得名，主要分布在甘肃省，以陇西平原为中心，东起陇东山地，西到河西走廊和青海东北部，北抵甘肃北部和宁夏南部，南抵甘肃山地和四川北部。它是仰韶文化晚期的一个地方分支，故又名甘肃仰韶文化。上承仰韶文化的庙底沟类型，下接齐家文化。其年代为公元前3300年到前2050年。齐家文化因首先发现于甘肃省广河县（原宁定县）齐家坪遗址而得名，主要分布在甘、青境内的黄河沿岸及渭河、洮河、大夏河、湟水流域，宁夏南部与内蒙古西部也有零星发现。齐家文化上承马家窑文化，早期的年代为公元前2000年前后，下限当更晚。马家窑与齐家文化的遗址大略如表1-4所示。

表 1-4　马家窑与齐家文化的遗址

类别	遗址
马家窑文化遗址	石岭下遗址（为仰韶文化和马家窑文化的遗址）、半山遗址、马厂遗址、马家窑遗址、柳湾墓地
齐家文化遗址	齐家坪遗址、秦魏家遗址、大何庄遗址、皇娘娘台遗址

黄河上游地区文化发展的序列为：

拉乙亥文化→仰韶文化（石岭下类型）→马家窑文化→齐家文化。

（四）长江下游地区的良渚文化系统

长江下游地区的考古学文化有河姆渡文化、马家浜文化、崧泽文化、良渚文化。

河姆渡文化因 20 世纪 70 年代发掘今浙江省余姚市河姆渡遗址而得名。主要分布在杭州湾以南的宁绍平原，向东越海可达舟山群岛。河姆渡文化共有四个文化层，通常所说的河姆渡文化是指第三、四层遗址，其年代在公元前 5000 年至前 4000 年。

马家浜文化因发掘浙江省嘉兴市马家浜遗址而得名，主要分布在太湖平原，南至钱塘江北岸，西北抵常州一带。

崧泽文化由马家浜文化发展而来，因发掘上海市青浦区崧泽遗址而得名。其分布范围大体与马家浜文化一致。

良渚文化因浙江省杭州市余杭区良渚遗址而得名，主要分布在太湖地区，南以钱塘江为界，西北至江苏省常州市一带，长江北岸的江苏海安县青墩上层也包含若干良渚文化的因素。良渚文化由崧泽文化发展而来，其年代为公元前 3300 年至前 2200 年。

马家浜文化与良渚文化遗址大略如表 1-5 所示。

表 1-5　马家浜文化与良渚文化遗址

类别	遗址
马家浜文化遗址	马家浜遗址、崧泽遗址、草鞋山遗址
良渚文化遗址	良渚遗址、马桥遗址、钱山漾遗址、寺墩遗址

长江下游地区文化发展的序列是：

河姆渡文化→马家浜文化→崧泽文化→良渚文化。

（五）长江中游地区的屈家岭文化系统

屈家岭文化因发掘湖北京山屈家岭遗址而得名。屈家岭文化的分布范围是东起大别山南麓，西至三峡，北达豫西南，南抵洞庭湖北岸，其中心区域在江汉平原。屈家岭文化上承城背溪文化与大溪文化，其分布范围与屈家岭相若。屈家岭文化下接石家河文化。大溪文化与屈家岭文化的遗址大略如表 1 - 6 所示。

表 1 - 6 大溪文化与屈家岭文化遗址

类别	遗址
大溪文化遗址	大溪遗址、三元宫遗址、关庙山遗址
屈家岭文化遗址	屈家岭遗址、划城岗遗址、青龙泉遗址、黄楝树遗址

长江中游地区文化发展的序列为：

城背溪文化→大溪文化→屈家岭文化→石家河文化二期（湖北龙山文化）。

（六）珠江下游地区的石峡文化系统

该地区先后存在的考古学文化有西樵山文化、增城金兰寺文化和石峡文化。石峡文化因 1973 ~ 1976 年对广东省曲江区马坝镇西南的石峡遗址进行发掘而得名。遗址的面积约 3 万平方米，有上、中、下三层遗存，中上层为青铜时代遗存，下层为新石器时代遗存。以下层为代表的遗存被命名为石峡文化，石峡文化的年代为公元前 3000 年至前 2000 年，是岭南地区最重要的新石器时代晚期文化。

珠江下游地区文化发展的序列为：

西樵山文化→增城金兰寺下层文化→金兰寺中层文化和石峡下层文化→石峡上层文化。

（七）长城以北、内蒙古以东的西辽河地区的红山文化系统

红山文化因 1935 年在今内蒙古自治区赤峰市（当时属绥远省）红山后遗址的发掘而得名。最初定名为赤峰第一期文化，1954 年定名为红山文化。以彩陶、"之"字形纹陶、细石器和一种特有的掘土工具为基本特征。分布于内蒙古自治区东南部、辽宁省西部、河北省北部地区，吉林省西北部也有少量发现。其年代与仰韶文化大致相当。在红山文化兴起之前，该地区南部原有的考古学文化是赵宝沟文化，北部则是富河文化。红山文化出现之后，其势力逐渐推向全境。这三种文化均属于兴隆洼文化在该地区的继续。这一时期的红山文化曾与赵宝沟文化和富河文化交错并存，赵宝沟文化衰落之后，红山文化在该地区取得了支配地位。其后续为小河沿文化。红山诸文化与小河沿文化遗址如表1-7所示。

表1-7　红山诸文化与小河沿文化遗址

类别	遗址
红山诸文化遗址	红山文化有赤峰市红山后遗址，富河文化有富河沟门遗址，赵宝沟文化有敖汉旗高家窝铺遗址
小河沿文化遗址	小河沿乡白斯郎营子遗址、翁牛特旗大沟遗址、敖汉旗石羊石虎山遗址、克什克腾旗上店遗址

西辽河地区文化发展的序列为：

兴隆洼文化→红山诸文化→小河沿文化。[①]

三　文明发展中心区域的形成与一些区域文明发展的衰变

（一）文明发展中心区域的形成

中国古代文明发展的中心区域形成于黄河中游的中原地区，究其原因，有下述两个方面。

首先，中原优越的地理环境给各部族的活动和发展提供了历史舞台。关于地理环境与人类发展的关系，有一个认识的过程。古希腊著名学者亚里士多德认为自然环境是物质世界发展的第一动力。16世纪法国学者博丹也曾提出地理环境对历史发展具有决定性作用的看法。后来法国启蒙思想家孟德斯鸠接受并发展了这一观点，成为"地理环境决定论"的集大成者。关于地理环境的作用问题，斯大林于1938年在批判"地理环境决定论"时认为

---

① 杨肇清：《试析华夏文明的起源及形成》，载中国先秦史学会、洛阳市第二文物工作队编《夏文化研究论集》，中华书局，1996，第221～222页。

"地理环境不能成为社会发展的主要原因"，但同时指出："地理环境无疑是社会发展的经常的和必要的条件之一，它当然影响到社会的发展，——加速或者延缓社会发展进程。"① 斯大林批判的是地理环境决定论，是把地理环境作为社会发展的唯一条件，而看不到生产力对社会生产关系产生的影响和作用。这是马克思主义与地理环境决定论者的根本分歧所在。马克思主义者在强调生产力决定社会发展的同时，并没有忽视地理环境是人类社会发展的一个因素。在不同的时期和特定的地区往往会对经济发展产生不同的影响。马克思曾将自然富源分作两类：生活资料的自然富源与劳动手段的自然富源，并指出："在文化初期，第一类自然富源有决定性的意义；在较高的发展阶段，第二类自然富源有决定性的意义。"② 这是马克思主义关于地理环境作用的精辟论述。

根据马克思主义对于地理环境的认识，我们首先可以发现："从生产力状况来看，希腊、罗马等均是在进入铁器时代以后才形成国家，而在中原形成的中国第一个奴隶制国家则是建立在木石工具的基础之上的。尽管夏代建国前后已进入了青铜时代，但青铜并没有排除掉木石工具。居住在嵩洛地区的远古先民利用土质疏松而肥沃、易于开垦等优越条件，不必要等到铁器的出现和普遍使用，在生产技术水平还比较低的情况下，便能够生产出较多的剩余产品。再从社会基础来看，古希腊、罗马国家的社会基础是农村公社，而夏国家在形成时并没有破坏古老的氏族制度。相反，以血缘为纽带的氏族公社被保存下来。"③

其次，中原地势平坦、交通便利，而松软的黄土地又使人易于取得农业收成，中原以外的部族就往往向中原地区辐辏，外来部族与中原部族接触，就有助于中原部族吸收各外来部族的生产技术和文化思想，使生产力得到提高，文化上也得到发展。此种情况在龙山时代之初就出现了。这就是中原地区比周围地区经济和文化发展得快的原因。四方部族杂处，难免

---

① 《斯大林文集》，人民出版社，1985，第216页。
② 《资本论》第一卷，人民出版社，2018，第586页。
③ 张德水：《夏国家形成的地理因素》，载中国先秦史学会、洛阳市第二文物工作队编《夏文化研究论集》，中华书局，1996，第174页。

为争夺生产空间发生矛盾，引起战争，战争又促进了不同部族的融合和部族联盟的产生。中原部族联盟的出现，使部族制度又向国家迈进了一步。部族联盟具有区域性政权组织的性质，使国家产生的两个因素——公共权力的产生和以地域划分居民，比以前又进了一步。到尧舜为部族联盟的大酋长时，部族联盟的机构已蜕变成国家机关的雏形，而尧舜禹征伐三苗的战争，使苗族整合到炎黄部族与东夷部族联合而形成的华夏族中，又为国家的产生提供了民族基础。当大酋长公推制蜕变为世袭的王权时，就产生了国家，正式进入了文明社会。

（二）一些区域文明发展的衰变

地域性文明发展的衰变有下述几个原因：一是突发性自然灾害，如海平面升高和洪水泛滥；二是战争，战争能使一个地区性文明迅速消亡；三是部族内部生产和文化发展的停滞或政治组织发展滞后。下面以各文化区域为单位进行探讨。

1. 良渚文化的衰变

一些学者从不同角度观察，提出了几种不同的原因。第一种意见认为海侵和洪水导致良渚文化衰变。陈桥驿认为晚更新世以来的最后一次海侵，使宁绍平原的环境恶化，迫使生活于此的越部族发生了大规模的迁徙。[①]河姆渡文化的先民们突然消失，可能就是此种自然灾害造成的。俞伟超认为4000多年前中国曾发生过一次延续了若干年的特大洪水灾害，黄河、长江下游，尤其是长江三角洲变成了一片汪洋，原有的发达的良渚文化的种种设施顷刻间便被摧毁了。[②] 第二种意见认为战争导致良渚文化衰亡。严文明认为花厅墓地是良渚文化与大汶口文化发生碰撞的典型例子，"良渚文化一支武装力量北上远征，打败了原住花厅村的大汶口文化居民并实行占领。作战中，自己一方阵亡的战士不能运回老家，只有就地安葬……为了缅怀这些在异乡战死的英雄，特地给他们随葬了最能反映本族特色的玉器和陶器等物品，同时，也随葬一些原属于大汶口文化的战利品，甚至把敌方未

---

① 陈桥驿：《越族的发展与流散》，《东南文化》1989年第6期。
② 俞伟超：《龙山文化与良渚文化衰变的奥秘——致"纪念城子崖遗址发掘六十周年国际学术讨论会"的贺信》，《文物天地》1992年第3期。

能逃走的妇女儿童同猪狗一起殉葬"①。许倬云则认为良渚酋邦的首领领导不力，不再能够集中足够的资源与人力，良渚文化的创造力也就从此消失了。②

段渝则认为良渚文化的衰变是由多种原因造成的，主要如下：

第一，政治组织结构的僵化，导致了良渚文化由盛而衰。良渚文化的酋邦社群是各个酋长凭借宗教至高无上的神圣地位，依靠贵族尤其是显贵的亲属群体，从而在政治上居于地方性社群的统治地位，而酋长的亲属则占据酋邦的各种重要职位，形成了闭锁的亲属群体统治集团。良渚文化的各个区域社群中，都存在着十分严密的二级或三级的复杂酋邦组织，这种组织结构在良渚文化中期和晚期达到了十分稳定的状态。……良渚文化墓葬所显示出来的极其强烈的宗教神权意识形态色彩和极其典型的宗教神权行为方式特征，不论在良渚文化的世俗还是宗教的社会生活中，神权的力量都非常强大，反映了良渚文化政体的神权政治组织性质。……在这种因政治与宗教力量发挥到极致从而陷入僵化状态的局面下，良渚文化停滞不前，不但不能进一步发展，反而一步一步地走向衰落。……

第二，战略性资源开发与利用的单一性，致使良渚文化不能生长出新的社会生产力和生产组织，从而推动其政治组织从酋邦到国家的演进。这实际上关系到良渚文化政治组织的发展水平和演进问题。良渚文化以"玉器时代"为特征，没有进一步演进转变到以金属冶炼为标志的青铜时代。这就使得其政治组织难以在新的生产组织基础上，形成更加高级的政治组织系统，并在更加复杂的控制、指挥和协调水平上继续演化出高于酋邦的国家统治机器。……

第三，良渚文化的衰落与自然环境的变迁有着重要的关系。……良渚文化时期太湖地区的古环境经历了几次巨大的变化。良渚文化早期的气候环境与崧泽文化晚期基本相似，气候温暖，水域面积较大，

① 严文明：《碰撞与征服——花厅墓地埋葬情况的思考》，《文物天地》1990年第6期。
② 许倬云：《良渚文化到哪里去了》，载浙江省文物考古研究所编《良渚文化研究——纪念良渚文化发现六十周年国际学术讨论会文集》，科学出版社，1999，第123页。

植被为常绿阔叶林，遗址都为高地型遗址，分布于台地或山麓上，遗址的分布中心在北部和中部。到了良渚文化晚期，气候向凉干转变，水域面积缩小，许多滨海地区成为居住区，植被由常绿阔叶林转变为常绿阔叶与落叶混交林，遗址由高地向低地发展，并向东、向南迅速扩展，遍及整个太湖地区。而到了良渚文化末期，气候回升、水域面积急骤扩大，使得当时的古环境产生了一次突变，太湖地区的许多良渚文化遗址因为被水淹没而突然中断。

……从上面的分析不难看出，不论在政治组织、资源开发利用，还是环境变迁方面，良渚文化崛起的原因和其衰落的原因十分具有相似性。可以说，正是其赖以崛起的三个主要因素所起的一系列变化，导致了其发展停滞和逐步中衰，并在日益没落的过程中最终走向了衰亡。[1]

其说可从。

2. 石家河三苗文化的消亡

石家河三苗文化的消亡有下述两个原因。

一是为政不善。《国语·楚语下》中说"其后三苗复九黎之德"[2]，意指三苗"行其凶德，如九黎之为也"（《国语·楚语下》韦昭注）。所谓"复九黎之德"，是说三苗学着九黎部族，为政不善。其具体内容指的是三苗混淆并严重地破坏了天与地、神与人之间的界限，民神杂糅，民神同位，致使三苗之民原有的传统（如祭祀）从内容到形式都发生了很大的变化，导致人人自定神位，自主接神，从而引起信仰分裂，产生了无穷无尽的祸害和灾难。从考古学文化上看，在屈家岭文化时期，三苗所祭祀的神祇主要是天神和地祇。屈家岭文化时期邓家湾的大型祭祀遗址，以及同一时期其他聚落中的类似祭祀用器遗迹，所反映的是集中统一的宗教祭祀仪式，表明当时这些地方存在着共同的祭祀对象、一致的神祇。到了石家河文化时期，

---

① 段渝：《酋邦与国家起源：长江流域文明起源比较研究》，中华书局，2007，第360～361页。

② 由"三苗复九黎之德"一语，很多人以为三苗是九黎的后裔。这是一种误解，其实三苗与九黎族属不同，只是三苗部族与昔日九黎部族在发展程度上相同，意识形态相似而已。参见徐旭生《中国古史的传说时代》（增订本），文物出版社，1985，第52～53页。

情况却发生了很大的变化。在这个时期考古学遗存中，不但屈家岭文化时期祭祀天地神祇的法器均已消失无存，而且祭祀天地神祇的遗迹也不复存在。相反地却大量出现巫师、神人一类的陶制和玉制品，而这一类制品极有可能就是历史文献中所说"巫鬼"的形象。此时各种各样的陶塑人物和人头像玉器，所反映的是分散的宗教仪式和各不相同的祭祀对象与神祇，表明已不存在集中统一的信仰，而是出现了信仰分裂的局面。三苗的为政不善还表现在滥用刑罚、放弃原有神判制度，也就是对民人进行压制。种种为政不善的情况导致司法混乱、政治动荡，因而严重削弱了三苗酋邦的政治、经济和社会基础，其统治已从根本上发生了动摇。

二是尧舜禹对三苗的征伐使三苗灭亡。李伯谦在《长江流域文明的进程》一文中说："石家河文化和良渚文化一样，已经具有许多文明的因素，但不能说已经完全进入了文明。石家河文化的发展程度并不亚于中原龙山文化。按照正常途径发展下去，在相当于中原地区的夏王朝时期，这里也应该独立出现自己的文明、自己的王国。但是夏文化的向南扩张，打乱了长江中游一带正常发展秩序，使该地区最终失去了独立进入文明的机会。"其说甚是。

3. 红山文化发展的停滞

田广林在《中国东北西辽河地区的文明起源》一书中说：

从红山文化中、晚期开始，社会逐步进入铜石并用阶段，小河沿文化也属这一时期的考古学遗存。这一时期本区社会发展，与同时期存在黄河流域的仰韶文化和大汶口文化相比，也大体相当，个别方面（如礼仪文化），甚至还明显显得先进，因此在当时各个大的文化区系平行发展的历史进程中，往往起到了引领时尚的作用（主要指由红山文化发源的崇龙、尚玉和宗庙祭祖、郊社祀天祭地等礼仪因素为中原等地所接受）。……牛河梁和东山嘴遗址以"坛、庙、冢"为代表的大型礼仪建筑群体的发现，说明较早地出现于红山文化社会中的崇龙、尚玉、郊社和宗庙崇祖的古礼传统，既是后世三代礼制文明产生的直接根系之一，同时也是后起的北方民族崇龙尚玉和萨满祭天礼俗的直接思想文化来源。……夏家店下层文化时期，社会进入青铜时代……

就是从这一时期开始，西辽河地区逐渐地从当初红山的诸文化时期奠定的中华文明创建过程中的主渠道地位，一步一步地退居为文化边缘地带，其历史文化发展也相应地（与中原地区）拉大了距离。[①]

这是对于红山文化的发展由先进而趋于停滞的很好的说明。红山文化由于后来的发展停滞，未能跨进文明的门槛率先形成国家，在夏商时期便作为中央王朝管辖下的一个方国而存在。

第三节　大体平等的农耕聚落与部落社会

一　农耕聚落的出现与扩展

（一）年代划分与代表性考古学文化

中国农业的起源发生在公元前 8000 年至前 6000 年间。这个时期的聚落遗址，目前在黄河流域及其北方地区尚属空白，而长江中游的湖南澧县彭头山发现有公元前 7100 年至前 6200 年的新石器早期农耕聚落遗址。

在公元前 6000 年至前 5000 年间，中国农耕聚落获得了第一次扩展。代表这一时期的考古学文化有中原地区的磁山文化、裴李岗文化，关中及其西部地区的老官台文化，山东地区的北辛文化，西辽河流域的兴隆洼文化，辽东半岛的小珠山下层文化，长江中游的城背溪文化，以及浙江东部的河姆渡、罗家角文化等。这些七八千年前的农耕聚落的农业生产水平已进入"锄耕"或"初级耜耕"的阶段。[②] 这种聚落遗址中保存得比较完整的是兴隆洼聚落。

（二）兴隆洼聚落——对一个初期农业聚落的剖视

兴隆洼遗址是我国东北地区同期古代文化遗址中唯一经过全面揭露而且整体布局规划保存完好的大型环壕聚落遗址。经碳 14 测定，其年代在公

---

① 田广林：《中国东北西辽河地区的文明起源》，中华书局，2004，第 50～52 页。
② 李学勤主编《中国古代文明与国家形成研究》，云南人民出版社，1997，第 17 页。

元前 5500 年至前 5000 年。这一时期聚落选址的特点是位于地势较高的近水丘陵和台地之上，兴隆洼也是如此。兴隆洼文化居民的居处方式，带有两个明显的特点：一是村落的规模都比较大，居民居住相对集中，村寨内已有整齐的街区规划布局，并带有封闭式环壕防御体系，表现出浓重的聚族而居的氏族社会生活风貌；二是村落分布稀疏，彼此之间相对隔绝，体现出氏族社会各集团之间那种平等分立的时代气息。这一时期的聚落形态除环壕聚落外，又有非环壕聚落，兴隆洼、白音长汗和查海遗址均属环壕聚落。环壕聚落应属历史上出现的防御性聚落的遗存，后世的城邑就是在这种环壕聚落的基础上发展起来的。兴隆洼文化社会的主体经济成分是高级猎采经济，大型固定性的环壕聚落的出现，说明兴隆洼文化社会经济的发展，已经完全具备了向农业过渡或接受农业经济因素的条件。

兴隆洼遗址可分为先后叠压的三期，其中以一期聚落最具典型意义。经过发掘得知，兴隆洼遗址的椭圆形环壕始建于一期聚落，在环壕的北部设有唯一一个供出入的门。房址均位于环壕之内，按遗址的长轴方向成排布列，排与排之间的间隔较宽，每排中各房址之间的间隔较窄。兴隆洼文化居址的灶均设于居住面的中央位置，而居住面上发现的各种遗物和遗迹，主要分布于房址四周的墙壁附近。这样，整个住房的空间布局便大体上划分为灶址周围的空旷区和居室四周的物品放置区两大块，其中空旷区为起居区，物品放置区则为作业区。

居住在同一房屋中的人口，构成了整个聚落中一个个相对独立的基本消费单位，这便是当时社会的最基本单位。从房址中同时出土的石锄等生产工具来看，当时的生产活动，基本上也是以这种社会基本单位为主而组织进行的。在兴隆洼一期，西辽河地区居民的生产活动还处于以整个聚落为单位的阶段，所获食物由整个聚落集体分配，食物的储藏由聚落全体成员平等共同管理，所以当时的仓储设施都分区分组地建于室外。兴隆洼一期居民的社会基本组织形式是一种大家族状态。

兴隆洼一期环壕聚落中，在呈街区状成排整齐分布的上百座大型房屋的中间，即聚落中心位置，建有两座面积超过 140 平方米的超大型房屋。它体现的是大家族之下若干较小家族聚族而居的社会结构，即当时居住在同一排房屋中的居民可能代表一个大的血亲家族；几排房屋居民所代表的可能是一个氏族，与聚落中心的其中一座超大房子相对应，即每一座超大房子也都分别代表一个氏族；而整个聚落是由两个氏族组成的一个部落。年代稍晚于兴隆洼一期遗存的兴隆沟遗址，是一个面积为 5 万平方米的大型聚落遗址，整个遗址的房屋，也是成街区状整齐排列，总体布局分为三个区域，其基本规划意图与兴隆洼遗址的精神实质一致，也是每个房址代表一个最基本的社会单位，每排房屋代表一个较高层次的社会单位，每一个区域代表的应是一个氏族，三个氏族团体共同据有一个聚落，所代表的应是一个部落。这便是初期农业聚落的部落组织形态。①

二 大体平等的农耕聚落的发展时期与部落社会

（一） 年代划分与代表性考古学文化

大约到了公元前 5000 年至前 4000 年，我国农业聚落又有一次发展。代表该时期的考古学文化有仰韶文化的半坡、姜寨遗址，黄河下游大汶口文化早期，长江上游大溪文化前期。② 其中较有意义的是半坡和姜寨遗址。

半坡聚落，"包括了南北平列的两个氏族群体，共同生活在一条大围沟的保护之下，中间有一条小的界沟相隔，界沟之间，还留一条通道，可能是一个胞族的两部分，这应该是中国古代社会二分制组织的最早萌芽了。墓地在围沟之外的北部，陶窑在东部，有一定的分区"③。

姜寨聚落，"包括五个小的群落，各自成一单元，每个群落有一座中型房屋和大型房屋及十余座小房子聚合在一起，很可能这是一个氏族由五个小的家族合住在一起，外面有一条小界沟围起，界沟东边也是墓地。这个聚落已呈现出当时已产生了家庭、家族和氏族三重组织，成为一个较为成熟的氏族群体"④。

---

① 田广林：《中国东北西辽河地区的文明起源》，中华书局，2004，第 138 ~ 148 页。
② 李学勤主编《中国古代文明与国家形成研究》，云南人民出版社，1997，第 16 页。
③ 中国科学院考古研究所、陕西省西安半坡博物馆编《西安半坡——原始氏族公社聚落遗址》，文物出版社，1963。
④ 西安半坡博物馆、陕西省考古研究所等编《姜寨——新石器时代遗址发掘报告》，文物出版社，1988；巩启明、严文明：《从姜寨早期村落布局探讨其居民的社会组织结构》，《考古与文物》1981 年第 1 期，第 63 ~ 71 页。

（二）大体平等的农耕聚落典型时期的社会组织

半坡时代是大体平等聚落时期的典型，石兴邦在《中国文化与文明发展和形成史的考古学探讨》一文中说：

> 半坡时代是氏族制下的家族集体所有制时代，每个家族分若干个小家庭。生产和分配是在家族内进行的。小家庭的生产和分配的行为，与劳动产品的享用，应是受家族的制约而决定的。家族内的共同劳动与平均分配，是氏族共产制的体现。
>
> 这时部落构图全为内聚式的布局，呈圆形向心分布，显示部族本身结构与功能。以氏族内向观念为轴心，体现氏族的团结和凝聚，这种布局，是以中心广场为中心的环形体制，在共同防卫设施与固定界域内，在血缘纽带的维系下，营共同的氏族社会生活。
>
> 半坡时代的社会权力结构，可以这样构思，家族有族长，氏族部落有酋长，按传统应是以中心氏族的首领为酋长，统帅全部落。聚落中不论几个氏族，有一个权力中心，即酋长兼巫师，以协调生产、生活与宗教祭仪活动。部落酋长则是宗教与军事权力的代表，并负责与外族联系。[①]

这是从所有制、聚落布局和社会权力结构几方面对半坡时代聚落形态的精辟论述。

第四节　中心聚落时期的酋邦社会与初期的部族联盟

一　中心聚落时期的年代划分与代表性的考古学文化

公元前 4000 年至前 2600 年是中心聚落时期，依其发展阶段又可分为早

---

① 载臧振华编《中国考古学与历史学之整合研究》上册，"中研院"历史语言研究所，1997，第 91 页。

期与典型期两期。①

（一）中心聚落早期

公元前 4000 年至前 3500 年是由内外平等的聚落形态向中心聚落的过渡期，也可称为中心聚落早期。代表该时期的考古学文化是仰韶文化中期（庙底沟期）、大汶口文化中期（刘林期）、大溪文化后期等。

庙底沟时期，氏族部落社会结构发生了变化。聚落形态由内聚式的环形结构逐渐展开，向平列式发展。其时聚落范围不断扩大，出现了中心聚落。与此同时，社会组织出现由家庭、家族发展而来的宗族组织，处于典型的由大体平等的聚落向中心聚落的过渡期。其时，"氏族部落文化普遍地繁荣起来，像芒星四射，彼此辉映，相邻地区之间的氏族部落相互接触、交往并伴随着整合的进程，各地的氏族部落互相融合，便形成了较大的文化共同体，这种自然发展的融合进程，共同性增大和凝聚，是创造中国古代历史的基本形式"②。这便是庙底沟时期聚落文化发展的意义所在。

苏北邳州市刘林遗址属于大汶口文化中期，其墓葬方式为分群埋葬和分行排列，此种墓葬方式在一定程度上反映了当时的社会组织形式及死者之间的血缘关系。由墓葬情况推测，刘林聚落内的社会组织形式应当是由若干小家庭组成一个家族，又由若干近亲家族组成一个宗族，再由若干宗族构成一个聚落共同体。③ 这种社会结构的改变，是大体平等的农耕聚落向中心聚落转型的标志。

（二）中心聚落典型期

中心聚落发展的典型阶段是铜石并用时代的前期（公元前 3500 年至前 2600 年）。该时期的考古学文化有，中原地区的仰韶文化后期、甘青地区的马家窑文化、西辽河地区的红山文化后期、山东与苏北的大汶口文化后期、

---

① 中心聚落时期的年代划分，依据李学勤主编《中国古代文明与国家研究》（云南人民出版社，1997）的分期，唯因铜石并用时代前后阶段的划分年份在公元前 2600 年前后，故本书把中心聚落的下限改为公元前 2600 年，与李书定在公元前 3000 年略有不同。

② 石兴邦：《中国文化与文明发展和形成的考古学探讨》，载臧振华《中国考古学与历史学之整合研究》（上册），"中研院"历史语言研究所，1997，第 92 页。

③ 王震中：《中国文明起源的比较研究》，陕西人民出版社，1994，第 80～132 页。

长江中游的大溪文化后期和屈家岭文化、长江下游的薛家岗文化和崧泽文化。

严文明在《中国新石器时代聚落形态的考察》一文中指出，中心聚落时期正是聚落发展的分化期。这一时期聚落的特点如下：

> 与前一时期的聚落遗址大多比较相似的情况相反，这时期的聚落则已明显地出现了分化。这种分化既表现在聚落之间，也表现在聚落内部布局的改变和房屋类型的多样化等方面。
>
> 聚落之间的分化是沿着两个方向进行的。一方面是聚落大小逐渐向两极分化，以至出现中心聚落和半从属的聚落这样不同的等级；另一方面是聚落功能的分化，除一般性居民点外，还出现了专业性经济中心和宗教中心等。
>
> 这时期较著名的大型聚落有甘肃秦安大地湾乙址，河南郑州大河村，山东泰安大汶口和湖北京山屈家岭等处。其中大河村近30万平方米，大地湾约36万平方米，大汶口80多万平方米，屈家岭可能更大，而同期一般性遗址仅有几万乃至几千平方米。单就面积来说，这种差别也是显著的。
>
> ……
>
> 在这一时期，作为整个聚落布局，依然保持凝聚式特点，但不再是内向的了。大河村的聚落不但不是内向的，而且是双向的，两个聚落各是一个公社，但可能有联姻关系和相互援助的义务。内向格局的改变，反映封闭性在一定程度上的改变。
>
> 中心聚落同其他部落的关系是改变封闭性的一个杠杆；而专业性经济中心的出现更是冲击封闭性的重要力量。从现有发掘资料来看，可视为专业性经济中心的有湖北宜都红花套石器制造场和甘肃兰州白道沟坪陶器制造场。
>
> ……
>
> 与中心聚落和专业经济中心的出现同时，这时期还出现了规模很大的宗教中心，其中最重要的是辽宁凌源牛河梁和喀左东山嘴两处，

二者都属于红山文化后期。①

屈家岭是该时期最大的中心聚落，属于屈家岭文化。屈家岭文化的聚落群形态如下：

第一类是面积较大，城内外均有居住点的特大型古城或大型古城，这一类有石家河、陶家湖等两处；第二类是面积在 10~20 万平方米之间，居址仅位于城内的大中型古城。这一类有城头山、走马岭、马家垸、阴湘城、门板湾、鸡叫城、鸡鸣城等。从这批古城的具体情况分析，前一类古城即为石家河和陶家湖古城，已形成了最初的城乡连续体，它们分别处在各自聚落群内文化与政治中心的位置。后一类古城即城头山、走马岭、马家垸、阴湘城、鸡叫城、鸡鸣城等古城，城内或有建立在长方形夯土台基群上的大型建筑区，如城头山古城；或有建立在面积约 4 万平方米、高出周围地面 1 米多的台地之上的居住区，如公安鸡鸣城。这一类古城仅在城内发现居住遗迹，意味着还没有产生并形成最初的城乡连续体。城圈内仅为族体的居所，他们与其他聚落之间还没有发生统一政治组织框架内的中心与边缘等级关系。

这种情况表明，在屈家岭文化时期，长江中游各个聚落群中均有多座古城存在，形成古城并存的局面。而同一个聚落群中多座古城并存的情况，意味着以古城为中心的各个政治实体之间有着对立和互助的关系，即同等政体的关系，并形成所谓的“交互作用圈”，尤其是第二类古城，其间既没有出现聚落内文化精华的高度聚集，也没有形成政治组织的有效统一，因而在国家与文明起源的过程中还处于较低的发展水平。可见两类古城有着发展程度高低的差别，第二类明显地处在比较缓慢的发展阶段，而第一类尤其是在石家河古城则由于规模大、人口多、凝聚力强，能够吸引更多的族体，掌握更多资源，从而能够

① 《庆祝苏秉琦考古五十五年论文集》编辑组编《庆祝苏秉琦考古五十五年论文集》，文物出版社，1989，第 31~33 页。

发展成为区域文化和政治中心。①

二 中心聚落的权力结构与权力来源

中心聚落时期的社会结构，由大体平等聚落时期的"家族—氏族—部落"结构转变为"家族—宗族—酋邦"结构。

早在刘林时期，聚落内的社会组织形式已是由若干小家庭组成一个家族，又有若干近亲家族组成一个宗族，再由若干宗族构成一个聚落共同体（即酋邦）。与刘林年代相近的长江下游地区的崧泽文化可能也存在着家族—宗族结构。崧泽墓地至少存在着两个近亲部族，即两个宗族。至少到了公元前3500年以后，这种家族—宗族组织结构就与父权或父家长权结合在一起，并在家族内部形成有权力支配家族经济的父家长、普通的家族成员和家族中的奴仆、奴隶等不同的等级阶层。这种现象在大汶口文化中已很明显。这一时期，中心聚落作为贵族宗族的聚集地，在存在着亲缘关系的聚落群中，具有政治、军事、文化和宗教等中心的作用，并建有太庙大室或宗庙大室之类的庙堂建筑物，形成在精神上统合全社会的宗教神权。从行政角度看，庙堂是当时部族首领们集合议事、布政之宫；从祭祀角度而论，它又是人们举行祭祀活动的中心，是祭政合一的权力中心之所在。所以这些中心聚落可以称为原始宗邑。②

中心聚落时期的聚落形态是聚落已分化为中心聚落和普通聚落两类，中心聚落与其所属的普通聚落组成了聚落共同体，此种情况的出现，既是聚落内外都出现不平等现象的结果，也是父权家族——宗族形态的产物。这个时期按现代人类学家所说的社会发展阶段来看就是典型的酋邦社会，它是中国由史前走向文明的一个重要时期。

中心聚落时期聚落共同体（也就是酋邦）的掌权者是统治宗族的家长，其权力来源于父权家长制时期家长的权力，是世袭的。后来这种权力被不断神化，统治宗族的祖先被尊崇为部族的宗神，作为部落宗神的后裔，其

---

① 段渝：《酋邦与国家起源：长江流域文明起源比较研究》，中华书局，2007，第177~178页。
② 王震中：《中国古代文明的探索》，云南人民出版社，2005，第184~185页。

权力也被神化为神授。所以酋邦首领的权力也可看作来源于神权。酋邦首领在对外战争中也掌握着作战的指挥权，也就是兵权。不过，酋邦首领的兵权是因为他作为酋邦首领而具有的，不是由于有兵权而登上酋邦首领之位，这与部族联盟的大酋长首先要有军事才能，才能被推举不同。在典型酋邦时期，酋邦首领权力的来源是神权，所以酋邦首领最主要的权力是祭祀权，即祭天神和宗神之权，而兵权只是神权的附属物，居于其次。

酋邦的首领为了神化他们的权力，还让人雕刻了不少祭祀用的玉器和首领权力的象征物，并建立规模宏大的宗教性建筑物。

玉戈、玉钺、玉斧、玉戚是武器，又是权威、权力的象征，持有这些玉制兵器者，均为族团地位最高的人，即酋邦的首领。良渚玉器与红山玉器都是礼器、神器、法器，是沟通天人的中介。红山文化后期出现了两个规模很大的宗教中心，一是辽宁凌源牛河梁，二是喀左东山嘴。牛河梁东北部有一个祭祀中心，也可称为庙，庙附近的小山头上分布着许多积石冢。所谓庙是一个多室的平地穴建筑，庙内发现有许多塑像残块，可知当时存放了许多巨大塑像，似在露天祭祀时被移出供奉。庙的北面，还有一个人工修筑的巨大平台，周围用石头帮砌，中间有通往庙的道路，这里可能就是举行大型宗教活动的场所。牛河梁的积石冢有十几座，它们构成一个巨大的积石冢群，其规模甚大，较大的冢中墓主人常随葬玉猪龙、玉箍、云板形玉、玉环、玉璧等。较小的墓中也有较少量玉器。牛河梁的庙及其后的平台、附近的积石群，无疑是一个宗教中心。这个宗教中心当不属于所在地的聚落，应是属于整个酋邦的首领。东山嘴遗址位于一个小山头上，南面有一个石砌的小圆圈，考古学家在其附近发现了许多陶塑人像，这应是祭祀之所。其周围有许多彩陶筒形残片及各种玉器，其格局颇似牛河梁的积石冢，当是另一个较小的宗教中心。

三 中心聚落时期中原、东夷与江汉平原诸部族所形成的酋邦

（一）仰韶文化时期的中原诸部族

与仰韶文化相对应的是炎帝部族与黄帝部族。

炎帝部族指奉炎帝为宗神的古羌人部族，其中主要的是共工部和四岳

部，还有烈山氏等。《国语·晋语四》说："昔少典娶于有蟜氏，生黄帝、炎帝。黄帝以姬水成，炎帝以姜水成，成而异德，故黄帝为姬，炎帝为姜。"这种说法出自周人。其之所以把黄帝、炎帝编为兄弟，实由于周人和羌人的同盟关系，并非真有其事。炎帝姜姓部族居于渭水流域，是善于焚山开荒的农业部族，与黄帝为游牧部族不同。所谓"成而异德"，指其部族的本性不同。"炎帝以火纪，故为火师而火名"①，这些崇拜火神的古羌人，偏南方的一支即所谓烈山氏，其活动地点似在鄂北地区。奉炎帝为宗神的古羌人，以共工最为著名，故有的书上径称之为炎帝共工氏。据说，"共工氏之伯九有也，其子曰后土，能平九土，故祀以为社"②。"九有"，《礼记·祭法》作"九州"。"九州""九土"实际上应是共工部的九个宗族。这是一个相当强大的部族，曾发展到今豫北太行山东侧，但其主体仍在豫陕之间。古羌人的另一个著名部族是四岳，据说是共工的"从孙"，显然同共工部族有关系，四岳的后代有很大的发展，周代的齐、吕、申、许就是其中的代表。四岳部落最早活动地区，可能就是共工部四周的山岳，所以称为"九州之险"。四岳各部与后来的羌人（即西部古羌人）关系更加密切，所以有认为西部古羌人出自四岳的。同四岳部落相比，古羌人各部落之间的关系比较松一些。有如后来的羌人，"强则分种为酋豪，弱则为人附落"③，聚散无常而族类繁盛。古羌人偏北的一支为缙云氏，传说也是姜姓，有个不才子叫饕餮，后来被虞舜所驱逐。其他事迹无考，可能是属于鬼方之类的族团。

黄帝部族出自古戎狄部落。古戎狄部落指散处于我国北方的氏族和部落，其中一部分融入了华夏族（为黄帝部族），留下的后来仍为戎狄。黄帝后来成了黄河流域许多部族的宗神。黄帝号轩辕氏，就是以天鼋为图腾的部族的宗神。《国语·周语下》中说："我姬氏出自天鼋。"郭沫若在《殷周铜器铭文研究》及《两周金文辞大系考释》中谓天鼋即轩辕。王震中指出：

这说明由姬姜融合的周人中，还保留着祖先由黄帝族轩辕氏分衍

---

① 《左传·昭公十七年》。
② 《国语·鲁语上》。
③ （宋）范晔撰《后汉书》卷八七，（唐）李贤注，中华书局，1965，第2869页。

而出的朦胧记忆。这个"天鼋"族徽或即渭水流域仰韶时代的所谓"蛙纹",实即大鳖图样。……它在甘青地区向东,沿渭河一直到晋南、豫西的新石器时代遗址中都有发现。这种纹样历经这一地区的半坡期、庙底沟期,在甘青地区一直到马家窑期、半山期和马厂期流传有序,经久不衰。它历久不衰,只有由氏族图腾演变而来的氏族徽号才具有如此的功能。这一族徽与这一地区鱼纹等族徽并行不悖,有的甚至出于同一聚落同一彩陶盆之中,反映了它们是相互通婚联姻,并驾齐驱,关系甚为密切的一些氏族部落。

其说甚是。有熊氏是奉黄帝为宗神、营游牧生活的部族中南迁黄河中游的一支。《史记·五帝本纪》记黄帝与炎帝和蚩尤涿鹿之战时,并教练熊、罴、貔、貅、貙、虎六种野兽参加战斗取得胜利。这六种野兽其实就是六个以野兽命名的宗族。这六种野兽都生活在北方,也有助于判明黄帝是古戎狄的宗神。黄帝号有熊氏,说明有熊氏族在黄帝部中居于领先的地位。黄帝又有缙云氏之号,以云纪官。《路史·黄帝纪》中说:"其即位也,适有云瑞;因以云纪,百官师长俱以云名。"① 有青云氏、缙云氏、白云氏、黑云氏、黄云氏诸名。疑青云、缙云、白云、黑云、黄云为黄帝部族中诸宗族之族徽,而以诸氏为宗族首领之称。缙云则为黄帝宗族的族徽,又为黄帝部族之图腾。反映了黄帝部族为了顺应农业社会的需要,学习农耕,改变了游牧部族的特性。"黄帝之子二十五宗,其得姓者十四人,为十二姓:姬、酉、祁、己、滕、箴、任、荀、僖、姞、儇、依是也。惟青阳与夷鼓同于己姓。"② 二十五宗就是二十五个宗族,可见黄帝部族族属之繁盛。十二姓中有些已不可考,可能是较早灭亡了,没有留下什么传说。黄帝后裔中祁姓著名的有陶唐氏,即唐尧部族,陶唐氏最早活动在今河北省唐县境,所谓"唯彼陶唐,帅彼天常,有此冀方,今失其行,乱其纪纲,乃灭而亡"③,指的就是他们。其中有一部分后来南迁,到达今山西省汾阳市,

---

① 《左传·昭公十七年》服虔注。
② 《国语·晋语四》,"重耳婚媾怀嬴"章司空季子(胥臣白季)语。
③ 《左传·哀公六年》引《夏书》佚文。

关于唐尧的传说，主要在这里。汾阳即尧都平阳。陶唐氏有的继续南迁，到达汉水以北，在那里建立唐国，其地可能在今河南省唐河县境。陶唐氏的逐步南迁，是奉黄帝为始祖的戎狄部落南下发展的一个缩影。夏禹和后来的匈奴，也出自黄帝之族。

（二）大汶口文化时期的东夷诸部族

与大汶口文化相对应的有太皞、少皞与蚩尤等东夷诸部族。

《后汉书·东夷列传》载："夷有九种，曰畎夷、于夷、方夷、黄夷、白夷、赤夷、玄夷、风夷、阳夷。"这九夷是古夷人延续到夏商周三代的部分。相传太皞为风姓，少皞为嬴姓。风即凤，嬴即燕，表明他们是各自以凤与燕为氏族的图腾。称太皞、少皞，则实出于对太阳神的崇拜。田昌五指出：

> 太皞同太昊，昊，天也，表示太阳经天而行的意思，从阳夷之号为阳，可以佐证。古人把太阳升起的地方叫作"旸谷"，或作"汤谷"。《山海经·大荒东经》："汤谷，上有扶木，一日方至，一日方出，皆载于鸟。"扶木，即扶桑，是古人设想最东的地方。夷人奉太皞为祖宗，只是说明他们自认为是太阳的子孙，或者从太阳升起的地方产生出来的。[1]

张富祥说：

> 太昊集团可能原分布于今鲁中南、苏北以东黄海沿岸地区，而仍以曲阜一带为活动中心；后来这一集团渐次西侵中土，其活动中心遂亦移至今淮阳一带。少昊集团可能原分布于今鲁北以至渤海沿岸地区，后来随着势力的扩张，逐渐西进，南下取代太昊集团，亦以曲阜一带为大本营，遂成为与中原抗衡的主要势力集团。当少昊集团极盛时，太昊集团的势力已渐次融入中土。其原来所属的东土部族则统归少昊集团。……返观太昊、少昊二名的分化，大概主要与两集团兴起的先

---

[1] 田昌五：《古代社会形态研究》，天津人民出版社，1980，第120页。

后有关系。当太阳崇拜盛行之时，东夷集团可以统称为昊族。由于大昊集团原先势力较强，兴起较早，且逐渐向中原地区浸润，所以中原部族称之为太昊，"太"包涵了"大"和"早"两重意思；相比之下，少昊集团原先势力较弱，兴起也较晚，因而被称为少昊；"少"同样包涵"小"和"晚"两重意思。①

这是关于太皞与少皞两部族的分布和代兴情况的简要说明。

少皞集团到中心聚落时期应该已经发展到了酋邦阶段。其时的少皞部族组织结构情况，见于《左传·昭公十七年》。郯子朝鲁，在回答叔孙昭子"少皞氏鸟名官何故也"的提问时说：

> 吾祖也，我知之。昔者黄帝氏以云纪，故为云师而云名；炎帝氏以火纪，故为火师而火名；共工氏以水纪，故为水师而水名；太皞氏以龙纪，故为龙师而龙名。我高祖少皞挚之立也，凤鸟适至，故纪于鸟，为鸟师而鸟名。
>
> ——凤鸟氏，历正也；玄鸟氏，司分者也；伯赵氏，司至者也；青鸟氏，司启者也；丹鸟氏，司闭者也。
>
> ——祝鸠氏，司徒也；鴡鸠氏，司马也；鸤鸠氏，司空也；爽鸠氏，司寇也；鹘鸠氏，司事也。五鸠，鸠民者也。（杜注：鸠，聚也。）
>
> ——五雉为五工正，利器用，正度量，夷民者也。（杜注：夷，平也。）
>
> ——九扈为九农正，扈民无淫者也。（杜注：扈，止也，止民使不淫放。）

上述从凤鸟氏到丹鸟氏合称"五鸟"，每个鸟名代表一个宗族，这五个宗族是少皞酋邦的贵族。其中凤鸟是代表整个酋邦的图腾，是邦君所在的氏族。这五个贵族宗族是酋邦的核心家族，他们掌握着对上帝和宗神的祭

---

① 张富祥：《东夷文化通考》，上海古籍出版社，2008，第106～107页。

祀权和制定历法之权。凤鸟氏即以凤为图腾的酋邦君长之宗族，总掌立法，称为历正。玄鸟氏即以燕为族徽的宗族，掌管春分和秋分两个节气；伯赵氏即以杜鹃为族徽的宗族，掌管夏至和冬至两个节气；青鸟氏即以鹌鹑为族徽的宗族，青鸟"立春鸣，立夏止"，故为司启之官，掌管立春、立夏两个节气；丹鸟氏即以锦鸡为族徽的宗族，锦鸡"立秋来，立冬去"，故为司闭之官，掌立秋、立冬两个节气。

从祝鸠氏到鹘鸠氏，合称"五鸠"，为协助酋邦君长管理民事之官，即执事官，亦称有司。祝鸠氏即以鹪鸠为族徽的宗族，为司徒之官，主教民。雎鸠氏即以鱼鹰为族徽的宗族，为司马之官。杜预注："爽鸠，鹰也。鸷，故为司寇，主盗贼。"鹘鸠氏，即以鹘雕为族徽的宗族，"春来冬去"，以其春夏秋忙、冬闲，故为司事之官，"事"当指农事。

五雉，即五工正，为五个从事手工业的宗族。贾逵谓鹎鸠氏为攻木之工，即木工正；鹴鸠氏为抟埴之工，即陶工正；翟雉氏为攻金之工，即金工正；鵗雉氏为攻皮之工，即皮工正；翬雉氏为设色之工，即染工正：似为附会之说。总之他们的责任是改善器物用具，统一尺度用量，使宗族成员分配得到平均。

九扈，即九农正，是九个从事农业生产的宗族的首领。他们的分工各有侧重。蔡邕《独断》中说："春扈氏农正，趣民耕种；夏扈氏农正，趣民芸除；秋扈氏农正，趣民收敛；冬扈氏农正，趣民盖藏；棘扈氏农正，为果驱鸟；行扈氏农正，昼为民驱鸟；宵扈氏农正，夜为民驱兽；桑扈氏农正，趣民养蚕；老扈氏农正，趣民收麦。"均为附会之说。其实九扈就是九个管理农业生产的农正，责任是督促各宗族勤于农事，使他们不至于懒惰放纵。

与太皞、少皞同时的东夷部族中还有蚩尤部族。

蚩尤是东夷九黎族的君长，而九黎为山东、河北、河南三省接壤处的一个部族。涿鹿之战，太皞、少皞二部族与蚩尤在同一战线上作战，可证其属于同一集团。[1]从渊源上说，"九黎最可能与古莱夷有关"。有人认为，

① 徐旭生：《中国古史的传说时代》（增订本），文物出版社，1985，第48~53页。

商周之际"莱夷分布的地区，虽然远在莱州，其实占的地方可能是整个山东省北部，东起登莱半岛，两面可能到公元前 620 年以后的黄河为止"①。古莱夷当是胶东史前文明的创造者，可能很早已向内地浸润，而莱、黎一声之转，因此蚩尤有可能源出于古莱夷，故被称为"九黎之君"。当少皞集团取代太皞集团以曲阜一带为大本营，成为与中原势力抗衡的主要势力集团时，也是蚩尤部族崛起的时期。《史记·五帝本纪》记蚩尤部与黄帝正面冲突时，正义引《龙鱼河图》称"蚩尤兄弟八十一人"，这分明是由"九黎"之"九"演化出来的，极言其部族之庞大，实际上是指整个东夷。张富祥说：

> 从名号训诂上推求，我们认为"蚩尤"之名，其实就是少昊集团"五鸠"之名的转换。其名急读曰"鸠"，缓读即成"蚩尤"。"五鸠"族群原是东夷少昊集团的核心势力，当大规模部落战争到来之时，蚩尤以部落首长兼"五鸠"首领的身份而成为东夷军事领袖，于是也成为北狄、西夏集群的主要敌手。不过他很快失败了，没有能够进入古帝王的序列，而只以部族的英雄归葬于故地，后来齐人世世祀之为"兵主"和战神。②

这正好揭示了蚩尤与少皞集团的密切关系。

（三）屈家岭文化时期江汉之间的苗蛮部族

与江汉之间屈家岭文化相对应的是三苗部族。

三苗是古蛮人部族，大概是由各自独立的有亲缘关系的三个部族组合而成的部族群，共同奉帝鸿为宗神，帝鸿即帝江，是江神之名，说明三苗与长江有关系。《山海经·海外南经》提到的"驩头国"或"驩朱国"，其首领是驩兜，传说驩兜即帝鸿不才子浑敦，浑敦实即驩兜的音变。可见"驩兜国"即三苗部族群中的一个部族。三苗是一个强大的部族群，战国时期的法家吴起说："昔者三苗之居，左有彭蠡之波，右有洞庭之水，文山在其

---

① 顾铁符：《楚国民族述略》，湖北人民出版社，1984，第 71 页。

② 张富祥：《东夷文化通考》，上海古籍出版社，2008，第 201 页。

南，而衡山在其北，恃此险也，为政不善，而禹放逐之。"① 彭蠡即今鄱阳湖，衡山据说即今安徽省境内之霍山（古曾名衡山），文山不知何在，总是在这两个湖的南边。驰驱在这样广大的地区，可以想见其活动的能力。

三苗发展到江汉平原时，可能已开始进入酋邦社会，与屈家岭文化的发展程度正好相合。

四　初期的部族联盟

（一）黄帝与炎帝、蚩尤之间的战争与部族联盟的出现

分处于渭河两边的炎帝部族和黄帝部族，后来分别沿着黄河向东发展。炎帝部族与黄帝部族分别到达中原以后，先是炎帝部族占着主导地位。随着人口密度的增大，各部落间的交往碰撞增多，后来炎帝部落的力量逐渐衰弱，已征服不了周边的小部族。正如《史记·五帝本纪》中所说，存在着"诸侯相侵伐，暴虐百姓，而神农氏（实际上应为炎帝部族）弗能征"的情况。而这时黄帝部族则日趋强大，"习用干戈，以征不享，诸侯咸来宾从"。终于，黄帝部族在"咸来宾从"的"诸侯"的支持下，"与炎帝战于阪泉之野，三战，然后得其志"。战后，两部族结成了联盟，在联盟中，黄帝部族居于主要地位，共工部族改用黄帝部族的名号，居于次要地位。这时黄帝部族与共工部族结成的联盟，属于初期部族联盟的性质，两部族的地位基本是平等的，是华夏氏族最先融合的两个部族。在史前部族战争频发的时代，各大集团间的部族流动和融合是经常发生的，东夷的太皞部族也是最早与中原部族融合的部族。太皞集团本以凤鸟为最高图腾，而进入中原以后，渐次与中原部族融合，遂改用华夏部族的龙图腾。在融合过程中起作用最大的黄帝，就被奉为华夏民族最早的共同祖先。

随着东夷族的势力向中原扩展，蚩尤部族又与共工部族发生了冲突。双方战争的结果，是蚩尤部族打败了共工部族，侵占了共工部族全部领地，"九隅无遗"②。于是共工部族向有联盟关系的黄帝部族求援，黄帝部族与共工部族联合，与蚩尤部族战于涿鹿之阿，战争的结果是蚩尤被擒杀。对蚩

①　《战国策·魏策一》。

②　黄怀信：《逸周书校补注译》（修订本），三秦出版社，2006，第294页。

尤所领部族的处理则是让其继续保持部族组织，而归属于少皞。这时以黄帝部族为中心的部族联盟中，除黄帝和共工两个部族外，又加入了少皞部族。涿鹿之战可以看作中原与东夷两大部族集团融合的标志。

（二）初期部族联盟的特点、性质与意义

初期部族联盟的特点与性质，可以从下列数端观察。一是部族联盟大酋长权力的来源与部族君长权力的来源不同。部族君长的权力源于家长制家庭的父家长的权力。其君长由主要宗族中的家长担任，拥有对上帝和宗神的祭祀权，其产生非出于公推。部族联盟大酋长的产生则出于公推，即由联盟各族公推，由军事实力最强的部族君长担任。所以，可以说部族君长的权力源于神权，部族联盟大酋长的权力来自军权。二是初期部族联盟时期各加盟的部族，其地位基本上是平等的。从部族联盟大酋长的角度来看，部族联盟犹如部族的扩大，将其他部族吸收到同一个共同体中，是一种"收族"的行为。同时，由于当时生产力发展的水平还不足以养活奴隶，不能对战争失败的部族进行奴役，所以在打败对方后，要么结为平等的联盟，要么把他们驱逐出原有的居住区域，蚩尤对共工部族采取的是后一种办法，黄帝对东夷部族采取的是前一种办法。三是初期部族联盟时期，整个联盟的管理机构比较简单，只设监察官、掌握星象气候的官与辅政官三种官员。关于监察官，《史记·五帝本纪》记黄帝时曰："置左右大监，监于万国。"他们的职责是"监观四方，求民之莫"[①]。主要是监察各部族的反应和动向，并向各部族宣示命令，以达到各部族之间的"和同"。关于掌握星象气候的官，《史记·五帝本纪》集解引应劭之语说："黄帝受命有云瑞，故以云纪事也，春官为青云，夏官为缙云，秋官为白云，冬官为黑云，中官为黄云。"《史记·历书》也说："盖黄帝考定星历，建立五行，起消息，正闰余，于是有天地神祇物类之官。是谓五官，各司其序，不相乱也。"这里所举黄帝所设"考定星历"的五官，就是对"以云名官"的进一步阐述。"考定星历"就是《世本》所说"黄帝使羲和占日，常仪占月，臾区占星气，伶伦造律吕，大挠作甲子，隶首作算数，容成综此六术而著调历也"。所记述的正

---

① 《史记·五帝本纪·黄帝纪》。

是司天官的具体职务。实际上就是"视时候，授民事"，即根据云气的变化和物候时序管理社会生产和社会生活，与游牧业、农业有着直接关系。关于辅政官，黄帝时"举风后、力牧、常先、大鸿以治民"①，此四人即酋邦组织中辅佐邦君的有司，相传为黄帝感梦而得。《史记·五帝本纪》正义引《帝王世纪》说："黄帝梦大风吹天下之尘皆去，又梦人执千钧之弩，驱羊万群，帝寤而叹曰：'风为号令，执政者也。垢去土，后在也。天下岂有姓风名后者哉？夫千钧之弩，异力者也，驱羊数万群，能牧民为善者也。天下岂有姓力名牧者哉？'于是依二占而求之，得风后于海隅，登以为相，得力牧于大泽，进以为将。"感梦而得贤人，遂成为夏商周三代统治者求贤的一个模式。

田昌五在《中国古代的氏族和部落》一文中说：

> 黄炎、蚩尤之间的循环战争和结成联盟，在我国历史上具有重要意义。一是促进了各氏族部落之间和其内部的分工和交换，加速了社会阶级分化的过程；二是促使不同氏族部落之间发生融合，产生了华夏族；三是从血缘部落联盟发展为地域部落联盟，蜕变为国家。可以说从这个时候开始，我国历史就要从原始社会跨到文明社会的门槛上来了，或者说进入了从原始社会到阶级社会的过渡时期。②

这就是初期部族联盟的历史意义。

第五节　都邑聚多级聚落时期的酋邦形态与部族联盟向早期国家的过渡

一　都邑聚多级聚落时期的存在年代与代表性的考古学文化

都邑聚多级聚落的概念是学者张学海在 1991 年召开的纪念城子崖遗址

---

① 《史记·五帝本纪·黄帝纪》。
② 田昌五：《古代社会形态研究》，天津人民出版社，1980，第 151 页。

发掘 60 周年国际学术讨论会上提交的论文《城子崖遗址与中国文明》[①] 中首先提出来的。都邑聚多级聚落存在的时间为龙山文化时期,即铜石并用时代的晚期,其具体年代为公元前 2600 年至前 2000 年,约当我国第一个有历史记载的夏王朝产生的前夕。属于这个时期的考古学文化,在中原地区(指河南)为中原龙山文化;在山东、苏北地区为典型龙山文化;在辽东地区为小珠山上层文化;在甘青地区为齐家文化前期;在长江中游地区为石家河文化;在长江下游地区为良渚文化。[②]

根据对龙山文化时期有代表性遗址的考古学研究,这一时期贫富分化、阶级对立的情况有所发展,父权家族内已存在劳动奴隶,国家产生的条件之一——阶级的存在,已经具备。李学勤主编的《中国古代文明与国家形成研究》一书中说:

> 尽管考古发现具有很大的偶然性,但现有的材料表明,公元前 3000～前 2000 年,在黄河流域和长江的中、下游地区,都由程度不同的贫富分化、财产占有不均走向了阶级分化和对立,也就是说,作为我们提出的国家形成的两个标志之一——阶级的存在,这时已经具备。只是在阶级阶层产生的途径以及财富积累与集中方式上,我们发现无论是大汶口墓地的材料,还是龙山时代的山东泗水尹家城、诸城呈子或山西襄汾陶寺的墓葬材料都表明,当初聚落乃至全社会的贫富分化是由父权家族内财富占有的悬殊及其等级阶层来体现的,阶级的发生绝非仅仅是因社会生产的分工以及个人或个体家庭的生产技能所致,也不必依赖于商业和商品经济的发展,而是与父权组织结构以及父权的上升有着密不可分的关系。当时还不存在土地的个人或家庭所有制,而为宗族和家族所有,因而社会的财富只能通过家族来积累,而家族则是由父权家长控制和掌握的,随着父权的上升,家族内的等

---

① 张学海:《城子崖遗址与中国文明》,载张学海主编《纪念城子崖遗址发掘 60 周年国际学术讨论会文集》,齐鲁书社,1993。

② 严文明:《中国新石器时代聚落形态的考察》,载《庆祝苏秉琦考古五十五年论文集》编辑组编《庆祝苏秉琦考古五十五年论文集》,文物出版社,1989,第 24～37 页。

级地位和财富占有不均现象的发生和发展，也就势所必然。根据经典作家们的研究和民族学资料，这种父权家族还包括非自由人在内，也就是说，在当时的家族结构中除了含有支配家族经济的家长外，也包含着虽说是自由的但又处于无权地位的其他家族成员及家族中的劳动奴隶。这些自由民和非自由民，以耕种土地和照料牲畜及从事手工业生产为目的，而在父权下组成了家族。[①]

其说甚是。

在阶级分化出现的同时，龙山文化时期还出现了城市的勃兴。近年来在山东地区发现的龙山文化时期城址就有 15 座，详见表 1 - 8。

表 1 - 8　龙山文化时期城址

序号	遗址
1	章丘城子崖
2	寿光边线王
3	邹平丁公村
4	临淄田旺村
5	滕州西康留
6	滕州龙楼城
7	丹士城
8	教场铺龙山城
9	尚庄龙山城
10	乐平铺龙山城
11	大尉龙山城
12	王集龙山城
13	景阳冈龙山城
14	王家庄龙山城
15	皇姑冢龙山城

资料来源：张学海：《试论山东地区的龙山文化城》，《文物》1996 年第 12 期。

---

① 李学勤主编《中国古代文明与国家形成研究》，云南人民出版社，1997，第 46 ~ 47 页。

张学海在《试论山东地区的龙山文化城》一文中全面探讨了龙山文化城址及等级问题。他认为已发现的 15 座山东龙山文化城址可分为两种，一种是通常的城，采用版筑法，另一种是台城，采用堆筑和版筑相结合的筑城技术，以台城占多数。这 15 座城址（除西康留、龙楼城），从规模上可以分为两个等级，城子崖、丁公村、田旺村、丹士城、教场铺龙山城、景阳冈龙山城属于一级，边线王以及尚庄、乐平铺、大尉、王集、王家庄、皇姑冢龙山城属于二级。一级龙山文化城不仅具有较大的规模，还是一个龙山聚落群的中心。这种龙山聚落群当是一个龙山古国①，有的或是一个部落。因而一级龙山文化城是古国的政治中心，具有"都城"的性质，或者是部落联盟的中心。其中，教场铺、景阳冈龙山城规模大，是两个龙山古国的统治中心。城子崖、丹士城内规模和内涵略逊一筹，而田旺村、丁公村的规模更小。二级城的规模要比一级城小得多，它不是古国主要的政治中心，而又明显高于村落，因而具有"邑城"的性质，应是古国二级行政权力所在。山东地区龙山文化城中已形成不同的等级，龙山聚落群中存在大批一般聚落，反映了当时社会已形成都邑聚的等级结构。②

此外，河南地区有城址 5 座，湖北地区有城址 4 座，湖南地区有城址 1 座，内蒙古地区有城址 3 座，详见表 1-9。

表 1-9　河南、湖北、湖南、内蒙古的城址

地区	城址	资料来源
河南	登封王城岗	河南省文物研究所、中国历史博物馆考古部：《登封王城岗遗址的发掘》，《文物》1983 年第 3 期
	淮阳平粮台	河南省文物研究所等：《河南淮阳平粮台龙山文化城址试掘简报》，《文物》1983 年第 3 期
	辉县孟庄	袁广阔：《辉县孟庄发现龙山文化城址》，《中国文物报》1992 年第 47 期
	郾城郝家台	河南文物研究所等：《郾城郝家台遗址的发掘》，《华夏考古》1992 年第 3 期
	安阳后岗	胡厚宣：《殷墟发掘》，学习生活出版社，1955

---

① 古国应指酋邦。
② 张学海：《试论山东地区的龙山文化城》，《文物》1996 年第 12 期。

续表

地区	城址	资料来源
湖北	天门石家河	北京大学考古系、湖北省文物考古研究所等：《石家河遗址群调查报告》，《南方民族考古》第 5 辑，1993
	江陵阴湘	江陵县文物局：《江陵阴湘城的调查与探索》，《江汉考古》1986 年第 1 期
	石首走马岭	张绪球：《屈家岭文化古城的发现和初步研究》，《考古》1994 年第 7 期
	荆门马家垸	
湖南	澧县城头山	湖南省文物考古研究所等：《澧县城头山屈家岭文化城址调查与试掘》，《文物》1993 年第 12 期
内蒙古	包头阿善	内蒙古社会科学院蒙古史研究所等：《内蒙古包头市阿善遗址发掘简报》，《考古》1984 年第 2 期
	凉城老虎山	
	准格尔寨子塔	田广金：《内蒙古长城地带石城聚落遗址及相关诸问题》，载《纪念城子崖遗址发掘 60 周年国际学术讨论会文集》，齐鲁书社，1993

　　龙山时代的城邑，就其大部分地区来说，都是与阶级的产生结合在一起的，因而这种城邑所显示出来的权力系统也应带有强制性质。城有大小之别，大的中心城邑是酋邦的统治中心，一般的小城可能就是从属于大城的中心聚落。酋邦的中心城邑一般都有较大的规模，城内建筑物的结构与性质都不同于作为中心聚落的小城。

　　中心城邑统领小城与鄙邑的情况可以石家河中晚期的聚落群为例。严文明在《龙山时代城址的初步研究》一文中认为，石家河城址不仅城围特别大，就是作为一个聚落遗址来看，也是长江中游同时期遗址中面积最大、文化内涵最丰富的，可以想见聚集在那里的人口也会是相当多的。这些人口中按职能分至少有四个部分：一是行政管理人员；二是军队，军队需要有很高权威的首领，石家河遗址曾出土过一个陶罐，上面刻画着一位首领；三是祭司；四是手工业者，如陶工、玉工和制铜工匠等。此外，也可能还有一些农民，但大部分农民应是住在城外各个较小的聚落中。石家河城址附近相当密集地分布着将近 40 处遗址，居民的经济成分主要应是农业，他们同城内居民在经济上是一种分工和相互依存的关系，当时显然已有贵族与平民之分，发现的较大的墓应是贵族的，中小型墓则是平民的。城外诸聚落遗址中主要是平民。这样城邑与城外各聚落的关系，就不单纯是一种分工和相互依存的关系。城里贵族既然掌握了巨大的权力，他们就会根据自己的需要来招徭役从事某些巨大的工程，强迫人们贡献财物。所以城与乡又形成一种控制与被控制的对立关系。这样看来，城和周围的聚落是密不可分的。它们应已构成一个统一的社会组织，这样的社会组织应当就是最初的"国或者邦"。如果石家河城址及其周围的聚落代表一个"国"，那么，其他的小城及其周围的聚落也可能构成较小的"国"，长江中游龙山城址应不止现知的6个，那么当时的"国"也不止6个（这里的"国"应理解为酋邦）。① 所论甚是。

段渝在《酋邦与国家起源：长江流域文明起源比较研究》一书中进一步指出：

> 对于石家河中心聚落的强大和繁荣，以及其他一些中心聚落群在政治上服从于石家河中心聚落的现象，从政体演化的角度分析，就是所谓的"聚变"，即权力和资源在积聚、演变过程中，逐步从多个中心集中到少数中心。它所表明的事实是，在社会政治组织的演进过程中，多个原来简单政体服从、合并于少数复杂政体之中，使权力从分散走向集中，从而形成社会规模更大，更复杂，社会财富更集中，权力实施范围更广、实施程度更高的区域性政体。这一历史现象，同中国古史所记载的史前中国从万邦林立的分散状态，逐步走向区域政治中心的形成，这一切历史发展演变过程是完全一致的，表明社会已经演进到一个更高级的发展阶段。②

这是对政体演变现象——"聚变"的一个很好的说明。

二 都邑聚多级聚落时期的酋邦形态

从石家河聚落群的情况看来，龙山文化时期的酋邦比起中心聚落时期的酋邦来有很大的发展，比中心聚落时期多了一个层级。酋邦的中心城居

---

① 严文明：《龙山时代城址的初步研究》，载臧振华编《中国考古学与历史学之整合研究》（上册），"中研院"历史语言研究所，1997，第235～256页。

② 段渝：《酋邦与国家起源：长江流域文明起源比较研究》，中华书局，2007，第179页。

住着统治宗族的宗子（作为酋邦的君长），建有宗庙，称为"都"。而小城（"邑"）仍如以前中心聚落的规模，居住着宗族长，也有所属的土地，这些土地上所附属的人口的居住之处便是普通的聚落，称为"聚"。互相有领属关系的都邑聚，作为有组织的聚落群，其地域色彩——按地域来划分居民的程度，比中心聚落时期又前进了一步。这个酋邦组织也远比中心聚落时期复杂。例如长江下游的良渚文化，在社会分层的基础上，已经形成了若干个复杂酋邦。良渚文化其实是由若干大小不等的复杂酋邦所组成的复杂社群。段渝在《酋邦与国家起源：长江流域文明起源比较研究》一书中说：

> 从良渚遗址的分布可以看出，它划分成三个大的聚落群，以莫角山遗址为中心的聚落群、东苕溪以北的聚落群、荀山聚落群。在这三大聚落群中，显然可见，莫角山聚落群不但密集，大墓众多，而且出土玉器规格高，处于整个良渚聚落群的最高层次；东苕溪以北聚落群中，有像瑶山墓地那样的大墓，出土有丰富而规格很高的玉器，也应该处于良渚聚落群中的很高层次。荀山聚落群中的庙前遗址，是一处村落遗址，其西部20多座墓葬埋葬于一般生活堆积之上，墓穴小而浅，随葬物以陶器为主，间有小件玉制饰件出土，一般认为，这类墓葬是平民墓。荀山遗址群各遗址的堆积范围都不大，至今没有发现具有一定规模的人工营建墓台，因此荀山遗址群应为平民生活居住区。正如芮国耀先生所分析的那样，良渚遗址群的聚落形态已经形成了不同的层次，表明良渚时期的人们已经形成了不同的社会阶层。社会阶层的激烈分化，是建立在明确的社会分工基础之上的，表示一种集权的贵族政治的产生。

> 上述情形表明，良渚遗址群中，相同或相当的等级居住在同一个聚落，而在同一个聚落中则没有等级的划分。也就是说，良渚遗址群的聚落是按照等级来划分的。这种情况，恰与墓地的分布形态相吻合，高等级墓地与低等级墓地分别修建在不同的地点，从而形成了墓地的等级划分。这充分说明了良渚遗址群内社会分层已经达到相当深的程度，一个至少具有三个层次的复杂酋邦已经形成。

　　　　根据以上的分析和论述，可以看出：第一，良渚文化社群中，在
　　社会分层的基础上形成了等级制社会；第二，在这个等级制社会中，
　　权力达到了高度集中的程度，但权力还没有制度化，整个良渚文化是
　　分区的酋邦制集团，没有形成一个统一的政体；第三，良渚文化酋邦
　　的统治权力采取神权的形式，宗教神权的力量异常活跃和强大；第四，
　　各个酋邦的被统治者是血缘家庭，而不是个人。①

从上面的分析看来，良渚文化事实上是由多个同等政体所共同创造的，不
存在一个统一的能够号令全部酋邦的中心，所以未能发展成为一个统一的
政治组织系统。良渚文化各个共同体之间即使有过短暂的联合，也是不稳
定的，仅仅存在着一个共同的文化系统，所以，良渚文化虽然在社会复杂
化方面已经达到了很深的程度，但依旧处在分散的酋邦组织的发展阶段。

三　都邑聚多级聚落时期的部族联盟

　　该时期的部族联盟指的是龙山文化时期到夏王朝建立前整个原始社会
后期的部族联合体，亦称后期部族联盟。后期部族联盟的特点是从血缘部
族联盟发展为地域部族联盟，是部族机关发展到国家的过渡形态。后期部
族联盟由颛顼、帝喾、尧、舜、禹相继担任部族联盟大酋长。黄帝担任部
族联盟大酋长之后，出现了融合炎黄与东夷三大部族集团文化的颛顼、帝
喾时期。颛顼与帝喾时期阶级分化已经很明显了，部族联盟大酋长的权威
也比以前大为提高。尧舜时期的部族联盟机构已逐渐变质，俨然成为国家
机关的雏形。禹时大酋长的势力大为膨胀，逐渐蜕变成为国王。禹的儿子
启打破了大酋长的公推制度后，我国第一个奴隶制国家夏王朝就诞生了。
反映部族联盟时期各部族之间兼并、融合关系的是龙的崇拜的出现。龙是
由各部族图腾中最具特征的部分共同熔铸成的。龙的鹰爪来源于以鸟为图
腾的部族，虎掌来源于以猛兽为图腾的部族，蛇颈则来源于以蛇为图腾的部
族。龙被看作大酋长的化身和部族联盟的保护神。关于龙的神话，正好象征

---

① 段渝：《酋邦与国家起源：长江流域文明起源比较研究》，中华书局，2007，第101～103页。

着大酋长的权力。可以说龙的崇拜的出现，标志着由部族向国家的迈进，离国家的产生已经不远了。

四　颛顼时期对于部族联盟组织的改革

自少皞加入了黄帝部族联盟之后，中原部族联盟即有东夷部族的融入。颛顼是少皞之后，属东夷部族，在龙山时代之初，接替黄帝部族做了中原部族联盟的大酋长，社会进入了部族联盟的后期。

颛顼与黄帝之间有数百年的间隔。其间社会已发生了很大的变化。如黄帝时还保存有某些母权制遗风，而《淮南子·齐俗训》中说"帝颛顼之法，妇人不辟男子于路者，拂之于四达之衢"，则说明此时已在黄帝时代确立父系制的基础上，将男尊女卑观念采用宗教的形式固定下来。此种敬鬼神、立尊卑的现象，即《史记·五帝本纪》所谓"依鬼神以制义"，是这个时代的新特征。[1]

颛顼在位时的作为如下。

一是在与共工"争为帝"的斗争中挫败了共工。据徐旭生考证，共工氏居地共，即今河南省辉县，在黄河转弯处的北岸，当河患开始之处。[2] 共工氏是因在这一地区长期与水害进行斗争，积累了一定治水经验而享有威望的部族。如文献记载："共工氏以水纪，故为水师而水名。"[3] "共工氏有子曰句龙，为后土。"[4] "共工氏之伯九有也，其子曰后土，能平九土，故祀以为社。"[5] 关于共工与颛顼"争为帝"，有两种传说，一说是"颛顼尝与共工争矣"，"共工为水害，故颛顼诛之"[6]；另一说是"共工与颛顼争为帝，怒而触不周之山，天柱折，地维绝。天倾西北，故日月星辰移矣。地不满东南，故水潦尘埃归焉"[7]。均以共工失败而告终。

二是对部族联盟的机构进行改革，把司天之官与管理民事之官分开。

---

① 李学勤主编《中国古代文明与国家形成研究》，云南人民出版社，1997，第 204~205 页。
② 徐旭生：《中国古史的传说时代》（增订本），文物出版社，1985，第 136~138 页。
③ 《左传·昭公十七年》。
④ 《左传·昭公二十九年》。
⑤ 《国语·鲁语上》。
⑥ 《淮南子·兵略训》。
⑦ 《淮南子·天文训》。

关于此项改革,《国语》中有记载。《国语·楚语下》记楚昭王问大夫观射父:《周书》上所说的重、黎让天地无法相通,是怎么回事?如果不这样,人们就能升天吧?观射父回答:

> 非此之谓也。古者民神不杂。民之精爽不携贰者,而又能齐肃衷正,其智能上下比义,其圣能光远宣朗,其明能光照之,其聪能听彻之,如是则明神降之,在男曰觋,在女曰巫。是使制神之处位次主,而为之牲器时服,而后使先圣之后之有光烈,而能知山川之号、高祖之主、宗庙之事、昭穆之世、齐敬之勤、礼节之宜、威仪之则、容貌之崇、忠信之质、禋洁之服,而敬恭明神者,以为之祝。使名姓之后,能知四时之生、牺牲之物、玉帛之类、采服之仪、彝器之量、次主之度、屏摄之位、坛场之所、上下之神、氏姓之出,而心率旧典者为之宗。于是乎有天地神民类物之官,是谓五官,各司其序,不相乱也。民是以能有忠信,神是以能有明德。民神异业,敬而不渎,故神降之嘉生,民以物享,祸灾不至,求用不匮。
>
> 及少皞之衰也,九黎乱德,民神杂糅,不可方物。夫人作享,家为巫史,无有要质。民匮于祀,而不知其福。烝享无度,民神同位。民渎齐盟,无有严威。神狎民则,不蠲其为。嘉生不降,无物以享。祸灾荐臻,莫尽其气。颛顼受之,乃命南正重司天以属神,命火正黎司地以属民,使复旧常,无相侵渎,是谓绝地天通。

观射父回答楚王的第一段话是说古时民人与神职人员不相混杂时的正常情况。意思是:古时民人和神职人员不相混杂。人们中有精明、专一、虔诚的人,他们的才智能让天上地下合宜;他们的圣明能光照远方,普照大地,他们的听力能通达一切。神明就下降到像这样的人那儿,男的叫觋,女的叫巫。让这些人规定神的祭位和尊卑等次,以及祭牲的毛色,祭器的大小和四季祭服的质地、颜色。然后让先圣的后人中有光明德行,懂得山川的名位、祖庙的先祖、宗庙的事务、昭穆的顺序,恭敬勤劳,懂得祭礼的礼节、礼仪的细节、容貌的装饰,忠诚信实,祭服洁净,而且恭敬神明的人做太祝。让那些有名姓的旧族的后人中懂得四季能生长什么，懂得祭祀用的牲、玉帛之类的东西，懂得采服的标准、祭器的容量、尊卑先后、祭祀的位次、设坛的处所，懂得上下神灵之间姓氏的关系，而且遵循旧法的人当宗伯。于是就有了分别天地神民善恶的官员，这就是五官，他们各自按次序主管，不互相杂乱。以此百姓能忠信，神灵也有明德。民人和神职人员所做的事不同，严肃做事而不怠惰，所以神灵才降福，使田里生长出茂盛的谷物，百姓也把丰富的谷物用祭祀的方式献给天神，就没有祸乱灾害了，人人的财用都不缺乏。

第二段话是说"九黎乱德"之后，民人与神职人员相混的不正常的情况，以及颛顼的改革措施。意思是：等到少暤势力衰落时，九黎族的人扰乱德政，使民人和神职人员相混杂，不能分辨了。人人都可以祭祀，家家都有巫祝，人们不再讲诚信。百姓没有东西祭祀，因而也得不到福。祭祀没有法度，民人与神职人员处于同等地位。百姓对盟誓很轻慢，没有敬畏之心。神职人员对民人的做法也习以为常，所以也不求洁净。天神不降福，谷物不收，没有祭祀的物品，祸灾同时降临，神职人员与民人都没有了声气。颛顼便命重担任"南正"之官，主管天，来会合神；命令黎担任"火正"之官，主管地上的民事，来聚集民人，让民人与神职人员恢复旧有的常法，不能互相轻慢，这就是所说的断绝地上的百姓和天神相通。

这是颛顼佐少暤平定"九黎之乱"以后采取的政治改革措施。在把司天之官与管理民事之官分开的同时，取消了以图腾为官名的旧传统，而以所担任职务来名官。在颛顼以前，各部族都用图腾来名官，如《左传·昭公十七年》郯子一段话中提到了黄帝、炎帝、共工、太暤、少暤部族分别以云、火、水、龙、鸟名官。

黄帝担任部族联盟大酋长时有景云之瑞，故以云名官，有青云氏、缙云氏、白云氏、黑云氏、黄云氏诸名，称为"云师"。炎帝有火瑞，以火名官，有大火氏、鹑火氏、西火氏、北火氏、中火氏诸名，称为"火师"。炎帝部族中的一支为共工，受命时自以为有"水德"（陈桱撰《通鉴续编》），以水名官，有东水氏、南水氏、西水氏、北水氏之名，称为"水师"。太暤原为东夷部族，以凤鸟为图腾，其后进入中原，活动在今河南省淮阳县附近，因为地有"龙马负图出于河"（《尚书》）的祥瑞，所以改奉龙图腾，以龙名官，有青龙氏、赤龙氏、白龙氏、黑龙氏、黄龙氏、飞龙氏、潜龙氏、居龙氏、降龙氏、土龙氏、水龙氏诸官，称为"龙师"。少皞为太皞的亲属部落，原来以燕为图腾，后来太皞部族迁入中原，少皞部族代兴，改以凤为图腾，从凤鸟到五雉、九扈，共有二十四种鸟，悉以名官。这些以祥瑞物或图腾所名之官，有的为部族君长，有的是宗族首领，总领或分管部族事务，其具体所管之事在官名中很难反映出来。

以民事名官的现象，在少皞时期已经萌芽。《左传·昭公二十九年》载："少皞氏有四叔，曰重、曰该、曰修、曰熙。实能金、木及水。使重为勾芒，该为蓐收，修及熙为玄冥，世不失职，遂济穷桑。"也就是说，在少皞部族中，有重、该、修、熙四个宗族，在农业生产上各以技术特长实行分工。重担任"勾芒"，"勾"是使直木弯曲，"芒"是使木尖保持尖锐，也就是善于制造曲柄尖头的耒耜，以利于耕作，后来被奉为"木正"。该担任"蓐收"，也就是善于将金属加工成收割薅草的农具，后来被奉为"金正"。修和熙善于防治洪水，担任了治水的职务——"玄冥"，扩大了对卑湿土地的开辟，后来被尊为"水正"。另有共工之子能平九土，称为"后土"，后改为土正。宗族间的分工协作世代相传，使整个部族逐渐兴旺起来。这里说的勾芒、蓐收、玄冥、后土就是最早以民事命名的官。后来为了规范化，才改称木正、金正、水正、土正。颛顼改以民事名官，大概就是最早采用木正、金正、火正、土正的名号。管理民事的诸官中，以火正最为重要。史前时代视火为神物，掌管火种的人称为"火正"，或称为"祝融"（"融"有明亮温暖之意）。那些司天的官也不再以"氏"为名，而改以"正"为称，名为"南正"。颛顼废除以图腾名官制度，而以所管的民事名官，这显然是一个很大的进步。把司天之官与管理民事之官进行明确区分，更是商周时期在中央政权机构中分设"太史寮"和"卿事寮"两寮①制度的滥觞。

五　帝喾时期中原部族联盟相对稳定

继颛顼之后担任中原部族联盟大酋长的是帝喾。颛顼既以民事名官，

---

① 寮，又作僚。

也改为以地名氏，颛顼称高阳氏，帝喾称高辛氏。徐旭生在《中国古史的传说时代》一书中说：

> 高辛氏的辛或与伊尹"为有莘氏媵臣"的有莘有关。按《殷本纪正义》说，有莘氏在陈留郡内，也在东方。因为它与高阳氏地不相远，同属宗教集团，所以前面加高字。[①]

可见帝喾原是颛顼为部族联盟大酋长时期的一个加盟部族，与颛顼部族相距不远。颛顼居"阳"，帝喾居"辛"，他们先后担任了部族联盟大酋长，掌握祭天等宗教权，所以徐旭生称他们为两大宗教主。"辛"即有莘的莘地，一在河南陈留，一在山东曹县，均在东方。

帝喾担任部族联盟大酋长时，其作为有三。

一是灭共工。《淮南子》中有两条不同的记载：

> 昔共工与颛顼争为帝，怒而触不周之山。（《淮南子·天文训》）
> 昔共工之力触不周之山，使地东南倾。与高辛争为帝。（《淮南子·原道训》）

共工原为炎帝族团中的主要部族，后与黄帝在阪泉之战中失败，加入了以黄帝为大酋长的部族联盟。在颛顼、帝喾时代，其后裔仍与颛顼、帝喾部族争为帝。战败，头触不周之山以殒。《淮南子·天文训》谓其殒于颛顼时，《原道训》谓其殒于帝喾时。我们可以把它理解为共工部族与颛顼和帝喾部作过战。其首领战败而自殒于帝喾之时。按照史前惯例，首领虽死，共工部族则依然存在。

二是灭有郐。今本《竹书纪年》中说：

> 帝喾高辛氏十六年，帝使重帅师灭有郐。

---

① 徐旭生：《中国古史的传说时代》（增订本），文物出版社，1985，第 90 页。

《逸周书·史记解》中说：

> 昔有郐君啬俭，灭爵损禄，群臣卑让，上下不临，后郐小弱，禁
> 罚不行，重氏伐之，郐君以亡。

这是"五帝"后期众多灭国事件中的一个例子。

三是诛杀火正黎。黎本为颛顼的火正，帝喾时其后裔仍为火正。如《国语·郑语》中说："夫黎为高辛氏火正，以淳耀敦大，天明地德，光照四海，故名之曰'祝融'，其功大矣。"关于帝喾诛火正黎之事，见于《史记》。《史记·楚世家》载：

> 共工氏作乱，帝喾使重黎诛之而不尽，帝乃以庚寅日诛重黎，而
> 以其弟吴回为重黎后，复居火正，为祝融。

帝喾命重黎镇压共工之乱，可能是重黎不满此举，镇压不力，故帝喾迁怒于火正黎而诛杀之，造成了火正黎的宗族大批南迁江汉地区，并将"火正""祝融"（尤其是祝融）名号带到江汉地区，使中原文化与该地原始居民的文化融合成为今日我们见到的屈家岭、石家河文化。

帝喾在位时的功绩不多，正如徐旭生在《中国古史的传说时代》中所说，关于这位古帝"材料太贫乏了"[①]。有人推测把帝喾列为五帝之一，是为了维持华夏帝统的需要，因为《帝系》等说尧、契、弃（后稷）都是出于帝喾。而李学勤主编的《中国古代文明与国家形成研究》一书中则指出："如周人始祖弃，传说是'姜嫄出野，见巨人迹，心忻然悦，欲践之，践之而身动如孕者'（《史记·周本纪》）这个传说，流传十分广泛，或作践'大人迹'而生。从民族学资料看，一些崇拜熊图腾的氏族，用对长者的称谓称呼熊，因而不少研究者认为'大人迹'即熊迹，反映的是图腾感孕的神话。商人始祖契，也是传说'三人行浴，见玄鸟堕其卵，简狄取吞之，因

孕生契'(《史记·殷本纪》)。尧则传说姓伊祁氏,其母'游河渚,有赤龙感己而孕'。'尧初生时,其母在三阿之南,寄于伊长孺之家,故从母所居为姓也。'图腾感孕观念产生于母系制时代,而上述神话的流传则反映了当世系已按男性计算后,需要为第一位男性名祖的出世找到根据。尧、契、弃既然是三族记忆中各自的第一位男性名祖,那么在此之前若还有一位共祖喾的话,只能是母系时代女性始祖的代表。"① 其说甚是。既然帝喾不是尧、契、弃的共祖,不能把他作为华夏族存在的标志,为什么还要把他列为五帝之一呢?其实抛开帝统观念来看,作为接替颛顼担任大酋长的东夷族出身的首领,帝喾还是有一定的功绩的,他的功绩就在于维护了部族联盟的稳定,使社会赢得了发展的时机,是颛顼与尧舜之间部族联盟大酋长职位的传承者。

六　尧舜时期的部族联盟组织机构已蜕变为政权组织的雏形

尧舜禹时期已是进入文明社会的前夜。其对应的考古学文化遗址是龙山文化的陶寺遗址。各大文化区的考古材料反映,当时社会分裂为两个对抗的阶级,同时出现代表王权的宗庙、宫殿、陵墓,以及某些王室重器。陶寺文化遗存同颛顼以后的传说较为吻合,可以理解为部族联盟向国家的发展又迈进了一步。由陶寺遗址看,大小贵族已普遍使用礼器,并已按等级高低形成一套使用礼器的规则。证明至少在公元前3世纪中叶,即大致相当于传说中的五帝后期,作为国家职能的礼刑制度已经形成,礼与刑并行不悖、相辅相成,陶寺文化已显示出了中央王国的气派与核心地位。可以说陶寺文化是站在仰韶、红山、大汶口、良渚诸文化的肩膀上攀登的,倘若没有仰韶、红山、大汶口、良渚诸文化的成就,就没有今天看到的陶寺遗址,也就难说有灿烂的三代文明。

从政权组织发展的角度看,尧舜时期的部族联盟机构已是政权组织的雏形,下面分别予以叙述。

---

① 李学勤主编《中国古代文明与国家形成研究》,云南人民出版社,1997,第191~192页。

（一）尧时的部族联盟组织

1. 部落联盟议事会的组成——四岳、十二牧

"四岳"是四方各主要部族的长老，"十二牧"是各部族的君长。他们既充任议事会的成员，又担任联盟机构的职务。张富祥在《东夷文化通考》一书中说：

> 实际上，"四岳"就是"群后四朝"及"知四方之政"所言及的四方大部落的代表，在某种程度上可以说就是各大集群的"大长老"。尧时大政方针及舜时设官分职皆咨"四岳"而定，又可见他们就是大联盟的决策机构议事会的主要成员，代表着各大部落集团的利益。"十二牧"在名义上是和"四岳"并列的。……他们也参加议事会，有表决权，而同时也担任大联盟的职务。……"四岳"的身份是"大长老"，在各自的部族中享有崇高的威望，并主导议事会，而并不担任大联盟的实际职事。①

其说甚是。

"四岳"议事制是部族联盟议事会的一大特色，起了很大的作用。重大事务，特别是关于部落联盟首领的人选问题，都要与"四岳"商量决定，如尧选派治水的人，就征求了"四岳"的意见，"四岳"推荐鲧，开始尧不同意，"四岳"坚持要鲧去试一试，尧只好尊重"四岳"的意见。不仅治水如此，决定部落联盟的继承人也要同"四岳"商量。《尚书·尧典》记载，尧的继承人就是尧与"四岳"商量决定的。

2. 部族联盟机构的设官

尧时部族联盟机构中的官员，有分职与不分职两类。

（1）分职官员——司天之官

尧时的司天之官，据《史记·五帝本纪·尧纪》的记载②，设置如下。

---

① 张富祥：《东夷文化通考》，上海古籍出版社，2008，第276~277页。
② 关于各官职掌的语体文，采用龙宇纯译文，见台湾六十教授合译《白话史记》上册，岳麓书社，1987，第3页。

羲、和——"乃命羲、和，敬顺昊天，数法日月星辰，敬授民时。"意思是，于是命令羲氏、和氏恭敬地顺应上天，根据日月星辰的运行定出一年的历法，敬谨地把时令传授给百姓。可见羲氏与和氏是总掌历法之官，以下为分掌之官。

羲仲——"分命羲仲，居郁夷，曰旸谷。敬道日出，便程东作。日中，星鸟，以殷中春。其民析，鸟兽字微。"意思是，命令羲仲在郁夷叫旸谷的地方敬谨地迎接旭日初升，管理、督导春季的耕种。日夜的长度均等，傍晚鸟星在正南方出现，依据这景象来定准春分日子。民人于是都分散到田野里，鸟兽也在生育交尾。

羲叔——"申命羲叔，居南交。便程南为，敬致。日永，星火，以正中夏。其民殷，鸟兽希革。"意思是，命令羲叔住在南方大交山，管理、督导夏季的农作，敬谨地祀日并记下日影。白天最长，傍晚火星在正南方出现，依据此一景象来定准夏至的日子。民人于是尽全力锄耕，鸟兽的羽毛也变得稀疏了。

和仲——"申命和仲，居西土，曰昧谷。敬道日入，便程西成，夜中，星虚，以正中秋。其民夷易，鸟兽毛毨。"意思是，命令和仲住在西方叫昧谷的地方，敬谨地恭送太阳的隐没，管理、督导秋收。日夜的长度均等，傍晚虚星在正南方出现，依据这景象来定准秋分的日子。民人于是喜悦和乐，鸟兽也生长出新的羽毛。

和叔——"申命和叔，居北方，曰幽都。便在伏物。日短，星昴，以正中冬。其民燠，鸟兽氄毛。"意思是，命令和叔住在北方叫幽都的地方，管理、考察农作物的储藏。白天最短，傍晚昴星在正南方出现，依据这景象来定准冬至日子。民人于是都留在家中取暖，鸟兽的羽毛也长得茸茸的。

（2）不分职官员——管理民事之官

尧时在部族联盟机构中选用官员若干人来管理民事，而未有分职。《史记·五帝本纪·尧纪》中说："禹、皋陶、契、后稷、伯夷、夔、龙、倕、益、彭祖自尧时而皆举用，未有分职。"这些人的族属如下：

禹——戎人，为姒姓夏部族的代表；

皋陶——为太皞之后，属东夷部族；

契——为商人之祖，属东夷部族；

后稷——姬姓，为周人之祖，出于北狄；

伯夷——属东夷部族；

夔——为帝喾后裔，属东夷部族；

龙——为帝喾后裔，属东夷部族；

倕——为舜子，又名商均，出自东夷舜部族的嫡系；

益——少皞后裔，属东夷部族；

彭祖——为颛顼之后祝融八姓之一的彭姓，属东夷部族，其居住地为彭城，即今江苏省徐州市一带。

依据氏族社会的传统，部族大联盟的部门权力还是按照实力均衡的原则，在推举制的基础上，由各个有代表性的部族首领分别承担。也就是说，大联盟的组织模式还保存着传统氏族部落体制的躯壳，各部族之间在表面上也还保持着某种平等的关系。不过这些部族到尧、舜时代，都已转变为地缘性部族集团的核心力量，代表着一种新兴的宗法势力，而不再是旧式的纯血缘组织。从上面尧主盟时的官员设置情况来看，东夷集团占据着大联盟的主导地位。[①]

（二）舜时部族联盟组织的变化

1. "四岳"议事制度的逐渐削弱

舜时，部族联盟议事会仍沿尧时之制，《尧典》（此据今文《尚书》，古文《尚书》作舜典，舜典是后人从今文《尚书》分出来的）既有"四岳群牧"的合称，又有"咨十有二牧"之文。"十二牧"可能即舜所任命的自禹至夔、龙等人，即各大部族或部族群的实际首领，其数不止于九，或为十或十二。因为古文《尚书·尧典》中尚有倕欲让官的殳斯、伯舆及益欲让官的朱、虎、熊、罴等。舜统治前期，议事会中"四岳"的作用还可以清楚地看出来：舜在任命管理土地、山泽、民人等的"九官"时，也都与"四岳"商量过。到了舜统治后期，"四岳"的作用则大为削弱。《史记·夏本纪》记："帝舜荐禹于天，为嗣。"舜未经"四岳"推荐就直接举禹为其继

---

① 张富祥：《东夷文化通考》，上海古籍出版社，2008，第277~278页。

承人，这应是"四岳"作用缩小的表现。不过"四岳"曾向舜推荐禹治水有功，得到部族成员的信任，舜直接举禹为继承人，也还是反映了传贤不传子的禅让传统。

2. 部族联盟机构向政权机关的转化

舜时对部族联盟机构进行了改革，设置有固定职务的九官：

司空——管水利，由出于戎人的禹担任；

后稷——管农业，由出于北狄的弃担任；

司徒——管民政，由帝喾后裔契担任；

士——管军事与刑罚（当时已出现刑罚与监狱），由太皞的后裔皋陶担任；

共工——管手工业，由舜子倕担任，为舜部族的嫡系；

虞——管山川，由少皞后裔益担任，属东夷部族；

秩宗——管祭祀，由太皞后裔伯夷担任，属东夷部族；

典乐——管文化、教育，由帝喾后裔夔担任，属东夷部族；

纳言——管内务和外交，由帝喾后裔龙担任，属东夷部族，在传说中可以与夔合称夔龙。

九官的设立，使部族联盟机构俨然成为政权机关的雏形。在联盟机构中，其官员人选与尧时并无太大的变化，东夷部族在联盟中仍占有主导地位。

七　尧舜禹对三苗的战争促进了民族融合，为国家的形成奠定了民族基础

屈家岭和石家河文化是苗蛮集团的文化。根据现在的考古发现，在屈家岭文化时期已有六个古城，一个古城及其周卫的聚落代表一个酋邦组织，反映出在酋邦之上可能已形成一个庞大的军事性质的部族联盟。石家河文化到了尧舜禹时期，三苗势力强大，已形成了一个国家的雏形。

尧舜禹征伐三苗的原因，见于《尚书》。《尚书·吕刑》说：

苗民弗用灵。制以刑，惟作五虐之刑曰"法"。杀戮无辜，爰始淫

为劓、刵、㭬、黥，越兹丽刑并制，罔差有辞。民兴胥渐，泯泯棼棼，罔中于信，以覆诅盟。虐威庶戮，方告无辜于上。上帝监民，罔有馨香德，刑发闻惟腥。皇帝哀矜庶戮之不辜，报虐以威，遏绝苗民，无世在下。乃命重黎绝地天通，罔有降格。群后之逮在下，明明棐常，鳏寡无盖。

这段话的意思是，苗民之君不敬畏上天的威灵，只知制定重刑，创立了五虐之刑，叫作"法"。以滥行杀戮无辜，殃及无罪之人。于是开始制定截鼻、割耳、戳破阴部、黥刻面部等酷刑，对不幸被纰误陷入刑网之人，不论是与非，不分有罪无罪，一律加以刑戮，从而使平民百姓起而用欺诈手段对付，泯泯为乱，棼棼同恶，内心都不管什么信义，经常违背所作的赌咒。由于三苗的虐政淫威，庶民被冤受害，只好呼天抢地将无辜冤气控告到上帝那里，上帝哀怜被刑戮的庶民是无罪的，就对那些施行虐刑的人报以威严的惩处，断绝那些肆虐之苗人的世系，不让他们的后代留在下界。由于苗民受尽苦难，无处申诉，只好诉请上帝相救。家家以巫术直通上天。为了纠正此种巫风盛行的现象，皇帝就命重黎分别民、神事务，严格禁止民神杂糅，励行"绝地天通"（断绝庶民直接与上帝相通），不再有民与神上下交往之事。于是诸侯及其臣下们便都尊奉明德，不复像往日那样失去常理，就连鳏寡无靠的小民也没有受到伤害。

从上述引文中可知，《吕刑》指责三苗的罪行是不敬畏上帝的威灵，所谓"复九黎之德"，也就是重犯了九黎君长的错误——暴虐百姓，迫使百姓起而自行与上帝对话，希望上帝能拯救他们。这使原始神权统治的旧传统受到威胁。所以尧要对三苗进行讨伐。其实，对三苗部族的此种指责，正说明当时苗蛮集团文明因素的增长已经走在黄河流域的前面。而尧舜禹征伐三苗的真正原因是中原部族联盟要兼并三苗部族，这也是顺应历史发展趋势的。

关于伐三苗战争的具体过程，可分为三个阶段。《吕氏春秋·召类》："尧战于丹水之浦以服南蛮。""丹水之浦"即丹水之岸，丹水中下游即今鄂豫接壤地区，在屈家岭文化和石家河文化早期属于三苗的地域范围，可见

"尧战于丹水之浦以服南蛮"，实指尧征伐三苗之役，以三苗失败而告终。战争结束后对三苗的处置是"迁三苗于三危"，就是把居于丹水沿岸的三苗迁走，并没有涉及南方江汉地区和沅湘地区的三苗之民，而后者才是三苗的主体。关于这一点，考古学文化中青龙泉三期类型的消长情况可以提供确切的证据。青龙泉三期类型是石家河文化分布最靠北的一个类型，一度繁荣，但在石家河文化中期以后即被迫中断，而为属于中原文化系统的三支文化遗存所取代。[①] 这一现象所反映的正是尧把丹水沿岸的三苗迁走的历史事实。《尚书·尧典》所说"分北三苗"，就是把居息活动在北边的三苗分而迁徙的意思。

由于"三苗数为乱"，舜又征伐之。但舜在征伐三苗后采取了与尧不同的策略，不是把三苗迁往他处，而是施以教化，试图以此分化瓦解三苗，从而使其归顺。《吕氏春秋·召类》说"舜却苗民，更易其俗"，可见舜在平息三苗之乱后，对三苗的处置是改易各种陋俗，使其文化逐渐与中原文化相融合。从文献记载来看，舜曾亲临长江中游江汉沅湘之地，施以教化，以此使三苗移风易俗。《史记·秦始皇本纪》说尧女舜妻为湘君，《礼记·檀弓》说"舜葬于苍梧之野"，可作为证据。关于舜的传说在湖南特别多，也可据以推想他与该地一定有着若干特殊的关系。[②]

禹时三苗大乱（见《墨子·非攻下》），禹又征之。有的学者认为："三苗大乱，可能有两重含义：一是三苗内部大乱，即如……《尚书·吕刑》中所说的那样，由于三苗首领抛弃了传统的巫师神判方法，代之以五虐之刑，引得民冤方兴，互相欺诈，社会泯泯棼棼，一片混乱，无人讲求信用，盟誓也可以随便推翻，暴虐刑罚威行于世，于是所有蒙冤之民便合力向强大的中原酋邦控告，求救于禹。一是三苗首领不服中原地区正在兴起的夏王朝的统治。"[③] 禹征三苗的结果是"苗师大乱，后乃遂几"（《墨子·非攻下》）。"遂几"，孙诒让《墨子闲诂》谓："《说文·丝部》云'几，微也'，言三苗之后世遂衰微也。"这也就是《尚书·吕刑》中所说的"遏绝苗民，

---

① 樊力：《论石家河文化青龙泉三期类型》，《考古与文物》1999 年第 4 期。
② 徐旭生：《中国古史的传说时代》（增订本），科学出版社，1960，第 101、103 页。
③ 段渝：《酋邦与国家起源：长江流域文明起源比较研究》，中华书局，2007，第 391 页。

无世在下"，即阻遏苗民的发展，使苗民在下土没有后世。可见禹是把三苗完全征服了。

尧舜禹对三苗战争的胜利，是一件划时代的大事，其意义如下。

总体来看，尧舜禹先后对苗蛮的战争，客观上形成了中国历史上发生最早、规模最大的一次民族大迁徙。战争使部族变质，导致异族杂居，同时也引起文化的大交流和社会的大发展，是中国文明酝酿和形成的一个重要组成部分。①

就民族关系来说，伴随着征三苗战争的胜利，作为主体民族的华夏族，继融入东夷部族之后又融入了苗蛮族，使华夏民族得到了扩大。同时，西迁的三苗部族和尧舜时期分别放逐到边远地区的部族，与边远地区的原住民又构成了四裔民族，形成了主体民族与四裔民族相区分的格局。这也是中国早期国家诞生的民族基础。

民族融合是一个长期的过程，并且是双向进行的。在其他氏族集团融入华夏族的同时，也有华夏族融入其他民族集团的例子。如五帝时代的后期，仍有祝融和梼杌融入了苗蛮族。

关于祝融。颛顼的后裔重黎，为帝喾高辛氏的火正，以"祝融"为其美称。"共工氏作乱，帝喾使重黎诛之而不尽，帝乃以庚寅日诛重黎。"② 重黎被诛之后，由其弟回禄继任火正，仍号"祝融"。重黎族团则带着"祝融"的名号南迁。祝融的遗墟在今河南省新郑市境内，这说明他的宗族在当时还没有深入苗蛮。祝融有八姓，据《左传·文公十八年》记载，即已、董、彭、秃、妘、曹、斟、芈。这八姓可能是从高阳氏的八个氏族发展而来的。例如春秋时的楚国，为"高阳氏之苗裔"，而祭祀祝融，是芈姓，就反映了东夷族团这一分支的发展线索。大约在禹征三苗之后，祝融的后人一小部分杂处于苗蛮之间，例如楚人，经过相当长的一段时期以后，他们的风俗习惯与苗蛮相同，与中土大异。楚国在春秋、战国时，一度成为五霸和七雄之一，成为一个独具苗蛮特色的大国。另外，虽然苗族的五种刑

---

① 石兴邦、周星：《试论尧、舜、禹对苗蛮的战争——我国国家形成过程史的考察》，《史前研究》（辑刊）1988 年。

② 《史记·楚世家》。

罚为中土族团所诟病，可是《尚书·吕刑》所载的五刑仍同他们的无大差别，这足以证明它又逐渐为北方集团所采用。此点又可以证明两族相杂处，不论他们愿意与否，同化作用总在逐渐进行。

关于梼杌。《史记·五帝本纪·舜纪》中说："颛顼氏有不才子，不可教训，不知话言，天下谓之梼杌。"梼杌是被舜放逐到边远地区去的。从后来梼杌做了三苗的领导人的情况看，他是被放逐到苗蛮地区的，后来与当地部族同化，融入了苗蛮集团。徐旭生说：

> 今日深化的人民常常有人跑到浅化人民中间作了首领。这一类典型的人物，因为他们对于两方面的情形均很熟悉，又常常对于他所从来的氏族成为更难对付的人物。梼杌或者就是属于这样典型的人。三苗为氏族的名，却由梼杌领导或参加领导，全是很可能的。[①]

说的就是此种融合情况。

八　大禹治水对于国家形成的促进作用

尧舜禹先后担任部族联盟大酋长期间，正值中华大地洪水泛滥之时。尧曾在部族联盟议事会中叫四岳推举治水人才。他说："咨：四岳，汤汤洪水方割，荡荡怀山襄陵，浩浩滔天。下民其咨，有能俾乂？"[②] 意思是说，四岳啊！奔腾呼啸的洪水普遍为害，吞没一切，洪水包围了大山，冲上了山岗。水势大极了，简直要遮蔽天空，普天下的民人都愁苦叹息，有谁能治理洪水，使民人得以安居乐业呢？根据《尚书·尧典》的记载，四岳推荐了鲧，尧开始觉得不合适，四岳说可以让他试试，尧最后同意命鲧治理水患。鲧治水九年，毫无功绩，于是被放逐。舜继位后任命禹为司空，其职在平治水土，领导治水。后因治水有功，继承舜做了部族联盟大酋长。禹就在这个职位上，通过治理水患，采取几项强有力的措施，有力地促进了部族联盟向国家的转变。

---

① 徐旭生：《中国古史的传说时代》（增订本），文物出版社，1985，第60页。
② 今文《尚书·尧典》。

（一）部族联盟大酋长的权力向王权转化

中国文明史的开始，是与治水相联系的，如果一个人或者一个集团能够支配修建水利和开垦土地的人力，此人或此集团就拥有统治社会的基本权力。伴随着治水组织工作的进行，王权也渐次形成。治水须各部族通力合作，发动各部族君长共同商议，于是有"合诸侯"之举，就是召集各部族君长共同商议。为了杀一儆百，"防风氏后至，禹杀而戮之"①。部族联盟的大酋长与其加盟的部族的君长本来是平等的。部族联盟的大酋长是由各族君长公推，但其任职者往往是实力最强的部族的君长，其权力渐次加强，继任大酋长的人选往往出于现任大酋长的荐举，如舜之继尧。对于部族事务，本来有"四岳"议事制度，但后来"四岳"的作用逐渐削弱，到禹时已经废止。就惩罚制度而言，在部族联盟内部，流放是最大的处罚。《尚书·尧典》记舜"殛鲧于羽山"，"殛"又作"极"（"极"的繁体字），是流放的意思。②"殛鲧于羽山"也就是把鲧放逐到羽山。禹可以处死部族君长，已很像一个国王。虽然禹还不是真正的国王，诛杀部族君长的行为也并不多见，然而此种不平等关系的出现，说明在部族之外并凌驾于部族之上的权力正在慢慢地产生，离王权的最终形成也就不远了。古代兵刑不分，"大刑用甲兵，其次用斧钺"③，战争更是王权的催化剂。三苗曾经对大禹治水采取不合作的态度，禹就发动对三苗的征伐，贬毁其宗庙，将其部族成员作为奴隶。这时禹的权力已与真正的国王无异。

（二）"划分九州"是按地域划分国民的滥觞

禹为了治水，要了解当时所知道的全部土地的情况，把它们分为四正、四隅和中央，共九块，称为九州。《左传·襄公四年》引述辛申《虞人之箴》说"芒芒禹迹，画为九州，经启九道"，记的就是这个工作在文献上的反映。平治洪水之后，还做了一次普遍的疆理土地的工作，《诗经·商颂·长发》中"洪水芒芒，禹敷下土方，外大国是疆，幅陨既长"，说的就是这件事。其中"敷下土方"就是疆理土地，因为洪水退去之后，无形中能涨

---

① 《国语·鲁语下》。
② 《尚书·洪范》孙星衍疏引《释文》。
③ 《国语·鲁语上》。

出一些土地，须加以厘正，确定归属，才能避免互相争夺。"外大国是疆，幅陨既长"，正是厘正疆域的结果。

至于九州的具体名称和范围，据《尚书·禹贡》记载，大略如下：

冀州——约为现在河北、山西两省；

兖州——地处济河与黄河一带；

青州——横跨渤海向东至泰山；

徐州——东起大海，南至淮河，北到泰山；

扬州——北至淮河，南至大海；

荆州——北据荆山，南及衡山之阳；

豫州——从荆山到黄河；

梁州——在华山的南面，西至黑水；

雍州——从黑水到西河。

《尚书》中的《禹贡》一篇，成篇时间至迟在春秋中期，是一种地理著作。它客观地以经过长期演变形成的人文地理区系为依据，完全撇开了三代实际的政治地域而写成。据当今考古学者邵望平的研究，"九州实为黄河长江流域公元前第三千年间龙山时期即已形成。后历三代变迁仍继续存在的一种人文地理区系"①。邵氏得出这个结论是根据他以前研究的成果。邵望平在《禹贡九州的考古学研究》一文中说："迄今所发现的中华史前遗址二万七千多处，确立近三十个考古学文化，以碳14断代法测出了数百个史前年代数据，由此大体上建立起中国主要的黄河长江流域史前文化发展的时空框架。"以为这一"龙山文化圈是中国古代文明的基地。而这一基地与《禹贡》九州的范围虽不是完全吻合，却大体相当"②。

可见《禹贡》中的九州，其原始状态就是大禹治水时划分的九州。《禹贡》篇所写甚为细密，当是编写者根据三代以来的情况增饰的结果。而禹在治水时有"划分九州"之举，则是可以肯定的。"划分九州"虽不是行政区域的划分，但是显然为随后到来的由血缘团体向按地域划分居民的过渡准备了条件。所以可以把"划分九州"看作按地域划分居民的滥觞。

---

① 邵望平：《禹贡九州风土考古学丛考》，《九州学刊》1988年第2期。

② 邵望平：《禹贡九州的考古学研究》，《九州学刊》1987年第5期。

（三）"任土作贡"是支持国家公共权力的税收制度的起源

治理洪水需要筹集很多物资，散居于各地的部族都有义务提供治理洪水需用的物资。在筹集物资时还要根据各地区物产的特点，规定其交纳的种类和数量，这就是"任土作贡"。《尚书·禹贡》在所划定的九州之内，规定各州贡物的种类。近人对《禹贡》是否反映大禹时的实际情况持怀疑态度，故对"任土作贡"也不相信真有其事。其实"任土作贡"的做法不独在中国存在，在全世界范围内也不乏其例。马克思在《摩尔根〈古代社会〉一书摘要》中有下述一段话：

> 阿兹忒克联盟并没有企图将所征服的各部落并入联盟之内；因为在氏族制度之下，语言上的分歧是阻止实现这一点的不可克服的障碍，这些被征服的部落仍受他们自己的首长管理，并可遵循自己古时的习惯，有时有一个贡物征收者留驻于他们之中。[1]

马克思所说的征收贡物的情景与大禹时的"任土作贡"颇为相似。可见"任土作贡"是世界上普遍存在的事物。不过贡物不可能如《禹贡》所记之繁。它所载的贡物实际上是列举各州的物产资源。《禹贡》把当时各州田的等级和赋的等级列了出来。除冀州外，其余八州所叙的先后次序均为"厥土""厥田""厥赋""厥贡"四项，唯独冀州是"田"在前，又没有贡。这引起了历代经师们的不少猜测。其实冀州不同于他州的情况，最可能是由于脱简或错简。大禹收取贡物是为解决治水中的物资需求问题，但在客观上，此种制度到了国家形成后就被改造成维持国家机关运转的财政支持——税收制度。因而"任土作贡"正是税收制度的起源。

---

[1]　马克思：《摩尔根〈古代社会〉一书摘要》，人民出版社，1965，第151页。

第二章　夏商西周时期中国早期
国家的形态

王权的建立，符合国家形成的标准之一"公共权力的设置"，是国家形成的标志。中国古代王权的建立，是从禹的儿子启废除了部族联盟大酋长的禅让制度，正式建立夏王朝开始的。但这时候受到社会生产力的限制，国家基层组织与族组织是合一的，王朝一切基层行政都是通过族组织来进行的，没有完全达到国家形成的另一个标准——"按地区划分国民"，属于早期国家时期。中国早期国家存在的时间是夏商西周到春秋时期。按照早期国家发展过程来划分，夏代是初期，商代是发展期，西周是典型期，春秋是由早期国家向成熟国家——领土国家的转型期。本章所述为早期国家的初期、发展期和典型期——夏商西周政权的组织形式以及国家机关的设官情况。

第一节　夏商西周三代生产力水平对于国家
形态发展的制约

一　早期国家所处时代的生产力水平决定血缘组织的普遍存在

中国早期国家存在于夏商西周至春秋时期，其时正处于青铜时代。要考察任何一种社会生产力，都离不开生产工具和劳动对象。正如有的学者所指出的那样：

在中国奴隶社会里，农业劳动中明显存在着原始的简单劳动协作的关系。这种简单劳动协作起源于家族共耕制度，后来便发展为井田制。所谓井田制，从某种意义上说，便是一种共耕的生产单位。……

农业生产中这种共耕制度之所以必要，除了因为农田是从长满草木的荒地开辟出来以外，主要由于当时使用的是落后的原始生产工具。在中国奴隶社会里，青铜冶铸是达到很高的水平，制造了大量的兵器、礼器和生活用具，为奴隶主贵族所专有。至于青铜生产工具，在手工业部门中发现得还较多，农业部门中就很少见了。……从现已出土的大量农业生产工具来看，主要地还是石器、骨器和蚌器，甚至还有陶刀之类。……再有，最多的恐怕是木器了，虽然木器不见出土。这种情况，正如恩格斯所说："铜、锡以及二者的合金——青铜是顶顶重要的金属；青铜可以制造有用的工具和武器，但是并不能排挤石器"（《马克思恩格斯全集》，人民出版社 1957 年版第 21 卷 184 页）。农业生产工具的这种原始性决定了在耕作中只有实行简单劳动协作，即耦田（三人共耕）或者耦耕（二人共耕），才能取得较高的劳动生产率，所谓井田制，就是以这种共耕制度为基础的。①

在这个生产力不发达的青铜时代，家属组织是最主要的社会组织，社会各阶层的人都隶属于自身的家庭组织。家族既是生活单位，又是经济单位。统治阶段的家庭都有自己的姓氏，合称为"百姓"。他们都拥有自己的土地和生产奴隶，其家族或宗族之长也都是王朝或封国的世袭职官。平民从事农耕、手工业、商业，其职业也是以家族形式世代相承的。奴隶或者包含在奴隶主的家族中，或者以整个家族为单位被奴隶主役使。所以奴隶社会是血缘组织普遍被保留的社会。

二 从家族奴隶制到宗族奴隶制——中国早期国家的奴隶制形态

关于中国奴隶制的发展，大体上可以分为四个时期。学者田昌五在《古

---

① 田昌五：《古代社会断代新论》，人民出版社，1982，第 127～130 页。

代社会断代新论》一书中说：

> 从黄帝到夏朝建立为父系家族奴隶制的形成期，时间为公元前三
> 十世纪到前二十二世纪；夏代和商代前朝（盘庚迁殷前）为父系大家
> 族奴隶制的发展期，时间约从公元前二十一世纪到前十四世纪，从商
> 朝后期到西周是中国奴隶制的发达期（宗族奴隶制），时间约当公元前
> 十三世纪到前八世纪；春秋到战国初年为中国奴隶制的瓦解期，时间
> 约在公元前七世纪到前四世纪，直至各国变法确立封建制度为止。从
> 奴隶制的特点来说，中国奴隶制经历了从父系家族奴隶制到宗族奴隶
> 制的过程，从统一的奴隶制王朝来说，中国奴隶制经历了夏商西周三
> 代，加上前后的形成期和瓦解期，总的时间约 2700 年左右。这样完整
> 而系统的奴隶制发展过程，在世界古代奴隶社会史中不失为一种典型，
> 特别是中国古代奴隶制的发展很少受到外来的影响；因而它就具有更
> 加纯粹的自然的形态。[①]

从上面所述可知，中国早期国家正处在奴隶制的发展到瓦解时期，经历了
整个青铜时代。中国奴隶制是生产奴隶制，属于奴隶制的发达形态。

夏代和商代前期，从文献记载来看，应该是家族奴隶制。

> 《逸周书·文传》引《夏箴》曰："小人无兼年之食，遇天饥，妻
> 子非其有也。大夫无兼年之食，遇天饥，臣妾舆马非其有也。国无兼
> 年之食，遇天饥，百姓非其有也。"这里的大夫、小人和臣妾就属于三
> 个不同的阶级，而百姓则是奴隶主贵族的总称。在古代，只有奴隶主
> 贵族才有姓氏。……这些显赫的宗族，特别是王族，不仅有家内奴隶，
> 而且有各种手工业奴隶，还有农耕奴隶，共同构成奴隶制单位。……
>
> 这里重点讲一下农业奴隶的问题。少康在有虞时"有田一成，有众
> 一旅"，盘庚迁殷时也召集众人的头目训话，众人的身份是什么？……说

---

① 田昌五：《古代社会断代新论》，人民出版社，1982，第 80 页。

众人是奴隶较为妥贴。众人头目具有二重身份。从甲骨文中看，王众是耕种王室之田的。耕作时还问"众作籍不丧"？恐其乘机逃亡。甲骨文屡次提到"途众"，即屠杀众人。还有"殷众"，即象刺猪一样对待众人。这样的众人，要说是自由平民，恐怕是难以说通的，更不能说是贵族了。那么，盘庚迁殷时为什么把众人召集到王庭训话，训话时还提到"乃祖乃父"和"具乃贝玉"呢？这里的众人是一些头目，他们对商王而言是奴隶，但对一般奴隶而言又可能是奴隶主。中国古代的奴隶多半是有家室的，有些甚至还保留着家族，只是"亡其姓氏"罢了。①

从商代后期开始，中国奴隶制进入了发达阶段——宗族奴隶制阶段，其典型期是西周时期。正如学者田昌五所说：

> 宗族是一种社会阶级组织，其特点一是父权，二是包括奴隶在内。（宗族的财产单位）其具体的名称叫做"室"，而且和宗族的层次相适应，有"家室""宗室""公室""王室"之别。"室"的本义是宫室，即房室的意思，引伸而为财产。……室还有妻室的意思。那是在父权制确立，特别是到了阶级社会，妻子降为丈夫的奴隶和管家婆以后的事。这与室作为财产并不矛盾，无宁说是从它派生的。正因为室是一种财产，所以这种财产的所有人和当事人可以把它赠送、赏赐、继承、瓜分或放弃。……室既是财产，因而就有对于室的争夺、侵犯和纠纷。……宗室和家室的财产都包括些什么内容呢？其中明白的是各种财产，例如有的材料中牛马与臣妾并提，有的则器用和臣妾并提，有的还加上"财贿"。合起来，财贿、器用、牲畜、奴隶，就构成了一种财产单位。……宗室作为奴隶单位和生产单位，也是可以肯定的。由于宗室拥有各种生产，自给自足，很少进行交换，所以中国古代的商品经济是不发达的。但商品经济不发达不等于奴隶制不发达。以宗

---

① 田昌五：《古代社会断代新论》，人民出版社，1982，第87~88页。

族奴隶制而论，尽管各个宗室的大小强弱不同，奴隶有多有少，生产的种类和规模也不完全一样，但都拥有奴隶生产，而且彼此构成大宗和小宗的奴隶制体系。在这里，奴隶们靠自己的劳动过活，并受到奴隶主的残酷剥削和压迫。奴隶主从奴隶那里榨取到的果实，其宗族成员也分享其成。宗族中存在着奴隶和奴隶主的对立，一般宗族成员则处于中间状态。这种宗族奴隶主体系，就是中国的发达奴隶制。[①]

三　氏族机构发展为国家机关——宗统与君统合一

中国历史上尧舜禹禅让时期，已经到了原始社会的末期。由于私有财产的出现，到禹时，部族联盟的首领实际上已成为贵族。自禹出任部族联盟大酋长以后，政权已开始集中于一人之手，其权力很大。禹的儿子启破坏了部族联盟大酋长的公推制，实行王位世袭制度，建立了夏朝，开始了奴隶主对奴隶的统治。夏代是我国奴隶社会的雏形时期，即建立了一个以夏部族统治其他部族的原始政治机构。

到了商代，已形成了贵族联合执政的政体。这时的国家，像一个家族的扩大，或者可以说是由许多家族的骈支所构成的政权网。商王是最大的一个贵族的族长，掌握国家大权，居于权力的顶端。

西周实行宗法分封制，周王就国家政权系统而言，是国家元首；从宗法制度而言，是王族的大宗子。大宗子一系，即姬姓周人的大宗，大宗以外的宗族从属于大宗，称为小宗。若独自成宗的是高祖，即宗其高祖；若是曾祖，即宗其曾祖；若是祖，即宗其祖；若父，即宗其父。

诸侯相对于天子为小宗，但在本国为大宗。卿大夫对诸侯而言为小宗，但在本族则为大宗。宗法仅限于大夫以下。诸侯以上，宗统与君统合而为一。

宗法制不仅应用于周室的同姓间，和异姓诸侯也有关系。周制，同姓不通婚，而异姓则互为婚媾。所以周天子称同姓诸侯为伯父、叔父，称异

---

① 田昌五：《古代社会断代新论》，人民出版社，1982，第97~101页。

姓诸侯为伯舅、叔舅。西周初年的"封诸侯，建同姓"，就是把氏族机构变成国家机关，奴隶主贵族通过宗法制度，建立了一个周密的统治网。

四　政权的组织形式是分封制，权力的结构是复合制

关于分封制，夏商两代实行的是氏族分封制。这里所说的氏族概指王的同宗氏族和原来部族联盟时期加盟的部族（即酋邦或部落）。经过分封的氏族，就成为王朝属下的方国，是王朝的下级政权单位。在政治上，许多部族担负着王朝所委派的任务；在经济上，有向王朝交纳贡赋的义务。西周时实行宗法分封制，分封王的同宗和姻亲到各地方为诸侯，诸侯在封国内享有世袭的统治权，对周王仅有定期朝贡和提供军赋、力役等义务。封国对王朝来说具有一定的独立性，所以分封制其实是一种委托统治制度，形成了国家权力结构的复合制。此种制度的存在，受当时生产力发展水平的制约，其时周王只能在自己直辖的王畿内对居民实行直接统治，对王畿以外的居民不能实施直接统治，只能把王畿以外的地区分封给各诸侯国，让他们自治。王朝与封国的关系类似于后世宗主国与藩属的关系。不过实行宗法分封制的西周，对所分封的诸侯国的控制程度，比起氏族分封制来要大一些。因为实行宗法分封制，宗统与君统合一，许多诸侯国与周王存在着宗法或婚姻方面的联系，周王的命令易于推行。同时，在制度上规定对诸侯国有一定的控制权，就是大国三卿均由周王任命，次国三卿中二卿由周王任命。这时的封国比起氏族分封制的来，距离"按地区划分居民"的标志又推进了一步。周王还可以在四方的诸侯中指定一个强有力者，授予他指挥若干小诸侯之权，称其为伯。

五　与分封制相关联的还有畿服制度

"服"的概念是服事，指担任王朝的某项官职。"内服""外服"的概念是商代产生的。"'内外'指的是王畿内外，即王都周围为王直接统治的区域以内和以外，所谓内服和外服，可理解为担任王畿以内的官职和王畿以外的官职，由于那时任官者都是大小贵族，也就是大大小小的族邦邦君，因而所谓内服与外服，也可理解为处在王畿以内的族邦邦君和王畿以外的

族邦邦君对王的服属关系。"①

关于商代内服地区的设官，有的学者认为主要有以商王为首的王朝百官与基层各级行政单位和族长。商代建国之初即已建立了行政首脑制度，即商王以伊尹为众臣之长。后来则有三公的设置，《战国策·赵策下》："昔者鬼侯、鄂侯、文王，纣之三公也。"在三公之下，商王有一个决策群体，称为多尹，在三公和多尹等固定职官之外，商王还根据需要，随时任命符合意愿的人选参与事务的处理和政令的执行，这些临时受命的人是商王朝官僚体系的补充，也是商王集中权力的重要形式。在商王、行政官和多尹集团临事受命官员团体之下，是商王朝的各级管理组织。王畿内的地方机构主要有两种，一种是商王在畿内分封的贵族领地，类似后世的采邑，这些封地内可能包括几个原居住的家族。他们接受封国之君的领导，同时也各有自己的族长为首领。另一种是商王直接控制下的各族，其族长同时兼任王朝的地方行政长官。从《左传·定公四年》"殷民六族……使帅其宗氏，辑其分族，将其类丑"看，这些族也有一定的等级差别，大族之下包含若干分族，形成一种立体结构。处于最底层的是各宗族，宗族是商王朝最基层的行政单位。这些族占有一定的土地，从事农业生产，其族长既是宗族的长辈，也是国家基层长官。②

关于商代外服职官的起源，许多学者做过不同的探索。有的学者认为，"田""牧"分别是被商王派驻在商都以外某地从事农垦、放牧的职官，率领族人或其他从属者为商王种植、放牧。"卫"是商王派驻在商都以外某地保卫王国的武官，后亦渐为诸侯的名称。"侯"的前身应该是在边境等地为王斥候之武官。卜辞中的侯一般已具有诸侯的性质。卜辞中"任"即"男"，二字音近义通，似非派驻外地的职官，也许是侯、伯等委派的率领人专门为王朝服役的职官。③ 有的学者则认为，商代地方中的侯、甸、男、卫、邦伯等，并非封国的诸侯，而是商王朝主管一方行政的职官，至商后期职务

---

① 沈长云、张渭莲：《中国古代国家起源与形成研究》，人民出版社，2009，第 127 页。
② 参见宋镇豪主编，王宇信、徐义华著《商代史》卷四《商代国家与社会》，中国社会科学出版社，2011，第 322～323 页。
③ 参见裘锡圭《甲骨卜辞所见的"田""牧""卫"等职官的研究——兼论"侯""甸""男""卫"等几种诸侯的起源》，载《文史》第 19 辑，中华书局，1983。

更多地转向军事活动与为王室服务的经济活动。①

有的学者又认为侯、甸、男、卫起于商王朝在征服外服地区的部族之后所指定的四种固定服役制。如学者徐中舒、唐嘉弘指出，商代的四种固定服役制与辽代的"营卫制""部族制"颇为相似。侯服为商王防守边疆部族，《辽史·营卫志》记契丹部族有"分镇边圉"的职责，商代的侯服，与契丹诸部族的职责颇为类似。商代的"甸服"类似于辽代"捺钵"的经济活动，《辽史·营卫志》记载："大漠之间，多寒多风，畜牧畋渔以食，皮毛以衣，转徙随时，车马为家。……随水草就畋渔，岁以为常。四时各有行在之所，谓之捺钵。"商代的男服，"男"字从田从力，必须承担各种力役，包括耕种田地、贡纳粮食。因此，"男"的职掌同辽代所设南面官统辖下的居民颇为相似。商代的卫服有保卫王室安全之责，即商王的禁卫军。同《辽史·营卫志》所载的"斡鲁朵"之社会政治体系颇为相似。②

上述不同看法，可以归纳为两种意见，第一种意见说明了商代诸侯产生于职官的转型，第二种意见说明了商代外服诸侯起于奴隶制社会的"指定服役制"，指出了商代外服官产生的阶级基础。

西周时期，畿服制度又有所发展。《国语·周语上》记祭公谋父述畿服之制，其内容如下：

> 夫先王之制，邦内甸服，邦外侯服，侯、卫宾服，蛮夷要服，戎狄荒服。甸服者祭，侯服者祀，宾服者享，要服者贡，荒服者王。日祭、月祀、时享、岁贡、终王，先王之训也。有不祭则修意，有不祀则修言，有不享则修文，有不贡则修名，有不王则修德，序成而有不至则修刑。于是乎有刑不祭，伐不祀，征不享，让不贡，告不王；于是乎有刑罚之辟，有攻伐之兵，有征讨之备，有威让之令，有文告之辞。布令陈辞而又不至，则增修于德，而无勤民于远，是以近无不

① 参见王贵民《商朝官制及其历史特点》，《历史研究》1986 年第 4 期。
② 参见徐中舒、唐嘉弘《论殷周的外服制——关于中国奴隶制和封建制分期的问题》，载《人文杂志》增刊《先秦史论文集》，1982。

听，远无不服。

所谓"邦内甸服""邦外侯服"，概指居于西周邦畿内外的部分方国。以邦畿之内的采邑主与邦畿之外的周室同姓贵族及异姓亲戚为主体的邦国诸侯，因同周天子之间有血缘上和宗法上的关系，须尽"日祭""月祀"的义务。那些同西周王室不存在血缘和宗法关系的异族，自然不须承担此类义务。所谓"侯、卫宾服"，宾指诸侯，这里的宾服诸侯与上面提到的"邦内甸服""邦外侯服"应有一定的差别。这里所说的宾服大概主要指周初所分封的传说中先圣王之后，类似于"宾服者享"。享指献纳贡品，这是西周时期四方诸侯向周王应尽的一项重要义务。所谓"蛮夷要服""戎狄荒服"，其情况大致类似，均指那些有"岁贡""终王"之类义务的诸侯。这说明其在政治上与西周王朝之间的关系明显比前面所列举的诸服松散。

从《国语·周语上》的记载看来，西周的畿服制度，是依据与周王的亲属关系和政治关系上的远近，对王畿内外诸侯作五种类型的划分，以规定不同类型的诸侯国的权利和义务，是西周王朝的一项重要国策，应该是周公"制礼"的内容之一。至于《禹贡》中的"五服"之制，则是出于后人的增饰，并非夏代实际施行的制度，不过可以反映出夏族与四裔民族之间亲疏不同的关系。

六　贵族专制政体中原始民主的遗存

此种现象以西周最为典型，其时贵族专制政体中的原始民主遗存，具体表现在贵族与自由民以及贵族内部君主与臣属的关系上。

一是副贰制。所谓副贰制，也就是《左传·襄公十四年》所说："有君而为之贰，使师保之，勿使过度。"这是一项为君置"贰"以约束君主的制度。这里所说的君主，包括周王和诸侯国君。能够作为周王和诸侯国君副贰的也就是最高执政大臣。作为陪贰大臣，其职责除执国政之外，就是"师保"君主，以监护君权的办法收安定社稷之效。其具体的办法有下述数端：①在君主行为失度或社稷安全面临严重威胁时，可以行使驳议权；②对君统承续行使监护权，这方面除了在娶夫人，定君主配偶、班位，物色储君等问题上参与谋议外，主要是受先君顾命保护嗣君和在君主对立嗣没有成命的情况下独自作主拥立嗣君；③摄行君权，由最高执政者摄行君权，从商朝建立到春秋之末，可谓连续不断。驳议权、对君统承续的监护权与摄行君权，都是与君权相渗透的权力。最高执政者以师保身份全面地拥有这些权力，他在最高统治中枢里的地位自然也就异于普通臣僚而近于第二君主。

二是朝议制。《尚书·洪范》说王有大疑须"谋及庶人"，周代统治者"谋及庶人"实际上是谋及庶人中之上层，即庶人散居于"国"中者。所谓"国"人参政，首先须依赖朝政公开。西周时有内朝与外朝，内朝统掌机密，外朝则比较公开。国人参与的朝会当属外朝。平时国人对朝政施加影响，常见的方式则是运用舆论褒贬当局。

三是国人参政制。所谓国人，就是统治者同部族的成员，包括下层贵族和上层平民，而以作为下层贵族的"士"为主体。他们以统治部族成员的身份居于都城内外，成为上层贵族统治奴隶和一般平民的主要依靠力量。因此，他们享有广泛的参政权利，成为政治舞台上一支十分活跃的力量。国人对朝政施加影响的常见方式是用舆论来批评时政。《国语·周语上》有"厉王虐，国人谤王"的记载。统治者对国人的舆论也很重视。周代统治者就曾用不同的方法搜集民意，即所谓"使公卿至于列士献诗，瞽献曲，史献书，师箴、瞍赋、矇诵、百工谏，庶人传语"（《国语·周语上》）。国人参政的制度，其形式就是参与朝会，遇有国危、国迁、立君等大事，国君都要朝见国人，垂询一番。《尚书·盘庚》记商代盘庚迁殷时对百姓的训话，反复说明迁殷的好处，就是向国人征求意见之后申述自己的意见。此外，参政还有一种特殊方式，那就是暴动。西周末年的国人暴动就曾"流王于彘"（《国语·周语上》）。①

上述早期国家形态的特点，在夏商西周时期最为明显。春秋以后随着生产力的发展、阶级关系的变动，早期国家逐渐向领土国家转型，国家形态的上述特征也逐渐失去了存在的意义。

---

① 徐鸿修：《周代贵族专制政体中的原始民主遗存》，《中国社会科学》1981 年第 2 期。

第二节　中国早期国家的初期——夏代的国家机关

一　当代学者对于中国奴隶社会起始时间的认定

中国的社会发展阶段存在奴隶社会，已是多数学者的共识，只是对于中国奴隶社会始于何时有不同的见解。第一种是夏代以前说，以唐兰和许顺湛为代表。唐兰认为中国在五六千年前已进入文明社会（即奴隶社会）。许顺湛认为中国进入奴隶社会应在尧舜时期。第二种是夏代以后说，以范文澜、金景芳为代表。范文澜认为夏代是原始社会向奴隶社会的过渡期，商代始进入奴隶社会。金景芳虽然把夏代列为奴隶社会，但仍认为整个夏代是原始社会向奴隶社会的过渡期。第三种是夏代说，以郭沫若为代表，他在《中国史稿》中认为中国奴隶社会是从夏代开始的。

为了统一上面诸家的观点，孙淼在其所著的《夏商史稿》中提出，"奴隶制"与"奴隶社会"是两个不同的概念。"奴隶制"是一种制度，在它形成之前可以有一个过渡期，"奴隶社会"是一个代表国体的名词，指的是以奴隶主为统治阶级的国家形态，在奴隶社会本身不可能再有一个过渡期。其说甚是。就中国而言，奴隶制在原始社会末期的酋邦时期即已存在，但因为此时的部族联盟尚未蜕变成为凌驾于社会之上的王权，只有到了禹的儿子启废除了部族联盟的大酋长禅让制，形成了世袭的王权以后，才进入奴隶社会。从这个理论来衡量，我国奴隶社会的起始时间就是在夏启称"夏后"（意即夏王）之后正式建立夏王朝之时。

二　夏王朝的建立及夏初王权与氏族传统势力的斗争

在尧舜时期，部落联盟机构已蜕变为国家机关的雏形。大禹时部族联盟大酋长的权力也已发展到同国王不相上下，只要大酋长公推制度一废除，改变为世袭的王权，就标志着国家已经形成。大酋长公推制度属于氏族制度。但是随着阶级的分化和掠夺战争的出现，大酋长世袭的倾向也在增强。正如恩格斯所说："掠夺战争加强了最高军事首长以及下级军事首长的权力；习惯地由同一家庭选出他们的后继者的办法，特别是从父权制确立以来，就逐渐转变为世袭制，人们最初是容忍，后来是要求，最后便僭取这种世袭制了；世袭王权和世袭贵族的基础奠定下来了。"① 当禹年老的时候，提出继任人选问题，大家先举荐皋陶，但因为皋陶很快就去世了，又举荐伯益。拥护王权世袭的势力却不愿由伯益继位，认为禹的儿子启贤能，要求启为继承人。于是启利用了此种势力，夺取了禹原来的职位，"益干启位，启杀之"②。启继位后自称"夏后"，建立了夏朝，废除了大酋长公推制度，实行王位世袭制。从此中国历史上开始了"家天下"的局面，原始社会转变为阶级社会。

但是原始社会的民主传统对此进行了顽强的抗争。当启夺取了王位之后，同姓的有扈氏不服，起兵反抗，启讨灭了有扈氏，将其氏族沦为奴隶，从而确立了自己的统治地位。启死后，他的五个儿子又互相争权夺位，造成了分裂混乱的局面。这时候，夷人中的后羿乘机西进，"因夏民而代夏政"③，取得了统治地位。但是在后羿统治时期，他自恃善射，四出游猎，不恤民事，委政于伯明氏的不才子寒浞。寒浞瞒着后羿，收买人心，培植自己的势力。后羿在一次游猎归来的时候，被其族人和奴隶杀死。于是寒浞夺得了后羿的王位。寒浞又攻杀夏后相。当寒浞攻杀夏后相的时候，相妻后缗已经怀孕，从墙洞中逃归母家有仍氏，生了少康。少康长大之后当了有仍氏的牧正，管理畜牧。寒浞之子浇又派人来抓少康，少康逃奔有虞氏，当了有虞氏的庖正。舜的后人虞思把两个女儿嫁给少康，分给他一成之田、一旅之众，少康才站稳了脚跟，开始恢复夏朝的统治。也就是在寒浞取代后羿发生混乱的时候，原来的夏贵族靡乘机逃走，投靠夏的同姓有鬲氏。寒浞灭斟灌氏和斟寻氏后，靡从有鬲氏收抚斟灌氏和斟寻氏的逃散人众，经过整顿有了一定的力量。少康与靡相互配合，攻灭寒浞，终于重建了夏王朝。

从启自立为夏后，到少康重建夏朝，中间经历了三四代，约一百年的

---

① 恩格斯：《家庭、私有制和国家的起源》，人民出版社，1972。

② 《晋书·束皙传》引《竹书纪年》。

③ 《左传·襄公四年》。

时间，夏王朝才真正确立起来。以奴隶制国家代替部族联盟组织是社会发展的客观规律，王位世袭制经过漫长的时间才战胜了大酋长公推制。

三　夏王朝的政权组织形式与政治疆域

（一）政权的组织形式——氏族分封制

夏代实行的氏族分封制，是氏族分封制的初期形态。这里所说的氏族，指的是部族联盟中的部族，与原始社会中由氏族发展为部落的"氏族"含义不同。上古时代的姓氏制度中，"姓"与"氏"有别：姓多指一些古老的、有影响力的大族，如姬、姜、姒、妫等，皆以"女"为偏旁，可能是母系姓族的标识，后世父系时代依然沿用；氏则多指姓族的分支，但有时候也指一些大部族，如《左传》中提到的陶唐氏、御龙氏、豕韦氏、唐杜氏，都是以血缘关系为基础的大部族，夏代的氏族多以部族、方国的面貌出现，也就是说夏氏的部族、方国实际上是社会上的大氏族。

夏代社会中，氏族占有主导地位，它是王朝实行统治的基础，所以用氏族分封制的办法来组织其国家的第二级政权。在夏代，方国部落的数量很多。《吕氏春秋·离俗览》谓："当禹之时，天下万国。"在众多的方国部落中，夏王朝进行分封的情况是比较复杂的，分封的实施应是首先灭掉一些不拥护夏王朝的方国部落，然后新分封一些拥护夏王朝的方国部落。旧方国部落的保存也是经过夏王朝的重新分封而确认的。所以夏王朝是在不断灭国的情况下进行新的分封的。《国语·郑语》说："董姓鬷夷、豢龙，则夏灭之矣。"这是说鬷夷氏与豢龙氏两个氏族方国被夏王朝灭掉了。终夏之世，被灭掉的方国应是很多的。禹时有上万诸侯，"至于汤而三千余国"[1]。其间所差的六七千诸侯中的大部分当是被夏王朝灭掉的。所以，从某种意义上可以说，只有灭国，才能有分封。

经过分封的氏族是夏王朝统治的基础。首先是夏王本氏族——夏后氏的分封，包括有扈氏、有男氏、斟寻氏、斟灌氏、彤城氏、褒氏、费氏、杞氏、缯氏、辛氏、冥氏、斟戈氏等。他们被分封在各地以捍卫王室。在夏

---

① 《吕氏春秋·用民》。

代初期，夏王族的同姓侯伯，为巩固夏王朝的统治，在与异姓篡权者的斗争中，起了重要的作用。因此，夏王朝的同姓侯伯是夏王朝控制全国的重要支柱。

其次是异姓氏族。许多异姓氏族担负着夏王朝所委派的任务。例如羲氏、和氏为夏观察天象以制定历法。周族的祖先后稷曾为夏的农官，主管稼穑之事，其后即以后稷为农官之名，一直由周人担任。另有封父，可能是专门为夏王朝制作良弓的部落。《左传·定公四年》载，西周时周王封鲁以"封父之繁弱"。繁弱就是良弓之名。《礼记·明堂位》郑注谓"封父"为国名。《唐书·宰相世系表》说："封氏出自姜姓，至夏后氏之世，封父列为诸侯。"《左传·昭公二十九年》记刘累的氏族为夏豢龙，"夏后嘉之，赐氏曰御龙"。《左传·定公元年》载："薛之皇祖奚仲居薛以为夏车正。"薛的皇祖奚仲，可能就是作为善于造车的氏族首领而就封于夏的。商族的首领冥为夏的水官（见《礼记·祭法》注），掌管治理河道水利之事。商族在夏代可能就是因为善于治水而被夏用为水官的。可见异姓氏族部落也是夏王朝实行统治的基础。

作为夏王朝的二级政权的诸侯方国，与夏朝廷之间的关系具有松散性特点，犹如唐宋时期的羁縻州与朝廷的关系。这是因为夏王朝在当时仅仅以其颇为强大的政治、经济和军事实力与一流的文化水平而成为天下共主，但它与天下诸侯、方伯之间尚未完全建立起一种严格意义上的君臣关系。天下诸侯叛服无常乃至一度倾覆夏王朝的统治，正如学者王国维所说，"自殷以前，天子、诸侯君臣之分未定也……盖诸侯之于天子，犹后世诸侯之于盟主"①。这表明夏代所建立起来的仅仅是一种颇为松散的等级秩序和原始的国家结构形式。

（二）政治疆域的形成

夏王朝建立之后，由于王权的确立与巩固，原来分散的夷夏诸部族和部族联盟中的诸部族都臣服在王朝的统治之下，初步形成了统一的疆域和政区体系。《尚书·禹贡》中的"九州"和"五服"，就是这种情况在地理

---

① 王国维：《观堂集林》。

上的反映。据史籍记载，夏代疆域北过易水，至于阴山，包括今山西和河北中部；东至大海，即今山东半岛中部及鲁南近海地区；东南直至江淮，甚至远及钱塘江周围；南逾江汉；西南及于四川盆地；西连西河，包括渭河中游的部分地区。上述广大的政治疆域，可以划分为中心区、直接统治区和间接统治区三个部分。

中心区指都城及其附近地区，也就是夏王朝的王畿。夏代的都城屡有变迁，主要集中在两个区域，一个是河南洛阳平原及其附近，尤其是颍水上游的登封市、禹州市等地；另一个是山西南部地区。其中在河南境内的有阳城（今河南省登封市告城镇）、阳翟（今河南省禹州市）、斟鄩（今河南省巩义市西南）、帝丘（今河南省濮阳市南）、原（今河南省济源市西北）、西河（今河南省安阳市东南）。阳城为禹建都之地，斟鄩为太康所居之地，原（亦作源）为少康复国后季杼一度所居，后又迁于老丘（亦作老邱）。在山西境内的主要有安邑（今山西省夏县西北）、晋阳（今山西省太原市西南）、平阳（今山西省临汾市南），其中安邑为夏启即位后的立都之地。都城及其附近地区是夏王朝的政治中心和军事中心。作为夏王本氏族的夏后氏聚居和活动在山西西南部，特别是汾水以东的平原地区，后世称之为"夏墟"。

直接统治区指在中心区以外的服属于夏王朝的方国地区，主要是中原地区。包括《禹贡》中所说"九州"的豫、兖、青、徐等州及冀州之河东、河内，雍州之关中等广大地区。

间接统治区指夏王朝的边远地区。其范围包括中原地区以外的今河北省以北、陕西省关中平原以西，和长江流域及其以南地区。这里世代居住着发展比较缓慢的少数族组成的部族。他们虽与中原地区距离遥远，但却保持着一定的联系，同时也有很大的独立性。夏王朝对于周边地区大都采取联姻、结盟和征讨的办法，来逐步推行其王权统治，以保证边疆地区的稳定。

四　夏代的国家机关

（一）国家元首——夏后

夏代以"后"为王的称号，夏后即指夏王。夏后有最高的决策权。举凡有关王朝的军事、政治等重大决策，都由夏后亲自决定。夏后在做重大决策时，都要进行卜筮以决疑。重大决策的贯彻执行，主要通过以下三种途径：一是召集大臣发表誓词；二是与诸侯"盟会"，从而使各地"诸侯所由用命"①；三是强制方国诸侯贯彻执行夏后的决策，如果方国诸侯拒不执行，就以武力进行镇压。

（二）外廷官

四辅　指夏王左右备顾问的辅臣。《史记·夏本纪》中提到"敬四辅臣"。这四辅臣也被称作"四邻"。《尚书大传·皋陶谟》说："古者天子必有四邻：前曰疑，后曰丞，左曰辅，右曰弼。"这个辅臣制度是从氏族社会中的长老辅佐制度发展而来的。在氏族社会中，长老居于很重要的地位，他们不仅直接掌管火、天时、祭祀、调解等重要事务，而且是部落酋长的老师、辅佐者和保护人。氏族组织发展为国家时，他们就成为王的顾问之臣了。

六卿　夏代主要的政务官。《尚书·甘誓》说："大战于甘，乃召六卿。"《甘誓》相传为《尚书》中保存的夏启讨伐有扈氏时誓师的誓词，上述两句话是誓词的开头语。所谓"六卿"，当然是指夏启的左右大臣。《墨子·明鬼下》引载该篇，作"乃命左右六人"。"六卿"之官，实始于春秋中期晋、郑等国。秦代编的《吕氏春秋·先己》引用的《甘誓》的文字，已有"六卿"二字，可知"六卿"二字可能是编定《尚书》时所改。《墨子》所引可能保持了原文。这六卿无疑是指当时朝廷六位最主要的官员。郑玄注说："所谓六卿者，后稷、司徒、秩宗、司马、士、共工也。"这六种重要职官，除"司马"外，均为舜时在部落联盟议事会中所设之官。司马一职，是掌军事的官。在部族联盟时代，"兵""刑"不分，由士兼管，国家形成后，兵、刑有分掌的必要，就从"士"的职掌中划分出来。所以这六职，可以看作部落联盟时期所设之官的延续。"士"在夏代亦称"大理"。《礼记·月令》注："理，治狱官也。有虞氏曰士，夏曰大理。"夏代有后稷之官，史籍也有相关记载。《国语·周语上》说："昔我先王世后稷，以服事虞夏，及夏之衰也，弃稷弗务，我先王不窋用失其官，而自窜于戎狄之间，不敢怠业。"

---

① 《左传·昭公四年》。

官师　官学教师。夏代有专门教育贵族子弟的学校，称为"序"，东序是大学，西序是小学，教师多由长老担任。《礼记·王制》说："夏后氏养国老于东序，养庶老于西序。"孔颖达疏引熊氏说："国老谓卿大夫致仕者，庶老谓士也。"教师称为官师，兼有规谏政事的责任。《左传·襄公十四年》所引《夏书》中就有"官师相规"的说法。

官占　为掌卜筮之官。《左传·哀公十八年》："《夏书》曰：'官占，唯能蔽志，昆命于元龟。'"杜预注说官占即为卜筮之官。卜筮盛行于夏商时期，卜筮官为当时国家较为重要的官。

史官　掌管记事，保管档案。原始的文字，夏代已经有了。《左传》《国语》等书，经常引用《夏书》的话，可惜《夏书》今天已见不到了。但这至少表明夏氏早已有了文字。从考古材料看，近年在山东莒县陵阳河和诸城市前寨的大汶口文化遗址中发现了刻在器物上的图形文字，而大汶口文化早于夏代文化，晚于夏代的商代则已经有了具有完备文字体系的甲骨文，处在它们中间的夏代，不大可能没有文字。《吕氏春秋·先识览》谓："夏太史令终古出其图法，执而泣之。夏桀迷惑，暴乱愈甚，太史令终古乃出奔如商。"当是以后起的官名称之。

羲和　掌管历法。尧时即有掌历法之官，由羲氏与和氏世袭。至夏遂以名官。夏代的历法已比较完善，春秋时期的孔子曾经主张"行夏之时"。时，就是历法，可知夏代的历法是比较适合农业生产的。

水官　管理水利工程。《国语·鲁语上》载，商族的祖先"冥勤其官而水死"。韦昭注："冥，契后六世孙，根围之子也。为夏水官，勤于其职而死于水也。"

瞽　夏王朝有供祭祀和君主娱乐用的音乐，多以盲人为乐师，故以瞽为乐师之称。《左传·昭公十七年》引《夏书》说："辰不集于房，瞽奏鼓，啬夫驰，庶人走。"这是对当时发生于房宿位上的一次日食的记录。日食发生时要对天祭祀，故乐师击鼓，啬夫驰车奔告，庶人奔跑而来。

牧正　掌管畜牧，为牧官之长。《左传·哀公元年》："后缗方娠，逃出自窦，归于有仍，生少康焉，为仍牧正。"此指少康曾为有仍部落牧官之长，以此推之，王朝当亦有牧正。

虞人　为舜时部族联盟议事会"虞"官的沿设。《大戴礼记·夏小正》："虞人入梁。"《集注》："虞人之官，即周官泽虞，掌国泽之政令，为其厉禁，夏时谓之虞人。"

六使　使在甲骨文作史，商代有"东史"与"西史"，分别为驻防东方与西方的大使、统兵。古代文武不分，夏代六卿在统兵时则称六使，六使与其所统武官合称"六事之人"。

御　驾驶战车的武官。《尚书·甘誓》："御非其马之正，汝不恭命。"《史记·秦本纪》记秦人祖先曾为夏末御官。

遒人　《左传·襄公十四年》引《夏书》说："遒人以木铎徇于路。"意为遒人摇着金口木舌之铃在大路上巡行。《尚书伪孔传》释遒人为宣令之官。其职务有两个方面，一方面是宣示政令，另一方面也搜集庶民对政事的意见。这反映了夏代刚从氏族社会发展而来，还保留了一些原始的民主制度。

啬夫　掌税收贡赋。《左传·襄公九年》："庶人力于农穑。"杜预注："种曰农，收曰穑，田夫曰穑夫，宜主乎收敛。"收取贡赋之官称为啬夫，亦叫啬人，这是氏族时代未曾有过的职务。《大戴礼记·夏小正》载："十有一月，王狩（狩者言王之时田也，冬腊为狩）。啬夫不从（不从者，弗行于时月也）。"《集注》："王校曰，啬夫，司空之属。夫，赋也，言消息百姓均其赋役。不从王狩，务农未毕也。"战国秦汉时代的啬夫即起源于此。

牧　夏王朝的方国首领，入朝时则称为牧，他们有的与王同族，有的不同族而为同盟，有的则为夏王武力所征服，相当于商周时代的外服职官。

（三）内廷官

庖正　《左传·襄公元年》记少康"逃奔有虞，为之庖正，以除其害"。此指为有虞部落酋长掌管饮食之官。以此推之，王朝当亦有此官。

车正　为车官之长。《左传·定公元年》："薛之皇祖奚仲居薛，以为夏车正。"此指薛部落为夏王朝的从属部落，居薛而为夏王朝制造车辆。

御龙　掌为王养蛇。《左传·昭公二十九年》："陶唐氏既衰，其后有刘累，学扰龙于豢龙氏，以事孔甲，能饮食之。夏后嘉之，赐氏曰御龙。"

臣　管理王家事务的家臣单称"臣"。如《左传·哀公元年》记少康

"使女艾谍浇"，杜预注"女艾，少康之臣"，就是少康派他的臣到浇那里去做间谍。

五　夏代方国政权机构

夏王朝的第二级政权机构，由夏王分封的同姓或异姓的方国部族组成，方国首领一般称侯，其地位较高者则称伯。

（一）同姓方国

《史记·夏本纪》说："禹为姒姓，其后分封，用国为姓，故有夏后氏、有扈氏、有男氏、斟寻氏、彤城氏、褒氏、费氏、杞氏、缯氏、辛氏、冥氏、斟戈氏。"其中夏后氏为夏王族属，不属于诸侯，其他均属侯、伯。诸方国之分布，据学者郑杰祥的考释[①]，其地如下：

有扈氏　在今郑州市以北的原武镇一带；

有男氏　在今南阳盆地或长江、汉水流域；

斟寻氏　最早当在今河南省巩义市境；

彤城氏　在今陕西省华州区境；

褒氏　据《路史》，可能在今河南省息县北褒信集；

费氏　在今河南省偃师县缑氏东南约十公里的故滑城；

杞氏　今河南省杞县，商代为杞国所在，可能为夏代杞国故地；

缯氏　在今河南省方城县境；

辛氏　在今陕西省合阳县；

冥氏　"河东大阳"在今山西省平陆县北，夏代冥氏当即此地；

斟戈氏　在今河南省开封和商丘二地区之间。

此外，见于文献者还有两个方国。

斟灌　《左传·哀公元年》："昔有过浇杀斟灌以伐斟鄩，灭夏后相。"《集解》："浇，寒浞子，封于过者。二斟，夏同姓诸侯。襄四年传曰：浇用师灭斟灌。"其地望有二说，一说位于今山东省寿光市东北，一说在今河南省巩义市一带。

---

① 郑杰祥：《试论夏代历史地理》，载中国先秦史学会编《夏史论丛》，齐鲁书社，1985；郑杰祥：《夏史初探》，中州古籍出版社，1988，第73~86页。

越 《史记·越世家》说越国的先祖就是少康的庶子，被封于会稽。相传禹死后葬于会稽，少康封其庶子于此以奉禹祀。

（二）异姓方国

寒 《后汉书·郡国四》记北海国平寿县，"有寒亭，古寒国，浞封此"。在今山东省潍坊市东北寒亭镇。

有鬲 《左传·襄公四年》载魏绛曰："后羿为寒浞所杀，其大臣靡奔有鬲氏。"故址在今山东省德州市东南。

过 寒浞有子浇。《左传·襄公四年》记寒浞"处浇于过"，"少康灭浇于过"。杜注："东莱掖县北有过乡，即此。"故地在今山东省莱州市西北。

有仍 《左传·哀公元年》："昔有过浇杀斟灌以伐斟鄩，灭夏后相。后缗方娠，逃出自窦，归于有仍，生少康焉。"仍为风姓之国，相传为太皞之后，其地在今山东省金乡县。

有虞 《左传·哀公元年》记少康归于有仍，"浇使椒求之，逃奔有虞，为之庖正，以除其害"。《集解》：有虞，"虞舜后，诸侯也"。其地在蒲坂，即今山西省永济市西蒲州镇。

有穷 相传后羿代夏前曾为有穷氏首领。春秋时为楚邑，《左传·昭公二十七年》记楚大司马沈尹戍率师"与吴师遇于穷"，即此地。故址在今安徽省霍邱县南沣河侧。

彭 彭姓方国，为祝融八姓之一。其地在今江苏省徐州市一带。《国语·郑语》："彭姓彭祖、豕韦、诸稽，则商灭之矣。"后又为商的方国。

韦 即豕韦国，祝融之后，彭姓，少康时封，后为商所灭。《续汉书·郡国志》东郡白马县刘昭注引杜预说："县东南有韦城，古豕韦氏之国。"其地在今河南省滑县东南。

顾 夏方国，为商所攻灭。《诗·商颂·长发》："韦、顾既伐，昆吾、夏桀。"春秋时为齐邑，其地在今山东省鄄城县东北。

葛 《孟子·滕文公下》："汤居亳，与葛为邻。""葛"即指此葛国。其地在今河南省宁陵县北郭庄。《史记·殷本纪》："汤征诸侯。葛伯不祀，汤始伐之。"《集解》引孔安国说："为夏方伯，得专征伐。"

三朡 "朡"一作"㚉"。《尚书·汤誓》记汤伐夏桀，"夏师败绩，汤遂从之，遂伐三朡"。《续汉书·郡国志》谓济阴郡定陶县有三朡亭，即此地。故址在今山东省定陶区北。

有易　《山海经·大荒东经》注引《竹书纪年》曰："殷王子亥宾于有易而淫焉，有易之君绵臣杀而放之。"有易被商的先公上甲伐灭之前，当为夏代诸侯。

涂山　相传禹曾娶涂山氏之女，又传说为禹会诸侯处。明王楙《野客丛书》说："涂山有四，一会稽，二渝州，三濠州钟离县，四宣州当涂县。"会稽在今浙江省绍兴市西北，渝州在今重庆市东，濠州钟离县在安徽省蚌埠市淮河东岸。在宣城者乃后人附会，因为当涂县东晋以后侨治江南，遂以江南当涂之山讹为涂山。

英　《史记·夏本纪》记禹"封皋陶之后于英、六"。英为皋陶后人封国之一，偃姓。春秋时灭于楚。其地在今安徽省金寨县东南。

六　夏时皋陶后人封国之一，偃姓。春秋时为楚所灭。其地在今安徽省六安市东北。

蓼　夏时皋陶后人封国之一，偃姓。春秋时为楚所灭。《史记·陈杞世家》说："皋陶之后，或封六、蓼。"其地在今河南省固始县东北蓼城冈。《左传·文公五年》所记"楚子燮灭蓼"，即指此地。

申、吕　《史记·齐太公世家》："太公望吕尚者，东海上人。其先祖尝为四岳，佐禹平水土，甚有功。虞夏之际封于吕，或封于申，姓姜氏。夏商之时，申、吕或封枝庶，子孙或为庶人，尚其后苗裔也。"

薛　《汉书·地理志》："薛，夏车正奚仲所国。"其地在今山东省滕州市东南。

商　与禹同时治水的商人始祖契，其后人也成了夏王朝的方国君长。商方国在夏代末年有了很大的发展，最终灭掉了夏王朝。

周　与禹同时治水的周人始祖弃，其后人也成了夏王朝的方国君长。其君长之一的不窋，曾为夏王朝的农官。周方国历经夏商二代。到武王伐纣灭商而建立西周王朝。

有缗　帝舜之后，姚姓。《左传·昭公四年》："夏桀为仍之会，有缗叛之。"春秋时为宋邑，《春秋经》僖公二十三年，"齐侯伐宋，围缗"，即指其地。故址在今山东省金乡县。

有施 《国语·晋语一》："昔夏桀伐有施，有施人以妺喜女焉。"韦昭注："有施，喜姓之国。妺喜其女也。"

御龙 《左传·昭公二十九年》记刘累"扰龙于豢龙氏，以事孔甲"，"夏后嘉之"，赐氏曰御龙，成为方国首领。

封父 《新唐书·宰相世系表》："封氏出自姜姓，至夏后氏之世，封父列为诸侯，其地汴州封丘有封父亭，即封父所都。"

柏益① 《汉书·地理志下》记秦人的祖先柏益曾"为舜朕虞，养育草木鸟兽，赐姓嬴氏，历夏、殷为诸侯"。

昆吾 《国语·郑语》谓其为祝融之后，号称"夏伯"。《汉书·地理志下》："帝丘，今之濮阳是也。本颛顼之虚，故谓之帝丘。夏后之世，昆吾氏居之。"故址在今河南省濮阳县南。后为商汤所灭。

夷人方国 分布于夏王朝的东方地区。② 夷人方国部落与夏王朝有着特殊的关系。夷羿"因夏民以代夏政"（《左传·襄公四年》），一度造成太康失国、四方背叛的局面。夏王朝"及后相即位，乃征畎夷"（《后汉书·西羌传》）。"夏后相元年征淮夷。二年征风夷及黄夷。"（《太平御览》卷八二皇王部引《竹书纪年》）夏后杼时"征于东海及王寿"（《山海经·海外东经》郭璞注引《竹书纪年》）。上述记载反映了夏王朝与夷人方国部落的关系是颇为密切的。

（三）夏朝廷与方国之间的关系

每一个方国部落，都是夏王朝的第二级政权机构。夏王同姓或异姓的方国君长，作为夏王朝的侯与伯，也是本方国、部族的最高首领。方国部族作为政权机关也设置官吏，但文献记载的此类资料甚少，仅见到有仍氏设有牧正和有虞氏设有庖正等职。牧正之职在夏王朝职官系统中属于外廷官，庖正属于内廷官，可以推知方国设官制度是仿效王朝设置的，不过较王朝简略而已。

夏王朝方国部落的侯伯，对夏王朝必须尽有一定的义务。其一，方国

---

① 柏益，即伯益。
② 郑杰祥：《夏史初探》，中州古籍出版社，1988，第104～107页。

侯伯必须应夏王之召，随时参加盟会，并贯彻执行夏王的重大决策。地方侯伯还必须定期觐见夏王向夏王述职。其二，一些方国诸侯的首领，还必须受夏王之命到王朝供职。如薛国的首领曾任王朝的车正。不少具有某种专长的方国部族的首领都是如此。其三，夏王朝的地方侯伯，还必须随时为中央王朝提供兵力，配合中央王朝对违命方国部族的掠夺征伐活动。其四，地方侯伯有义务保护夏后氏王族，巩固并维护夏王朝的统治和天下共主的地位。其五，地方侯伯必须向夏王朝交纳一定的贡品，这是诸侯一种经常性的负担。

六　夏代的军事组织与监狱

（一）军事组织

组织氏族是夏代社会的基本结构，夏代的军队组织与氏族相结合，称为族军。

在氏族社会中，每一氏族男性成员都有对外作战和狩猎的责任。到了阶级社会，服兵役仍是氏族中男性成员的义务，所以军事组织仍以各氏族为组成单位，在有军事行动时氏族成员均须参加战斗。夏商时王室的卫队和战争时的主力仍是本族的族军。夏王朝以分封的形式组成了王朝和方国部族两级政权形式，所以军队也有了夏王朝军队和方国部族侯伯军队的划分。夏王朝夏后氏王族的政治、经济实力较其他方国部族要强大得多，再加上王族可控制的王畿地区的面积也要比地方侯伯的方国部族面积广，所以夏王朝所能动员的战时族军数量，就要比其他方国部族多得多。与此同时，夏王朝还根据军情的需要，调动、指挥其他方国部族军配合夏王朝的军事行动，因此就形成了一支以王朝军队为核心的强大军事力量。

夏代族军的编制单位有旅，亦作为军队的代称。《左传·哀公元年》记夏少康居于有仍氏部落时"有田一成，有众一旅"。杜预注："方十里为成，五百人为旅。"众既是与田相联系的劳动者，又是以"旅"为编制的战士，这就是"兵农合一"的族军制。夏朝族军的士兵，在军事民主制的部族联盟时期，本是战时自愿武装的民众，进入夏代，已成为强制性的"兵农合一"的士兵。这种原始性的族军制，决定了夏代尚未具备设置常备军的条件，也不可能设置专门的将佐管理军队。因而领军的将佐文武不分，指挥系统和各级将佐分工不明确。正如《尚书·甘誓》记夏王征有扈氏时，"乃召六卿"，以卿为军队的将领，他们其实就是夏代民事和军事职责不分的官员。

夏代的兵种有步兵与车兵两种。恩格斯说："步兵——军队中徒步的兵士，除了游牧部落以外，一切民族的军队，如果不是全部，那末大部分总是由徒步兵士组成的。例如，甚至在最早的亚洲军队——亚述、巴比伦和波斯的军队中，步兵至少在数量上是军队的主要部分。希腊军队最初全由步兵组成。"[①] 恩格斯的论断自然也适用于我国古代。因此，军队的主要部分无疑是步兵。少康在有仍氏时"有众一旅"，应该就是步兵。旅以下的编制则不详。车兵在夏初已出现，至商汤伐夏桀时，"汤以车九两，鸟阵雁行。汤乘大赞，犯遂下众人之郊遂"[②]。可见车兵至夏末已有了一定规模。但从二里头考古文献所反映出来的相当于夏代的生产水平看，它只能占军队的一小部分。战车一般配备三人，即车左、车右与御者。车左持弓，主射；车右为勇力之士，执矛以退敌；中间为御者，驾御兵车。若为将之兵车，则将居中，在鼓下；御者在左，而无车右。车兵的地位较步兵为高，他们是自由民中的上层，属于武士或军官一类。

（二）监狱

1. 刑名

五刑　夏代刑名总称。《隋书·经籍志·刑法》："夏后氏正刑有五，科条三千。"《周礼·秋官》"司刑"郑注："夏刑大辟二百，膑辟三百，宫辟五百，劓、墨各千。"

肉刑　夏代刑名。扬子《法言·先知》："夏后肉辟三千。"《汉书·刑法志》："禹承尧、舜之后，自以德衰，始制肉刑。"

赎刑　夏代刑名。《尚书·序》："吕命穆王训夏赎刑，作《吕刑》。"《传》："吕侯以穆王命作书，训畅夏禹赎刑之法，更从轻。"《疏》："夏法行于前代，废已久矣。今复训畅夏禹赎刑之法，以周法伤重，更从轻以布

---

① 《马克思恩格斯全集》第十四卷，人民出版社，1964，第354页。
② 《墨子·明鬼下》。郊遂，原文作螭遂，据孙诒让《墨子闲诂》卷八改。

告天下。"

孥戮　夏代刑名。《尚书·甘誓》；"左不攻于左，汝不恭命；右不攻于右，汝不恭命；御非其马之正，汝不恭命。用命赏于祖，弗用命戮于社，予则孥戮汝。"《传》："孥，子也。非但止汝身，辱及汝子，言耻累也。"《疏》："我则并杀汝子，以戮辱汝。"《汤誓》"传"："古之用刑，父子兄弟罪不相及，今云'孥戮汝'，权以胁之。"

沈家本按："夏后氏刑制，《书传》不详。《隋志》言刑五，《书》序言赎刑，至扬子言肉辟则在五刑之内，此其大较也。窃意禹佐舜治，受舜禅，其政教奚事改革？《汉志》谓禹自以德衰，尚制肉刑，盖拘于五帝画象，三王肉刑之纬说，而未观其通也。五帝画象，三王肉刑，恐亦就当日治化之精神大概言之，究之帝王之法制，其详既不可得而闻，其科条之若何同异，正未易质言之也。"我们可以从沈家本在《历代刑法考·刑制总考一》中所作的上述按语中得到以下认识。第一，五帝时期正处于原始社会末期的部落联盟时期，其时阶级分化已很严重，正处于奴隶制的形成时期，刑罚的使用已经产生，据《汉书·刑法志》记载，五帝时期"大刑用甲兵，其次用斧钺，中刑用刀锯，其次用钻凿，薄刑用鞭扑"。当时兵刑未分，其刑级是按照刑具来划分的。大刑即军事讨伐，是针对蛮夷部族侵扰中夏（即所谓"蛮夷滑夏"）的，是最重的刑罚，其余四种是针对部族联盟内部的"寇贼奸宄"的。至于部族联盟各部族中的平民犯罪，仍保留着部族内部成员之间的平等原则，采用"象刑"之法（即《尚书大传》中所说的"象以典刑"），用象征性的羞辱型的刑罚，使其改过从善。其法即《尚书大传》中所说的"唐虞之象刑，上刑赭衣不纯，中刑杂屦，下刑墨幪，以居州里，而民耻之"。这在实际上造成了刑罚的不公正性。第二，站在奴隶社会门槛上的禹，认为原始社会的道德标准应予摒弃（即所谓"自以德衰"），创制了肉刑。等到正式进入奴隶社会（即所谓夏商西周的三王时期），始创制了作为奴隶和奴隶主两大对抗阶级矛盾调解器的法律制度，后人称之为"禹刑"（《左传·昭公六年》："夏有乱政，而作禹刑。"）。夏代的刑制，根据沈氏的考证，其可见者俱见上述"刑名"部分。

2. 监狱设置与狱政管理特点

应劭《风俗通》谓"三王始有狱"，意思是中国到夏商周才开始有监狱。此种说法比较符合历史发展规律。夏代的监狱叫作圜土，据今本《竹书纪年》的记载："夏帝芬三十六年作圜土。"其所指年代虽不能确信，但反映了夏代确实有了监狱。至于圜土的形制，据《尔雅·释名》"释宫室"条的解释，是"筑土表墙，其形圆也"，可见圜土仅是用土筑成的圆形的围墙，是一种很原始的监狱形式。圜土的作用是作为待讯、待质、待决的囚犯的拘留之所，不是作为执行刑罚的场所。

夏代有一所特殊监狱，叫作夏台，亦称为钧台。《史记·夏本纪》载，夏代末年，夏桀"乃召汤而囚之夏台，已而释之"。《索隐》："狱名，夏曰钧台，皇甫谧云'地在阳翟'（今河南省禹州市）是也。"钧台本是一种可供游观的"台"，夏代末年作为软禁商族首领的处所，属于特种监狱。

在狱政管理方面，贯彻恤刑的原则，意指用刑慎重不滥，最初见于古文《尚书·舜典》："惟刑之恤者。"意即考虑到刑罚可能滥用失当，量刑时要有悯恤之意，使刑罚轻重适中。

第三节　中国早期国家的发展时期——商代的国家机关

一　商代国家机关组织形态的发展

（一）贵族联合专政政体的形成

商代的社会结构中，氏族的力量比以前有所加强，其影响也更大。学者丁山曾就甲骨刻辞、卜辞所载诸妇和诸子的资料进行统计，指出商代的氏族至少在二百个以上，并说"殷商后半期的国家组织，确以氏族为基础"[1]。之所以说商代的国家组织以氏族为基础，其中包含着两方面的含义：一是就商王朝而言，氏族为其主要的社会组织形式；二是就商王朝以外的诸方国而言，氏族也是其主要的社会组织形式。

商代的族可以称为氏。商王朝的诸侯可以分为以国为姓和以职业为姓

---

[1]　丁山：《甲骨文所见氏族及其制度》，科学出版社，1956，第33页。

的两类。《史记·殷本纪》：“契为子姓，其后分封，以国为姓，有殷氏、来氏、宋氏、空桐氏、稚氏、北殷氏、目夷氏。”他们都是子姓族，被分封以后即以国为姓。另外，分封给鲁公“殷民六族：条氏、徐氏、萧氏、索氏、长勺氏、尾勺氏”（《左传·定公四年》），分封给康叔“殷民七族：陶氏、施氏、繁氏、錡氏、樊氏、饥氏、终葵氏”（《左传·定公四年》）。上述“殷民六族”中的索氏，可能即是以制造绳索而著名的氏族；长勺氏、尾勺氏，可能即是以制造酒器而著名的氏族。“殷民七族”中的陶氏，可能即以制造陶器而著名的氏族；施氏为以制作旌旗而著名的氏族；繁氏是以制造马缨而著名的氏族；錡氏是以造釜著名的氏族；樊氏是以建造篱笆而著名的氏族；终葵氏是以造锥著名的氏族。这两类氏族中，当是以国为姓者地位较高，以职业为姓者为子姓部族中的下层氏族。

对于商王朝的军国大事，子姓族众具有相当大的影响力，特别是商代前期，此种影响更为显著。而商王对于族众的重视，也可在甲骨卜辞中找到很多证据。商王对于发展王族和子族（子族是王族的分族）的势力更是十分重视，因为这是与商王关系最为密切的族众。商王朝的王畿地区除了子姓诸族以外，还居住着异姓部族。商王朝对于异姓部族尽量团结利用。周灭商以后，周武王在发布的诰命中所提到的“伊、旧、何、父”“几、耿、肃、执”等“殷之旧官人”（《逸周书·商誓》），可能都是商的异姓部族的名称。这些异姓部族在卜辞中称为“多生（姓）”。商王朝是在各族支持下发展起来的。《尚书·盘庚》记盘庚在迁都时曾经向诸族的族众表明，诸族的远祖曾经和商先王一起奋斗，同甘苦共患难，所以现在的商王不敢对诸侯的族众作威作福。这说明商代是贵族联合执政的政体，商王是联合执政的各贵族的总代表。

（二）氏族分封制的发展

商代的作为政权组织形式的分封制，与夏代的初始分封制相比，有不少新的特点。

首先，把整个国家划分成商王直接统治的区域和在直接统治区之外诸侯封地两部分。商王的直接统治区——王畿叫作商或中商，分为国与郊两部分，国指王都，王都以外的周围地区，包括许多城邑在内，总称为“郊”。就每个邑来说，城邑以外的周围地区，称为"野"。《尚书·牧誓》提到"商郊牧野"，牧野是牧邑周围的野外地区，总属于王都的"郊"，故以商郊牧野连称。中商以外，称为本土，分为东南西北四土，分布着王室以外诸子和其他贵族的封地，四土方国君长也都是商王属下的诸侯，商代在本土所封诸侯之间，以及封国外围的外围，也存在着许多叛服不常的异族方国。他们在臣服时承认商王的"共主"地位，并接受了商王的封号，周族在灭商前其君长即曾受过商的爵名。《尚书·酒诰》记述商制时说："越在外服，侯、甸、男、卫、邦伯，越在内服，百僚、庶尹、惟亚、惟服、宗工。"所谓"外服"，就是指商王属下的诸侯。"内服"就是王朝的百官，百僚、庶尹泛指众官，并指次一级的官吏，宗工指王族为官者。所以《大盂鼎》概括为"殷边侯甸"和"殷正百辟"。诸侯要向王朝定期朝贡，提供力役，奉命征战，遵守一切礼仪制度。王朝与诸侯之间，构成了中央政权和地方政权的初期形态。商代区分王畿与诸侯封地，是与当时的统治经验、经济实力、军事力量和交通条件相适应的。王朝直辖地域不能过大，由此便形成王朝与诸侯国两级政权的体制。商王朝廷利用王权和军队的力量。巧妙地控制诸侯国，从而保持了国家的统一。

其次，诸侯的爵称比夏代有不少增加。《尚书·酒诰》中提到的有侯、甸、男、卫、邦伯诸称。其中侯、甸、男是爵称。"卫"由捍卫王室的武官发展为附庸国称号的"采、卫"之卫，后来又发展为具有普遍意义的臣卫和侯卫之卫。所以卫不符合爵称的标准，仅具有卫服的含义。邦伯是对叛服不常的方国国君之称。据李雪山在《商代分封制度研究》一书中的研究，除上述《酒诰》中的侯、甸、男外尚有伯、任、亚、妇、子五种爵称，共有八种。其中侯、伯两爵沿自夏代，男、田、亚、任原为职官，妇、子则为王的亲属而受封者。兹分述之。

侯　是善射的武臣，受王命建国畿外，守御边疆，名为"侯"。大概某一侯受命守御某地的便叫某侯。例如受命到杞地的叫杞侯，受命到盂地的便叫盂侯。从卜辞中可以查到侯的名字。例如卜辞中有攸侯喜、曎侯虎，即攸侯名喜，曎侯名虎。

伯　甲骨文简写为白，是"诸侯之长"的意思。伯与侯同，都是负责军事征伐之事，卜辞中的名称不少，如雇白、井白、白戛。雇白当为驻守雇地之伯，井白当为驻守井方之伯，戛是人名。

男　《说文》释："丈夫也，从田力，言男子力于田也。"商代农业生产发达，农业已成为主要产业，当时善于组织和管理田邑农业生产的，大概就叫作男。卜辞中有"雀男""弜男"辞，雀、弜都是地名，雀男即雀地之男。

田　《说文》释："树稻谷之地也，象形，古田男相通，男田均耕事之名。""田"即为农事组织或管理监督之官。故卜辞有"命多田"辞，"多田"意即许多田官。

亚　卜辞之亚，首先是爵称，且是曾在商王朝为官的标志。卜辞中说："……多田、亚、任……"（《甲骨文合集》第 32992 片）"癸□贞：……作多亚。"（《甲骨文合集》第 21707 片）"多亚"，即多个亚，多个诸侯。"多亚"拥有自己的领域，因而卜辞有"入于多亚""在多亚"的记载。

任　卜辞中"雀男"又称"雀任"。又有"……雀任……受……"（《甲骨文合集》第 19033 片），可见男、任在卜辞中是通用的。

子　"子"就是王子的意思。卜辞中有许多以子为称呼的人名，如子渔、子央、子丰、子肃、子宋、子奠，其中，渔、央、丰是人名，肃、宋、奠是地名。当诸王子之一继承父位时，余子中供职于朝的，沿用其王子之称，叫"子某"，如上述的前一种；受命外出、守卫边疆而受封的，以地为名，如上述的后一种。商代称子族之侯为"子卿"，称异族首次被封侯者为"建侯""生卿""邦伯"。

妇　甲骨文有"妇某"之辞。妇指商王的配偶，是女性的专用爵称。妇某之某为国族名。甲骨文中有妇好、妇妌、妇娘、妇妊等称，妇好是子国女子受封者，妇妌是井国女子受封者，妇娘是良国女子受封者，妇妊是壬国女子受封者。

如上所述，商王以武力最大的武将为侯，命其驻守边防。伯的由来与侯相仿，亦为守卫疆土之武职，有为王子出任者，有为商王左右扈从战争有功而升任者，有为异族方国之被征服而封赐其首领者。妇、子是国王的亲属而受封者。至于田、男、亚、任，则原来都是职官之名，而后发展为爵称。田、男都是掌管农事的职官，亚、任与之略同。侯与伯亦相通。故除商王妇、子外，侯、伯、田、男、亚、任六爵合起来，只有侯与田两种而已。同时，男、田、亚、任诸爵，其实也承担军事征伐的任务。卜辞中有商王命令"多田"伐盂方的明确记载，可见不但侯与伯通，男、田与亚、任通，侯、田亦无严格的分别。所以除王的妇、子以外的诸侯，概分之有侯与田二种，简言之，商代诸侯只有田、伯或侯、田而已。故卜辞中常载有商王"遣侯田"或"从侯田"去伐羌方，伐四丰方的记事。西周金文大盂鼎铭文亦谓"佳（维）殷边侯甸"，甸即侯田之田，商代概称诸侯就叫"侯甸"。

商代封爵的含义是不严格的。第一，它没有贵贱高下等级之分；第二，在一定意义上也是职官。

最后，任命程序的制度化。商代诸侯的产生有两条途径：一是"裂土"分封子弟、诸妇及功臣；二是臣服于商的方国首领和一些古老的部族。其任命程序比夏代更加制度化。商王通过称册（即对诸侯的册命，其地点一般在宗庙）、奠置（对受册命者及臣属者的安置，实质上是将受册命的诸侯、叛而复降的诸侯及臣服方国首领安置在某地，也就是后世授土的过程）和作邑（为诸侯显贵建立城邑。建邑必有城郭，建邑之地常具有战略意义）等手续进行分封。

（三）商代的政治疆域

内服地区称为王畿。卜辞中多次提到"大邑商"，也有作"天邑商"的。学者罗振玉、王国维把"大邑商"解释为王畿，即商王的直接统治区域。商代王畿的范围，《战国策·魏策一》记吴起说："殷纣之国，左孟门而右漳、釜，前带河，后被山。"《史记·殷本纪》正义引古本《竹书纪年》亦说："自盘庚迁殷……更不徙都。纣时稍大其邑。"上述两书所说的王畿，均以商代晚期国都安阳殷墟为中心，它的东面和南面有黄河，西面有太行山，漳水流经其西北。畿内有几个城邑，朝歌为商代晚期别都，在今河南省淇县；邯郸，在今河北省邯郸市西南；沙丘，在今河北省广宗县西北。又，《汉书·地理志下》："河内本殷之旧都，周既灭殷，分其畿内为三国，《诗·风》邶、鄘、卫是也。"郑玄《邶鄘卫谱》："邶、鄘、卫者，商纣畿内方千里之地……其封域在《禹贡》冀州太行之东，北逾衡漳，东及兖州桑土之野。"这里所说的"衡漳"（衡为横的假借字），指横贯殷墟西北的漳水，兖州即《尚书·禹贡》所说的"济、河惟兖州"，指河南东北部和山东西北部一带。桑土，杜预注为帝丘，今河南省濮阳市。从考古学上对偃师商城和郑州商城的发掘，也给我们提供了关于商代王畿地理位置的资料。原来偃师商城、郑州商城和安阳殷墟，同属商代文化中心区，其地在今河南中部和北部。综合以上材料，可以推测商代王畿的大致范围，它包括了今天河南省大部、河北省中南部、山西省南部以及山东省的西南部。

二　商代的内服官

（一）辅弼之官

师　掌辅导王。商代的师，从卜辞来看，多为领兵作战的军事长官，亦为负责教育之官，有时乐师亦称为师。师有不同等级，卜辞虽然没有太师之称，但像师盘这样的高层师官，实际上相当于西周金文及文献上所说的太师。

保　掌辅导王。见于甲骨文，在太甲时期有保衡，是与王论道的辅弼重臣，又是最高的执政官之一。

傅　掌辅导王。武丁时有傅说，旧时多以为傅是地名，刘师培说："若傅字之义近于辅，又古以傅母并言，傅母为随女之官，则傅说之傅亦即随卫君主之官。"[①]　其说可从。

（二）执政官

尹　或称保、臣、巫、宰。总掌王朝政务，相当于后世的"相"。执政官在官名后或前连以私（族）名，如伊尹、保衡、臣扈、巫贤。在武丁时曾有"百官总已以听冢宰"之语，冢宰即太宰，可知此时由太宰执政。

（三）卿事僚

卿事　是卿事僚的长官，掌理政事系统各项政务。史、事古通，商代甲骨文的卿史即是卿事，文献作卿士。卿事系统的官员通称为卿事僚。张亚初《商代职官研究》指出，与西周一样，卿事僚与太史僚是商代两大行

---

① 刘师培：《政篇：论历代中央官制之变迁（未完）》，载《国粹学报》1907 年第 27 期。

政部门，"卿事僚包括政治、经济、军事的各种职官，以及族长、百姓和侯、田、任（男）等诸侯"①。

卿士所属的一般政务官如下。

多尹　是王朝内为各种政事服务的一类人员的合称。西周金文称为"诸尹"或"殷正百辟"，《尚书·盘庚》称"百执事"，《酒诰》称"百僚庶尹"。

多君　即多尹。在商代，"君"与"尹"可相通，许多君合称多君。多君在王朝卜筮休咎上有备商王咨询及发言权，他们与多尹一般，都是在执政大臣之下的一般政务官员，职位也比较高。

御事　比多尹、多君地位低一些的政务人员。"甲骨文作'御史'。'史'即是'事'字，'御'字原义是迎、迓，'御事'就是迎受政事，可与常见于甲骨卜辞中的'叶王事'、'叶朕事'相应。他们本来就是经常被王室调遣来接受差事的，故多见'呼某人御事'的卜辞形式，久之，这种活动就成为官名。"②

事　由御事发展而来，由职掌一般的政务向职掌专项政务发展。上述的"事"，其义有三：一是事官，即政务官，后来发展为卿事系列的职官；二是史官，后来发展成为太史系列的职官；三是使官，发展为由王派出的驻防武官。

卿事僚所属职掌专务的政务官如下。

1. 掌管农业生产之官

小籍臣　管理籍田耕作。

小秾臣　专管农作物的刈获。"秾"，裘锡圭释为"刈"。③ 其职与《周礼》司徒下之委人相近。

小众人臣　专管农业生产者"众人"的小臣，相当于西周时期司徒所统的农官。

多农　可能与西周的农正和田大夫相当。

---

① 载《古文字研究》第十三辑，中华书局，1986，第110页。
② 见王贵民《商朝官制及其历史特点》，《历史研究》1986年第4期。
③ 见裘锡圭《甲骨文字考释》，载《古文字研究》第4辑，中华书局，1980，第154页。

奠（甸）　王室甸地的农业事务管理者。

多田　即多甸，见于晚商，可能由多甸发展而来。

小丘臣　为井田区域一丘之长。

州臣　为井田区域一州之长。"丘"与"州"为井田的地域划分，大概与井田的等级制度有关。

畯　为主管籍田耕作之官。甲骨文中有一从田从允的官（《甲骨文合集》第 2505－5610 片），其字即"畯"字。

2. 掌畜牧渔猎之官

牧　掌畜牧事务（《甲骨文合集》第 293 片）。

亚牧　职掌同牧。牧有时又称作"亚牧"（见《续殷文存下》第 51.2 片）。

牧正　为牧官之长。[1]

殷牧师　掌管商的牧畜饲养。武乙时任命周人的首领季历为之。

右牧、中牧、爿牧、易牧　分别为右、中、爿、易诸牧场的主官。右、中、爿、易等当是牧场所在地之称。商代的一个重要人物襄，就担任过右牧。

多马羌臣　管理牧马的羌人之官。多马羌是牧马的羌人，管理这些牧马羌人之官即称为多马羌臣。

小多马羌臣　职掌同多马羌臣，是管理多马羌的小臣。

牛臣　为主管牧牛之官。甲骨文中有"牛臣㕥"（《甲骨文合集》第 111 版面）。牛臣与㕥相连，当是司放牧之官。

牛正　为牛臣之长。商代甲骨文中有"父癸牛正"（《三代》第十一，15.5 片）。

司羊　职掌养羊。见《甲骨文合集》第 19863 片。

司豕　职掌养猪。见《甲骨文合集》第 19209 片。

司彘　职掌同司豕。见《甲骨文合集》第 19884 片。

司鱼　掌鱼类养殖和捕捞。见《甲骨文合集》第 29700 片。

---

① 见徐中舒《四川省彭县濛阳镇出土的殷代二觯》，《文物》1962 年第 6 期。

司犬、犬　掌踪迹野兽并导王狩猎。司犬为训犬官之称，亦有径称为犬的。

3. 掌百工及储藏之官

司工　为工官之长。见《甲骨文合集》第 5628 片。

左尹工　为司工的下属，掌管理工匠。商代工商食官，各种工匠常以左、右、中编组，故有右尹工、左尹工之官，即左、右组工匠之长。

多工（百工）　指多种工官。

䣤　为酿酒之官。

纴　可能是一种主纺织的工官。

贮　掌收藏。甲骨文作"宁"，为繁体"贮"的本字。

4. 掌译事之官

舌　掌口头翻译。

5. 掌监察之官

监　掌监察地方。卜辞中有商王令某人监某地的记载，即是商王派出的监察地方之官。

6. 掌军事之官

师　为统率一师之武官。师是商代军队的最大编制单位，甲骨文有"王作三师右中左"之语（《甲骨文合集》第 33006 片）。统领一师之军官即称为师，亦称师长。《尚书·盘庚下》有"邦伯、师长、百执事"，师长与邦伯同列，邦伯即方国君长与诸侯，可见师的地位之高。又有地方之师，掌戍卫地方。

旅　为统率一旅之武官。旅为师以下的一级军队编制单位，其首领即称旅或旅某。

大行　为统率一大行之武官。旅以下的一级军队编制单位称为大行，其长官亦称大行，即西周时的千夫长。

行　为统率一行之武官。行为大行以下的军队编制单位，其长官即称为行，相当于西周时期的百夫长。常用作警卫。作为王的警卫部队的行称为王行。

亚　为次于师的武官之称。亚和旅是性质相近之官，常连称为亚旅，是地位仅次于师的统率军队之官。

大亚 为亚官之长。

走马 为主马政之官。在西周的文献中称为趣马。

走亚 掌同走马。走亚之称可能起源于商代晚期,其地位低于走马,可能从属于统兵官马亚。

马亚、马小臣 为领兵车作战的武官。以马名官,是取其英武之意,马亚是隶属于师的作战部队。马小臣是马亚的异称。

多马卫、多射卫、多犬卫 此三卫均属守卫武装,负责王室、都城、边境、要冲诸处的防卫工作。依兵员种类的不同而有多马卫、多射卫、多犬卫之称。多马卫是由战车组成的守卫部队,多射卫是由射手组成的守卫部队,多犬卫是由多犬组成的侦察部队。[1]

在演卫、在谞卫 商代驻守在地方的守卫部队以驻地为名,称为"在演卫""在谞卫"等。其首领也是同样称呼,后来发展为卫服。[2]

箙亚 掌弓弩矢箙的制造与存储。箙是用竹木或兽皮等做成的盛箭器,甲骨文中有箙亚,相当于西周金文中的司箙。

东使、西使 前者是驻防东土的大使,后者是驻防西土的大使。"使"即史,由史官充任军职演变而来。

(四)太史僚

1. 长官

太史 为太史僚的长官,掌管太史僚系统各种政务。金文作大史,在卜辞中与小史相对为文,其地位很尊荣。太史的属官有史与小史。

2. 司理典册和册命之官

作册 商代作册之官有官长和僚属机构。作册见于商代,盛行于西周早中期,消失于西周晚期,西周中晚期就逐渐被内史及内史尹(尹氏)所代替。[3]

作册友史 作册的属官,见商代铭文,为作册之僚属。

---

① 见王贵民《卫服的起源和古代社会的守卫制度》,《中华文史论丛》1980 年第 3 期。

② 见王贵民《卫服的起源和古代社会的守卫制度》,《中华文史论丛》1980 年第 3 期。

③ 见张亚初、刘雨《西周金文官制研究》,中华书局,1986,第 34 页。

3. 巫职

巫　职司与神鬼相沟通。大戊时有巫咸，辅助大戊："治王家有成。"（《史记·殷本纪》）巫为王朝职官之一种，故甲骨文有"册巫"之举（《甲骨文合集》第 5647 片）。

4. 贞人集团

卜　专事占卜。商人尊神，占卜、祭祀频繁，商王行动每事必卜，所以在王的周围有一批专事占卜的人员，甲骨文中称为"多卜"。现今研究甲骨文的学者称之为"贞人"或"卜人"。

祝　掌祭祀时宣读祝词。祭祀时的祝词，其内容由史拟就，由祝宣读史所作的祝词，所以史官与祭神的事是相关联的。

宗　掌宗庙祭祀。

大丏、丏　参与祭祀活动，是巫、祝一类的职官。

5. 掌音乐及教育之官

乐正　为音乐与教育官之长，由师的职掌分化而来。

大师、少师　掌管音乐。

国老、庶老　为贵族学校的教师。国老指退休的职官，庶老指庶族的长老。

（五）宫廷事务官

宰　为宫廷事务官之长。由于受王信任，宰有出任执政大臣的，文献中称为太宰。

臣、元臣　掌管宫廷事务。臣的本义是奴隶，因受商王宠信，上升为奴隶头目，受到重用而管理王室事务。甲骨文中有"供王臣"（《甲骨文合集》第 11506 片），显然是贵族向王室提供的奴隶。王臣能验示、卜兆吉凶，代王行事，其地位很高，王臣甚至有做到执政大臣的。元臣应是臣的最高等级。

小臣　掌管宫廷事务。小臣本义是家奴，汤的辅佐者伊尹被称为伊小臣。后来小臣之名表示与商王的关系特别亲近，当是一种荣誉性的称号，进而成为官名。

女性小臣　是由女性充任的小臣，掌管宫廷事务。为后世女官制度的滥觞。

　　嬖臣　为王的嬖幸之臣，掌管宫廷事务。春秋时期有因嬖臣的身份而擅权者。

　　寝　掌王寝宫，相当于后世的寝尹。

　　拊　为王治病。拊与牧对贞，可能也是一种职官名称。《说文》训拊为病，如果是官名，可能与后世太医之职同。

　　中子　中子是商代后期王的多妇所生之子而为王侍臣者之称。

　　小子　小子指王妾之子（亦称庶子）而在宫中任事者，掌理官中事务。

三　商王朝对居民的地域管辖与族组织是商王朝施政的基本单位

（一）商王朝对居民的地域管辖

1. 商代王畿中对居民的地域划分——邑和里

商代王畿内的行政区划可以分为三部分：①王都，②郊野（近郊称为郊，远郊称为奠，奠之外为野），③王畿与四方四土（诸侯与方国所在地）的边界称为戈（戈中已有侯的存在）。王畿中的居民聚居之地称为邑。王都是最大的邑，为商王所居。王宫区则分为祭祀区（为宗庙所在地。宗庙总称为"宗"，内有各位先祖、先王的宗庙，各宗庙均有大室、前庭。大室不但具有祭祀性质，还兼有备王治事的功能）、生活区（为商王、王后及同居王子们的居息之所）、其他区域（包括直属于王室的手工业作坊、贞人集团与下人奴仆居住的处所）。王宫区外有南门，以作为进入王宫区的界标。王都中的贵族分里而居。郊中的大邑有别都，为商王驻跸之地，近郊与奠中分布着宗邑（贵族所居之邑）和作为居民点的小邑。邑的等级分为王都、宗邑和小邑三级。邑与王都中的里都是商代基层的地域划分，其中的居民合族而居，邑里与族是结合为一体的，邑里是居民的地域区分，族是居住在该邑里的居民的行政实体。按邑的大小设官如下。

　　族尹　王都中商王直属之族，分里而居，以族尹主本族之政，周人称之为里君。其地位甚高，是王命的直接接受者。

　　宗族长　主宗邑（王畿内贵族封邑）之政，为宗邑之族尹。

　　分族长　主小邑之政。小邑是宗族所属之邑，以分族长主本族之政，为小宗邑之族尹。

邑子 有的小邑为自然部族所居，其族尹常冠以族名，通称为邑子。

2. 商代推进按地区划分居民制度的若干措施

商灭夏后，统治区域和人口骤然增加，单纯依靠血缘关系和族组织显然已经无法实施对整个统治区域内的有效管理，商人开始按地域划分居民进行管理。

商人以地区划分居民，自商汤时代已经开始。《尚书》有佚篇《明居》，学者宋镇豪指出："所谓《明居》，应即'司空明居'之法，而'司空明居'之法，在《礼记·王制》当中却有所揭示，其文云：'时执度，度地居民，山川沮泽，时四时，量地远近，兴事任力。凡居民量地以制邑，度地以居民，地邑民居，必参相得也，无旷土，无游民，食节事时，民咸安其居。'这就是所谓司空明居之法，'量地以制邑，度地以居民'，即按地区划定城邑，安置民众，建立起大大小小的统治区域，将民众固定在土地上。"[1]

除"量地以制邑，度地以居民"的管理方式外，商王朝的许多行政措施也促成了各部族间的混居，其法有"衰田"与"在某田"。

甲骨文中有衰田。"衰即挀，用手刨土"[2]，是一种整治田土的农业生产行为。甲骨文中有许多关于商王到其他方国衰田的记载。学者张政烺认为商王在其他方国的衰田，类似后世的寄田，"所谓'寄田'就是到'旁国'种田。这样开垦的田地，耕种久了，自然不肯放弃，殷人所衰田必然要变成殷王疆土的一部分"[3]。

除衰田外，甲骨文中还有"在某田"的记载，如"在攸田，武其来告"（《甲骨文合集》第 10989 片）。卜辞中的田，"显然也是被商王派驻到某地的一种人"[4]，即被商王派驻到某地的以农业生产为主要任务的团体，"有些

---

① 胡庆钧主编《早期奴隶制社会比较研究》，中国社会科学出版社，1996。

② 张政烺：《卜辞衰田及其相关诸问题》，《考古学报》1973 年第 1 期。

③ 张政烺：《卜辞衰田及其相关诸问题》，《考古学报》1973 年第 1 期。

④ 裘锡圭：《说殷墟卜辞的"奠"——试论商人处置服属者的一种方法》，载《"中央研究院"历史语言研究所集刊》第 64 本第 3 分册，1993。

田的驻地在侯、伯的封域之内"①。

商王朝还把早归属的部族抽调到新归属的方国屯驻，也就是所谓"置奠"，这是商王朝按地域划分居民的第三种办法。如"戊辰卜，宾，贞令永衰田于盖"（《甲骨文合集》第 9476 片）。又有命令某些部族成员到其他部族地区定居的记载，如"癸卯卜，雀宅咒，在卜"（《甲骨文合集》第 22317 片），这是商王朝对付归服部族的方法，在派本族人混居于异族以加强监控的同时，也把归服部族派驻于其他诸侯方国领地中，既分散了原部族的力量，又增强了驻留于其他方国内部族的危机感，加深了他们对商王朝的依靠，密切了这些部族与中央王朝之间的关系。这种分而治之的策略，造成了大杂居小聚居的局面，抵消了各地方势力对中央的对抗力量，同时，这种局面也促进了中国早期的民族融合。②

总之，各族杂居导致了大杂居小聚居局面的出现，使按地域划分居民成为必然的国家管理方式。"从小范围讲，征服者与被征服者，都仍然保持着同一宗氏聚族而居的血缘关系，但就大范围讲，则已是一种按照地区划定都邑安排居民的政治性区划。"③

（二）族组织是商王朝施政的基本单位

虽然商人确立了地域区别，但无论是作邑、置奠、垦田或者用其他方法建立的邑落，都是以族为基本单位的，王室、诸侯的施政，也是在相当程度上依赖族组织进行的。族是商代最普遍的团体组织形式，利用族进行统治是商人最基本的管理形式。④

在商王朝的统治体系中，子、妇、宗亲等与商王具有血缘关系的人，在王朝中担任重要的职务，起着重要的作用。"商朝的官制，带有突出的宗族血缘性质。"⑤

---

① 裘锡圭：《甲骨卜辞中所见的"田""牧""卫"等职官的研究——兼论"侯""甸""男""卫"等几种诸侯的起源》，载中华书局编辑部编《文史》第 19 辑，中华书局，1983。

② 宋镇豪主编，王宇信、徐义华著《商代史》第四卷《商代国家与社会》，中国社会科学出版社，2011，第 368 页。

③ 曹广钧主编《古代奴隶制社会比较研究》，中国社会科学出版社，1996。

④ 张政烺：《古代中国的十进制氏族组织》，《历史教学》1951 年第 9 期。

⑤ 王贵民：《商周制度考信》，（台湾）明文书局，1989，第 194 页。

妇、子及其他与商王有血缘关系的家族亲属任官，在商王朝中掌握着重要的权力，"使得商王朝的统治带有浓厚的亲族垄断性，表现出家与国相表里的特征"①。

王室以下和各级贵族也是以族的形式组合在一起。甲骨文中有"多子""多生"。多子是指王族之子；多生即多姓，即许多族的族长，在周代铜器铭文里，百姓也写作"百生"②。甲骨文中又有"黄多子"，学者裘锡圭认为就是黄尹之族的族长。③

那些有姓氏的贵族，合称多生，生就是姓，周人称之为百姓（见《尚书·周书·酒诰》）。"这种人在商朝很受重视，商王常用飨食之礼招待他们，因为他们是贵族阶层，是当时政权的社会支柱。他们又分居在各个贵族邑落里，是那里的贵族奴隶主和上层人物，有的就是族尹，有的虽不是族尹，也是族邑中的天然尊长，可以与'里君'并列。"④

多生的族长称为族尹，族尹掌本族的行政事务，他们一般分居在王畿的"邑"中。其中，在王都中分里而居的商王近亲贵族地位尤高，其族尹周人称之为"里君"。邑和里都是商代基层的地域划分，邑与里中的行政事务都是由居住在邑、里中的族尹来执行的。所以邑、里与族组织是合一的。"《酒诰》、《令彝》称'里君'，《礼记·杂记》有'里尹'。根据后一种记载的内容，里与族是相对的。《酒诰》说商代基层为'里君'，这是用了周人的语言，商代基层社会组织是宗族，也许以行政划分可称'邑'，但卜辞里记载的则均为族尹们的活动，可知族尹为基层行政官吏。目前所见有'右（□）族尹''束（刺）尹''演尹''毋（贯）尹'等，尹前一字即族名。这些族尹率领族内成员为政府一切'师田行役'克尽职责。以'刺'族为例，他们负担军事（《甲骨文合集》第 599 片：'刺尹盲，受祐'）、田猎（《甲骨文合集》第 5618 片：'呼刺尹往擒'）、看守仓库（《甲骨文合

① 宋镇豪主编，王宇信、徐义华著《商代史》卷四《商代国家与社会》，中国社会科学出版社，2011，第 371 页。
② 张政烺：《古代中国的十进制氏族组织》，《历史教学》1951 年第 9 期。
③ 裘锡圭：《关于商代的宗族组织与贵族和平民两个阶级的初步研究》，《古代文史研究新探》，江苏古籍出版社，1992。
④ 见王贵民《商朝官制及其历史特点》，《历史研究》1986 年第 4 期。

集》第 9636 片：'唯刾人令省在南廪'）以及一些不知名的徭役（《甲骨文合集》第 33203 片：'毕令刾人先涉'、第 22450 片：'呼刾人'）等。可见，这些基层官吏执行上级统治者的政令，压榨平民、奴隶，从而支撑奴隶主政权，所起的作用是不可忽视的。"[1]

商代的族已经不是单纯的血缘组织，而是发展为具有强大经济、军事和防御力量，并有自己的管理机构的组织。

首先，商代的族拥有自己的经济。族有自己的生产地域，各家拥有自己的土地与人口，有的家庭可能已在商都城之外的地方拥有自己的邑落。[2] 商代各家族有独立的财政，非王卜辞有"癸巳卜，令□积杞"（《甲骨文合集》第 22214 片），《说文》："积，聚也。"段玉裁注："禾与粟皆得称积。"也有学者认为："责者积也，积者租税也。"[3] 显示出各家族拥有相对独立的财政。各族还有自己的防御设施，如非王卜辞有"己丑子卜，贞余又呼出墉"。《说文》："墉，城垣也。"墉是指城防设施，在这里当是动词，指家族建立城邑，这些族很可能有本族的武装据点。

商人家族不仅具有相对独立的经济、武装和领地，而且已经出现了早期的宗法制度，并在各家族中普遍使用。"商代由嫡庶之别而形成的宗法制度，不但在最高一层的王室成员中实行，而且在一般的贵族中也是实行着的。"[4] 这一切都使得家族越来越成为一级可以进行自我管理的机构。

"随着族组织的扩大和职能的增加，族的分化也越来越明显。从文献和甲骨文、金文资料看，商代的王族、多子族及贵族的家族已经都是一种立体结构，早期的宗法制度已经建立。王室与部分子姓亲属间仍保持着宗族关系，这些同姓的亲族虽已以宗族形式存在，为独立实体，与王室异居异财，但仍奉时王为宗子，故此种宗族属于一种高层次的宗族，商王仍可以

---

① 见王贵民《商朝官制及其历史特点》，《历史研究》1986 年第 4 期。
② 林沄：《从武丁时代的几种"子卜辞"试论商代的宗族形态》，载《古文字研究》第 1 辑，中华书局，1979。
③ 丁山：《甲骨文所见氏族及其制度》，中华书局，1988，第 55 页。
④ 杨升南：《从殷墟卜辞中的"示"、"宗"说到商代的宗法制度》，《中国史研究》1985 年第 3 期。

在此种宗族通过宗法关系加强与同姓贵族间的团结。"① "较高级的贵族所在宗族,在组织上也是多层次的,只是宗族长与自己的近亲组成了一个贵族家族,成为此一宗族的核心。"②

另外,商人的族也不是由血缘关系成员组成的平面结构,而是发展为包含不同阶层的立体结构。《左传·定公四年》:"分鲁公以大路、大旂、夏后氏之璜,封父之繁弱,殷民六族,条氏、徐氏、萧氏、索氏、长勺氏、尾勺氏,使帅其宗氏,辑其分族,将其类丑,以法则周公……分康叔以大路、少帛、綪茷、旃旌、大吕,殷民七族,陶氏、施氏、繁氏、锜氏、樊氏、饥氏、终葵氏。"从这段文字可以看出,商人的族分宗氏、分族、类丑三个层次,其中宗氏"即大宗,嫡长房之族"③,分族则是诸庶弟之族,类丑的身份比较特殊,学者杨升南认为,"'类丑',应即是由同一族来的战俘,而转化成的奴隶"④,即家族的附属群体。"这段文字证明商人家族组织确是以宗氏、分族这样的分层式亲属组织结构存在的……则他们亦当一直是按此种组织结构系统聚族而居的,""商代晚期规模较大的商人家族皆是以多层次的宗族形态存在,并大抵仍是在一个共同的地域内依其族系聚居的。"⑤

更重要的是,商人把各族的首领也纳入王朝的官僚体系之中,族长的身份由私人性质的各家族之长向国家官员转化。

甲骨文中有"族尹"之称。"'族尹'大约象后代的'公族大夫'类的职官,负责管理族内的大小事务。"⑥ "作为最初的行政概念的'尹',很早就与族长相结合,称'族尹',商的朝廷中有不少尹称为'多尹',他们不是王室就是朝廷中常设的官员,很可能即族长们的合称,经常来'叶王事',就这样称呼他们。"⑦ "族尹的出现说明,族的首领已经开始成为类似行政官员的角色,担任基层管理者的任务,其实已经被纳入商王朝的管理

① 朱凤瀚:《商代晚期社会内的商人宗族》,载《华夏文明》第 3 集,北京大学出版社,1992。
② 朱凤瀚:《商代晚期社会内的商人宗族》,载《华夏文明》第 3 集,北京大学出版社,1992。
③ 杨伯峻:《春秋左传注》,中华书局,1981,第 1536 页。
④ 杨升南:《商氏人牲身份的再考察》,《历史研究》1988 年第 1 期。
⑤ 朱凤瀚:《商代晚期社会内的商人宗族》,载《华夏文明》第 3 集,北京大学出版社,1992。
⑥ 赵林:《商代的宗庙与宗族制度》,(台湾)《政治大学历史学报》1983 年第 1 期。
⑦ 王贵民:《商周制度考信》,(台湾)明文书局,1989,第 74~75 页。

体系之内。"①

甲骨文中又有宗工，如"□戌卜，〔贞〕共众宗工"（《甲骨文合集》第 19 片）。宗工亦见于《尚书·酒诰》："越在内服，百僚庶尹、惟亚、惟服、宗工，越百姓里居，""汝劼毖殷献臣、侯、甸、男、卫，矧太史友、内史友、越献臣、百宗工。"学者杨筠如说："宗工，下文'越献臣、百宗工'，疑为汉人宗正之属。"②"从文献的'惟亚、惟服、宗工'以及'百宗工'看，宗工与亚、服同列，且数量众多至言'百宗工'，所以宗工当指各族的族事管理者。那么各族的宗工实际上与亚、服、献臣一样被视作王朝的正式官职，族成为国家的一级正式单位。"③

同时，商代还出现了专管宗族事务的官员。《左传·定公四年》："分唐叔以怀姓九宗，职官五正。"《左传·隐公六年》："翼九宗、五正、顷父之子嘉父逆晋侯于随，纳诸鄂。"学者杨伯峻认为："足见此乃殷商以来传世之官职。"④ 学者王宇信、徐义华说："九宗与五正的关系，很可能五正是管理九宗的官员，专管族事的官员，本身可能是族长，从'九宗五正'的出现看，大族分化之后，原来的总族长作为全族的管理者，并有正式的名称为'五正'。在这里，族已经转化为一种行政组织，而其长官已经正式成为国家的地方管理官员，即族由自我管理能力转化为了国家的管理方式。"⑤

在商代，"血缘关系在当时对于社会成员仍具有较强的约束力"⑥，"但商代的族已经不再是单纯的血缘团体，而是出现了阶层分化和贫富差别，出现了宗族、分族之分。族长由血缘首领发展为管理者，具有了一级行政机构

---

① 宋镇豪主编，王宇信、徐义华著《商代史》卷四《商代国家与社会》，中国社会科学出版社，2011，第 376 页。

② 杨筠如：《尚书覈诂》，陕西人民出版社，1959，第 69 页。

③ 宋镇豪主编，王宇信、徐义华著《商代史》卷四《商代国家与社会》，中国社会科学出版社，2011，第 377 页。

④ 杨伯峻：《春秋左传注》，中华书局，1981，第 49 页。

⑤ 宋镇豪主编，王宇信、徐义华著《商代史》卷四《商代国家与社会》，中国社会科学出版社，2011，第 377 页。

⑥ 朱凤瀚：《商代晚期社会内的商人宗族》，载《华夏文明》第 3 集，北京大学出版社，1992。

的特征。这种拥有相对独立的经济、管理职能的团体，很容易被纳入国家政治管理的系统之中，而商王朝正是利用了族的这种特性，将其纳入国家体系之中，族成为了国家政治中重要的组织，而这些族原先的族长也成为一般国家管理人员"①。

商代管理形式最显著的特点之一，是行政单位与宗族的紧密结合，担任主要行政职务的官员往往是各族的族长。作为商王朝施政的基本单位的邑，也是以族为单位的。"商周的地域行政单位应该是邑和里。但是，实际上族和邑是重合的，邑、里的实体是族，在商代一个邑可能就是一个族，或多到几个族，而为王事进行活动，大量的、频繁的还是以族的形式出现。"②"'百姓'、'里居'就是基层的行政官吏……也有少数是周人语言，如'庶尹'、'百姓'、'里君'，在商代分别为多尹、多生、族尹。"③

四　商代的外服官

（一）诸侯

1. 商代晚期诸侯及其分布

卜辞所见商代晚期诸侯及其分布如表 2 - 1 所示。

表 2 - 1　卜辞所见商代晚期诸侯及其分布

类别	封主爵称	相对于王畿的方位	今地
侯国	攸侯	东南	河南省永城和安徽省宿州市、蒙城间
	杞侯	东南	河南省杞县
	除侯	西北	山西省太原市一带
	仓侯	西南	陕西省西安市东北
	犬侯	西南	山西省南部
	垂侯	西南	陕西省西安市东北

① 宋镇豪主编，王宇信、徐义华著《商代史》卷四《商代国家与社会》，中国社会科学出版社，2011，第 377 页。
② 王贵民：《商周制度考信》，（台湾）明文书局，1989，第 69 页。
③ 王贵民：《商代的官制及其历史特点》，《历史研究》1986 年第 4 期。

续表

类别	封主爵称	相对于王畿的方位	今地
侯国	周侯	西南	陕西省岐山县一带
	先侯	西南	陕西省东南与河南省西北之间
	旅侯	西部	山西省石楼县南
	矤侯	北部	北京市琉璃河一带
	侯商	西北	山西省中北部
	亚侯	西南	河南省济源市一带
	竹侯	东北	河北省卢龙县一带
	侯屯	东部	山东省南部、江苏省北部一带
	侯告	东部	山东省南部、江苏省北部一带
伯国	儿伯	东南部	山东省滕州市
	雇伯	南部	河南省原阳县原武镇一带
	丹伯	北部	河北省邯郸市西南
	伯貮	西北部	山西省太原市西北
	微伯	西部	山西省西部
	归伯	南部	湖北省秭归县
	薛伯	东部	山东省滕州市东南薛城区
	伯木	西南	河南省沁阳市一带
	宋伯	东南	河南省商丘市
	伯㽙	西部	陕西省清涧县东北
	易伯	西部	山西省南部
亚国	亚束	西南	河南省沁阳市以东
	亚弜	西南	陕西省东南与河南省西北之间
	亚启	西北	山西省中部
	亚般	西南	河南省沁阳市西部
	亚戈	西南	山西省垣曲县和陕西省之间
	亚索	西南	河南省洛阳市附近
	亚牧	东南	山东省曹县附近
	亚方	西南	山西省南部
	亚奚	西北	山西省太原市东部
	亚丑	东北	山东省青州市东北苏埠屯

续表

类别	封主爵称	相对于王畿的方位	今地
亚国	亚舌	西北	山西省太原市一带
	亚禽	东南	山东省鱼台县一带
子国	子画	东部	山东省临淄区西北
	子奠	南部	河南省新郑市一带
	子商	西北	山西省中北部
	子戈	西部	陕西省泾阳县一带
	子渔	东北	山东省曲阜市一带
	子央	东南	湖北省境内英山附近
	子雍	西南	河南省焦作市一带
妇国	妇姘	北部	河北省邢台市一带
	妇娘	东部	山东省梁山县一带
	妇好	西南部	河南省西南部与山西省之间
	妇息	南部	河南省罗山县一带

资料来源：李雪山：《商代分封制度研究》，中国社会科学出版社，2004。

2. 商代诸侯的爵称及其与商王的关系

第一，殷商时代诸侯的爵称有侯、伯、子、男、任、田、亚、妇八种。商王通过册封、授予爵位等办法，扩展了疆土，加强了王朝对诸侯、方国的有效控制。这一措施为周代统治者所仿效，促成了西周典型分封制的形成。

第二，商王分封的诸侯爵称，尚无等级的划分。卜辞中还未发现哪一种爵称级别较高，哪一种级别较低，但诸侯都有一个特点，即都有勤王的义务，并且多数也能参与商王的祭祀，诸侯与商王均保持着密切的关系。

第三，商代存在再分封的制度。在同一块封地上可以对该侯的首领、子嗣和妇人进行分封，这可能是同时代的，也可能有时间的先后。譬如，卜辞中的戈方臣服后，有子戈、亚戈和妇戈的分封；雀有雀男、子雀、妇雀的分封；周方臣服后有周侯、妇周的分封；等等。

（二）方国

1. 商代晚期方国及其分布

卜辞所见商代晚期方国及其分布如表 2 - 2 所示。

表 2 - 2　卜辞所见商代晚期方国及其分布

类别	封主爵称	相对于王畿的方位	今地
北部诸方	北方	北方	河北省涞水县境
	土方	北方	河北省北部
	召方	北方	河北省北部与山西省东部一带
	下危	北方	河北省北部
南部诸方	虎方	南方	河南省南部偏东
	林方	南方	安徽省霍山县一带
	危方	东南方	河南省永城市与安徽省宿州市之间
	庐方	西南方	河南省卢氏县境
	凤方	东南方	安徽省六安市霍邱县境
	目方	南方	河南省中牟县境
	夗方	南方	河南省新郑市境
东部诸方	旁方	东方	山东省临淄区境
	盂方	东方	河南省睢县境
	㪔方	东方	河南省商丘以东，淮河以北
	毅方	东方	河南省兰考县境
	人方	东南方	江苏省淮安市境
	方方	东南方	山东省鱼台县境
西部诸方	舌方	西北方	山西省石楼县至陕西省绥德县一带
	鬼方	西方	陕西省铜川市与韩城市间
	亘方	西方	山西省垣曲县境
	羌方	西方	陕西省中南部
	绊方	西北方	山西省北部
	龙方	西方	陕西省中部偏北
	基方	西北方	山西省太谷区境
	戉方	西方	山西省石楼县、永和县以东
	子方	西方	山西省太原市一带
	湔方	西北方	山西省石楼县、永和县以西
	巴方	西北方	山西省石楼县以东
	马方	西北方	山西省灵丘县一带
	莞方	西南方	陕西省、山西省、河南省交界处

续表

类别	封主爵称	相对于王畿的方位	今地
西部诸方	戈方	西北方	山西省中部
	井方	西方	山西省灵石县往西至陕西省延安市、榆林市之间
	祭方	西方	山西省东南至河南省西部一带
	缶方	西南方	山西省运城市境内
	兴方	西北方	河北省北部

资料来源：李雪山：《商代分封制度研究》，中国社会科学出版社，2004。

2. 商代方国的特点

李雪山在《商代分封制度研究》第五章"商代方国及其地理分布"中对商代方国的特点总结如下。第一，商代方国呈密集型的块状分布，主要集中在商王畿的西部和东南地区，北部也有不少方国分布。西部方国包括舌方、马方、井方、绛方、羌方、湔方、巴方、基方、子方、戉方、戈方，他们为害最烈，是商王出兵规模最大的区域。东南地区多夷人分布，后人总结为九夷，它们不庭于商，屡遭攻伐，最后多俯首称臣，成为商王巡狩、田猎和驻跸之处。第二，处于商王朝鼎盛时期王畿范围内的方国，如亘方、殷方、盂方、目方、㐭方、鬼方、缶方等，早期是独立性较强的国家，后由于版图已纳入商王期，或受册封，或到中央为官，实际成了商王的臣属。第三，方国与商王朝的关系处于一种不太稳定的状态，尤以偏远的方国为甚。但总的来说，这些国家都曾臣服于商王朝，只不过时间或长或短而已。这足以证明商王朝是那个时代最为强大的国家，尚无任何一国能望其项背。其说可从。

3. 商代封国与商王朝的臣属关系

（1）政治方面

①册命分封权掌握在商王手中。

②臣属诸侯到朝廷做官（一般充当小臣或贞人）。

③到商王朝朝觐述职。

④对诸侯用"呼""令"等命令性的词语。

⑤由王史（卜辞成语，意为助商王理事的事务官）。

（2）军事方面

①商王率诸侯出征。

②诸侯军队受王调遣。

③诸侯为王戍边。

④商王在诸侯国内驻有军队。

（3）经济方面

①诸侯国负有纳贡义务。

②商王可以到诸侯国内田猎。

③商王有在诸侯田内"寄田"的现象。

④商王关注封国年成。

（4）宗教祭祀方面

①商王祭祀时诸侯要送祭品助祭。

②商王时常在诸侯国内占卜祭祀。

③殷的先祖是商王和封国共同的保护神。

④封国首领来朝担任贞人，以尽臣下义务。

（三）诸侯与方国之属官

诸侯与方国之属官如表 2 - 3 所示。

表 2 - 3　诸侯与方国之属官

爵称或官称	说明
族尹	卜辞有㞢族尹，见于《前》七·一·四片
尹	卜辞有毋尹，见于《林》二·二六·四片
史	卜辞有缶史，见于《乙》第七七九五片
友	卜辞有义友，见于《新》第五二六二片

注：表中诸侯国与方国所设之官，处理其国内部事务，其设官的种类和数量很少，与商王朝的职官数量不能相比。

五　商代的军事组织与监狱

（一）商代的军事组织

1. 常备军性质的国家军队

盘庚迁殷前的商代前期，军队的发展变化不大，基本上仍和夏代相同。

随着战争的需求变化，过去那种组织不严的军队组织形式就不适用了。武丁时期出现了将军队部署为右、中、左三个作战单位的战斗编组；进至武乙时期，这种临时区分演变为由商王直接掌握、以贵族为骨干、有固定编制（右、中、左三师）的国家军队。出现这种情况的原因主要有三。①战争频繁，连续用兵的时间延长。如对西北游牧族的战争竟长达三年之久。②商王朝直接统治地区不断扩大。据出土的甲骨文记载，为了控制这些新开拓的地区和防备其他方国的攻袭劫掠，又增加了在边远地区修建军事据点——城邑，派军队戍守的军事措施。① ③阶级矛盾渐趋尖锐。奴隶逃亡及小规模的反抗增多，需要经常有军队在营，随时准备追捕和镇压。因而，商王朝不得不增加一些较长时间在军队服役的人员，固定编制自然也就提到商王朝的日程上来了。

以右、中、左命名的三师军队，虽然尚无关于服役时间的规定与各种制度，在名义上兵员也不是完全脱产的军人，但由于长期有兵员在军中服役，已具有常备军的性质，可说是国家常备军的雏形，使商王朝的国家机器进一步得到加强。

2. 地方军性质的氏族部队

王畿外的各诸侯邦国，不论是商王分封的还是被商王征服的，各诸侯国本身仍然是以血缘为纽带而组成的氏族性小国。对于其国内的一切制度，商王朝还无统一的规定，他们仍然各自保留有自己的氏族军队。商王朝国家军队称为"王师"，而各诸侯军的氏族军队在师前冠以某诸侯国名，如犬国的军队称"犬师"，雀男国的军队称"雀师"等。商王可以征调氏族军随国家军队出征，如令沚侯从王师征土方；也可以命令他们单独戍守某地或进攻其他不服从商王朝统治的小方国，如令五族军戍守雷和伐戈等。② 但族军的编制、组成和兵役制度等，皆仍沿袭本族的习惯，并不与国家军队一致。王畿内的王族及各强宗大族，也都各有本族的军队，如多子族等。这些诸侯国的氏族军队与王朝的国家军队并存，他们基本上仍是以贵族为核

① 寒峰：《甲骨文所见的商代军制数则》，载胡厚宣《甲骨探史录》，生活·读书·新知三联书店，1982，第400页。
② 罗振玉：《殷墟书契后编》上卷17.5；郭沫若：《殷契粹编》1113。

心。以本族成员为主体、临时征集组成的民军制军队，一般人员数量都很少，一支不过几十至几百人，是商王室军队的补充力量。

3. 步、车分编的军队编制

师是商代国家军队的最高编制单位。商代中期以后有三师军队。"师"字原义为军队屯聚之处，一般用于泛称军队。武乙时师发展为建制单位的名称，旅又成为军队的泛称。当时一个师的规模究竟有多大，说法不一，从一百人到一万人都有。由于战争规模日益扩大，需要的军队人员数量也越来越多。河南安阳西北岗商代遗址中的一个商王墓道中，曾出土带柄的铜戈六十九件、十件一捆的铜矛七十捆，还有样式不同的铜盔数十顶。商王死后陪葬的兵器就如此之多，可见当时军队的规模已经相当大了。看来，一师一百人之说显然太小；但从当时的社会组织、生产力水平、战争规模来看，一师一万人之说又似乎过大。商王朝不必要，也不可能长期使三万人在军队服役。从商代甲骨文有关战争的卜辞来看，多数出征作战征兵三百人、五百人、一千人等；征三千人的发现六次；最多征一万三千人[1]，只发现过一次。根据上述情况推论，一师兵员大致为三千人。当时的方国都较小，拥有九千至一万人的受过一定训练的军队，是可以无敌于天下的。当然，从目前的材料看，还无法确证一师的准确人数，各家之说都是推论。

商代的国家军队，有步兵（徒卒）和车兵两个兵种。河南安阳小屯商代后期宗庙遗址前，有一群祭祀坑，埋着殉葬的士兵和车马，是按一定的军队编组和战斗队形排列的。前边是三百名士兵组成的方阵，后边是五辆战车及其隶属徒役组成的前三角队形。可见当时两个兵种还是分别编组、协同作战的。商代前期，步兵仍然是军中的主要兵种。出土的商代甲骨文中有关战争的刻辞，多是记录出征人数若干、俘虏若干，且多是关于以步兵出征人方、舌方、夷等方国的，记录战车及车战的刻辞极少。[2] 当时的战车数量尚少，据古籍记载，汤灭夏时兵力甚少。《吕氏春秋·孟秋纪》记载："殷汤良车七十乘，必死六千人，以戊子战于郕，遂禽推移、大牺，登自鸣条，乃入巢门，遂有夏。"《墨子·明鬼下》甚至说："汤以车九辆，鸟

<hr>

① 方法敛：《库方二氏藏甲骨卜辞》310。

② 郭沫若：《卜辞通纂》592。

阵雁行……"总之，商代前期战车为数不多。至后期，随着手工业的高度发展和战争规模的不断扩大，这种既适合商族在主要活动区域——中原地区作战，又能显示贵族的高贵身份，并且有较大冲击力和机动性的战车，才逐渐增多，车兵也才成为军队中的主要兵种。"射"是射手的简称，一辆战车当时有一名射手，所以"射"在商代也是战车的代称。[①] 据出土的商代后期甲骨文中最多有征射手三百的记录推断[②]，商代晚期至少已出现拥有三百辆战车的部队。

商墓殉葬多为十人一排，墓外葬坑也多为十人左右一坑，十坑一排，墓中出土的铜兵器也是十支一捆，因而可以判断当时的步兵编制基本上为十进位制。结合古籍与甲骨文的记载，大概军队最小的建制单位为"什"，一什十人，其长为什长[③]；十什为"行"，一行百人，其长为百夫长；十行为"大行"，一大行为千人，其长为千夫长[④]。按当时习惯，右、中、左部署三大行，为一师，统帅为"师长"[⑤]。商王朝直接掌握的"王师"步兵共三师，约九千人。

安阳小屯商代后期宗庙遗址祭祀坑出土的战车共五辆，前边三辆在中间，重叠为纵队，后边两辆在左、右，形成前三角的队形；前三辆车各驾二马，后两辆车各驾四马；每车战士三人，携带三套兵器（三把铜兽头刀、两把铜戈、两弓及铜镞等）；最前战车两旁，并列三坑，每坑殉葬五人。安阳西北岗墟墟还曾发现一个大的车马坑，共有殉葬车二十五辆。根据以上出土的实物情况，再结合古籍的记载，大致可推断出商代国家军队的战车编制：前期每车两马，后期每车四马。每期车上甲士三人，成"品"字形排列，以便于战斗。御者居中稍前，左右两侧各甲士一人，持戈矛及弓箭，作战时，远则用弓箭，近则用戈矛。在车左侧的甲士主要司射，为一车之

---

① 〔日〕鸟邦男：《殷墟卜辞研究》，转引自胡厚宣《甲骨探史录》，生活·读书·新知三联书店，1982。

② 郭沫若主编《甲骨文合集》第 5776、5777 片；载董作宾主编《殷墟文字·乙编》，"中研院"历史语言研究所，1953。

③ 《尉缭子·制谈》。

④ 寒峰：《甲骨文所见的商代军制数则》，载胡厚宣《甲骨探史录》，生活·读书·新知三联书店，1982。

⑤ 《尚书·盘庚下》。

首，称"车左"或"甲首"。在车右侧的甲士，主要司击刺，称为"车右"。每辆战车有属于甲士的徒役三人，战车的编组为每五辆组成一个最基本的建制单位，五队二十五辆组成一个更大的建制单位，统帅军官称为"马亚"；又据商代甲骨文中多为征射一百、三百，古籍中多有出车一百、三百的情况，一百辆战车当为最高建制单位，统帅将领称"多马亚"。三百辆若为总数，与步兵协同作战，则混合编组，每师可有战车一百辆。

商代的国家军队，处于由氏军制向常备军制过渡的阶段，前后期编制的变化极大，尚未形成相对稳定的制度，加以缺乏直接、详细的第一手资料，所以上述各项数字，不可能完全准确。但从历史发展的情况看，大致上符合商代晚期的军队情况。

（二）商代的监狱

1. 刑名

官刑　商代刑名。《尚书·伊训》："制官刑，儆于有位。曰敢有恒舞于宫，酣歌于室，时谓巫风。敢有殉于货色，恒于游畋，时谓淫风，敢有侮圣言，逆忠直，远耆德，比顽童，时谓乱风。惟兹三风十愆，卿士有一于身，家必丧，邦君有一于身，国必亡。"沈家本《历代刑法考》按："官刑是何刑，书不具，盖非死刑也。臣下刑墨，此商有肉刑之证。"

墨　商代刑名。为肉刑之一种，施于臣下，参见"官刑"条。

斫胫　商代刑名。《商书·泰誓》："斫朝涉之胫。"《传》："冬月见朝涉水者，谓其胫耐寒，斩而视之。"斫胫是去髌骨之刑，亦是肉刑的一种。

劓殄　商代刑名。《左传·哀公十一年》载："《盘庚》之诰曰：其有颠越不共，则劓殄无遗育，无俾易种于兹邑。"杜注："颠越不共，纵横不承命也。劓，割也；殄，绝也。"

孥戮　商代刑名，承夏代置，例见《汤誓》："予则孥戮汝。"详见夏刑名"孥戮"条。

胥靡　商代刑名。《史记·殷本纪》："是时说为胥靡。"晋灼《汉书音义》说："胥，相也。靡，随也。古者相随坐，轻刑之名。"

炮烙　商代刑名。《史记·殷本纪》："于是纣乃重刑辟，有炮烙之法。"

醢脯　《史记·殷本纪》："九侯有好女，入之纣。九侯女不熹淫，纣怒，杀之，而醢九侯。鄂侯争之疆，辩之疾，并脯鄂侯。"①

2. 监狱设置

一是圜土。商代甲骨文未见有圜土之名，文献中有之，似为沿袭夏代收教罢民的场所。《墨子·尚贤下》载："昔者傅说居北海之洲，圜土之上，衣褐带索，庸筑于傅岩之城。"

二是囹。见于商代甲骨卜辞，属普通监狱。《说文》中说："囹，囹圄，所以拘罪人。"

三是羑里。羑里是商代直属于朝廷的特殊监狱，周文王在商代为西伯时曾被囚禁于此。《唐语林》谓："（相州）汤阴县北古羑里城，周围可三百余步，其中平实，高于城外地丈余，北开一门。"

四是坎。坎是地牢。闻一多在《周易义证类纂》中说："古言坎，犹今言窨。"窨是一种陷阱，囚禁犯人的地牢也同样起源于陷阱。殷墟遗址曾发现一个长方形的小土穴，长1.6米、宽1.1米、深2.7米，里面还残留着奴隶的遗骨和陶鬲。据学者考证，这个小土穴可能是商代的一座小型监狱，即地牢。从形制上看，其主体部分均在地面以下，乃是一种凿地而成的地下建筑。

五是动止。动止是商代对临时看守犯人的处所的称谓。《初学记》卷二十《狱》引张华《博物志》说："夏曰念室，殷曰动止，周曰稽留，三代之异名也。"动止是以监狱的功能命名的，取其限制犯人自由行动之意。

3. 狱政管理

第一，桎梏制度。学者白焕然说："甲骨文中的狱字为囹，是监狱的象形，像戴手梏的人被囚禁于室屋之中，里面的'幸'字在甲骨文中是一个戴着刑具的人。见于甲骨文中的监狱中有川囹、敦囹、艾囹、六囹等，川、敦、艾等都是地名。"

第二，劳役制度。商代监狱出现了劳役制度。劳役制度的出现，使得狱内执行刑罚成为可能。傅说为胥靡，箕子为囚奴，说明了商代监狱内已经实施了强制劳役的惩罚制度，这是具有历史意义的变化。

第三，软禁制度。软禁制度也属于徒刑类刑罚，即将犯人关押在一定

---

① 以上参见沈家本《历代刑法考·刑制总考一》，载徐世虹主编《沈家本全集》，中国政法大学出版社，2010。

处所，使其失去人身自由。《竹书纪年》中说，帝辛二十三年，囚西伯昌于羑里。羑里既是囚西伯的城，也就成为西伯被囚禁的场所。

第四，看押制度。囚犯被抓之后有的被释放了，有的被处决了，有的则被关押在监狱里，极少数有可能成为奴隶主贵族的殉葬品。[①]

第四节　中国早期国家的典型时期——西周的国家机关

一　西周分封制的进一步发展及其政治疆域

（一）西周的宗法分封制及其进步意义

周王朝建立之前，周部族由若干父系族邦组成，周初著名的政治活动家周公旦、召公奭都是在灭殷前已从王室分立、据有封地和族人臣属的王族邦君。周、召于文王迁丰时立族。周公得到了周王室故居之邑，召公则在岐周内得到另一个称为召的邑，故周公得以周为氏，而召公以召为氏。三虢之封更在周公、召公之前。王朝建立之初，特别是在周公东征以后，又分封出一批新的邦君，他们大都为周王的兄弟子侄。《左传·僖公二十四年》记富辰之言说："昔周公吊二叔之不咸，故封建亲戚以蕃屏周，管、蔡、郕、霍、鲁、卫、毛、聃、郜、雍、曹、滕、毕、原、酆、郇，文之昭也；邗、晋、应、韩，武之穆也，凡、蒋、邢、茅、胙、祭，周公之胤也。"这些新分封的邦君，或在畿外为诸侯，或于畿内为卿士。

周代国家形式的建立，是推行分封制的结果。西周的国家形式是采用天子与诸侯两级制政权。在周代的分封制之下，天子对诸侯的统治关系是通过册命而建立起来的，天子以授土授民的方式分封诸侯，乃是以国家君主的身份赐予臣下裂土治民之权，使受封的诸侯成为代表朝廷负责诸侯国政权机构的首脑。诸侯所辖领地称为国，天子分封畿外诸侯称为天子

---

① 以上参见白焕然等著《中国古代监狱制度》（新华出版社，2007）第三章"商朝的监狱制度"中的"监狱形态"与"狱政管理"部分。

建国，建立天子与诸侯两级政权机构，是周代国家结构的总体形式。分封在畿内的封君称为卿士，众多有封地的卿士组成辅佐周王执行政务的卿士集团的主要成员（因为卿士中也有没有封地的）。他们的封地称为采邑。作为采邑主的卿士有天子封授的土地和附着于土地上的劳动者，作为有土有民的封君，这一点与畿外的诸侯并无什么不同。而且当时王朝卿士的地位远高于畿外的诸侯，在西周分封之初，采邑的面积并不比诸侯国的面积小，所以采邑亦可称为国，采邑主也可称为侯或畿内诸侯。采邑与诸侯封国的最大区别是：诸侯国是西周王朝天子之下的一级政权，诸侯之位是世袭的；而畿内的采邑不是一级政权机关，仅作为受封者的私邑，采邑主的家臣采用家族式的管理方式。是否续封或收回，由天子视当时的形势而定。

西周的分封制是与宗法制相结合的，其目的在于分封亲戚以屏藩王室，主要受封者都是国王的兄弟子侄和周王的姻亲。"周公分封周姓或姻戚于东方建国的方法，不仅加强了对原殷商控制下广大东方地区的统治，使之纳入到周人的政治秩序之内，而且在中国古代政治发展史上具有新的开创性意义，即对被征服地区的处理，由旧式的简单征服贡纳方式转变为改设行政机构进行统治管理。……试图通过必要的行政建制措施使之成为周室控制下的地方行政单位。如东方的齐、鲁、卫、燕诸国就是通过分封手段建立起来的诸侯封国，它们实质上是周室在东方建立的地方政权，受封的诸侯已是代表天子统治地方的派出机构首脑，旧的诸侯对中央的相对独立性也因分封的关系进一步被削弱了。所以周公分封不仅成功地解决了对原殷商统治下东方地区的控制问题，用分封建的方式使之真正被纳入到周代的政治秩序之内，而且对周代政治体制的建设方面也有极大贡献。"①

西周宗法分封制的进步意义有下述数端。

一是把宗法制和分封制相结合，以血统纽带进一步打破了血缘部族对地域的独占，为按地域划分国民并进行管理提供了条件。

二是通过对诸侯作有意识的布局，加强了对王室的屏藩作用。

---

① 葛志毅：《周代分封制度研究》，黑龙江人民出版社，2005，第38~39页。

三是通过以周贵族率领其本族和其他部族共同在有意识择定的地方立国，共同开发该地方，"按地域划分国民"的程度比商代又进了一步。

四是让封国因地制宜，符合历史发展趋势，有助于生产力的进一步发展。

五是建立了从西方伸向东、北、南三方的统治基地，深入原来经济文化比较落后的地区，加强了民族之间的融合和经济文化上的交流作用，有助于广大地区的进一步开发。

（二）与分封制相关联的世族世官制度

西周世官制规定了王朝官吏一般均来自世族，即世代占有封土与民人的贵族家庭。即使新任命的官吏，一旦受任，就会获得封土与民人，作为官禄，亦会建立起新的世族。从大小官位设置上看，贵族（多是各级贵族家族之族长）以个人身份供职，而且是专业的官吏，平时主要是在王手下服役，但由于世官制与世族制之间具有极密切的关系（世族的存在依赖于世官，而世官出身于世族），可以认为这些官吏是代表其各个家族来参与政权的，故而世官制亦可称为"世族世官制"。西周王朝的政权实际上代表了多家世族的共同利益，"世官制度给周人贵族以充分共享政权的机会"①。

世族世官制对于西周王朝的作用与影响，可以从西周早、中、晚三期在王朝政治中处于显要地位的诸世族情况中看到。西周早期，自文王始至昭王几世代中周王朝主要执政大臣之位是由周、召、毕三世族占据的。但在整个西周早期，三个世族的权力并非始终稳定，而是有所起落。如周公卒后，其后嗣虽然是王官，但地位下降。召公卒后，从太保之职转归于周公子明保之事实可以看到，西周早期虽实行世族世官制，但官职之等级似非有世袭之法定。西周中期以后，周、召、毕三世族之人虽然很多可能仍在王朝为卿士，但势力已不同于昔日。故在文献中没有见到对他们的记载。西周中期重要的执政大臣可知者有毛、虢、井诸氏。成王顾命大臣中有毛公，穆王时王朝大臣中又有毛公，可见西周中期毛氏世代为王朝卿士，但在西周早期并不显赫。二虢始祖为文王母弟，文王时参政，但在西周早期并不显赫。虢始兴于西周

---

① 许倬云：《西周史》，台湾联经出版事业公司，1984，第226页。

早期晚叶。井氏为邢侯小宗，初封至畿内当是人少势弱，至西周中期，终至跻身王朝重臣之列，但其兴盛亦止于中期。西周晚期，毛公总管国家与王家内外之事，总理卿事僚与太史僚，兼掌公族与三有司。小子（似为王同宗族人）、师氏、虎臣等"其权限远远超过前此历代王朝职官，颇近于后世的宰相"①。此外，西周晚期在王朝执政者尚有召、荣、南宫诸氏，他们都是西周早期的巨臣之后。《诗经·小雅·十月之交》提到厉王时的"皇父卿士"，即皇父子函，则是西周晚期新兴的贵族。有关西周中晚期的文献资料与金文均未见周公事迹，但是春秋时代作为周王大臣的历代周公有周公楚、周公黑肩、周公阅、周公忌父等，可见周公后裔在西周中晚期仍为王朝卿事，不过其事迹不显罢了。从上述情况看来，世族世官制对西周王朝的政治作用可概括为下列两点："一，世族世官制是西周王朝政治统治机构建设的根本制度，从这个意义上亦可以认为，西周世族实是王朝统治的政治基础。二，诸世族在王朝政权中虽因先后占有主要执政大臣之地位，而在王朝统治中发挥重要的影响，但始终没有能够形成足以抵消王权的稳定的世族统治集团。从总体上看，世族通过世官制对王政施加影响，只是君主专政制的补充。"②

（三）西周的政治疆域

西周的政治疆域可以划分为王畿、畿外与侯外三个部分。

西周的王畿是以西都宗周为中心和以东都成周为中心的两个相互连接的行政区域，约方千里。③ 宗周王畿约方八百里，成周王畿约方六百里。《汉书·地理志下》中说："初，洛邑④与宗周通封畿，东西长而南北短，短长相覆为千里。"颜师古注："宗周，镐京也，方八百里，八八六十四，为方百里者六十四也。洛邑，成周也；方六百里，六六三十六，为方百里者三十六，都得方百里者百，方千里也。故《诗》云'邦畿千里'也。"西部王畿以宗周为中心，其范围南抵汉水之阳，西达甘肃天水一带，北邻猃狁，东与成周王畿相接。渭水流域、泾水流域、西洛水下游以及汉水以北地区

---

① 张亚初、刘雨：《西周金文官制研究》，中华书局，1986。
② 朱凤瀚：《商周家族形态研究》，天津古籍出版社，1990，第413页。
③ 古代所说的"方千里"，并不是指一千平方公里，而是指一千里见方，也就是等于边长为一千里的正方形的面积，即一百万平方公里。
④ 洛邑，西周时作"雒邑"。

都在王畿之内，大约包括现在陕西省渭南、商洛、汉中、咸阳、宝鸡等几个地区及甘肃省东部几个县。东都王畿以成周洛邑为中心，向四周各伸展约三百里。郑玄在《诗谱·王城谱》中说，东都王畿的"封域在《禹贡》豫州太华、外方之间，北得河阳，渐冀州之南"。《禹贡》："荆河惟豫州。"郑玄注："豫州界自荆山而北至河。"荆山即《汉书·地理志上》之"南条荆山"，位于今湖北省襄阳市西南。太华即今陕西省之华山。外方即今之嵩山，又称嵩高。河阳即今黄河以北、太行山以南地区。所以郑玄所说成周王畿的范围大致东起嵩山，西至华山，南达荆山，北抵太行山南麓。西周时代的王畿不仅是王室对全部疆域实行政治统治的核心地区，而且是王室最主要的财政基地。[①]

王畿之外是诸侯国的分封区域。这些受封的诸侯方伯，成为代表王室镇抚一方的主要力量。同时依据其封地的大小和势力强弱，规定出不同的等级差别。周王对诸侯国握有控制权，各诸侯国对周王应尽一定的义务，各诸侯国仿照周王室的制度建立相应的机构，形成严密的政治体系。

与周王保持臣属关系以外的地区，可以称为侯外地区。这一地区范围广大，东到白山黑水，西至甘青陇蜀，南达吴越湘赣，大多数地区居住着与周王朝保持一定关系的少数民族部落或部族。西周又有五服之制。祭公谋父在进谏穆王时曾提到周代先王之制，依据王朝所统属的远近地区的性质不同，分成"五服"。五服指"邦内甸服，邦外侯服，侯卫宾服，蛮夷要服，戎狄荒服"[②]。所谓"邦内甸服"，是指邦畿以内周王直接统治地区；所谓"邦外侯服"，是指邦畿以外分封诸侯的地区；所谓"侯卫宾服"，是以前代王族后裔的身份而为小国之君的，要以宾礼相待，其国所在的地区就叫作宾服；所谓"蛮夷要服"和"戎狄荒服"，是指东南夷蛮之族和西北戎狄之族所居地区。西周的五服制度与上述政区划分的三个部分恰相对应，甸服即为王畿，侯服与宾服相当于上述侯服地区，要服与荒服是指须加以约束的地区和边境少数部族所在的地区，相当于上述侯外地区。

---

① 吕文郁：《周代的采邑制度》（增订版），社会科学文献出版社，2006，第1～10页。

② 《国语·周语上》。

二 西周的内服官

（一）辅弼之官

太师　金文中作大师，掌辅导王。见于西周金文晚期，常以王的监护人身份秉国政。

太保、保　掌辅导王。西周金文早期有大保（文献中称太保）和保，中期未见，晚期唯见太保，常以王的监护人身份秉国政。

辅　掌辅导王。辅为傅的本字，西周金文有小辅，未见辅，依理推之，应有此官。

（二）执政官

卿士　为最高执政官，兼为卿士寮的长官，主管三事、四方。卿是一种社会等级称谓，卿士指卿之有职事于王朝者。西周初期的卿事寮，由若干名卿士组成卿士集体，总掌王朝政务。作为王室家臣的司徒、司马、司空仅为卿士的属官。其后司徒、司马、司空与太史、太宗、太宰等分别发展为卿，成了新的卿士，掌管中朝各项政务，由左右卿士为最高执政官，常由师、保或太宰兼任，分领宗周和成周卿事寮。卿士所管的"三事"，即《尚书·立政》"宅乃事、宅乃牧、宅乃准"中的"事""牧""准"。"事"指执掌政务，"牧"指管理民事，"准"的含义是公平，指掌司法。"三事"是指卿事寮内掌管政务、民事、司法三方面政务的官。"四方"指四方诸侯、诸监与封疆官，亦为卿士管辖。

（三）卿事寮

1. 政务官（即常任官司）

御事　掌各种杂项政务，为一般性政务官的泛称。金文中每有王命某人专司某事即属此类。在金文中所见，其任务包括：①管理六师屯驻地区的牧场、林野；②管理农事；③司九陂塘；④管理瑂宫的宫人与某地的农事；⑤管理臣妾与百工；⑥监视成周的库储物资及宫中用途。

〔司徒类官〕

司土　管理王室籍田、山林、国有地及征发徒役。西周金文早、中、晚期均见。文献中称为司徒。

虞 掌山林川泽之政令。见于西周金文早期。

林 管理平地之竹木。见于《同毁》。

录（麓） 管理山足之竹木。见于《散盘》。

场 掌国中场圃，种植瓜果珍异之物。见于西周金文早期。

牧 掌管畜牧。见于西周金文早期。

犬 掌祭祀时提供犬牲，即犬人之官称，亦称官犬。见于西周金文《师晨鼎》。

司煓 掌行火之政令。见于西周金文晚期。

授田 在井田体制下掌土地的分配。西周金文《裘卫盉》中有受田，"受"即"授"字。

后稷 为掌农事之官，简称"稷"，尧舜时即为农官的官称。西周沿置之，见《史记·周本纪》。

司廩 为管理仓廪之官，廩即"廪"字。

〔司马类官〕

司马 掌军政及军赋。见于西周金文中、晚两期。

师 为军队中一师的长官，亦为掌教导之官。西周金文早、中、晚期均有。师是西周的军事编制单位，其时有西六师与成周八师的设置，师的长官即称为师，或称师氏。

师氏 一师的长官之称。见西周金文《毛公鼎》。

走马 主马政之官。见于西周金文晚期，文献中称为趣马。

成周走马 主成周之马政。见于西周金文晚期，隶属于成周八师。

走亚 主马政，掌同走马。见于西周金文晚期，其地位次于走马。

成周走亚 主成周之马政。见于西周金文晚期，隶属于成周八师，其地位次于成周走马。

成周八师冢司徒 掌同王朝司徒。见于西周金文晚期，为成周八师所属的司徒之长。

六师王行 掌护卫王。见于西周金文中期，西周时期宗周六师有行的编制，为王的亲卫部队，分为大行与小行，其长官分别称为千夫长、百夫长。

六师牧 掌同王朝之牧。见于西周金文晚期，隶属于西六师。

司斿　军中掌旗官的通称。见于西周金文中期。

司旃　军中掌旗帜之官。见于西周中期金文《吴方彝》。

司叔金　军中掌旗帜之官。见于西周金文中期。

左右戏繁荆　为司军队左右翼旗帜之官。见于西周金文中期。

亚旅　为统兵之官。见于西周金文《臣谏殷》[1]，其地位在三司之后而在师氏之前。

戍　掌戍边及征伐。见于西周金文晚期。

司弓矢　为弓弩矢箙官之长。见于西周中期金文《豆闭殷》，其职似同于《周礼·夏官》司弓矢之职。

司箙　掌弓弩矢箙的选用与储藏。见于《静殷》。《周礼·夏官》所属的绫人与其相似。

司射　即兵车上的射手之长。见于西周晚期金文。《周礼·夏官》有司射，其职与其相似。

司戎　掌兵器之官。见《散盘》。

〔司工类官〕

司工　掌工程营建、计量王室籍田的位次、亩积。见于西周金文中、晚期。

司量　掌计量王室籍田的亩积和位次。见于西周金文《扬殷》。

百工　各种工艺官的通称。

司竝　管理修造房屋。见于西周金文《扬殷》。

司刍　管理刍薪以为造屋之用。见于西周晚期金文《扬殷》。

司裘　掌管皮裘生产。裘即西周金文裘卫诸器中的裘。

车正　掌车的制造。夏代已设置，西周沿置。

陶正　掌烧制陶器。见《左传·襄公二十五年》。

酒正　掌酒的酿造。商代已有此官，称为覃，西周改称酒正。

2. 司法官（即准人官司）

司寇　主刑罚。见于西周金文中、晚期，《扬殷》中的扬以司空而兼司

---

① 载《考古》1979 年第 1 期。

寇，"讯讼"。司寇的地位似乎并不十分重要，与《周礼》中以司寇为六卿之一的情况不同。

司士 掌管对百官的惩戒、刑罚。西周早期金文中有士而未见"司士"，司士始见于西周中期金文《牧𣪃》，可见"士官从西周中期开始有了一定的发展，在诸士的基础上，增设了司士一职"[1]。

3. 民事官（即常伯官司）

宗君（百姓） 负责宗族内的事务。有姓氏的宗族君长，通称为"百姓"。宗君亦称宗子或宗主，即宗族长，主管全族事务。①管理本族共同财产，主要是土地和民人。当时卿大夫的宗族组织就是统治机构，掌管全族财产和各种政务、事务，有"宗"、"家"或"室"等组织。其中规模最大的"宗"之下，分"家"或"族"，"家"或"族"之下又分"室"。这种室因为掌管全族财产，又成为一种财产单位，见于《六年琱生簋》。有姓氏的宗子有权使用和处理。卿大夫的家包括"群司"（各种职司的家臣）、臣妾（奴隶）和私属军队，财物均由府库保存。诸侯的"公室"更是包括以"国人"为主的军队以及军赋收入。②各级贵族都有其宗族成员和私属组成的军队。③宗子还握有司法权和神权——主祭权。"这种族长主管制度，使大小宗族长拥有本族的财权、兵权、法权和神权，对本族成员有统率、管理和处置之权。当然对于所属劳动人民更有生杀之权。当时的政治组织体系是和宗法组织体系紧密结合在一起的，大小宗族长的专制权力，在政治组织上就表现为君主和卿大夫的专制权力。"[2]

里君 为国中地域组织一里之长，见于西周金文早、中、晚各期，由居住在国中的贵族充任。

里人 里君的别称。见西周金文《虢𣪃》。

邑人 管理郊中诸邑。见于西周金文《师痕𣪃》《师酉鼎》。在郊中居住者为具有公民身份的国人，有当兵的权利和义务。郊中又按出军之数划分为数乡，故郊与郊外之遂又可合称为乡遂。

奠人 管理遂地诸邑。相当于《周礼》中的遂人。遂亦称为隧，指野

---

① 张亚初、刘雨：《西周金文官制研究》，中华书局，1986，第38页。
② 杨宽：《西周史》，上海人民出版社，1999，第445~446页。

中紧靠着国中四郊的地区，与郊相对应，合称郊遂。遂是直接接受国中剥削的地区，其居民称为氓，主要从事农业生产，没有国人的身份。邑人所属有小臣、膳夫等，奠人所属亦有膳夫等职。在西周金文中奠人与邑人是相类的官，见西周金文《师晨鼎》。

甸人　即奠人。杨宽说："邑人既是乡邑的官，相当于《周礼》的乡大夫，那末奠当读为甸，相当于《周礼》中的遂人。"①

佃人　管理籍田上的劳动者。见于西周金文《扬毁》《柞钟》。《扬毁》中说："官、嗣、量、田、佃"。《柞钟》中说："司五邑佃人事。"佃人可能是农官的一种，大体相当于文献中的农大夫与田畯，其基层行政单位为邑，居住着耕作籍田之人。

佃史　即佃人。见《南宫柳鼎》："司羲夷、阳佃史。"

司鄙　管理王子弟、公卿大夫之采邑。见于西周金文《恒毁》《楚毁》。其职可能相当于《周礼·地官·司徒》所属的鄙师。

五邑祝、五邑佃人、五邑走马、五邑守堰　为五邑中的四种职官。五邑守堰见于西周金文中、晚期；五邑祝、五邑佃人、五邑走马均见于西周金文晚期。五邑当指直属周王的五个都邑。四种官的职掌如下：五邑祝掌同王朝之祝，五邑佃人掌同王朝之佃人，五邑走马掌同王朝之走马，五邑守堰掌守卫堤堰。

部族酋长　为居于自然聚落中部族之君长。自然聚落是指那些没有被周王直接征服的部族，主要包括亡王之后人和一些少数民族所居之地，他们各自有部族酋领，其称号多自拟。

（四）太史寮

太史（左史）　总掌太史寮系统的政务。太史寮是西周王朝设置的与卿事寮平列的两大官僚系统之一，其职掌主要是掌管王朝的册命、制禄、图籍、记录历史、祭祀、占卜、礼制、时令、天文历法、音乐、教育等事。太史之官，西周金文早、中、晚三期均有记载，文献中作太史或左史。

太史友　辅助太史执行政务者。

---

① 见其所撰《论西周金文中"六𠂤"、"八𠂤"和乡遂制度的关系》，《考古》1964 年第 8 期。

史　在周王祭祀和郊天时负责宣读册书、祝文，在祭祀先王时也负责读册书、祝词，并负责记录历史。西周金文早、中、晚三期中均有记载。

中史　为记载簿书之史。见于西周金文中期，中史之"中"指官府簿书。

书史　与中史的职掌相近。见于西周金文中期。

省史　掌百官罪过之事。见于西周金文《融攸从鼎》，省即眚，杨树达《积微居金文说》谓："眚，罪也。"

作册尹　作册官之长。见于西周金文中、晚两期。西周中晚期以后被内史尹（尹氏）所代替。

作册　掌书册命，代王宣命。作册始见于商代，盛行于西周早、中期，消失于西周晚期，以后被内史所代替。

御史　其职略同于后世的修起居注。①

丧史　掌贵族丧葬礼仪。见于西周金文《丧史钺》。

太祝　为祝官之长。金文中作大祝，西周金文早、中、晚三期均有记载。

祝　掌祭祀时宣读祝词。见于西周金文晚期。为太祝之属官。

宗祝　掌宗庙祭祀祝禳。西周金文中未见。《史记·周本纪》有周武王命宗祝享祭于军的记载。为太祝之属官。

司卜　为卜官之长。见于西周金文晚期。文献中称为太卜或卜正。

卜　掌占卜之事。见于西周金文早期。为司卜之属官。

太士　以神仕者，参加祭祀活动。见于西周金文晚期。金文作大士。

乐正　主管音乐与贵族子弟教育。虞舜时部族联盟议事会即有典乐，西周沿其制置，改称乐正。

司龠　为舞师。见于西周金文晚期。亦称龢龠或龠。为乐正之属官。

鼓　即鼓人，专掌击鼓。见于西周金文晚期。

钟　即钟师，掌编钟的演奏。见于西周金文晚期。

国老　掌教西周的大学——辟雍。《礼记·王制》中说："周人养国老于东胶，养庶老于虞庠。"郑玄注："虞庠亦小学也。""周之小学，为有虞氏之庠，制是以名庠。"

---

① 见刘师培《政篇：论历代中央官制之变迁（未完）》，《国粹学报》1907 年第 27 期。

庶老　掌教西周的小学——虞庠。

（五）内廷与王室事务官

〔内廷官〕

宰　总掌内廷事务。西周早、中、晚三期金文中均见。由于内臣的特殊地位和权力的增大，内臣参政、内臣统驭外臣的现象在西周王朝一开始就有了。

善夫（膳夫）　掌王膳食。见于西周中期金文，因为常在周王左右，取得王的信任，后来发展为出纳王命之官。

司贮　掌食品的储藏、保管。见于西周金文，为善夫之属官。

守宫　掌守宫殿。见于西周金文早期与中期，其职掌与《周礼·天官·冢宰》所属之宫正、宫伯、幕人、掌次等官当有一定的关系。

小门人　掌宫门的启闭。为守宫之属官。

御正、王御、御　为王驾车。均见于西周金文早期。御正即诸御之长。王御专指为王驾车者。《尚书·立政》之左右携仆与之相当。

仆　王射则赞弓矢。见于西周金文《赵鼎》。

夷仆　掌与仆同。见于西周金文《静殷》。其地位低于仆。

内史（右史）　为宫中掌史之职，执行王的赏赐臣下的命令。别称右史，见于西周金文中、晚两期。西周中期金文所见之作册内史、作命内史都是内史的别称。

内史尹　为内史之长。内史尹又称内史尹氏、尹氏。

内史友　为内史尹的辅佐。见于西周金文中期。

濒史　为王后近身之史。见于西周金文中期。其地位与内小臣相似。

小子（士庶子）　掌王宫警卫。小子即庶子，指卿大夫的子弟，其中未仕而警卫王宫者称士庶子。

师氏　掌王宫警卫。世袭"师"的官位而统领虎贲者。见《毛公鼎》。

虎臣　掌王宫警卫。虎贲由四夷之隶充任，其长称虎臣，其在王左右者称左右虎臣，在王正侧两面者，称正侧虎臣。

小射　为宫中射手。见于西周金文晚期。

保侃母　是女性而任保氏之职者。与《周礼·天官·冢宰》之属的九嫔之职相近。

　　窬氏　与《周礼·天官·冢宰》所属的世妇、女御、女祝之职相似。见于西周金文晚期。

　　寺　掌王之内命及女性之戒令。寺在文献中称为巷伯或寺人，为内史的属官，其活动范围不仅在宫内。

　　缀衣　掌王的衣服。见于《尚书·立政》。为后世尚衣一职的起源。

　　趣马（走马）　为王养马。见于《尚书·立政》。

　　小尹　为宫中内臣之长。见于《尚书·立政》。

　　庶府　分管王的库藏。见于《尚书·立政》。

　　霝龠　为舞师。见于西周晚期金文《克鼎》。

　　鼓　即鼓人，专掌击鼓。见于西周晚期金文《克鼎》。

　　钟　即钟师，编钟的演奏者。见于西周晚期金文《克鼎》。

〔王室事务官〕

　　东宫　管理太子所居宫之政，即太子宫尹之职。见于西周金文早、中两期，《散盘》亦称其公东宫。东宫为太子所居宫，因此即以东宫来名东宫事务的管理者。公东宫可能指以公的身份而管理东宫事务者。

　　少辅　即小傅，掌教导太子。见于西周金文晚期。

　　公族　管理王的族属。公族本指王的族属，管理公族事务之官，即以"公族"名之。

　　庶子　掌对卿大夫子弟的教育。庶子本指卿大夫的子弟，管理庶子的官即以庶子名之。

　　国子　卿大夫子弟之入于国学者。与庶子之未仕者为王警卫而称士庶子者相对应。

　　司王宥　管理王的苑囿。见于西周金文早期。

　　司舟　管理王所乘之舟。见于西周金文。

　　庖鱼　为王室捕鱼，以供祭祀之鱼牲。见于西周金文。

三　西周王畿内居民的地域管辖——区分国野

（一）国野的地域划分

国野是一个地域概念，国野制中的"国"有广义与狭义之分，狭义的"国"，仅指王城而言；广义的"国"则包括王城和郊两部分。郊外的遂、采邑、公邑、自然聚落、籍田地区、山林川泽均属于野。兹列表2－4以明之。

表2－4　国野的地域划分

类别		设官	说明	基层组织
国	国中	里君	国中即都城之中，居住着作为王朝统治阶级的贵族和为贵族服务的各种手工业者。国中划分为里，设里君，里君由贵族的族长担任。里中居住着一族或几族的贵族	里
		邑人	在郊中居住者，为具有公民身份的国人，有当兵的权利与义务。郊中又按出军之数，划分为数乡，故郊遂又可合称为乡遂	邑
野	遂	莫人	遂指野中紧靠着国中四郊的地区，与郊相对应，合称郊遂或乡遂。遂是直接受国中剥削的地区，其居民称为氓，主要从事农业生产，没有国人的身份。遂亦称甸，与郊合称为郊甸	邑
	采邑	采邑主	采邑是周王作为俸禄封授给子弟和公卿的，采邑主的地位与诸侯相当。故采邑又可称为国	邑（其中心之邑划分为里，属邑无之）
	公邑	大夫	直隶于国君之邑称为公邑。最著名的公邑有所谓"五邑"，其设官各种有司	邑
	自然聚落	自然部落君长（其称号多自拟）	自然聚落是指那些没有被周王直接征服的部族或部落，主要包括亡王之后和蛮夷、戎狄部落，他们保留着原来的社会组织，对周王有一定的贡纳和服役义务	邑
	籍田地区	佃人	即文献中的田畯之职，管理奴隶和聚族而后的籍田劳动者	邑
	山林川泽	山虞、泽虞	其居民为散居于山林或川泽之民人	邑（农村公社或家族公社）

（二）国人与野人身份的不同

国野是一种地域划分，而国人与野人则是一种政治概念。国人是指居于国中和四郊、具有公民身份的人，他们是统治宗族的成员，包含了不同的层次，既有贵族，也有平民，还包括部分工商业者和被征服部族中获得自由民身份者。国人在经济上存在着贫富之分，在地位上也有高低之别。

以职业构成来说，则以农业人口为主体。所谓的"士"，就是以农耕为主的人。那些居于国中的庶人、仆隶等也属于野人之列。而居于野者也并非都是野人，那些自然部落、古代部族和亡王之后、戎狄之族都处于野。那些本来居于国中，后因宗族之间的权力斗争失族亡姓的"流裔之民"也居于野，他们并不臣属于周天子或哪个诸侯国，不能称为野人。野人是相对于国人而言的，他们是相互依存、相互对立的关系。

国野区分，最主要的部分是指郊与遂。居于郊中各乡的居民为国人中的平民，居民编组是与军队的编组相对应的，即按乡出兵，公民的权利与义务也是相对应的，公民既有服兵役的义务，自然也有获得土地的权利。西周应该是有平民授田制的。田昌五、臧知非在《周秦社会结构研究》一书中说："《周礼》的《大司徒》、《小司徒》、《遂人》都记载了授田制，我们认为，西周制度是否如此，不敢遽定，但这些记载从后世制度和西周土地所有制性质来看，当有其历史依据，也就是说西周是有授田制的，尽管授田数量未必如《周礼》之整齐划一；其基本精神可信。这种授田制，我们以为主要是行之于平民的。平民的政治权利、经济权利相等，他们的土地占有在理论上也是平均的，其生产构成以农业为主，一般以家长率领家族成员耕种以自食。"其说可从。

遂是野地居民的一种大的行政区划。国野关系是通过部族之间的征服与被征服而形成的，是构成部族国家的常态，有着深刻的历史渊源。遂中的居民应是未取得公民权的殷遗民及其奴隶之类，是国中直接剥削的对象，他们最主要的义务是为王室的籍田提供劳役。

（三）国人与野人的不同户籍编组

西周时国中的行政区划为里，里的长官称为里君，或称里人，里的建制从邑演化而来，西周始有设置，但行于国中。"如果说邑之作为一个居民区还属于自然聚落状态的话，里则带有行政规划的色彩。这从一个侧面说明了西周的国家更成熟于商。"[①] 四郊的居民区划仍称为邑，其长官称邑人。

西周在四郊还划分了乡。乡的产生较晚，性质和里、邑有别，并不完

全是地方居民单位，而偏重于军事上的划分。按《周礼》所说，周王国划分为六乡六遂，诸侯国大者为三乡三遂，小者为一乡一遂。《尚书·周书·费誓》也说："鲁人三郊三遂。"鲁是大国，故有三郊三遂。尽管历史上不一定如此等级分明、数字固定，但是西周有乡遂制度则是可以肯定的。乡人是国家军队的主要成员，一乡即为一师，宗周有六个乡，构成六师，因宗周是王国西部的政治中心，故称"西六师"；周王国在东部的政治中心可能有八个乡，金文中有"成周八师""殷八师"的记载，其士兵来源是成周之国人，也就是殷人中被周王国赋予"公民"身份的人。这样，周代初年周王国有十四个师（在西周后期已扩为六军，其兵员的数量当更多），从行政组织上看，至少有十四个乡。

为了制军和组织生产，西周时代无论是国还是野，都建立了系统的户籍制度。田昌五、臧知非在《周秦社会结构研究》一书中认为：

> "九夫为井"是西周的国人的户籍编制法、军事编制法和土地分配法，其主要作用是为了制军。执干戈以卫社稷是国人的专利，其时军队以车兵为主，乘数是国力的体现，每乘战车甲士三人，徒兵（附属于车兵编制）若干，而以甲士为主干，故军队按照三、九编制，其户籍也按三、九编为九夫为井之制。户籍编制和军事编制的合一，在战国时代是普遍实行的制度，正是历史传统的延续。班固在《汉书·刑法志》里述周代兵制说：周设六军之众，"因井田而制军赋，地方一里为井"。"故四井为邑，四邑为丘，丘十六井也。有戎马一匹，牛三头，四丘为甸，甸六十四井也，有戎马四匹，兵车一乘，牛十二头，甲士三人，卒七十二人"。一邑、一甸是否出这些军赋、甲士与步卒的数量组合是否如此，暂且存疑，但他谓"因井田而制军赋"，把井田制和军制连在一起考察则有过人之处，是符合史实的，有助于我们对这个问题的理解。
>
> 野人的任务是从事生产，而他们的最早来源主要是殷商遗民及其"类丑"，殷人是个十进制的民族，卜辞记载殷王征兵多少就有三百、五百、一千、五千，多者达一万、一万三千，都是十的倍数；西周制

民是因势利导，故有"启以商政"、"疆以戎索"之说，依然沿用殷人的传统，故于野人则采用十夫为一个基本户籍编制。……

必须说明的是上述邑、里、乡的组织以及九夫为井、十夫为沟与宗族组织的关系，也就是地缘与血缘的关系，恩格斯曾经指出，国家制度和氏族制度的本质区别有两点：一是公共权力机关的设立，二是"不依亲属集团而依共同居住地区为了公共目的来划分人民"。邑、里、乡无疑是一种"公共权力机关"，是地域性组织，那么我们既然认为西周是宗族城市国家，它与宗族血缘关系怎样？……从历史发展的角度看，地缘组织是血缘组织衰落的产物，二者是矛盾的关系，随着国家的发展，地缘组织必然代替血缘组织。但这个过程不是刀砍斧削的，在一定的历史时期之内，这二者不仅会同时存在，而且会互相依存，不能把二者视为截然对立的关系……西周的邑、里、乡等地缘组织和宗族血缘关系正是相互依存的关系，合二为一；邑、里的设置是以族为基础的，一邑可有一族也可有数族，里亦然，其户数也无定制，规模可大可小；邑人、里君即由宗族长担任，里是周制，商代的里君称为族尹。其地位并非后人想象的那样，一里二十五家或五十家，是最基层的行政组织，而是直属于国君或者周王，直接听取王命……邑人也都直接受命于周王，其性质和里人相类。邑、里之间没有什么统辖关系。

乡的范围较广，一乡当有若干个里，但乡里之间怕也没有统辖关系。……①

其说可从。

四　西周的土地管辖、经营方式与税收

（一）井田的性质与真相

要了解西周的土地管辖，必先了解井田的性质与真相。田昌五、臧知非在《周秦社会结构研究》一书中认为：井田制的实质可以从汉代的提封

---

① 田昌五、臧知非：《周秦社会结构研究》，西北大学出版社，1996，第57~60页。

田法来探究。他们指出：

> 提封田既然是由方里而井之制发展而来，我们就有理由认为井田制和提封田法有着一致之处。……井田制曾经作为一种土地计量方法而存在……这是井田的第一层含义。
>
> 井田制的第二层含义是作为赋敛单位，用来计算赋敛数量。……除征赋之外，井田还作为征税单位，其数量和形式，因国人、野人之别而不同。……
>
> 无论是赋还是税，不管是实物的抑或是劳役的，都不能单纯地向土地索取，都必须求之于人户。因而井田作为赋敛单位是按人户计算的，即以九夫或十夫为一个计算单位，也就是一井；每一个这样的单位，其耕地是相互毗邻的，并不如人们所理解的那样是方格网状结构。如是，《周礼》所记各种井田制中的矛盾都好解决了，不管是上地、中地、下地，也不管有无莱田，在实践中和逻辑上都行得通。如夫三为屋，屋三为井，一屋得上田三百亩，一屋得中田六百亩，一屋得下田九百亩，仍然是九夫为井；十夫为井者，依此类推。也就是说，九夫为井是指良田为标准的，不同质量的土地，九夫实际所占（或十夫）的土地数量并不相同，但不管实占多少，其赋、税均以九百亩良田的标准计算，以土地数量调节质量的差异。因此，我们说井田制又是西周的户籍编制法，治田必料民，人地要相称，盖缘于此，这是井田制的第三层含义。[1]

其说可从。

（二）西周的宗族土地所有制

宗族是西周国家的基础，宗族关系是社会关系的基础，因此认识土地所有制问题也应以此为出发点。西周宗族的特点之一是同宗共财，室是宗族组织的经济基础，包括土地在内。也就是说，土地作为财产是宗族可共

---

① 田昌五、臧知非：《周秦社会结构研究》，西北大学出版社，1996，第70~72页。

有的，宗族的土地各有封疆，封地内建筑宗庙和社稷；因为宗族以宗主为代表，宗族土地所有制也以宗主来体现。无论是王畿还是诸侯国，抑或卿大夫之都邑都立有宗庙和社稷。宗族土地所有权就是用社稷和宗庙这两个国家政权的象征来表示土地的所有权。宗主的职权之一就是管理宗族的土地。宗主有与别的宗族交换土地的支配权。而族内成员每年参加祭社之事须分摊祭祀费用，正说明普通宗族成员也拥有对宗族土地的支配权。这是宗族血缘关系所赋予的权利，他人是无法剥夺的。

　　宗族是有等级的，因而西周的宗族土地所有权又具有层次性。家族分得的土地自然包含在其宗族土地所有制之中，可置勿论。下级宗族所有的土地也包含在其上级的宗族土地所有制之中，如卿大夫的土地既是属于其宗族——卿族的，又是属于以国君为代表的公族的，在这种意义上，诸侯对其受封的土地可以说是"封略之内，何非君土；食土之毛，谁非君臣"。因为卿大夫的土地是由国君封给的，是从公族土地中划出来的。同理，诸侯受封于周王，故有"溥天之下，莫非王土；率土之滨，莫非王臣"之说。但是，宗族土地所有制的层次性对于不同等级的宗族来说其内容是不同的。对于同宗的血缘关系较近的宗族来说，上级宗族对下级宗族土地的支配权较大，反之则较小。如国君对卿大夫土地的支配权就大于周王对诸侯之土的支配权。形象地说，宗族土地所有制的层次性好似一个金字塔，越向上，对下级宗族土地的支配权就越小，到了周王那里，对诸侯国卿大夫土地基本上没有什么支配权，仅剩一个名义而已。周王对诸侯的土地也是如此，这是由当时的国家形态所决定的。诸侯众多，只有一部分受封于周王，另有相当一部分是自然生成的国家，他们对周王仅是臣服关系，并无宗法关系，周王对他们的土地谈不上拥有什么所有权。就是那些受封于周王的姬姓之胤，其国家也是靠其自身力量发展起来的，而非全部受之于周王，故周王对他们的土地也只有名义上的所有权，所以绝不能据"溥天之下，莫非王土；率土之滨，莫非王臣"的话，得出土地王有的结论。固然，周王对王畿之土是有实际意义上的最高所有权的，但王畿不同于天下。正因为宗族土地所有制具有层次性，下级宗族隶属于上级宗族，故而在以宗主为代表的宗族之间进行土地交易与出现纠纷时，就要请上级宗主仲裁。

此外，宗族土地所有制，并不等同于所有宗族成员对土地的平均占有。宗族是个血缘的政治共同体，其内部分为不同等级，大体言之，可分为平民和贵族两大阶层，他们的政治和经济权利是大不相同的。平民对土地的占有，无论是就一个具体家族，还是各个平民家族所占土地的总量来说，都是宗族土地的一小部分。大量的土地是贵族占有的，贵族地位越高，所占有的土地也就越多，他们之所以在政治上占有统治地位，并能控制自己的宗族，就是因其雄厚的经济力量。[①]

（三）土地的经营方式

西周对平民实行授田制。平民的政治权利与经济权利相对应。他们的土地占有量在理论上也是平均的。其生产构成以农业为主，一般由家长率领家族成员耕种以自食。

贵族占地广大，其生产构成则是农林牧副渔诸业并举，以奴隶为生产主力，设有系统的管理制度。其生产规模与贵族地位成正比，王室最大，诸侯次之，卿大夫又次之，其余类推。西周贵族的农业经营是以大田——籍田的方式进行的。西周王室的籍田分布在王畿的甸服之内，东西南北方都有。西周金文《柞钟》载：

> 佳王三年四月初吉甲寅，仲大师右柞、易载、朱黄、綴，司五邑奠人事……

"奠"即"甸"，奠人和邑人性质相类，近似于《周礼》中的甸师，是管理国郊以外农业生产之官。"五邑奠人"当是指甸地的五个邑中所置的田事管理者。王室还拥有广大的山林、牧场、川泽、陂池以及园圃，从事林业、牧业、渔业和经济作物的种植和养殖，诸侯和卿大夫的土地经营方式和王室相同，也是以籍田为主。《师殷殷》就记载伯和父拥有广大的土地，众多的农业奴隶就是劳作于籍田之上的。[②]

---

① 田昌五、臧知非：《周秦社会结构研究》，西北大学出版社，1996，第74～75页。
② 田昌五、臧知非：《周秦社会结构研究》，西北大学出版社，1996，第76～80页。

（四）西周的赋税

《孟子·滕文公》在谈到三代的税率时说："夏后氏五十而贡，殷人七十而助。"周代用"彻法"，即兼用贡助两法。《孟子》谓："彻者彻也，""请野九一而助，国中什一使自赋。"《孟子》所谓"彻者彻也"，第一个"彻"是指彻法，第二个"彻"意为"通"，即通贡助两法而兼用之，也就是兼用赋和税。《汉书·食货志》中说："税以足食，赋以足兵。"服兵役是国中自由民的义务，他们每个正劳动力每年在所授百亩田上须交纳百分之十的土地税，然后再加上出军赋的义务。军赋是指武器、马匹、战车，每家各出资若干以配备上述物资送交武库，在他们服兵役时再由政府分发给大家使用，用毕仍归武库。这是自由民的赋税负担。至于野中居民，则绝不能如《孟子》所说"其实皆十一也"的负担之轻。野中居民分为两种，一种是隶属于贵族的奴隶，他们在贵族的大田上集体耕种，受到贵族严密的监视；另一种是分土地给野地的农民，他们可以家族为单位自己耕作，而向国家交土地税，他们实际所交的税，绝不是"什一"，起码是百分之五十。他们虽然聚族而居，过着家庭生活，但实际上也是一种宗族奴隶。

五　西周王畿内的采邑分布与贵族的家族组织

（一）西周王畿内的采邑分布

西周的分封，包括畿外封国和畿内采邑两部分。

西周的畿内采邑，据吕文郁在《周代的采邑制度》一书中的研究，计有西虢、东虢、周、召、单、温、檀、荣、管、蔡、康、毛、毕、酆、南、成、郇、原、霍、芮、虞、邘、应、凡、胙、祭、滑、尹、甘、邢、秦、樊、郑、杨三十四个。此外在文献中和铜器铭文中还可以找到若干个。兹略述如下。

西虢　西周采邑，姬姓，伯爵，文王弟虢叔始封。旧都在西周，后随平王东迁，更封于上阳，为诸侯国，见《左传·隐公元年》。

东虢　西周采邑，姬姓，始封者为文王弟虢仲。春秋前东虢已为郑所灭，周平王以其地与郑，故城在今河南省郑州市北古荥镇。

周　西周采邑，始受封者为文王之子，武王母弟周公旦，公爵。周本是太王古公亶父之故都，其地在今陕西省岐山县北九里。周公死后，其次子君陈继承了他的职位和采邑。《史记·鲁世家》索隐说："周公元子就封于鲁，次子留相王室，代为周公。"周公旦和君陈的子孙在西周世代为王室公卿，称周公，以周为采邑。自西周末年，周公的家族开始衰落。平王东迁后周公家族食采于东都畿内。

召　西周采邑，始封者为召公奭，又称召康公，为文王之子，周公旦之兄。食采于召，故称召公。其地在今陕西省岐山县西南八里刘家塬村。召公奭为周初重臣，其地位与周公旦相若，为周初三公之一。

单　西周采邑，始受封者为王族中单氏家族的始祖，在文王、武王时代就已受封。单氏的采邑与西虢、东虢、周、召等西周王室重臣的采邑一样，都是受封最早的采邑。单氏的采邑，始终都在今陕西省眉县杨家村一带。王室东迁后，单氏的采邑迁至今河南省孟州市西南。

温（苏）　西周采邑，始受封者为武王司寇苏忿生。杨伯峻《春秋左传注》谓其地在今河南省温县稍南三十里之地。苏氏在西周地位很高，西周末年，苏忿生之后裔苏信公为王朝卿士，位在三公。

檀　西周采邑，始受封者为檀伯达。《路史·国名纪》列檀为炎帝之后，檀伯为武王时人。《左传·成公十一年》记周卿刘康公、单襄公对晋郤至说："苏忿生以温为司寇，与檀伯达封于河。"杜注："与檀伯达俱封于河内。"其地在今河南省济源市境。

荣　西周采邑，始受封者姬姓，名字未详。《国语·晋语四》记西周之初有荣公，文王时与周公旦、召康公、毕公平列，可能就是荣邑的始受封者。周厉王时有荣夷公，应是周初荣公之后裔。其封地于典籍无征，唯宗周王室重臣之采邑多在宗周畿内，与周、召、毕诸公并列的荣公之采邑，其地应距宗周不远。

管　西周采邑，姬姓，始封者为文王之子、武王之弟、周公之兄管叔鲜。武王克商之前，管叔的采邑在宗周附近，但地望不详。《史记·管蔡世家》中说："武王已克殷纣，平天下，封功臣昆弟，于是封叔鲜于管。"采邑的治所在今河南省郑州市管城附近，地处商王畿的边缘，是个战略要地，因此命其作为监督原来商王畿贵族的"三监"之一。后因管权参加"三监"

之乱被诛，采邑被削夺。

蔡　西周采邑，姬姓，始受封者为文王第五子叔度，其地在畿内。《通志·都邑略》载："蔡本畿内之地，以为蔡叔之采邑，及蔡叔逆命，国除。"关于蔡叔采邑的具体地点，《逸周书集训校释》中说："蔡叔食邑疑即今大名府长垣县之祭城。"又，《后汉书·郡国志》记河南尹中牟县下有管城，谓即蔡叔的封地，在今河南省中牟县，与管权的封地邻近，故蔡叔与管叔同为"三监"之一，以监督原商代王畿的殷贵族。后因参与"三监"之乱，与管叔一样，其采邑被削夺。

康　西周采邑，姬姓。《史记·卫康叔世家》："卫康叔名封，周武王同母少弟也。"《索隐》："康，畿内国名。""三监"之乱平定以后，康叔迁封于卫，为诸侯国，称卫康叔。又以畿外诸侯的身份在王朝任司徒，故畿内之采邑依然保留。畿内之康所在未详。王应麟《诗地理考》卷一引《括地志》曰"故康城在许州阳翟县西北三十五里"，即今河南省禹州市西北十五里康城。

毛　西周采邑，姬姓，伯爵，始受封者为叔郑，系文王之子、武王弟。杨伯峻《左传·僖公二十三年注》："《尚书·顾命》、《穆天子传》五并古器如班殷、毛伯敦、毛公鼎皆称毛公。《周本纪》、《逸周书·克殷解》均有文王子毛叔郑，当即毛之始封者。顾栋高《春秋大事表》五，以为其封地在今河南省宜阳县境。据毛公鼎，西周初叶毛公痦为周王卿士，毛公鼎、毛伯敦盖并出扶风，似可推知毛公采邑西周时在扶风，东迁后在洛阳附近。"

毕　西周采邑，姬姓，始受封者为文王庶子。《史记·魏世家》载："魏之先，毕公高之后也。毕公高与周同姓。武王之伐纣，而高封于毕，于是为毕姓。"毕公是周初地位极其重要的大臣，文献中常与周、召、荣等诸公并列。毕公高之采邑在毕原，顾栋高《春秋大事表》谓："陕西咸阳县北五里皆毕原，为毕国封地。"又说："春秋前不知为谁所灭。"

丰　字又作酆，西周采邑。殷商时丰为崇侯虎之国，周文王灭崇而有其地，遂定都于此。武王迁镐以后，封其弟丰侯（其名未详）食采于文王旧都，使奉文王之庙。《左传·僖公十四年》杜预注："丰国在始平鄠县东。"鄠县即今陕西省西安市鄠邑区。丰侯之采地仅一代即绝封。

南　西周采邑，姬姓，始受封者为文王之子南季载。其地亦作聃（《风俗通》），或作冉（《史记·管蔡世家》），《白虎通》作南。南之地望，历来记载不一，且各失其实。南季载为文王少子，又任王朝司空之职，其采地在畿内无疑。唐兰认为，其地"应在今陕西省凤翔县一带，是周王朝的老家之一"①。

成　字又作郕，西周采邑，姬姓，始受封者为文王之子成叔武。据《文物》1976 年第 5 期庞怀德等的《陕西省岐山县董家村西周铜器窖穴发掘简报》，陕西省岐山县董家村一带，应即成氏初封之地。成氏东迁以后，封地已不在畿内。

郇　字或作荀，亦作珣、筍，西周采邑，初受封者为文王之庶子郇叔，或称荀伯，其名字未详。《广韵》卷十九"投"注："郇，亦姓，郇伯，周畿内侯。"关于郇的地理，《历代疆域表》上卷云："枸邑县……故治在今邠州之三水县东二十五里，故郇国也。"西周时期郇氏之采邑一直在这里，地处宗周王畿之北部。

原　西周采邑，姬姓，始受封者为文王之子原公。原公在周初位为三公而兼太史，地位甚高。原公初封之邑，当在宗周王畿之内。散氏盘铭文记载了散氏封地的位置及其四周的边界，铭文中提到单、原、周、眉等都是散邑周围的封邑名。由此可知，原之初封地望，应在今陕西省眉县一带。

霍　西周采邑，姬姓，其始受封者为文王之子。《史记·管蔡世家》："武王已克殷纣……封叔处于霍。"其地为今河南省临汝县之霍城。其后因霍叔参与"三监"之乱，降为庶人，河南临汝之采邑遂废。霍叔之子孙后来又徙封于今山西省霍县，仍名为霍。

芮　西周采邑，姬姓，始受封者为芮伯，名字未详。成王时芮伯在王室内任职。成王临终，召芮伯、彤伯、毕公、毛公、召公及卫侯以嘱托后事。芮邑为芮伯食采之地，旧址有二：其一为北芮城，《左传·桓公二年》杜注谓"芮国在冯翊临晋县"；其二为南芮城，《括地志》："南芮乡故城在同州朝邑县南三十里，又有北芮城，皆古芮国也。"顾栋高《春秋大事表》卷五："芮在陕西同州府城南。"其地均指今陕西省大荔县。

---

① 唐兰：《西周青铜器铭文分代史征》卷三，中华书局，1986，第 156 页。

虞　西周采邑，姬姓，始受封者为仲雍之后虞仲。虞在金文中或作吴。《史记·吴太伯世家》："周武王克殷，求太伯、仲雍之后，得周章。周章已君吴，因而封之，乃封周章弟虞仲于周之北故夏墟，是为虞仲。"顾栋高《春秋大事表》中说"今山西解州平陆东北四十五里有虞城"，即西周时虞仲之封邑。虞仲之家族曾长期在王朝任职，《三代吉金文存》中著录有两件虞司寇壶，器主人都应是虞仲之后裔。

邘　西周采邑，姬姓，始受封者为周武王之子邘叔。邘字《尚书大传》作于，《韩非子·说难》作盂，《左传·僖公二十四年》："邘、晋、应、韩，武之穆也。"杜预注："河内野王县西北有邘城也。"今河南省沁阳市西北有邘台镇，即邘叔初封之采邑。邘在春秋初已绝封。

应　西周采邑，姬姓，始受封者为武王之子，即武王"四穆"之一。《通志·氏族略》："今汝州叶县，故应城是也。"应的地望在今河南省鲁山县，其地在周代属东都王畿之南鄙。成王时应公在王朝任三公之职，应是他在王畿内之采邑，直到西周末年，其后裔仍食采于应。西周末年的史伯对郑桓公说："当成周者，南有荆蛮，中、吕、应、邓……"（《国语·郑语》）不知何时绝封。

凡　西周采邑，姬姓，始受封者为周公旦之子凡伯，《通志·氏族略》："凡氏，周公第二子凡伯之后，为周畿内诸侯。"《左传会笺》卷六："周公之子……如凡，如祭，如胙，如茅，皆封畿内，邢、蒋则封于外。"顾祖禹《读史方舆纪要》卷四九："凡城在（辉）县西南二十里，周公子凡伯国。"其地即今河南省辉县。凡氏家族长期任职于王朝。

胙　西周采邑，姬姓，始受封者为周公庶子胙侯。《通志·氏族略》引《风俗通》说："周公之子胙侯，子孙因避地，改为作氏。"《读史方舆纪要》卷四九："胙城县，古胙伯国，周公支子封此。春秋时为南燕国。"胙城在今河南省延津县东北，其地在周代为成周东北部边鄙。

祭　西周采邑，姬姓，始受封者为周公庶子祭伯。《国语·周语上》韦昭注："祭，畿内之国，周公之后也，为王卿士。"其初封之地当在宗周境内。段玉裁《说文解字注·邑部》："郑本西都畿内邑名。"西都畿内之祭，其地望不详。

滑　西周采邑，姬姓，其名未详。初受封时其地在今河南省偃师县缑氏城。顾栋高《春秋大事表》卷五："滑，国于费，今河南府偃师县南二十里缑氏故城是。"

尹　西周采邑，始受封者未详。《通志·氏族略》："尹氏，少昊之子，封于尹城，子孙世为周卿士，食邑于尹。"《读史方舆纪要》："尹，畿内国，或曰在今河南府新安县东南。东迁初，自岐西迁于此。"可知尹氏始封时其采邑当在西都王畿。宣王时有卿士尹吉甫，即尹氏之后裔。

甘　西周采邑，始受封者未详。《通志·氏族略》："甘，周武王封同姓于畿内，因氏焉。"周代王畿内之甘邑有二：一在今陕西省西安市鄠邑区，《读史方舆纪要》卷五三谓"鄠县……县西南五里有甘亭"；另一在今河南省宜阳县。《括地志》："故甘城在洛州河南县西南二十五里。"可能甘之初封在陕西鄠邑区，东迁后改封于成周畿内。

邢　西周采邑，姬姓，始受封者为周公旦之庶孙邢伯。周成王时，周公旦庶子之一被封为邢侯，邢侯的封地在畿外，为畿外诸侯。其封地在今河北省邢台市。第一代邢侯之庶子，即周公旦之庶孙邢后，供职于王朝，并食采于畿内，其采邑亦称"邢"。邢在金文中作井，据学者徐中舒考证，畿内井邑，在今陕西省宝鸡市附近[1]，王室东迁时邢氏家族亦随迁，食邑之地仍称邢，其地在今河南省温县。

秦　西周时采邑，嬴姓，始受封者为秦庄公。秦之先祖相传为帝颛顼之后裔，传至大骆，在周事恭、懿二王；居于犬丘（今陕西省兴平市东南），大骆之子为非子。其时周懿王已自镐京迁都于此。非子以善养马事周孝王，孝王封非子为附庸，以秦为邑，号称秦嬴，故秦人尊非子为秦国始祖。秦邑在今甘肃省礼县东北，天水市西南。秦嬴之曾孙为秦仲，为周宣王之大夫，曾率兵征伐西戎，被西戎杀死。秦仲之长子即秦庄公，受宣王之命再伐西戎，大破之。于是周宣王封秦庄公为西垂大夫，因其所封之秦邑恰在西周王畿边陲，故秦为西周王畿最西部的采邑。两周之际，秦襄公派兵护送周平王东迁洛邑，因救周难有功，被封为诸侯，开始与中原各国

---

① 徐中舒：《禹鼎的年代及其相关问题》，《考古学报》1959 年第 3 期。

通使聘问，并逐渐强大起来。

樊　西周采邑，又称阳或阳樊，姬姓，始受封者为仲山甫。《通志·氏族略》说："周太王之子虞仲支孙仲山甫，为周宣王卿士，食采于樊，曰樊侯，因邑命氏，其地一名阳樊，今河南济源东南三十八里皮城是也。"此说认为樊的地望在河南。其实西周之初，周王子弟之封邑各在宗周畿内。雷学淇《竹书纪年义证》卷二五，以为樊始封之地在杜陵，即今陕西省西安市长安区东南的樊村。其说近是。

郑　金文作奠，西周采邑，姬姓，始受封者为周厉王之子、周宣王之弟桓公友，《史记·郑世家》："宣王立二十二年，友初封于郑。"其地在今陕西省渭南市华州区，为宗周畿内采邑。郑武公迁居东周畿内，列为诸侯，是由采邑变为诸侯国的典型例子。

杨　西周采邑。杨，文献中又作扬，二字古通。《国语·郑语》记周幽王时史伯说："当成周者，西有虞、虢、晋、隗、霍、杨、魏、芮。"韦注："八国皆姬姓也。"《新唐书·宰相世系表》："杨氏，出自姬姓，周宣王子尚父封为杨侯。"据学者考证，其地在今山西省洪洞县东南。[①]

杜　西周采邑，祁姓，伯爵。《国语·周语上》载周宣王时"杜伯射王于鄗"。《水经·渭水注》："沇水又西北径下杜城，即杜伯国也。"地在今陕西省西安市东南。

密　西周采邑，姬姓，地在今河南省新密市东南。《左传·僖公十七年》记齐桓公"密姬生懿公"。密姬即密国人。春秋时密国入郑为新密县。

肜　西周采邑，姬姓，伯爵。《尚书·顾命》载："（成王）乃同召太保奭、芮伯、肜伯、毕公、卫侯、毛公、师氏、虎臣、百尹、御事。"其地在今陕西省渭南市华州区西南。

共　西周采邑，姬姓，伯爵。《史记·周本纪》索隐引古本《竹书纪年》说："共伯和干王位。"《左传·隐公元年》记"大叔出奔共"，均指其地，即今甘肃省泾川县北。

梁　西周采邑，嬴姓。《后汉书·梁统传》注引《东观汉记》说："其

---

① 见张德光《山西洪洞古城的调查》，《考古》1963 年第 10 期。

先与秦同祖，出于伯益，别封于梁。"王国维《鬼方昆夷猃狁考》认为梁的北边接近鬼方。《大清一统志》："少梁城在韩城县南二十里楚川镇。"地在今陕西省韩城市南二十里。

焦　西周采邑，姬姓，春秋时属晋。

贾　西周采邑，姬姓，唐叔原少子公明始受封，地在今山西省临汾市贾乡。《左传·桓公九年》记虢仲、芮伯、梁伯、荀侯、贾伯伐曲沃。后灭于晋。

暴　西周采邑，始受封者为暴辛公，春秋时属郑。地在今河南省原阳县西南旧原武县境内。

宜　西周采邑。周康王把虞侯矢从虞改封到宜。江苏省丹徒区烟墩出土的宜侯矢簋，铭文述及周康王把虞侯矢从虞改封到宜。近人认为宜当即在宜侯矢出土地点附近。

南燕　西周采邑，姬姓，地在今河南省延津县东北四十里。《诗经·大雅·韩奕》有"韩侯取妻"之语，韩侯所取的是南燕姞姓之女，故称韩姞。

强　西周采邑，始受封者为巴族的一支，伯爵。地在今陕西省宝鸡市茹家庄、竹园沟及纸坊头之间。茹家庄是其中心所在。1975 年 4 月宝鸡市茹家庄竹园沟发现强国墓地，茹家庄一号墓出土有强伯甗、簋、羊尊等，"强"为"渔"的别体，从"鱼"从"弓"，因为当时流行用弓射鱼的捕鱼方法。强伯属于巴族的一支，详见考古报告《宝鸡强国墓地》（文物出版社 1988 年版）。

散　西周采邑。见于《散氏盘》《散伯卣》《散伯簋》等，伯爵。地在今陕西省宝鸡市和扶风县之间。

函　西周采邑，姬姓，地在今陕西省西安市西北。1933 年出土于陕西省扶风县康家村的铜器有函皇父鼎二、盘一，函交仲簋一，函当为西周主要采邑。

（二）西周贵族的家族组织与采邑的管理方式

采邑是贵族的封邑，是由贵族家族组织进行管理的。

西周贵族的含义，实际上包括了两个层次。第一层是贵族成员组成的亲属组织，这是就严格的"家族"本义而言；第二层则是包括家臣与百工臣妾在内的一种具有政治、经济功能的共同体。

西周家族成员间尊卑等级的差异，实际上即是政治权力与家族财产占有权的差别。西周贵族家族内部，父与子、兄与弟之间的血缘关系虽然仍被贵族们所强调，并用聚居、族宴等形式竭力维持，但其彼此之间相处的准则却是一种严格的等级关系。父子关系在西周贵族家族中已经不仅是严格的等级化，而且已经政治化。西周贵族家族中一些子弟已对其作为宗主的父兄称臣，导致政治地位上严格的等差。商周金文中常有"小子"一词，商代金文中的诸"小子"是商人诸宗族内部的各分族之长，西周贵族家族成员的"小子"就是该家族中的小宗，他们以"某（该家族之长或其族名）小子"为称，是相对于家族长（多是其父或长兄）称"子"而言。此外贵族家族中，宗妇因宗君而尊，妣母因祖考而尊，嫡母受到格外的尊重。这是与家族宗法等级制度相联系的。西周时期，贵族家族中已出现了家臣制度，从而构成家族政治中最重要的一环。家臣制度的要点如下：家臣多非家族成员，他们以家族形式依附于家主，父子相继，累世供职于一个贵族家族，所掌具体职务亦多是固定的。前代旧臣与其后嗣，往往成为贵族治家的依靠力量，在贵族家族中具有极其重要的地位。家臣多是充当贵族家族事务的管家，特别是管理家族私属与奴仆。其地位较高者甚至可以管理家主的诸小宗家室。家臣奉所服侍的贵族家主为"君"，奉其家室为"公室"，以对家主竭力效忠为准则。但由于被赋予一定的实权，在贵族家族中仍然具有较高的政治地位，并因受贵族家主之赏赐而拥有土田、民人与奴仆，故其身份亦属贵族。此种家臣可以自铸青铜礼器以祭其祖考，可见他们各自的家族亦是一个有着独立宗法祭祀活动的宗法制团体。西周中期以后，贵族家族内已具有一套完整的、仿王朝的家臣官职制度。家臣统称为御事，在西周金文中有司徒、司马、司空、宰等职官，如《趞鼎》记周王命趞作燹自之家司马，《矢人盘》记矢人氏、散氏两家交换土地事宜。矢人之家臣参与此事者有虞、师氏、司空等职官，散氏家臣中有司徒、司马、司空、宰等职官。这些封君家臣职官在金文中可统称为"某有司"。如《矢人盘》中的"散有司""矢人有司"，《五祀卫鼎》铭中的"厉有司"，《九年卫鼎》中的"颜有司"等。西周贵族家族除了家臣制度之外，还有仿王朝的家朝与廷礼制度，借以强化主臣之间的政治等级关系。作为采邑主的贵族，多为王朝执政大臣，他们往往住在国中（都城之中），而与采邑相分离，采邑的管理由家臣兼任之，此时尚未有专管私邑的邑宰。

西周封赐贵族土地时是将土地与附着于土地上的耕作者一起赐予的。此种将附着于田土的耕作者与田土一起赐予贵族的做法，实际上就是建立了生产者对贵族土地所有者的人身依附关系。此种关系一旦建立，农民便被束缚于封土内，要在贵族公田上服劳役，并交纳某些贡品，以供养贵族家族，他们还往往作为田邑的附属物而被贵族转让或赠送。此种人身依附关系的建立有如下特点。

其一，服农役的直接生产者多是土著居民，他们所耕种的维持自己必要生活资料的土地（私田），并非由贵族受封后将封得的土地重新授予他们的。当时并没有对直接生产者授田的过程，只是由于封赐制度从法权上将他们所占有的耕地归属于贵族，这些耕田以一种法律虚构的形式，在名义上成为贵族授予他们的私田。而在此种法权下，他们必须要以服劳役的方式来为授予他们私田的贵族尽义务。

其二，在部分青铜器（特别是西周早期器铭）中可以看到，王（或贵族）不仅赐予下属贵族土田，也赐予他人。《诗经》中有的篇章也明确提到赐予贵族的不仅是"土田"，也有"附庸"，提到要使当地土著居民作贵族之"庸"。这说明直接生产者对贵族的人身依附关系，并不仅是由于生产者是土地的附属物，在土地归属贵族后，他们也就随之转化为贵族的附庸，而且由于封赐制度从法权上直接对此种关系给予了明确的规定。

六　西周的外服官

（一）诸侯及其属官[①]

1. 西周外服诸侯的分布

（1）姬姓封国

曹　始受封者为叔振铎，文王子，伯爵。国都陶丘，故城在今山东省荷泽市定陶区西南七里。

---

① 本部分内容参见黄中业编著《三代纪事本末》，辽宁人民出版社，1999，第363～419页。

滕　始受封者为叔绣，文王子，侯爵。今山东省滕州市西南有古滕城，即是滕国。

卫　始受封者为康叔，文王子，侯爵。国都朝歌，在今河南省汲县北。

郜　始受封者为文王庶子，名不详，子爵。国境在今山东省成武县东南。

聃　始受封者为季载，文王子，伯爵。顾栋高《春秋大事表》谓其地在今湖北省荆门市东南那口城。

雍　始受封者为文王庶子，名、爵不详。今河南省修武县西有雍城，即雍国故地。

晋　始受封者为叔虞，武王子，侯爵。封于唐，地在河、汾之间，方百里，唐叔之子燮改唐为晋，即今之山西省太原市。

韩　始受封者为武王子，名不详，侯爵。杨伯峻《春秋左传注》谓其封地当在今河北省固安县东南之韩寨营。春秋前为晋所灭，以赐桓叔之子万为邑。

鲁　始受封者为伯禽，周公之子，侯爵。鲁都在山东曲阜，即今山东省曲阜市。

蒋　始受封者为周公庶子，名、爵不详。今河南省固始县东北有蒋集，即蒋国故地。

茅　始受封者为周公庶子，名不详，伯爵。今山东省金乡县西北有茅乡，即茅伯的封地。

吴　始受封者为太伯，太王之子。吴初都于梅里，今江苏省无锡市区东南三十里之梅李乡，旧称太伯城，是为其地。诸樊迁都于吴，即今江苏省苏州市。

北燕　始受封者为召公奭，伯爵。国都在蓟，即今之北京市西南之地。

息　始受封者身份不详，侯爵。故城在今河南省息县。

随　始受封者身份不详，侯爵。杨伯峻《春秋左传注》谓其故城在今湖北省随县南。

巴　始受封者身份不详，子爵。传说重庆市有江州故城，即古巴国。

阳　始受封者身份不详，侯爵。今山东省沂水县南有阳都城，即阳国旧都。

顿　始受封者身份不详，子爵。其地在今河南省项城市稍西之南顿故城。

沈　始受封者身份不详，子爵。故国在今河南省沈丘县东南沈丘城，即安徽省阜阳市西北。

胡　始受封者身份不详。杨伯峻《春秋左传注》谓其故城当在今河南省漯河市东。

极　始受封者身份不详，为鲁附庸国。杨伯峻《春秋左传注》谓其地当在今山东省金乡县南面稍东三十五里。

戴　始受封者身份不详。今河南省民权县东面稍北四十五里即古戴国之地。

弦　始受封者身份不详，子爵。杨伯峻《春秋左传注》谓其地当在今河南省潢川县西北，息县南。

唐　始受封者身份不详。其地即今湖北省枣阳市东南之唐县镇。

汉阳诸姬　指汉水以北的诸多姬姓封国。《左传·僖公二十八年》记晋大夫栾枝之言：“汉阳诸姬，楚实尽之。”意即汉阳诸姬姓小国后来均为楚国所吞并。

（2）姜姓封国

齐　始受封者为功臣太公望，侯爵。都营丘，故址在今山东省淄博市东北旧临淄。

许　始受封者为文叔，伯夷之后，名未详，男爵。故城在今河南省许昌市东三十六里。

申　始受封者为伯夷之后，名未详，侯爵。故城在今河南省南阳市。

吕　始受封者身份不详，侯爵。郭沫若《两周金文辞大系图录考释》谓其故城在今河南省南阳市西。

向　始受封者身份不详。今山东省莒县南七十里有向城，当即此向。

州（淳）　始受封者身份不详。都淳于，即今山东省安丘市东北之淳于城。

（3）子姓封国

宋　始受封者为微子启，殷帝纣之庶兄，公爵。都商丘，即今河南省商丘市。

谭　始受封者身份未详，子爵。今山东省济南市东南七十里有谭城，为谭国故城。

权　始受封者为殷武丁之后，名、爵未详。今湖北省当阳市东南有权城，为权国故城。

萧　始受封者为萧叔大心，名、爵未详。为宋附庸国，其地即今安徽省萧县。

（4）嬴姓封国

谷　始受封者身份未详，伯爵。今湖北省谷城县西北十里有谷城，即其故城。

葛　始受封者身份未详，伯爵。今河南省宁陵县北十五里有葛城，为其故城。

黄　始受封者身份未详，子爵。黄国故城在今河南省潢川县西四十里。

徐　始受封者为伯益之后，名未详，子爵。徐国故城在今安徽省泗县西北五十里。

江　始受封者身份未详。江国故城在今河南省息县西南。

钟离　始受封者身份未详，子爵。其地在今安徽省凤阳县东稍北。

（5）妘姓封国

鄢　始受封者身份未详。鄢国故城在今河南省鄢陵县北面稍西。

郐　始受封者求言，为陆终子。其地为今河南省密县东南三十里，新郑市西北三十里。

邬、路、偪阳　郐的别封。《国语·郑语》：“妘姓邬、郐、路、偪阳。”韦昭注：“陆终第四子曰求言，为妘姓，封于郐，今新郑也。邬、路、偪阳，其后别封也。”其地亦在济、洛、河、颍之间。

鄅　始受封者身份未详，子爵。鄅国故城在今山东省临沂市北十五里。

（6）偃姓封国

舒　《左传·文公十二年》：“群舒叛楚。”孔《疏》引《世本》言舒有舒蓼、舒庸、舒鸠、舒龙、舒鲍、舒龚六名，盖同宗而异国，统称“群舒”。宗国在今安徽省舒城县，群舒散居于舒城县、庐江县至巢县一带。

英氏　始受封者为皋陶之后，名、爵未详。其故城在今安徽省金寨县与霍山县之间。

六　始受封者为皋陶之后，名、爵未详。六国故城在今安徽省六安市北。

巢　始受封者身份未详，伯爵。今安徽省巢县东北五里有居巢城，为巢国故址。

（7）任姓封国

薛　始受封者身份未详，伯爵。其地在今山东省滕州市南四十里。

寺（邿）　始受封者身份不详。其地在今山东省济南市长清区仙人台。

任姓诸国　《左传·隐公十一年》有诸任。诸任即任姓诸国。《正义》引《世本·姓氏篇》云，任姓之国有十，即谢、章、薛、舒、吕、祝、终、泉、毕、过。上述诸国，薛已见上述。另外，舒又为偃姓群舒封国，吕又为姜姓封国，祝又为帝尧之后，毕又为姬姓封国，均已见前述。其余不详。

（8）妫姓封国

陈　始受封者为胡公，舜之后，侯爵。其地在今河南省开封市以东、安徽省亳县以北，都宛丘，即今河南省淮阳县治。

遂　始受封者为舜之后，名、爵未详。其地在今山东省宁阳县西北，与肥城市接界。

胡　始受封者身份未详，其地在今安徽省阜阳市。

庐戎　始受封者身份未详。今湖北省南漳县东北五十里有中庐镇，为庐戎故城。

（9）姒姓封国

杞　始受封者为东楼公，禹之后，侯爵。国都在今河南省杞县。

鄫　始受封者为禹之后，名爵不详。故城在今山东省枣庄市东、兰陵县西稍北。

越　始受封者为禹之后，名未详，子爵。越受封于会稽，即今浙江省绍兴市。

（10）风姓封国

任　始受封者为太皞之后，名、爵未详。任国故城在今山东省济宁市。

宿　始受封者为太皞之后，名、爵未详。其地在今山东省东平县稍东南二十里。

须句　始受封者为太皞之后，名未详，子爵。其地在今山东省东平县东南。

颛臾　始受封者为太皞之后，名、爵未详，为鲁附庸国。故城在今山东省费县西北八十里，即平邑县东。

（11）己姓封国

莒　始受封者为兹舆期，子爵。旧都介根，今山东省胶州市西南五里有计斤城，为其故址。

郯　始受封者为少皞之后，名未详，子爵。郯国故城在今山东省郯城县西南二十里。

（12）祁姓封国

唐　始受封者为尧之后，名未详，侯爵，楚附庸国。故址在今湖北省随县西北之唐河镇。

铸　始受封者为尧之后，名、爵未详。今山东省宁阳县西北有铸城，即其故址。

（13）芈姓封国

楚　始受封者为熊绎，颛顼之后，子爵。居丹阳，其地在今湖北省宜昌市归州镇东南七里。

夔　始受封者为熊挚，颛顼之后，子爵。今湖北省秭归县东有夔子城，地名夔沱者，即夔国故城。

（14）姞姓封国

偪　始受封者身份未详。见《左传·文公六年》。其地已不可考。

（15）曹姓封国

邾　始受封者为颛顼之后，名未详，子爵，为附庸国。今山东省邹城市东南二十六里有古邾城，即邾国故城。

小邾　始受封者身份未详，子爵。小邾亦名郳，其地在今山东省滕州市东六里。

（16）熊、曼、归姓诸封国

罗　熊姓封国，始受封者身份未详。今湖北省宜城市西二十里之罗川城，乃罗国初封之故城。

邓　曼姓封国，始受封者身份未详，侯爵。故城在今河南省南阳市邓州市。

胡　归姓封国，始受封者身份未详，子爵。故城在今安徽省阜阳县治。

（17）其他诸封国

贰　《左传·桓公十一年》："楚屈瑕将盟贰、轸。"《春秋传说汇纂》以为贰在今湖北省应山县境，轸在今湖北省应城市西。

轸　见上条。

绞　见于《左传·桓公十一年》，绞国故城在今湖北省十堰市郧阳区西北。

州　见于《左传·桓公十一年》，州国故城即今湖北省监利县东之州陵城。

蓼　蓼国有二，其一见于《史记·楚世家》，"穆王四年，灭六、蓼，皋陶之后"。今河南省固始县东北有蓼国城，即古蓼国。其二见于《左传·桓公十一年》，"蓼伐楚师"。与文公五年《传》之蓼同名而异国。

郧　见于《左传·桓公十一年》，故城在今湖北省宜城市境。

牟　见于《春秋·桓公十五年》，为附庸国，今山东省济南市莱芜区东二十里之牟城为牟国故城。

郭　见于《春秋经·庄公二十四年》，杨伯峻《春秋左传注》："洪亮吉《左传诂》以郭为虢，但周公毁有'郭人'，古彝器又有郭伯厨毁，以铭文考之，郭国似在东方。"

冀　见于《左传·僖公二年》，今山西省河津市东有冀亭遗址，即冀国故都。

道　见于《左传·僖公五年》，故址在今河南省确山县北二十里之道城。

柏　见于《左传·僖公五年》，杨伯峻《春秋左传注》谓柏国故城当在今河南省舞阳县东南。

项　见于《左传·僖公十七年》。杨伯峻《春秋左传注》谓其故城在今河南省项城市境。

缯　见于《春秋经·僖公二十三年》。杨伯峻《春秋左传注》谓其地在今山东省金乡县东北二十五里，旧名缗城阜。

郜　见于《左传·僖公二十五年》，楚界上小国。杨伯峻《春秋左传注》谓其地当在今河南省淅川县之西南。

介　见于《左传·僖公二十九年》。杨伯峻《春秋左传注》谓其地在今山东省曲阜市东南八十里。

麇　见于《左传》文公十年、十一年、十六年，其地望有二说：一说即今湖北有十堰市当阳区；一说麇城在今湖北省宜昌市所属当阳市（县级市）东南六十里。

宗　见于《左传·文公十二年》，子爵。顾栋高《春秋大事表》谓宗国地在群舒之间，即今安徽省舒城及庐江县一带。

庸　见于《左传·文公十六年》。顾栋高《春秋大事表》谓今湖北省竹山县东四十里有上庸故城，即庸国故地。

崇　见于《左传·宣公元年》。杨伯峻《春秋左传注》谓："此崇国当与王所灭之崇国有别。江水《考实》谓为别封，或是也。……王夫之《稗疏》谓'此崇国必在渭北河湄，虽与秦，而地则近晋'，言颇有理。"

莱　见于《春秋经·宣公七年》，顾栋高《春秋大事表》谓莱为姜姓。杨伯峻《春秋左传注》谓，莱国当在今山东省昌邑县东南。

根牟　见于《春秋经·宣公九年》，为附庸国。杨伯峻《春秋左传注》谓其地在今山东省沂水县南。

黎　见于《左传·宣公十五年》，杨伯峻《春秋左传注》谓西周时黎国当在今山西省长治市西南三十里黎侯岭下。

厉　见于《春秋经·僖公十五年》。杨伯峻《春秋左传注》谓其地即今河南省鹿邑县东老子所生之苦县厉乡。

鄟　见于《春秋经·成公六年》。顾栋高《春秋大事表》以鄟为附庸国，故城在今山东省郯城县东北。

赖　见于《左传·桓公十三年》，今湖北省随县东北有厉山店，为赖国故地。

房　见于《左传·昭公十三年》。顾栋高《春秋大事表》谓房国故城在今河南省遂平县治。

沈、姒、蓐、黄 见于《左传·昭公元年》，沈、姒、蓐、黄是西周时期汾水流域的四个小国。

2. 畿外诸侯的封授程式

《左传·定公四年》有关于册封鲁公、康叔、唐叔三家诸侯的具体记载。

> 分鲁公以大路、大旗，夏后氏之璜，封父之繁弱，殷民六族，条氏、徐氏、萧氏、索氏、长勺氏、尾勺氏，使帅其宗氏，辑其分族，将其类丑，以法则周公，用即命于周。是使之职事于鲁，以昭周公之明德。分之土田陪敦，祝、宗、卜、史，备物、典策，官司、彝器，因商奄之民，命以《伯禽》，而封于少皞之虚。

> 分康叔以大路、少帛、綪茷、旃旌、大吕，殷民七族，陶氏、施氏、繁氏、锜氏、樊氏、饥氏、终葵氏，封畛土略，自武父以南，及圃田之北竟，取于有阎之土，以共王职。取于相土之东都，以会王之东蒐。聃季授土，陶叔授民，命以《康诰》，而封于殷虚，皆启以商政，疆以周索。

> 分唐叔以大路、密须之鼓、阙巩、沽洗，怀姓九宗，职官五正。命以《唐诰》，而封于夏虚，启以夏政，疆以戎索。

从上述记载看来，畿外各诸侯国的分封都有赐仪物、授民、授疆土、授诰命四项内容，兹分国述之于下，并略作解释。

（1）封伯禽于少皞之虚，称鲁公

〔赐仪物〕

大路——大国为金路，即以铜饰各零件之末的车舆，王子、母弟之封国者以赐之。

大旗——上画交龙，建于金路。

夏后氏之璜——《淮南子》中《氾论训》及《精神训》高诱注："半璧曰璜，夏后氏之珍器也。"

封父之繁弱——封父，国名，即今河南省封丘县。《荀子·性恶》云：

"繁弱、巨黍，古之良弓也。"

备物——服物，备与服古通用。

典策——典籍与册籍。

彝器——宗庙祭祀之器。

〔授民〕

殷民六族——条氏、徐氏、萧氏、索氏、长勺氏、尾勺氏。

各族包括：

宗氏——长房之族；

分族——其余小宗之族。

类丑——族中之奴隶。

各族之职官有：

祝——指太祝，为祝官之长；

宗——指宗人，掌祭祀礼仪；

卜——指太卜，即卜筮之官；

官司——若干卿大夫。

〔授疆土〕

商奄——商代诸侯国奄国之地。

土田陪敦——奄国之土地、附庸。

〔授诰命〕

命以《伯禽》，而封于少皞之虚——周公颁发给伯禽的《伯禽》已经失传，但是从他颁发给鲁国的"备物、典策，官司、彝器"来看，不外乎把"礼"和"刑"作为主要的统治手段。

诰词："启以商政，疆以周索"——沿用商代的礼仪法制，但是不能完全照商代的法律判处，还必须按照周代的特殊法则加以处理。

（2）封康叔于殷虚（朝歌）

〔赐仪物〕

大路——指金路（路指车舆）。

少帛——旗名。

綪茷——大赤色之旗。

旆旌——皆旗帜。

大吕——钟名。

〔授民〕

殷民七族：

陶氏——善制陶器之族；

施氏——善制旌旗之族；

繁氏——善制马缨之族；

锜氏——善制锉刀之族；

樊氏——善织篱笆之族；

饥氏——所善未详；

终葵氏——善为锥工之族。

授民主持人——陶叔。

〔授疆土〕

自武父以南，及圃田之北竟，取于有阎之土，以共王职——指封疆边境从武父以南到圃田北界，取得了有阎氏的土地，以履行王室规定的职务。

取于相土之东都，以会王之东蒐——取得了相土的东都，以协助天子在东方巡视。

上述土地即以朝歌为中心的卫地。

授土主持人——聃季。

〔授诰命〕

命以《康诰》，而封于殷墟——《康诰》见《尚书·周书》。殷墟即朝歌，今河南省淇县治。

诫词："启以商政，疆以周索"——与伯禽之封的诫词相同。

（3）封唐叔于夏虚

〔赐仪物〕

大路——指金路，即以铜饰各种零件的车舆，王子、母弟之封国者以赐之。

密须之鼓——密，姬姓国名，在今甘肃省灵台县西五十里。周文王平密须，得其鼓与大路，用以田猎检阅。

阙巩——阙巩国出铠甲，此处以阙巩代甲。

沽洗——钟名，亦作姑洗。

〔授民〕

怀姓九宗——为戎族之九个宗族。王国维《鬼方昆夷猃狁考》认为怀姓即隗国，云："此隗国者，殆指晋之西北诸侯，即唐叔所受之怀姓九宗。"

职官五正——管理怀姓九宗事务的五种职官。

〔授疆土〕

封于夏虚——夏虚，杜预以为即太原，今山西省太原市西南晋祠本为祭祀唐叔之所。顾炎武《日知录》三十一则云："窃疑唐叔之封以至侯缗之灭，并在于翼（今山西省翼县东二十里）。"

〔授诰命〕

命以《唐诰》，而封于夏虚——《唐诰》，诰命总称。夏虚，杜预以为即太原。

诰词："启以夏政，疆以戎索"——"因为唐国原是夏朝统治的地区，需要采用夏代政策中合适的部分继续推行；因为唐国周围是戎狄之族遍布的地区，又应采用戎狄族的政策中适当部分加以执行。"[①]

3. 周王与诸侯在政治上与经济上的关系

周王与诸侯通过朝觐与巡狩，保持着政治上的联系。朝觐是诸侯定期至京师朝觐天子，巡狩是周王到诸侯封地进行视察。诸侯无论在其封国内或封国外朝觐天子时都要向周王述职。《孟子·梁惠王下》："侯朝于天子曰述职，述职者，述所职也。"也就是向天子陈述职守的意思。述职与奖惩相联系，很显然是控制诸侯的一种有效措施。赏赐诸侯主要是增益其封国的土地，包括附着于土地上的劳动者；惩罚则视情况而定，最严重的惩罚则是诛杀。古本《竹书纪年》记"（夷王）三年（公元前883年）烹齐哀公于鼎"，这是最典型的诛杀诸侯的例子。

述职时还伴随着诸侯对天子的贡纳，这是诸侯对天子应尽的经济上的义务。周代贡纳的标准与其时所制定的五服制度有密切的关系。

---

① 杨宽：《西周史》，上海人民出版社，1999，第354页。

首先，贡纳的轻重标准与服制有关。如《左传·昭公十三年》载：

> 及盟，子产争承，曰："昔天子班贡，轻重以列，列尊贡重，周之制也，卑而贡重者，甸服也。郑伯，男也，而使从公侯之贡，惧弗给也……"

出此可知，规定诸侯职贡的轻重标准应包括两个方面：第一，诸侯的爵等，所谓"轻重以列"；第二，诸侯所在服区，即所谓"卑而贡重者，甸服也"。总之，诸侯所负担的轻重同时取决于其爵级与所属服区的不同两个因素。

其次，贡物的征收品类与邦国所属的服制地区有关。甸服为王畿，乃周王直辖地区，甸服的贡物不同于其余各服，如《礼记·王制》："千里之内曰甸。"郑玄注："服治田出谷税。"这可与《尚书》所载进行比较。《尚书·禹贡》："五百里甸服，百里赋纳总，二百里纳铚，三百里纳秸服，四百里粟，五百里米。"甸服所贡以农产品为主。

最后，贡赋的入献方式与服制有关。诸侯入贡主要以朝王的方式进行，而诸侯朝王按照服制的不同分别入朝。如《国语·周语上》所说"甸服者祭，侯服者祀，宾服者享，要服者贡，荒服者王"，就指诸侯各按服数分别朝王纳贡之制。据《大戴礼记·朝事》所载，有千里之内岁一见，至三千里之外、三千五百里之内六岁一见的规定。

至于诸侯对天子的纳贡，据贾公彦在《周礼疏》中的说法，第一种方式是每岁常贡，如《天官·太宰》"以九贡致邦国之用"，《秋官·小行人》"令诸侯春入贡，秋献功，王亲受之"，均属此类。每岁常贡不必诸侯亲至，通常由诸侯遣使献纳于王即可。每岁常贡又被称为"时事"，如《左传·襄公十六年》载："晋韩宣子聘于周。王使请事，对曰：晋士起将归时事于宰旅……"杜预注中认为"时事"即四时贡职。第二种纳贡的方式就是诸侯朝王而贡，诸侯朝王纳贡较常贡更具特殊的意义。因为诸侯朝王纳贡与述职、助祭联系在一起。首先，诸侯朝王纳贡本身就是述职的一个内容，纳贡于天子，是为了表明自己臣服于周室与恪尽职守，因此朝王纳贡可看作诸侯述职活动的一个有机构成部分。其次，诸侯纳贡以助祭天子由周代政治上的特点所决定。周王自以为进行统治的首要职责是主持祭祀，王是以祭祀的名义征取贡物的。由于贡献是为供奉祭祀而征，那么，诸侯既以贡物自随入朝，当然要尽助祭于天子之庙的义务。此种天子、诸侯以祭祀的方式会集臣下，并颁布政令职事的活动，对于周代政事、宗教紧密结合的特点表现得十分明显。天子祀上帝、先祖，诸侯以贡物自随而朝王助祭，乃是利用祭祀上的合作形式，唤起宗教上的共同感情，借助于由此造成的神圣气氛，来弥合、巩固现实中天子与诸侯间结成的政治、经济统属关系。[①]

4. 诸侯的属官

司土　掌同王朝。见于西周金文早、晚两期。

里人　掌诸侯国中一里之政。

奠人　掌同王朝。见于西周金文中期，掌同王朝之奠人，管理远郊之政务。奠与甸相通，亦作甸人。所属有膳夫。

邑人　掌同王朝。见于西周金文中、晚两期。所属有膳夫、小臣、官犬。

授田　掌同王朝。见于西周金文中期。

虞　掌同王朝。见于西周金文晚期。

录（麓）　掌同王朝。见于西周金文晚期。

牧　掌同王朝。见于西周金文晚期。

佃人　掌同王朝之佃人，管理籍田事务。见于西周金文晚期。

司马　即诸侯之司马。见于西周金文中、晚两期。

邦君司马　即方国之司马。见于西周金文中期。

家司马　即卿大夫采邑之司马。见于西周金文中期。

仆　相当于王朝之御正。见于西周金文中期。

射　掌同王朝之司射。见于西周金文中期。

士　掌同王朝。见于西周金文中期。

畀师　掌弓弩矢箙。见于西周金文中期。

司效　掌驯养马匹。见于西周金文晚期。效即"教"字。

---

① 关于天子与诸侯在政治上与经济上的关系，参见葛志毅《周代分封制度研究》第三章第二节"周代畿服制是分封制下对诸侯朝王纳贡义务的规定"，黑龙江人民出版社，2005，第138～157页。

司工　掌同王朝。

司裘　掌同王朝。见于西周金文中、晚两期。

百工　掌同王朝。见于西周金文中、晚两期。

史　掌同王朝。诸侯之史，按国族分，见于西周金文早期的有寯史、彭史、齐史；见于西周金文中期的有懋史、兼史、微史、螨史、晋人史。

御史　掌同王朝。见于西周金文中期。

㣊史　㣊的左面类似繁体"淵"的半字，此职似为掌国泽之政令。见于西周金文中期。

㣊史正　掌书契、文书。见于西周金文中期。

霝龠　掌同王朝。见于西周金文中期。

龠　即霝龠。见于西周金文中期。

鼓　掌同王朝。见于西周金文中期。

钟　掌同王朝。见于西周金文中期。

宰　掌同王朝。见于西周金文早、晚两期。

小子　掌同王朝。见于西周金文早、晚两期。

小臣　掌同王朝。见于西周金文早、晚两期。

庶人　庶人之服役于诸侯之宫内者。见于西周金文早、晚两期。

御　掌同王朝。见于西周金文早期。

臣　掌同王朝。见于西周金文晚期。

小门人　掌宫门启闭。见于西周金文晚期。

戎　掌同王朝。见于西周金文晚期。

（二）诸监

西周初期，诸侯与诸监并存，见于金文的如：

仲几父史（使）几史（事）于者（诸）侯、者（诸）监……（《仲几父毁》）

雁监作宝尊彝。（《雁监甗》）

以上两件彝器上都有"监"字，并且上件以"诸监"与"诸侯"并称，可见两者地位约略相同。

西周之初有所谓"三监"之设。周武王灭殷以后，为了对殷商贵族的残余势力采取分而治之的办法，将原殷商王畿分为邶、鄘、卫三国。邶以封纣子武庚，鄘（金文作𫝀，《逸周书·作雒》将𫝀误写为东）管叔尹之，卫（又称为殷）蔡叔尹之，是为三监。武王立纣子武庚以奉商祀，此种以殷监殷的策略，一方面可以对殷遗民起到分化瓦解作用，从而使其更好地接受周王朝的统治；另一方面，也可以给被周人征服的四土诸侯做出个样子，以收天下归心之效。武王又置管叔、蔡叔二监于此，使其监视殷民，更主要的还是在于使其坐镇中原，威慑东方远近各族。三监非为监制武庚而设，将武庚从三监中剔出，而增入霍叔监殷之说，完全是受秦汉时代思想的影响，将周初的政治制度与秦汉时代的政治制度混为一谈所致。三监设立以后，确实起到了预期的政治效果，周初五年来殷遗民已接受了周王朝的统治，只是到了武王死后，由于管叔倡乱，"三监"始叛。"三监"之乱平定以后，武庚的封地邶入于燕，在今河北省中部及南部。管叔所监的鄘封给殷纣的庶兄微子启，改称宋国，其地在今河南省东部，跨今江苏省西北部。蔡叔所监的卫，在今河南省北部，跨今山东省西部，改由康叔与中旄父分别管理，即《逸周书·作雒》所说"俾康叔宇于殷，俾中旄父宇于东"，乃是将卫地分为二。康叔所管的部分仍称卫，所以康叔亦称卫康叔。"东"在殷都的正东，于清为直隶省大名府境，兼及山东省东昌、曹州两府境，今分属河北、河南、山东三省〔这和管叔所监的"东"（即鄘）不是一回事〕，微子、卫康叔与中旄父形成了监视殷旧贵族的新"三监"格局。

诸监与诸侯的性质有所不同。徐中舒说：

> 康叔在卫，一方面是为王室镇抚东土的方伯，一方面他依然是王室的官员，故《左传》定四年载："康叔为司寇。"康叔出为方伯，入为王官，地位虽极尊重，但他还是要受王室节制，实际上反不如诸侯能自擅一国。[1]

---

[1]　徐中舒：《禹鼎的年代及其相关的问题》，《考古学报》1959 年第 3 期。

顾颉刚则说：

> （徐中舒）说诸侯可以独擅一国，诸监为王室镇抚人民，自身该受
> 王室的节制，用后世的名词来说，诸侯仿佛"土官"，诸监仿佛"流
> 官"，其说近是；但后世的流官是三年一任，周代的诸监却是世袭的，
> 有这一点不同。……在周初，凡是统治地方人民的，无论是监本邦之
> 民，或是监胜国遗民，同样地得用"监"名。武庚监的是殷畿内之民，
> 管叔、蔡叔也是监的殷畿内之民，所以有这"三监"的集体称呼。①

徐、顾二位学者已将诸监的性质说得很清楚。

至于监的职务可以世袭，卫康叔即是其例。卫康叔一面镇守东方，一
面在王室任职，六代世袭称伯。到周夷王时，诸侯的地位上升了，卫顷侯
厚赂夷王，夷王始命卫为侯，这也就是由监变成诸侯之例。②

除"三监"之外，周初还有"应监"，见上引《雁监甗》，又见《应监
鼎》等。雁即应字。应监之设与周初"三监"的情况类似，其目的并非在
于监视地方诸侯，而在于占据一些要地，一方面控制当地遗民，另一方面
替周王朝开拓一方疆土。西周之初应地亦为军事战略要地，尤其是随着成
周洛邑的建成，应便成为成周雒邑南方的门户和周人进一步向南国经营的
后方基地。应监在成王之时任朝廷三公之职，应是其在畿内的采邑，等到
南方安定之后，去应监之名仍为畿内诸侯。

周书灿在《西周监国制度说商榷》中说：

> 西周诸监的创设似乎是西周分封制度的一种有效补充和完善。就
> 三监及应监的情况而论，其主要实行于西周早期，并主要设于一些重

---

① 顾颉刚：《"三监"人物及其疆理》，载中华书局编辑部编《文史》第 22 辑，中华书局，
1984。
② 伍士谦：《论西周初年的监国制度》，载人文杂志编辑部编《西周史研究》（人文杂志丛刊
第二辑），人文杂志编辑部，1984。

要的军事战略要地。故孙作云先生称西周初年所设三监即军监。确有
一定的道理。与西汉监察制度所不同的，西周创设诸监之目的并非在
于监督诸侯，因为西周王朝尚不具备这样的政治实力。周人灭商时，
人口不多，兵力有限，文献称武王伐纣只有"戎车三百乘，虎贲三千
人，甲士四万五千人"（《史记·周本纪》），以此有限兵力去控制所征
服的辽阔土地上的人民，确非易事。正如伍仕谦先生所言："这有限的
兵力只能重点驻守在一些要害地区，分封的子弟率领的亲兵也不会很
多。"西周创设诸监实施监视殷民及异族反周势力，这显然反映了西周
国家政治制度的原始性。[1]

其说可从。此外，西周畿内采邑有荣，一度称为"荣监"，见叔趞父簋铭
文[2]，其性质应亦与应监相同。

（三）封疆官

有夷卺、微卺、卢卺。卺为少数民族君长之称。

夷卺　商周时边远的庸国，为蛮夷之国。故在《尚书·立政》中亦称夷，
为随周武王伐纣的八国之一。《续汉书·郡国志》："汉中郡上庸，本庸国。"
《左传·文公六年》"庸方城"下杜预注："方城，庸也。上庸县东有方城
亭。"《括地志》："房州竹山县本汉上庸国。昔武王伐纣，庸蛮与焉。"其地因
方城而得名，在今湖北省竹溪县东南堵河北岸。卺为其君长之称，为周文王
守护边境的封疆官。因其为蛮夷，故在《尚书·立政》中称其为夷卺。

微卺　商周时边远少数族之国名有微，为随周武王伐纣的八国之一。
王国维《散氏盘考释》谓其地在汉郿县西南，今陕西省眉县西南，其君长
称为卺，为周王守护边境。

卢卺　卢为商周时边远少数族国名，为随周武王伐纣的八国之一，卺
为少数氏族君长之称，卢，妫姓。《左传·文公十四年》述及卢，杜预注：
"卢，襄阳中卢县。"即今湖北省南漳县东北五十里之中卢镇。

---

[1]　周书灿：《西周王朝经营四土研究》第四章附录二，中州古籍出版社，2004。

[2]　载《考古与文物》1982 年第 4 期。

七　西周的军事组织与监狱

（一）西周前期的军事组织

西周继承商代实行兵农合一的制度，其兵役制度都是赋役合一。西周的军赋包括车马、甲兵、士徒和府库财物。"赋以足兵"，军赋是与兵役制度相统一的。《孟子·滕文公上》谈到西周的赋役时说："请野九一而助，国中什一使自赋。"也说明了这一点。"助"是"税"。孟子说税率是收入的九分之一（西周实际的税率至少是百分之五十）。"税以足食"，其主要用度是"给郊社宗庙百神之祀，天子奉养百官禄食庶事之费"（《汉书·食货志上》）。赋率为收入的十分之一，即"国中什一使自赋"。此种军赋与兵役相统一的制度，其实就是西周时"兵农合一"制度的具体内容。军事组织就是在此基础上建立的。

西周早期步兵还是军事决战的主力。不过随着生产力的发展，以及战争手段的改进等，车兵逐渐取代了步兵的地位，成了战争的主力。金文和文献资料证明，西周、春秋时期正是车战的空前繁荣时期。步兵成了车兵的附庸，可以称之为隶属步兵。

1. 国家军队

一是驻扎在宗周的部队，有六个师，称为"西六师"。六师之名见于《诗经·小雅·瞻彼洛矣》。金文中的六师还称为"西六师"，以与"成周八师"或"殷八师"相区别。

二是驻扎在成周洛邑的部队，有八个师，称为"殷八师"或"成周八师"。此"八师"军队常驻于成周，故称"成周八师"。之所以又有"殷八师"之称，是因为殷八师由被周公迁到洛邑的殷民组成，他们是殷民中的自由民，有服兵役的权利和义务。

西周之所以要组建"西六师"和"成周八师"这两支常备军，是因为当时分陕而治，王畿分西部和东部，东西两个政治中心分别需要重兵驻守。

2. 周王的警卫军和直辖军队

周王的警卫军就是由虎贲氏管理的八百虎士。王的直属部队还有"王行"。行是军行之意，即由王族组成的军队。王行的管理者就叫作"王行"。

（二）西周后期的军制改革

1. 步兵的基本编制单位（伍）和基本战术分队（两）的出现

在懿王以前，西周的军队编制，不仅战车的三人制、甲士的十人制承袭于殷，徒兵的编制很可能也是仿效殷制以什编组的。夷王和厉王时期，战乱连年，随着军事行动的频繁，军队编制需要扩大，徒兵的人数也逐渐增多，于是以"伍"为步兵的基本编制单位。出征的士兵在离开乡里时，就一伍一伍地组织起来，并且隶属于固定的战车，然后到指定的地点集结，再编成各级部队。同伍战士，平时在一块田里劳作，战时在一个队中拼杀，凭声音可以识正行列，看相貌能够辨认敌我，因此成为军队的坚固基础。步兵的基本编制单位为什么为五人呢？这与当时使用的兵器有关。周代阵战的兵器是以五种为一组配套使用的，号称五兵。五兵又有车兵、步兵之分。据《考工记》记载，车兵五兵（五种兵器）为戈、殳、戟、酋矛、夷矛，都插在战车的侧面备用。步兵五兵无夷矛而有弓矢，即《司马法》（见《周礼·夏官·司右》郑玄注引《司马法》之文）所说的弓矢、殳、矛、戈、戟五种。伍之所以要由五名兵士组成，正是为了构成一个五兵交错的战斗整体。兵器由人使用，人的组合，是为了兵器的错杂。故"伍"的聚合与错杂指五名战士执不同兵器、按一定次序排列在一起，这正是步兵基本编制单位一定要以"五人为伍"的根本原因。伍的队形称"列"。《荀子·议兵》："聚则成卒，散则成列。"队形的疏散是以伍为限度的，再散就会变成溃不成军的散兵了。

隶属步兵的基本战术分队是两。两的出现，可能是西周后期的事情。其时两的组成，可能十名贵族阶级的甲士仍沿用殷制编为一什，十五名奴隶充任的仆从兵，则按新制编为三伍。所以西周的两，下属一什三伍，是以贵族甲士为基干组成的。

2. 军队编制的变革

厉王实行军事改革的根本目的，首先自然应是扩充军备，这是由当时的政治、军事形势所决定的。从《诗经》《左传》《周礼》等文献看来，厉王扩军的主要途径是改革军队的编制形式、扩大军队的编制规模，在"师"级建制单位上，增设"军"级单位，每军辖"五师"。因此，"王六军"的总兵力即由旧日的"十四师"扩大到三十师。随着"王六军"的出现，诸侯"大国三军，次国二军，小国一军"的制度也就应运而生了。

由"师"到"军"的转变，到宣王时期应已完成。《诗经·采芑》一般被认为是宣王时的作品。这首诗为我们提供了宣王已采用新军制的证据。诗中反复说"方叔莅止，其车三千"。《左传·宣公十二年》杜注引《司马法》说："二十五人为两。"此一"两"，据《周礼·地官·小司徒》郑玄注引《司马法》，是"士十人，徒二十人"。在"徒二十人"中有"厮养五人"，专就征兵而言是"十五人"，故又说"二十五人为两"。依此计算，则"其车三千"为七万五千人，恰符《周礼·夏官·司马》的"王六军"之制。清人孔广森说："古者车战，故赋舆之法以乘为主，而《周礼》万二千五百人为军，不言车数，以《诗》考之，军盖五百乘，乘盖二十五人。天子六军，而《采芑》曰'其车三千'……五百乘为军是其明证。"（见孙诒让《周礼正义》卷五四引）其说甚是。

《周礼·夏官·司马》载："凡制军，万有二千五百人为军。王六军，大国三军，次国二军，小国一军，军将皆命卿。二千有五百人为师，师帅皆中大夫。五百人为旅，旅帅皆下大夫。百人为卒，卒长皆上士。二十五人为两，两司马皆中士。五人为伍，伍皆有长。"应是西周后期军制的反映。《周礼》军队的军、师、旅、卒、两、伍各级编制，与当时战争阵法的发展有关。周人在商代三进法的阵式上，首先创造出了一种由前、后、左、右四支部队组成的四阵式，此种四阵式首先应用在百人组成的阵式中。《逸周书》记其制说："五伍二十五曰元卒。一卒居前曰开（原作启，避汉景帝讳改），一卒居后曰敦，左右各一卒曰间，四卒成卫曰伯。"所谓"元卒"，就是战车一乘，所谓"伯"就是"百人"。《周礼》一卒百人，由四辆战车组成，即由此而来。每辆战车有甲士十人（具有军官身份，三人在车上，七人在车下），其余十五人由三个"伍"组成，是战斗步兵。旅定为师的下级编制，师、旅两级的组成，用五进法，此二级军队在作战时都采用前后左右中五阵法。

《周礼》所载的军制以军为最高编制，与周初以师为最高编制不同，显然不是西周早期和中期的制度。但是《周礼》军制中所载的若干军职之名，不见于春秋文献，却与周代金文相合（见表2－5）。

表2－5　西周金文与《周礼》中官名的对应情况

西周金文中的官名		对应的《周礼》中的官名	
官名	备注	官名	备注
家司马	见《趞鼎》	家司马	
仆	家司马的属官，为驾车的御者	佃仆	
射士		射人	
大右、小右		司右、群右	见《周礼·夏官·司马》
小子	见《毛公鼎》	小子	
虎臣	见《毛公鼎》	虎贲氏	
走马	见《载殷》	趣马	
五邑走马	见《师兑殷》		
师氏	见《师遽殷》	师氏	见《周礼·地官·司徒》

陈恩林在其所著《先秦军事制度研究》一书中说：

　　在上述《周礼·司马》所载并与西周金文相符合的诸职中，像小子、趣马、射人等官吏，于春秋时已不可见。这说明《周礼》的军事制度虽然不能遽认为是西周制度，但也不会太晚，似不会迟至春秋时始出现。这一点《左传》也为我们提供了一些根据。《左传》隐公五年说："郑祭足、原繁、洩驾以三军军其前，使曼伯与子元潜军军其后。燕人畏郑三军。"庄公十六年说："冬，王使虢公命曲沃伯以一军为晋侯。"郑、晋两国的"三军"、"一军"之制与《周礼》"大国三军、次国二军、小国一军"相合。春秋初年出现的这种军制不会是骤然产生的，它应当与西周晚期的军制有渊源关系。所以最合理的解释是《周礼》所载的军事制度是西周晚期的制度。《左传》襄公十四年说："成国不过半天子之军。周为六军，诸侯之大者，三军可也。"并认为这是周代的"礼"制。这也是一个有力的佐证。[①]

① 陈恩林：《先秦军事制度研究》，吉林文史出版社，1991，第79页。

其说可从。

由此可见,《周礼·夏官》所载的军队编制形式——"五人为伍,五伍为两,四两为卒,五卒为旅,五旅为师,五师为军"是西周晚期军制的反映。

(三) 西周的监狱

1. 刑名

〔刑名总称〕

五刑 《周礼·秋官·大司寇·司刑》谓五刑指"墨、劓、宫、刖、杀"。

〔徒刑〕

奴 西周刑名。《周礼·秋官·大司寇》谓:"其奴,男子入于罪隶,女子入于春槁。凡有爵者,与七十者,与未龀者,皆不为奴。"

髡 西周刑名。《周礼·秋官》"掌戮"注引郑司农云:"髡当为完,谓但居作三年,不亏体者也。"言谓:"此出五刑之中,而髡者必王之同族不宫者,宫之为翦其类,髡头而已。"

〔肉刑〕

墨 西周刑名。谓在犯人脸上刺字,以墨涂之。见"五刑"条。

劓 西周刑名。谓割去犯人鼻子,见"五刑"条。

聅 西周刑名。《尚书·康诰》"劓聅人"注:"聅裁耳,刑之轻者。"

宫 西周五刑之一,谓男子去其势,女子幽闭宫中,见"五刑"条。

刖 西周刑名。谓砍去犯人双足,初犯砍去左足,再犯并去右足。见"五刑"条。

〔死刑〕

杀 西周刑名,谓剥夺犯人生命。《周礼·秋官》"掌戮"郑玄注:"杀以刀刃,若今弃市。"

斩 西周刑名,谓剥夺犯人生命。《周礼·秋官》"掌戮"郑玄注:"斩以铁钺,若今腰斩。"

脯、辜 西周刑名。《周礼·秋官》"掌戮"注:"脯谓去衣磔之。辜之言枯也,谓磔之。"

焚 西周刑名。《周礼·秋官》"掌戮":"凡杀其亲者焚之。"

屋诛 西周刑名。《周礼·秋官》"司烜氏"注:"郑司农云:'屋诛谓

夷三族.'玄谓屋读为'其刑劓'之'劓','劓'为所杀不于市，而以适
甸师氏者也'。"

车辕 西周刑名。《周礼·秋官》"条狼氏"："誓驭曰'车辕'。"车辕
即车裂，是用车分裂人体的一种酷刑。

磬 西周刑名。《礼记·文王世子》："公族其有死罪，则磬于甸人。"

〔赎刑〕

疑赦 西周刑名。《尚书·吕刑》："五刑之疑有赦，五罚之疑有赦。……
墨辟疑赦，其罚百锾，阅实其罪……大辟疑赦，其罚千锾，阅实其罪。"

沈家本按："三代刑制，周室为详，《书》序言'训夏赎刑'，《康诰》言
'师兹殷罚'，其所因所损益必非一端，《书》缺有间，今不可考矣。"[①]

2. 监狱设置

一是圜土。西周沿夏代之制置圜土，以收教罢民。《周礼·秋官·大司
寇》记其制说："以圜土聚教罢民。凡害人者，置之圜土而施职事焉，以明
刑耻之。其能改过，反于中国，不齿三年。其不能改而出圜土者，杀。"又
《周礼·地官·司救》："凡害人者，弗使冠饰而加明刑焉，任之以事而收教
之。能改者，上罪三年而舍，中罪二年而舍，下罪一年而舍。其不能改而出
圜土者，杀。虽出，三年不齿。凡圜土之刑人也不亏体，其罚人也不亏财。"

二是嘉石。与圜土相配合的有嘉石，嘉石是罪犯示众悔过的场所。《周
礼·秋官·大司寇》："以嘉石平罢民。凡万民之有罪过而未丽于法而害于
州里者，桎梏而坐诸嘉石，役诸司空。重罪，旬有三日坐，期役；其次，
九日坐，九月役；其次，七日坐，七月役；其次，五日坐，五月役；其下
罪，三日坐，三月役，使州里任之，则宥而舍之。"

三是囹圄。西周监狱名，亦称图圄。《礼记·月令》："仲春之月……命
有司省图圄，去桎梏，毋肆掠，止狱讼。"孔颖达疏："图，牢也；圄，止也，
所以止出入，皆罪人所舍也。"

四是稽留。稽留是西周时期临时拘禁犯人场所的称谓。《初学记》卷二
十《狱》引张华《博物志》说："夏曰念室，殷曰动止，周曰稽留，三代之

_____

① 以上参见沈家本《历代刑法考·刑制总考一》。

异名也。"稽留意即拘留稽查，如现在的看守所或拘留所。

3. 狱政管理

西周监狱管理的特点如下。

第一，西周监狱管理体现了"明德慎刑"的指导思想，目的在于通过刑罚与教化相结合的手段，对奴隶进行奴隶制宗法社会伦理道德观念的渗透，使广大奴隶完全服从奴隶主的意旨而放弃"犯罪"意识。这是我国刑狱制度有了重大发展的标志。慎刑慎法、区别对待、防止滥刑的刑事政策和狱政思想，是西周监狱管理的基本依据，并且对后世的监狱管理产生了相当大的影响。

第二，监管体系已经具备。史料表明，在继承夏商狱制的基础上，初步形成了监管体系，从而构筑了中国古代监狱监管体系的雏形。首先，囹圄、圜土和嘉石制度构成了羁押不同类型罪犯的体系。囹圄羁押的是被判处刑杀的重刑犯和五刑中的肉刑犯；圜土关押的是五刑之外游手好闲、好逸恶劳之徒和无身份证明的流浪汉、乞丐以及过失犯罪之人；嘉石羁押的是虽然有罪过，但是又没有触犯刑法，够不上进圜土的轻罪犯和为害乡里的罪犯。不同的监狱关押不同的罪犯开了我国监狱史上的先河。其次，监狱管理人员形成了体系。根据《周礼》的记载，朝廷直属的狱吏有管理囹圄的掌囚、管理圜土的司圜、兼管嘉石的司救、管理劳役的司空。乡遂的监狱分别由乡士、遂士、县士等掌管，最高的司法官是大司寇。狱有专设，官有专职，西周的监狱及管辖机构，最早形成了监狱管理的系统化。

第三，监管制度已日臻完善。西周监狱已经开始实行分管分教制度，根据关押对象、犯罪性质和程度轻重的不同，分别进行拘禁和桎梏。如囹圄、圜土、嘉石等惩罚场所，管理制度有别，刑期各异，劳役和教化的形式方法也不同。总之，到了西周时期，已决监和未决监、拘禁监和劳役监并存，监狱兼有收容和囚禁两种职能，其管理制度也日臻完善，对犯人已经有等级制度的区分，对优待制度、教化制度和劳役制度也分别有所规定。

第四，监狱的建筑形式基本定型。西周监狱的建筑结构已经具有警备性、防御性。除了丛棘、洞穴、圈棚等自然的屏障物和简陋的防卫措施以外，西周拘押犯人的场所开始注重警戒和坐牢的建筑要求。如圜土的狱城式、嘉石的示众思过式，这些早期建筑设施同现代监狱建筑的高墙、电网、铁蒺藜的功能基本是一致的。

　　总之，西周监狱体系初具规模，礼刑结合为治，一直影响到后代。①

---

　① 以上参见白焕然等著《中国古代监狱制度》（新华出版社，2007）第四章"周朝的监狱制度"中的"监狱形态"及"狱政管理"部分。

第三章　春秋时期由早期国家向领土国家的转型

春秋时期国家机关的转型，主要基于以下三个方面的原因。

第一，地主阶级在奴隶社会中孕育，战国时期的阶级关系由奴隶主和奴隶的矛盾变为地主阶级和农民阶级的矛盾，导致战国时期社会性质的改变，即由奴隶社会转化为封建社会。

第二，春秋前期沿袭西周制度，还存在着国野的区分，后期由于兵役规模扩大等原因，奴隶也可以当兵，进而使国野区分趋于泯灭，为封建社会的产生奠定了阶级基础。

第三，春秋时期的分封制已经演变为由诸侯分封卿大夫，卿大夫之家成了国家的第二级政权，一些强大的卿族取代了国君后，卿大夫的家臣成了国家的官吏，造成了陪臣执国命的局面，为战国时期官僚体制的形成提供了基础。

第一节　春秋时期政治形势的发展

一　周室东迁与大国争霸局面的形成

公元前 770 年周平王在秦襄公、晋文公、郑武公、卫武公率兵护送下东迁雒邑（今河南省洛阳市）。周王室东迁后国力日衰，已无力西顾，于是将岐山以西的土地赐给秦襄公，并列其为诸侯。公元前 770 年至前 707 年，周王室主要依靠晋、郑两国力量的支持，所谓"我周之东迁，晋、郑焉依"（《左传·隐公六年》）。晋、郑分别从北和东两面给予庇护，虞、虢（北虢）两国则在西面，申、吕两国在南面，共同成为周王室的屏障。其时楚国力量尚不十分强大，在各诸侯国的护卫下西北部的戎狄也无力入侵，中原诸侯中又没有一个国家力量特别强大，相互间保持了暂时的平衡，所以东周初王室尚能够勉强维持其表面稳定的局面。但是中原地区的均势不可能长期保持，随着各国力量的消长终会被打破。由于郑国地位特殊，国力渐强，首先由它打破了这种暂时均衡的局面，开始了大国争霸的形势。郑庄公在位四十三年，郑国此时最兴盛，在诸侯中取得了小霸的地位，公元前 701 年郑庄公去世后国内就发生了变化，郑开始走下坡路。郑国内乱未定，与郑对立的卫国也发生内乱，而且内变不断，国力大衰。在郑、卫等国衰落之时，中原地区后来发展起来的齐国和鲁国出现了摩擦。齐鲁两国相争的结果是，齐国占优势，齐襄公开始兴齐，至齐桓公时齐正式成为诸侯的霸主。就在中原地区各诸侯国互相争霸之时，南方的楚国也强盛起来，对中原形成了威胁。总之，一部春秋史，就是一部大国争霸的历史，因此，春秋就成为一个时代名。春秋得名之由，是鲁国有一部编年史《春秋》。《春秋》编年从鲁隐公元年（公元前 722 年）迄鲁哀公十四年（公元前 481 年）。现以周平王元年（公元前 770 年）到周敬王四十四年（公元前 476 年）为春秋时代。春秋时最强大的诸侯国有十二个，即鲁、齐、晋、秦、楚、宋、卫、陈、蔡、曹、郑、燕，合称十二诸侯。《史记》有十二诸侯年表，表中除上述十二国外，并列入周、吴，凡十四国。因为周为天子，吴到春秋后期才有详细纪年，故未计入而称十二诸侯。

二　春秋时期诸侯国的分布及其存灭

（一）主要诸侯国

鲁　本西周诸侯国，姬姓，侯爵。春秋时沿存，为十二诸侯国之一。都曲阜，今山东省曲阜市。战国时灭于楚。

齐　本西周诸侯国，姜姓，侯爵。春秋时沿存，为十二诸侯国之一。都营丘，今山东省淄博市。后为田氏所篡。

晋　本西周诸侯国，姬姓，侯爵。春秋时沿存，为十二诸侯国之一。初都晋，今山西省太原市；后迁曲沃，今山西省闻喜县；复迁绛（即翼），今山西省翼城县；又迁新田，今山西省侯马市，称新绛。后为韩、赵、魏三家所分。

秦　嬴姓，伯益后。周孝王时非子始封为附庸。至秦襄公因护送平王东迁有功，始立为诸侯。春秋时为十二诸侯国之一。非子都秦，今甘肃省天水市；后迁汧，今陕西省陇县东；又迁平阳，今陕西省眉县西；复迁都雍，今陕西省凤翔县。终春秋之世，未能称霸于中原。

楚　本西周诸侯国，芈姓，子爵，颛顼后。春秋时沿存，为十二诸侯国之一。后僭称王，初号曰荆，成王时始改称楚。初都丹阳，今湖北省枝江市；后都郢，今湖北省江陵县纪南城。昭王时迁都，旋还郢。吴国兴起，破楚入郢，赖秦国救援，昭王始复国。战国末为秦所灭。

宋　本西周诸侯国，子姓，公爵，为殷后。春秋时沿存，为十二诸侯国之一。都商丘，今河南省商丘市。入战国为齐所灭。

卫　本西周诸侯国，侯爵，周文王后。春秋时沿存，为十二诸侯国之一。都朝歌，今河南省淇县。至秦二世始绝。

陈　本西周诸侯国，妫姓，侯爵，为舜后。春秋时沿存，为十二诸侯国之一。都苑丘，今河南省淮阳县。后灭于楚。

蔡　本西周畿内采邑，姬姓，侯爵，周文王后。春秋时沿存，为十二诸侯国之一。都蔡，今河南省上蔡县；后迁新蔡，即今河南省新蔡县；再迁州莱，今安徽省凤台县。入战国灭于楚。

曹　本西周诸侯国，姬姓，伯爵，周文王后。春秋时沿存，为十二诸侯国之一。都于陶，今山东省荷泽市定陶区西南，入战国灭于宋。

郑　本西周畿内采邑，伯爵，周厉王后。都郑，今陕西省渭南市华州区北。春秋时沿存，迁于新郑，今河南省新郑市，为十二诸侯国之一。入战国灭于韩。

燕　本西周诸侯国，姬姓，伯爵，为召公后裔。春秋时沿存，为十二诸侯国之一。都蓟，今北京市西南。

许　本西周诸侯国，姜姓，男爵，太岳后。春秋时沿存。都许，今河南省许昌市东；后迁叶，今河南省叶县。

杞　本西周诸侯国，姒姓，伯爵，禹后。春秋时沿存。始都杞，今河南省杞县；成公迁缘陵，今山东省昌乐县东南；文公迁淳于，今山东省安丘市。

滕　本西周诸侯国，姬姓，侯爵，后又称子，周文王后。春秋时沿存。都滕，今山东省滕州市西南。

薛　本西周诸侯国，任姓，侯爵，后又称子，黄帝后。春秋时沿存。都薛，今山东省滕州市南。

莒　本西周诸侯国，己姓，一说曹姓。春秋时沿存。初都介根，今山东省胶县西南；后都莒，今山东省莒县。

邾　本西周诸侯国，曹姓，子爵，陆终后。春秋时沿存。曹挟始封为附庸，后从齐桓公尊周有功，晋爵为子。初都邾，今山东省曲阜市东南；后迁邹，今山东省邹城市东南。

小邾　本西周诸侯国，曹姓，子爵，曹挟后。公子友始封附庸为郳君。从齐桓公尊周有功，晋爵为子，谓小邾子。春秋时沿存，《左传·僖公七年》杜注：“邾子之别封故曰小邾。”都郳，今山东省滕州市东，一说今山东省峄县西北。

吴　本西周诸侯国，姬姓，子爵，周太伯后。春秋时沿存，其后日益强大，僭称王。初都梅里，今江苏省无锡市；后迁吴，今江苏省苏州市。春秋之末灭于越。

越　本西周诸侯国，姒姓，夏少康之后。春秋时沿存，允常之子勾践僭称王。都会稽，今浙江省绍兴市。入战国灭于楚。

（二）其他诸小国

宿　本西周诸侯国，男爵，太皞后。春秋时沿存，见于《左传·隐公元年》，地在今山东省东平县东南。后入齐为邑。

申　本西周诸侯国，男爵，伯夷后。春秋时沿存，见于《左传·隐公元年》。始都谢，今河南省南阳市北。后入楚为邑。

共　本西周畿内采邑，伯爵。入春秋为诸侯国，见于《左传·隐公元年》，地当今河南省辉县。后其地入于卫。

纪　本西周畿内采邑，姜姓，侯爵。入春秋为诸侯国，见于《左传·隐公元年》，地在今山东省寿光市南。鲁庄公四年（公元前 690 年）灭于齐。

西虢　本西周畿内采邑，姬姓，公爵。文王弟虢叔始封，旧都在西周，后随平王东迁，更封于上阳，为诸侯国，见于《左传·隐公元年》，地在今河南省陕州区李家窑村。鲁僖公四年（公元前 656 年）灭于晋。其支庶留于旧都者为小虢，鲁庄公七年（公元前 687 年）灭于秦。

向　本西周诸侯国，姜姓。春秋时沿存，见于《左传·隐公二年》，地在今山东省莒县南。

极　本西周时鲁附庸国，姬姓。春秋时为诸侯国，见于《左传·隐公二年》，地在今山东省金乡县南面稍东三十五里。

成　或作郕，本西周畿内采邑，伯爵。春秋时为诸侯国，见于《左传·隐公五年》，地在今山东省汶上县北。

南燕　本西周时畿内采邑，姞姓，伯爵，黄帝后。春秋时为诸侯国，见于《左传·隐公五年》，都于今河南省延津县东北。

凡　本西周畿内采邑，姬姓，伯爵，周公后。春秋时为诸侯国，见于《左传·隐公七年》，地在今河南省辉县西南。

戴　本西周诸侯国，春秋时沿存，见于《左传·隐公十年》，地在今河南省民权县东。后灭于宋。

息　本西周诸侯国，姬姓，侯爵。春秋时沿存，见于《左传·隐公十一年》，地在今河南省息县西南。鲁庄公七年（公元前 687 年）灭于楚，以其地为息邑。

邓　本西周诸侯国，曼姓，侯爵。春秋时沿存，见于《左传·桓公二年》，地在今河南省邓州市。鲁庄公十六年（公元前 678 年）灭于楚。

郜　本西周诸侯国，姬姓，子爵，文王后。春秋时沿存，《左传·桓公二年》所载为北郜。《左传·僖公二十年》所载为南郜。《大清一统志》谓古郜国即汉代山阳之郜城县，其地有二：今山东省成武县东南有北郜城，又南五里有南郜城。后灭于宋而成为宋邑。

芮　本西周畿内采邑，姬姓。春秋时为诸侯国，见于《左传·桓公三年》，其地望待考。鲁僖公二十年（公元前 640 年）灭于秦。

魏　本西周畿内采邑，春秋时为诸侯国，见于《左传·桓公三年》，地在今山西省芮城县东北。鲁闵公元年（公元前 661 年）灭于晋，以赐毕万为邑。

州　本西周诸侯国，姜姓，公爵。春秋时沿存，见于《左传·桓公五年》，都淳于，在今山东省安丘市东北杞城。后其地入于杞，为杞都。

随　本西周诸侯国，姬姓，侯爵。春秋时沿存，见于《左传·桓公六年》，终春秋之世犹存，地在今湖北省随县南。

谷　本西周诸侯国，嬴姓，伯爵。春秋时沿存，见于《左传·桓公七年》，地在今湖北省谷城县西北。后其地入于楚。

黄　本西周诸侯国，嬴姓。春秋时沿存，见于《左传·桓公八年》，其地在今河南省潢川县，鲁僖公十二年（公元前 648 年）灭于楚。

巴　本西周诸侯国，姬姓，子爵。春秋时沿存，见于《左传·桓公九年》。传说今重庆市有江州故城，即古巴国。后灭于秦。

鄾　本西周诸侯国，子爵。春秋时沿存，见于《左传·桓公九年》，地在今湖北襄阳市东北。后灭于楚。

梁　本西周畿内采邑，嬴姓，伯爵。春秋时为诸侯国，见于《左传·桓公九年》。其地即今陕西省韩城市之少梁城。鲁僖公十九年（公元前 641 年）灭于秦。

荀　亦作郇。本西周畿内采邑，姬姓，伯爵。春秋时为诸侯国，见于《左传·桓公九年》，地在今山西省新绛县东北。《左传·僖公二十四年》提到的"毕、原、酆、郇"之郇即此。后灭于晋，晋赐其大夫原黯为邑。

贾　本西周畿内采邑，姬姓，伯爵。春秋时为诸侯国，见于《左传·桓公九年》。地在今山东省荣成市西南。后灭于晋，晋以赐狐射姑为邑。

虞　本西周畿内采邑，姬姓，公爵。入春秋为诸侯国，见于《左传·桓公十年》，地在今山西省平陆县东北。鲁僖公五年（公元前 655 年）灭于晋。

贰　本西周诸侯国。春秋时沿存，见于《左传·桓公十一年》，地在湖北省应山，今为广水市。后灭于楚。

轸　本西周诸侯国。春秋时沿存，见于《左传·桓公十一年》，地在今湖北省应城市西。后灭于楚。

绞　本西周诸侯国。春秋时沿存，见于《左传·桓公十一年》，地在今湖北省郧阳区西北。后灭于楚。

州　春秋时诸侯国，见于《左传·桓公十一年》，地在今湖北省监利县东之州陵城，与《左传·桓公五年》所载之州不同。后灭于楚。

郧　即邧，春秋时诸侯国，见于《左传·桓公十一年》。《左传·宣公四年》"若敖娶于邧"之邧，即此，地在今湖北省安乐县。后灭于楚。

蓼　本西周诸侯国，偃姓，为群舒之一。春秋时沿存，见于《左传·桓公十一年》，地在今河南省固始县与安徽省霍邱县之间。后灭于楚。

罗　本西周诸侯国。春秋时沿存，见于《左传·桓公十二年》。初封地在今湖北省宜城西，又迁枝江、平江县等处。后灭于楚。

赖　即厉，本西周诸侯国。春秋时沿存，见于《左传·桓公十三年》，地在今湖北省随州县厉山店。鲁昭公四年（公元前538年）灭于楚。

牟　本西周附庸国。春秋时沿存，见于《春秋经·桓公十五年》，地在今山东省济南市莱芜区东二十里之牟城。

葛　本西周诸侯国，嬴姓，伯爵。春秋时沿存，见于《左传·桓公十五年》，地在今河南省守陵县北。

谭　本西周诸侯国，子姓，子爵。春秋时沿存，见于《春秋经·庄公十年》，其年即灭于齐。今山东省济南市东南有谭城，为谭国故城。

萧　西周时为宋附庸国，子姓。春秋时沿存，见于《左传·庄公十二年》，地在今安徽省萧县。鲁宣公十二年（公元前597年）灭于楚。后仍入宋为邑。

遂　本西周诸侯国，妫姓。春秋时沿存，见于《左传·庄公十三年》，地在今山东省宁阳县北。公元前681年灭于齐。

滑　本西周诸侯国，姬姓。春秋时沿存，见于《左传·庄公十六年》，地在今河南省偃师县南缑氏城。鲁僖公三十三年（公元前627年）灭于秦，地旋入晋，后又属周。

权　本西周诸侯国，子姓，子爵。春秋时沿存，见于《左传·庄公十八年》，地在今湖北省当阳市东南。后灭于楚。

郭　本西周诸侯国。春秋时沿存，见于《春秋经·庄公三十四年》，地在今山东省东昌府区东北。

徐　本西周诸侯国。春秋时沿存。地在今江苏省泗洪县南大徐台子。《春秋经·昭公三十年》："吴灭徐，徐子章羽奔楚，楚城夷而处之。"后仍灭于楚。

鄣　春秋纪附庸国，姜姓。地在今山东省东平县东北。《春秋经·庄公三十年》"齐人降鄣"，即指此。后灭于齐。

耿　本西周畿内采邑，姬姓。春秋时为诸侯国。地在今山西省河津市东南汾河南岸。鲁闵公元年灭于晋，晋以赐赵夙为邑，见于《左传·闵公元年》。

阳　本西周诸侯国，姬姓，侯爵。春秋时沿存。今山东省沂水县南有阳都城，即阳国旧都。后灭于齐。《左传·闵公二年》"齐人迁阳"，即指此事。

江　本西周诸侯国，嬴姓。春秋时沿存，见于《左传·僖公二年》，地在今河南省正阳、息县界。鲁文公四年（公元前 623 年）灭于楚。

冀　本西周诸侯国。春秋时沿存，见于《左传·僖公三年》，地在今山西省河津市，其地旧有冀亭。后灭于晋，为郤氏食邑。

舒　本西周诸侯国，偃姓，子爵。春秋时沿存，见于《左传·僖公三年》，地在今安徽省舒城县。后灭于楚。

弦　本西周诸侯国，姬姓，子爵。春秋时沿存，地在今河南省潢川县西北、息县南。鲁僖公五年（公元前 655 年）灭于楚。《左传·昭公三十一年》记"吴师围弦"，是其时楚国已恢复弦国。

道　本西周诸侯国。春秋时沿存，见于《左传·僖公五年》。《左传·昭公十三年》："楚灵王迁之于荆，平王复之。"后仍灭于楚，为楚邑。地在今河南省确山或息县西南。

柏　本西周诸侯国。春秋时沿存，见于《左传·僖公五年》。今河南省确山县北二十里有道城，为其旧都。

鄫　本西周诸侯国，姒姓，子爵，禹后。春秋时沿存，见于《左传·僖公十四年》，地在今山东省枣庄市东、兰陵县西稍北。鲁襄公六年（公元前 567 年）灭于莒。鲁昭公四年鲁取其地。

英氏　本西周诸侯国，偃姓，皋陶后。春秋时沿存，见于《左传·僖公七年》。其故城在今安徽省金寨县与霍山县之间，或说英即六蓼之蓼，其地在今安徽省六安市西，后灭于楚。

项　本西周诸侯国，春秋时沿存。《左传·僖公十七年》记鲁灭项，其地在今河南省项城市。后为楚地。

密　本西周畿内采邑，姬姓。春秋时为诸侯国，见于《左传·僖公十七年》，地在今山东省济宁市南。

须句　本西周诸侯国，风姓，子爵，太皞后。春秋时沿存，《左传·僖公二十一年》记其为邾所灭，次年，鲁伐邾，复其封。后复灭于邾。鲁文公七年（公元前 620 年）鲁再伐邾，取之，卒为鲁地。地在今山东省东平县东南。

颛臾　本西周鲁之附庸国，风姓，子爵，太皞后。春秋时沿存，见于《左传·僖公二十一年》，地在今山东省费县西北八十里，即平邑县东。

顿　本西周诸侯国，姬姓，子爵。春秋时沿存，见于《左传·僖公二十三年》，地在今河南省项城市稍西之南顿故城。鲁定公十四年（公元前 496 年）灭于楚。

聃　本西周诸侯国，姬姓，伯爵，文王后。春秋时沿存，见于《左传·僖公二十四年》，地在今湖北省荆门市东南那处城。后灭于楚。

雍　本西周诸侯国，姬姓，文王后。春秋时沿存，见于《左传·僖公二十四年》，地在今河南省修武县。

邘　本西周诸侯国，姬姓，武王后。春秋时沿存，见于《左传·僖公二十四年》，地在今河南省沁阳市西北。

蒋　本西周诸侯国，姬姓，周公后。春秋时沿存，见于《左传·僖公二十四年》，地在今河南省固始县西北。后灭于楚，为期思地。

茅　本西周诸侯国，姬姓，周公后。春秋时沿存，见于《左传·僖公二十四年》，地在今山东省金乡县西北。后为邾邑。

鄀　本西周诸侯国，春秋时沿存，见于《左传·僖公二十五年》，都于商密，今河南省南阳市之内乡。鲁文公五年（公元前 622 年），秦人入鄀，自是南迁为楚附庸。《左传·定公六年》记其年迁郢于鄀，则知楚已灭鄀为邑。

夔　本西周诸侯国，夔姓，子爵，受封者为颛顼之后裔。春秋时沿存，今湖北省秭归县东有夔子城地名夔沱者，即夔国故城。鲁僖公二十六年（公元前 634 年）灭于楚。

沈　本西周诸侯国，姬姓，子爵。春秋时沿存，见于《左传·文公三年》。鲁定公三年（公元前 507 年）为蔡所灭，后属楚，为平舆邑。地在今河南省平舆、安徽省临泉界。

六　本西周诸侯国，偃姓，皋陶后。春秋时沿存，见于《左传·文公五年》，是年为楚所灭。地在今安徽省六安市北。

蓼　本西周诸侯国，偃姓，皋陶后。春秋时沿存，见于《左传·文公五年》，是年为楚所灭。与《左传·桓公十一年》州蓼之蓼有别。

杜　本西周诸侯国，祁姓，伯爵，为尧后。春秋时沿存，见于《左传·文公六年》。地在今陕西省西安市东南。

偪　本西周诸侯国，姞姓。春秋时沿存，见于《左传·文公六年》。

麇　本西周诸侯国，子爵。春秋时沿存，见于《左传·文公十年》，后灭于楚。地在今湖北省郧阳市、陕西省白河界。

巢　本西周诸侯国，伯爵。春秋时沿存，见于《左传·文公十二年》。鲁昭公二十四年（公元前 518 年）灭于吴。地在今安徽省巢县东北。

宗　本西周诸侯国，子爵。春秋时沿存，见于《左传·文公十二年》，地在今安徽省舒城、庐江一带。

舒蓼　本西周诸侯国，偃姓，皋陶后。春秋时沿存，见于《左传·文公十四年》。鲁宣公八年（公元前 601 年）灭于楚。

庸　本西周诸侯国，春秋时沿存，见于《左传·文公十六年》，是年为楚所灭，地在今湖北省竹山县东，其地有上庸故城。

崇　本西周诸侯国，春秋时沿存，见于《左传·文公元年》。

郯　本西周诸侯国，少皞后，春秋时沿存。见于《左传·宣公四年》，终春秋之世犹存。地在今山东省郯县西南。

莱　本西周诸侯国，姜姓，子爵，少皞后。春秋时沿存，见于《左传·宣公七年》。鲁襄公六年灭于齐。地在今山东省黄县西南。

唐　本西周诸侯国，祁姓，侯爵，尧后。春秋时沿存，见于《左传·宣公十二年》。鲁定公五年（公元前 505 年）灭于楚。地在今湖北省随县、枣阳市界。

黎　本西周诸侯国，侯爵。春秋时沿存，见于《左传·宣公十五年》。地在今山西省黎城县东北。

鄟　附庸之国。见于《左传·成公六年》，是年为鲁所取。地望不详，或说在今山东省郯城县东北。

州来　见于《左传·成公七年》。鲁昭公十三年（公元前 529 年）灭于吴。地在今安徽省凤台。

吕　本西周采邑，姜姓，侯爵。见于《左传·成公七年》，其时楚已并之以为吕邑。

檀　本西周采邑，侯爵。春秋时为诸侯国，见于《左传·成公十一年》。地在今河南省济源市。

舒庸　本西周诸侯国，偃姓。春秋时沿存，见于《左传·成公十七年》，是年灭于楚。地在今安徽省舒城县一带。

偪阳　本西周诸侯国，妘姓，子爵。春秋时沿存，见于《左传·襄公十年》，此年为晋所灭。地在今山东省峄城县南。

邿　本西周诸侯国。春秋时沿存，见于《左传·襄公十三年》，此年为晋所灭。地在今山东省济宁市南。

铸　本西周诸侯国，祁姓，尧后。春秋时沿存，见于《左传·襄公二十三年》。地在今山东省肥城市、宁阳县界。

舒鸠　本西周诸侯国，偃姓，子爵。春秋时沿存，见于《左传·襄公二十四年》。襄公二十五年（公元前 548 年），灭于楚。《左传·定公二年》复见，当是楚已恢复其封号。

胡　本西周诸侯国，归姓，子爵。春秋时沿存，见于《左传·襄公二十八年》，地在今安徽省阜阳市。鲁定公十五年（公元前 495 年）灭于楚。

焦　本西周诸侯国，姬姓。春秋时沿存，见于《左传·襄公二十九年》。地在陕州南焦城，今河南省三门峡市西。灭于晋。

沈、姒、蓐、黄　本为西周时汶水流域四小国，入春秋后，俱灭于晋。

不羹　本西周诸侯国。春秋时沿存，见于《左传·昭公十一年》，不羹有二。《左传·昭公十一年》"是四国者"杜注："四国，陈、蔡、二不羹。"西不羹在今河南省襄城县东南；东不羹在今河南省舞阳县北。后均灭于楚。

房　本西周诸侯国。春秋时沿存，见于《左传·昭公十二年》。故城在今河南省遂平县治。楚灵王迁之于荆，平王复之，卒灭于楚。

郯　本西周诸侯国，妎姓，子爵。春秋时沿存，见于《左传·昭公十八年》。地在今山东省临沂市北。后灭于鲁。

锺吾　本西周诸侯国，子爵。春秋时沿存，见于《左传·昭公二十七年》。后灭于吴。地在今江苏省宿迁市西北。

桐　本西周诸侯国，偃姓。春秋时沿存，见于《左传·定公五年》。地在今安徽省桐城市。

三　分封制的演变

从西周晚期到春秋初期，国家的政治局势发生了重大的变化，周王室急剧衰落。西周晚期，犬戎等四方政权不断入寇，蚕食王畿，王室被迫东迁。东迁以后，周王室已无力管辖西都王畿，不得已而赐给秦国，秦"遂横有周西都宗周畿内八百里之地"[①]。东迁以后的王畿已不及原来的十分之四。不久，又割虎牢之地与郑，割酒泉之地与虢。至襄王时，又割南阳数邑与晋。至春秋中期，王畿之地所余者，仅及原来的十之二三而已。由于王室直接管辖的土地越来越少，经济来源几近枯竭。王畿仅剩的少量土地大部分被王室贵族占为采地。这些采邑主也像畿外诸侯一样，在王室衰微的情况下不肯主动向周王交纳贡赋。这就使周王室的财政状况日益拮据。由于王权衰落，周天子逐渐失去了"天下共主"的地位，在政治上已经不再有号令天下的权威了。周王不仅对王畿之外的土地丧失了主权，就连王畿也几乎丧失殆尽。此时，周王已经没有能力再封授采地，而且也没有可供封授的土地了。

在王权衰落的同时，霸权正在形成。一些强国通过兼并和扩张，迅速

---

① 《毛诗正义》，载（清）阮元校刻《十三经注疏》，中华书局，1980年影印本，第368页。

崛起。西周之初，周人新封的诸侯国和殷商旧方国共一千多个。到春秋之末，"其存者无数十焉"①。少数诸侯强国不仅在经济和军事实力方面已超过王室，在政治上也逐渐取代了周王的地位。王室式微，政由方伯。霸主们开始主持朝聘盟会，并对诸侯们发号施令，进入了"礼乐征伐自诸侯出"的时代。大诸侯国在各个方面都具备了封授采地的条件。通过扩张侵吞而获得的大片领土需要越来越多的臣下去统治和管理。这在客观上使诸侯国在自己的领土内封授采邑有了必要。于是分封制也从西周时代的"天子建国"——由周王分封诸侯，发展到春秋时代的"诸侯立家"——由各大诸侯国大量封授采邑给卿大夫的时代。吕文郁在《周代的采邑制度》一书中说：

> 史学界有一种非常流行的说法，即认为周代社会同时存在着三个级别的分封。这就是周王在"天下"分封诸侯，诸侯在自己的封国内分封卿大夫，而卿大夫则在自己的采邑内分封士。其实，周代历史上任何一个时期都不存在这种所谓"三级分封制"。上述三个不同等级的分封，乃是周代社会不同历史阶段上依次出现的政治制度。也可以说是分封制度随着政治权力的逐级下移，在不同历史时期的不同表现形式。西周时代因为"礼乐征战自天子出"，分封之权也由周天子掌握，周天子在王畿之外分封诸侯，同时在王畿内为公卿大夫封授采邑。春秋前期，是"礼乐征伐自诸侯出"的时代。分封权力也由周天子手中转移到大国诸侯手中。因此春秋前期和中期的分封主要表现为诸侯分封卿大夫。②

此说甚是。西周时期的分封制，形成了王朝和诸侯国两级政权机关；春秋时期的分封制，形成了诸侯国和卿大夫之"家"两级政权机关。由于卿大夫势力的发展，一些强大的卿取代了国君，发生了"三家分晋"（晋国被三个执政的卿士所瓜分，分裂成韩赵魏三国）和"田氏代齐"（强大的卿族田氏夺得了齐国政权而成为国君），又出现了礼乐征伐自大夫出的局面。到了春秋后期，卿大夫在政治上渐趋没落，一些强大的卿大夫的家臣夺得了卿

---

① 《左传·哀公七年》引子服景伯语。
② 吕文郁：《周代的采邑制度》，社会科学文献出版社，2006，第154页。

大夫的权力而掌握国政，于是发展到了"陪臣执国命"的时期，由于卿大夫的家臣对公室来说是臣下之臣，所以称为陪臣。陪臣不是出于分封，而是可以自由任免的。就是这种自由任命官吏的制度，促进了战国时期官僚制度的形成，分封制也就走到了尽头。

四　春秋时期的兼并战争——政治上的聚变现象①，为战国时期领土国家的形成提供了地域基础

兹据顾栋高《春秋大事表》卷四《春秋列国疆域表》所载春秋列国兼并灭国的情况，制成表 3-1 至表 3-8。

表 3-1　鲁灭国族九

序号	国族	序号	国族
（1）	极	（6）	向
（2）	项	（7）	须句
（3）	鄟	（8）	鄫
（4）	邿	（9）	鄅
（5）	根牟		

《春秋大事表》按："极、项、鄟、邿、根牟，鲁所取也，向、须句、鄫、鄅，则邾、莒灭之而鲁取之也。"

表 3-2　齐灭国族十

序号	国族	序号	国族
（1）	纪	（6）	阳
（2）	郕	（7）	莱
（3）	谭	（8）	介根
（4）	遂	（9）	牟
（5）	鄣	（10）	介

---

① 聚变现象是段渝提出来的一个政治学名词，见其所著《酋邦与国家起源：长江流域文明起源比较研究》，中华书局，2007，第179页。

《春秋大事表》按："齐于春秋兼并十国之地，纪、郕、谭、遂、鄣、阳、莱七国之灭见于《经》，如莒之故封介根及牟、介两国俱不详其灭之何年。"

表 3-3　晋灭国族三十二

序号	国族	序号	国族
（1）	东山皋落氏（赤狄潞氏国）	（17）	甲氏
（2）	虢	（18）	留吁（赤狄余党）
（3）	虞	（19）	邢辰（赤狄余党）
（4）	蒲	（20）	廧咎氏（赤狄余党）
（5）	荀	（21）	肥（白狄别种）
（6）	贾	（22）	陆浑
（7）	杨	（23）	鼓
（8）	焦	（24）	虎牢（本属郑，后入于晋）
（9）	南阳	（25）	朝歌（本属卫，后入于晋）
（10）	邢	（26）	河内（本属卫，后入于晋）
（11）	五鹿	（27）	邯郸（本属卫，后入于晋）
（12）	滑（灭于秦，后入于晋）	（28）	百泉（本属卫，后入于晋）
（13）	汪（伐秦而取）	（29）	沈（春秋前已属晋）
（14）	鼓衙（伐秦而取）	（30）	姒（春秋前已属晋）
（15）	少梁	（31）	蓐（春秋前已属晋）
（16）	赤狄潞氏	（32）	黄（春秋前已入晋）

《春秋大事表》按："晋所灭十八国，又卫灭之邢、秦灭之滑皆归于晋。景公时翦灭众狄，尽收其前日蹂躏中国之地。又东得卫之殷墟，郑之虎牢。自西及东延袤二千余里。"

表 3-4　楚灭国族四十二

序号	国族	序号	国族
（1）	权	（4）	谷
（2）	邶	（5）	鄢
（3）	鄏	（6）	罗

续表

序号	国族	序号	国族
(7)	庐戎	(25)	麇
(8)	郜	(26)	宗
(9)	郮	(27)	巢
(10)	贰	(28)	庸
(11)	轸	(29)	道
(12)	绞	(30)	柏
(13)	州	(31)	房
(14)	蓼（此蓼在今湖北省监利县东北）	(32)	沈
(15)	息	(33)	蒋
(16)	邓	(34)	舒蓼
(17)	申	(35)	舒庸
(18)	吕	(36)	舒鸠
(19)	弦	(37)	赖
(20)	黄	(38)	唐
(21)	夔	(39)	顿
(22)	江	(40)	胡
(23)	六	(41)	蛮氏
(24)	蓼（此蓼在今安徽省舒城县一带）	(42)	陈

表 3-5　宋灭国族六

序号	国族	序号	国族
(1)	杞	(4)	宿
(2)	戴	(5)	偪阳（晋灭之，以与宋）
(3)	彭城	(6)	曹

《春秋大事表》按："宋在春秋，兼有六国之地，宿、偪阳、曹三国具见于《经》者也，杞、戴及彭城则《经》、《传》俱不详其入宋之年。"

表 3-6　郑灭国族一

序号	国族
(1)	许

《春秋大事表》按："郑桓公、武公当幽、平之世，以诈取虢、桧之地。其地当中国要害，四面皆强国，故虽以郑庄之奸雄，无能为狡焉。启疆之计，终春秋二百四十年，仅再灭许，肆其吞噬而已。"

表 3 - 7　秦灭国族十

序号	国族	序号	国族
（1）	冀戎	（6）	骊戎（灭于晋，后入秦）
（2）	邽戎	（7）	芮
（3）	小虢	（8）	梁
（4）	杜	（9）	滑（灭于秦，后入晋）
（5）	郑（此为旧郑，非东迁以后之郑）	（10）	郜

表 3 - 8　越灭国族一

序号	国族
（1）	吴

第二节　春秋时期周王室与列国朝廷之设官

一　周王室与列国设官的总体观察

（一）辅弼之官

太师与太傅　特示尊重，不预政事。晋置太师、太傅，楚、蔡置太师，卫、随置少师（据《左传》）。

（二）政务官

正卿　为执政之官。春秋时列国执政首领一般称为正卿或上卿。周王室称为卿士，又有左卿士。鲁以司徒为上卿，也称冢宰，权最重。楚称令尹，略低于令尹之职的为莫敖；又有左尹、右尹。郑国在子产为政时，有"当国""听政"两职，其地位高于卿；又有"少正"一职，为对大正而言，即亚卿之职。宋以右师、左师为执政官（据《左传》）。

司徒　掌管民事（春秋时掌管土地的职任转归司空）。周王室与鲁、晋、楚、卫、陈等国设置，宋则称大司徒（据《左传》）。

司马　掌管军政。周王室与鲁、晋、郑、吴、陈、蔡等国设置。宋置大司马、少司马，楚置大司马、左司马、右司马（据《左传》）。

司空　掌管土地和工程。周王室与鲁、郑、陈等国设置，宋称司城，晋称大司空（据《左传》）。

司寇　掌管刑狱。周王室与鲁、晋、齐、郑、卫等国设置。宋置大司寇、小司寇，楚称司败。司寇又称"理""士""尉氏"（据《左传》）。陈国也置司败（据《论语》）。

执秩　主管封爵品秩，晋置，见于《左传·僖公二十七年》。

（三）事务官

封人　掌筑社坛及籍田疆界。周王室和鲁、晋、郑、卫、吴置（据《左传》）。

甸人　监督庶人耕种籍田。晋置（据《左传》）。周王室称农正，即西周的田畯，见于《国语·周语上》。

廪人　掌管粮仓。周王室置，见于《国语·周语上》。

稽人　管理边鄙农田。晋置，见于《左传·襄公四年》。

隶人　执行杂务的低级官。晋置，见于《左传·昭公四年》。

牧人　掌管牧养牲畜。晋置，见于《左传·襄公三十一年》。

虞人　掌管山林川泽。周王室与鲁置，鲁又有山人。晋称兽人。齐置"衡鹿"，看守山中林木，"舟鲛"看守洼地的芦苇，"虞候"看守草野的柴薪，"祈望"看守海中的盐蛤（据《左传》）。

迹人　掌探获禽兽的踪迹。周王室与宋置（据《左传》）。

牺人　掌管祭祀用的牺牲。周王室置，见于《国语·周语上》。

郁人　掌管祭祀用酒。周王室置，见于《国语·周语上》。

工正　掌管百工。宋、齐置，楚称工尹，鲁称匠（据《左传》）。

校正　掌驯养马匹。鲁置校人，即校正之职。楚称监马尹，郑置马师，鲁置圉人，宋、晋置校正（据《左传》）。

巾车　为车官之长。鲁、晋等国设置（据《左传》）。

仆（御） 掌驾王车。各国均设置，因其身份称仆，因其职掌称御。也称仆人、侍人、仆夫、仆大夫、御人、御士、御戎（为驾御兵车之官）、乘马御（据《左传》）。

右 王车的陪乘者，各国均设置，鲁亦称骖乘。右亦指兵车之右，掌兵车的武器。属官有司士，掌教育勇士，见于《左传·成公十八年》。

嬖人 周君近嬖之臣。晋置。太子的近臣称为"正仆"（据《左传》）。

外仆 掌管官吏直宿退息的处所及其所居的官署。郑国置，见于《左传·襄公二十八年》。

库人 掌管库藏。郑国置，见于《左传·昭公十八年》。

司民 掌管登记庶人户籍。周王室置，见于《国语·周语上》。

褚师 为管理市场之官。宋、郑、卫等国置（据《左传》）。

贾正 掌管调节物价。鲁国置，见于《左传·昭公二十五年》。

行人 为通使之官。周王室与鲁、晋、郑、卫、吴等国设置。郑国又有执讯，为通讯问之官。楚国有连尹，亦掌通使（据《左传》）。

候人 掌迎送四方宾客。周王室与楚国设置，亦简称为"候"（据《左传》）。

舌人 为与少数民族交往的翻译。周王室置，见于《国语·周语中》。

令正 主作辞令之官。郑置，见于《左传·襄公二十六年》。

关尹 为司关之官，四方宾客至，则通报之。周王室与楚置，属吏有关吏，见于《国语·周语中》与《七国考》。

大阍 为守城门之官。楚国置（据《左传》）。

公族大夫 掌公族之政。晋置（据《左传》）。

余子 掌管对余子的教养、训诫（据《左传》）。余子指嫡子以外的众子，亦称庶子。

公行 掌君主出行的兵车和从行（据《左传》）。此职由庶子担任。

医 掌医药。晋、楚、鲁、卫置（据《左传》）。

祝 主管祭祀祈祷。宋、虢、齐、郑置，即太祝。鲁、卫称祝史（犹如掌卜者之称筮史）；晋有祝宗，祝宗为祝与宗的合称（据《左传》）。

宗 掌管宗庙祭祀。鲁置宗伯，宋、晋称宗，晋又有祭史，郑称宗人

（据《左传》）。

卜　掌管占卜之事。鲁置卜、卜士、卜人。晋置卜、筮史（指卜筮之“史”）。齐、鲁置史。郑置卜大夫。卫置筮史、占梦、卜人。秦置卜。楚置卜尹（据《左传》）。

史　掌理书记、文籍、典册。周王室置太史、内史。鲁置太史、外史（身居在外的史官）。晋、郑、卫置太史。齐置太史、南史（其居在南，谓之南史）。楚有左史（据《左传》）。

司历　掌历算。鲁置，周王室称为日官（据《左传》）。

巫　主祈祷求雨。鲁、晋、楚等国置（据《左传》）。

舞师　掌教祭祀舞蹈。宋置，见于《左传·襄公十八年》。

乐师　掌音乐与教育。卫称太师。楚称师、乐尹、泠人（伶人）。乐工亦称为"工"。《国语·鲁语下》："正考父校商之名颂十二篇于周太师。"则周王室亦置太师。韦昭注："太师，乐官之长，掌教诗、乐。"

（四）内廷事务官

太宰　总管内廷事务，也有在王左右而赞王命的。周王室置宰。宋、楚置太宰、少宰。鲁置太宰、左宰、宰人。郑、吴置太宰。卫置右宰（据《左传》）。齐置太宰（据《国语》）。

太子师、傅、保　掌辅导太子。有师、太师、少师、傅、太傅、少傅、保诸称。宋有太子内师，由宦者担任。

司宫　掌宫内之事。宋置司宫、巷伯，齐置寺人、竖，均由阉人担任。宋景公时的阉人之长称大尹，君臣之间的意见也由他上下传达（据《左传》）。

饔人　掌烹割之事。齐置，郑置宰夫，晋置膳宰。齐国还有侍渔一职，为监取鱼之官（据《左传》）。

府人　掌管金玉玩好。郑置，见于《左传·昭公十八年》。

门尹　掌守宫门。宋、楚等国置（据《左传》）。

（五）军官

三军将、佐　为领兵之官。晋置三军，以将佐为正副统帅。其属官有军尉（仅次于将、佐的军官）、司马（掌管步兵和车兵）、司空（主持军事工程）、舆帅（掌管兵车）、候奄（掌候望敌人）诸职。又有右领一职，可能也是领兵的低级军官（据《左传》）。

新三军将、佐 为领兵之官。鲁僖公时，晋增置三行（中行、右行、左行），后扩展为新三军。新三军在将、佐之下，其属官有新军司马、新军大夫、新军军尉。

舆大夫 掌副车。晋置。

锐司徒 主锐兵器者。齐置，见于《左传·成公二年》。

辟司徒 主垒壁者。齐置，见于《左传·成公二年》。

虎贲 周王警卫武装。周王室置。

监军 监护军队。齐置。景公使穰苴将兵防燕、晋，苴请以君之宠臣监军。景公使庄贾任之。是为中国设置监军之始。

二 周王室与列国各自朝廷之设官

（一）周王室

1. 政务官与事务官

三吏 别称三公，指王的师、傅、保。《左传·成公二年》："王使委于三吏。"杜预注："三吏，三公也。"顾栋高《春秋大事表》卷十："正义曰，《曲礼》云五官之长曰伯，其摈于天子曰天子之吏。郑云谓公也，是三公称吏。"

卿士 王室执政之官，分左右二卿士。《左传·隐公三年》："郑武公、庄公为平王卿士。"又《隐公九年》："郑伯为王左卿士。"程启生曰："郑伯为左卿士，则虢公右卿士也。"又《襄公十年》："单靖公为卿士以相王室。"《国语·周语中》："晋侯使随会聘于周，定王享之肴烝，原公相礼。"韦昭注："原公，周卿士原襄公。相，佐也。"又："定王使单襄公聘于宋。"注："单襄公，正卿士单朝也。"

司徒 掌役徒。《左传·襄公二十一年》："栾盈过于周，周西鄙掠之。……使司徒禁掠栾氏者，归所取焉。"杨伯峻注："沈钦韩《补注》云：乡遂都鄙皆司徒所掌。"又《昭公二十二年》："司徒丑以王师败绩于前城。"韦昭注："丑，悼王司徒。"据上述二例，可见此时掌管役徒的司徒，已成为主要的军事将领。

尉氏　即司寇，掌刑罚。《左传·襄公二十一年》："（栾盈）辞于行人，曰……将归死于尉氏。"杜预注："尉氏，讨奸之官。"杨伯峻注："《汉书·地理志》'尉氏'下应劭注：'古狱官曰尉氏。'晋有军尉，亦掌刑戮。汉以廷尉主刑名，秦蕙田《五礼通考》二一六谓'盖因于此'。"《墨子·备城门》："城上四隅童异，高五尺，四尉舍焉。"孙诒让《闲诂》："《北堂书钞·职官部》引韦昭《辨释名》云，廷尉、郡尉、县尉皆古官也。以尉，尉人心也。凡掌贼及司察之官皆曰尉。尉，罚也，言以罪罚奸也。"

行人　掌外事。《左传·襄公二十一年》："（栾盈）辞于行人。"《韩非子·外储说右下》："卫君入朝于周，周行人问其号。"

候　掌迎送宾客。《左传·襄公二十一年》："使候出诸辕辕。"杜预注："候，送迎宾客之官也。"杨伯峻注："候即候人。《周礼·夏官》有候人；云：'若有方治，则帅而致于朝。及归，送之于竟。'《周语中》亦云：'候人为尊。'《诗·曹风·候人》毛传：'候人，道路送迎宾客者。'"

津人　掌黄河渡口。《左传·昭公二十四年》："王子朝用成周之宝珪于河，甲戌，津人得诸河上。"

火师　掌庭燎。《国语·周语中》："火师监燎。"韦昭注："火师，司火。"

关令　掌边关。《史记·老子韩非列传》："老子……见周之衰，乃遂去。至关，关令尹喜曰：'子将隐矣，强为我著书。'于是老子乃著书上下篇，言道德之意五千余言而去。"《集解》："《列仙传》曰：'关令尹喜者，周大夫也。善内学星宿，服精华，隐德行仁，时人莫知。'"《汉书·艺文志》："关尹子九篇。名喜，为关吏，老子过关，喜去关而从之。"

相　掌赞襄礼仪。《左传·成公二年》："王以巩伯宴而私贿之，使相告之曰：'非礼也，勿籍。'"杜预注："相，相礼也。籍，书也。"徐中舒《左传选注》："相司仪。"

太史　掌历法、祭祀、记事。《左传·哀公元年》："有云如众赤鸟，夹日以飞，三日，楚子使问诸周太史。"又《庄公二十二年》："周史有以周易见陈侯者。"杜预注："史，周太史也。"《史记·田敬仲完世家》："完生，周太史过陈，陈厉公使卜完。"

内史 掌策命。《左传·僖公二十八年》："王命尹氏及王子虎、内史权兴父策命晋侯为侯伯。"又《襄公十年》："（晋灭偪阳）使周内史选其族嗣，纳诸霍人。"又《庄公三十二年》："有神降于莘，惠王问诸内史过曰：'是何故也？'"又《僖公十六年》："陨石于宋五，陨星也。六鹢退飞过宋都，风也。周内史叔兴聘于宋。宋襄公问焉曰：'是何祥也？吉凶焉在？'"顾栋高《春秋大事表》卷十："观此二传，则内史亦掌占候吉凶之事，盖太史之属也。"

柱下史 《史记·老子韩非列传》："（老子）周守藏室之史也。"《战国策·齐策四》"老子"注："仕周为柱下史。"金毓黻《中国史学史》："《汉书·张苍传》云，秦时为御史，主柱下方书。师古云，居殿柱之下，若今侍立之御史，故十三州志谓侍御史，周官，即柱下史（后汉纪注引），是则周之御史，又一名柱下史。……柱下者即藏书之柱下也。然御史所主之方书，方谓版也，记事于版，本为官府之档案。"

史 掌一般记事。《晏子春秋·内篇问下》："柏常骞去周之齐，见晏子曰：'骞，周室之贱史也。不量其不肖，愿事君子。敢问正道直行，则不容于世；隐道危行，则不忍。道亦无灭，身亦无废者，何若？'"

卜正 掌卜事。《左传·隐公十一年》："滕侯曰：'我周之卜正也。'"杜预注："卜正，卜官之长。"

伶 掌音乐。《国语·周语下》："王弗听，问之伶州鸠。"韦昭注："伶，司乐官；州鸠，名也。"又："钟成，伶人告和。"韦昭注："伶人，乐人也。"

邑大夫 即邑人，掌公邑之政。《左传·昭公九年》："周甘人与晋阎嘉争阎田。……王亦使宾滑执甘大夫襄以说于晋，晋人礼而归之。"顾栋高《春秋大事表》卷十："正义曰，典邑大夫法当以邑名冠之而称人，甘人是甘县大夫。"

陪臣 天子臣之臣。《左传·襄公二十一年》："栾盈过于周，周西鄙掠之。辞于行人，曰：'天子陪臣得臣于王之守臣。'"杜预注："诸侯之臣称于天子曰陪臣。"又《僖公十二年》："王以上卿之礼飨管仲。管仲辞曰：'……陪臣敢辞。'"杨伯峻注："陪，重也，隔一层之臣子曰陪臣。……故《曲礼下》云'列国之大夫入天子之国自称曰陪臣某'。"

守臣　天子策命的诸侯、卿。《左传·襄公二十一年》："（栾盈曰）天子陪臣盈得罪于王之守臣。"杨伯峻注："《礼记·玉藻》：'诸侯之于天子曰某土之守臣某。'守臣谓为王室守土之臣，此指晋侯。洪亮吉等谓诸侯之命卿亦可曰守臣，简称曰守。"

2. 后、太子与王室事务官

后　王之正妻。见于《左传·庄公十八年》。

太子　王位继承人。《史记·周本纪》："平王崩，太子泄父早死，立其子林，是为桓王。"

师　掌教王子。《左传·庄公十九年》："初，王姚嬖于庄王，生子颓。子颓有宠，蒍国之师。及惠王即位，取蒍国之圃以为囿。"

傅　辅导王子。《左传·昭公二十二年》："王子朝宾起有宠于景王。"杜预注："子朝，景王之长庶子；宾起，子朝之傅。"《国语·周语下》："景王既杀下门子。"韦昭注："下门子，周大夫，王子猛之傅也。景王无适子，既立子猛，又欲立王子朝，故先杀子猛傅下门子也。"

宰　王室事务总管。《左传·隐公元年》："王使宰咺来归惠公、仲子之赗。"顾栋高《春秋大事表》卷四十二："刘氏敞曰，春秋于大夫莫书其官，至冢宰则书之，以见任之最重，宰者尊称。"又卷十："王人见于经者惟宰，《穀梁传》曰，天子之宰，通于四海。"《春秋·桓公四年》："夫王使宰渠伯纠来聘。"《国语·晋语二》："葵丘之会，献公将如会，遇宰周公。"韦昭注："宰周公，王卿士宰孔也，为冢宰，食采于周，故曰宰周公。"又《周语上》："襄王使太宰文公及内史兴赐晋文公命。"韦昭注："太宰文公，王卿士王子虎也。"

宰旅　宰下属。《左传·襄公二十六年》："晋韩宣子聘于周，王使请事，对曰：'晋士起将归时事于宰旅，无他事矣。'"杜预注："礼：诸侯大夫入天子国称士。时事，四时贡职。宰旅，冢宰之下士。言献职贡于宰旅，不敢斥尊。"

膳夫　掌王膳食。《左传·庄公十九年》："王夺子禽、祝跪与詹父田，而收膳夫之秩。"杜预注："膳夫，石速也。秩，禄也。"

官师　即西周之"师"，掌训国子及守卫王宫。《左传·襄公十五年》：

"官师从单公靖逆王后于齐。"杜预注："官师，刘夏也。"《正义》："祭法云，官师一庙。"《汉书·贾谊传》："故古者圣王制为等列，内有公卿大夫士，外有公侯伯子男，然后有官师小吏，延及庶人。"

虎贲　王卫士。《左传·僖公二十八年》："王命尹氏及王子虎、内史叔兴父策命晋侯为侯伯，赐之……虎贲三百人。"刘文淇《疏证》："贾逵云，天子卒曰虎贲。《牧誓》孔氏传，虎贲，勇士称也，若虎贲兽，言其猛也。《续汉书·百官志》注，虎贲，旧作虎奔，言如虎之奔也。"

御士　王侍从。《左传·僖公二十四年》："以狄师攻王，王御士将御之。"杨伯峻注："御士，盖王侍御之士。……御士多以公卿大夫子弟为之。"又《襄公三十年》："单公子愁期为灵王御士。"

（二）鲁国

1. 国君及其正妻与太子

公　鲁国国君称号。见于《国语·鲁语上》。

夫人　国君的正妻。见于《史记·鲁周公世家》。别称小君，《春秋·庄公二十二年》："葬我小君文姜。"《穀梁传》："小君非君也，其曰君何也？以其为公配，可以言小君也。"

太子　国君继承人。见于《春秋·桓公六年》。

2. 辅弼之臣

师　掌教国君。见于《说苑·君道》。师又称太师，见于《左传·昭公二十五年》。

傅　掌教国君。见于《左传·闵公二年》。

3. 政务官与事务官

卿　鲁国执政之臣。别称宗卿（见于《左传·襄公二十九年》）、冢卿（见于《左传·昭公四年》）、政卿（见于《国语·鲁语下》）、上卿（见于《史记·鲁周公世家》）。

三策　指司徒、司马、司空（见于《国语·鲁语上》），又称"三官"（见于《左传·昭公四年》）、"三卿"（见于《左传·襄公十一年》"作三军"杜预注）。

相　掌鲁国政务。见于《左传·隐公十一年》。相在西周本为辅助周王掌礼仪之官。春秋时君权扩大，相逐渐由君主家臣演变为掌理国政的宰相之职。

司徒　掌乡政与役徒。见于《左传·昭公四年》。

里人　掌一里之政。《国语·鲁语上》："文公欲弛孟文子之宅……对曰……若罪也，则请纳录与车服而违署，惟里人所命次。"韦昭注："里人，里宰也，有罪去位，则受舍于里宰。"《鲁语》又说："公欲弛郈敬子之宅，亦如之，对曰：'先臣惠伯以命于司里。'"可见里人亦称为司里。

隧正　别称正夫，掌征发三遂役徒。"隧"通"遂"。见于《左传·襄公七年》。

县人　掌公邑。《左传·文公十五年》："卞人以告。"杜预注："卞人，鲁卞邑大夫。"公邑大夫也称宰，见于《史记·孔子世家》。诸侯之县大夫亦称为县人。顾栋高《春秋大事表》卷十："《正义》曰，公邑大夫皆以邑名冠之，呼为某人。……疑诸侯之大夫即谓之县人也。"

贾正　掌市场物价。见于《左传·昭公二十五年》。

委吏　掌粮食。《孟子·万章下》："孔子尝为委吏矣，曰：'会计为而已矣。'"赵岐注："委吏，主委积仓廪之吏也。"

乘田　掌苑囿。《孟子·万章下》："（孔子）尝为乘田矣，曰：'牛羊茁壮长而已矣。'"赵岐注："乘田，苑囿之吏也，主六畜之刍牧者也。"

虞人　掌山泽。见于《左传·定公十年》。杜预注："虞人，掌山泽之官。"

司马　掌军赋与军政。见于《左传·昭公四年》。司马又分左司马与右司马，《史记·孔子世家》："（孔子曰）古者诸侯出疆，必具官以从。请具左右司马。"

司士　掌管士。《礼记·檀弓上》："司士贲告于子游曰：'请袭于床。'"

司空　掌工程。见于《左传·隐公二年》。

工正　掌工匠。见于《左传·昭公四年》。又称大匠，《左传·襄公四年》有匠庆，杜预注："匠庆，鲁大匠。"

轮人　掌制车轮。见于《礼记·杂记下》。郑玄注："轮人，作车轮之官。"

司寇　又称大司寇，掌刑罚。见于《左传·文公十八年》；又，《说苑·

指武》："孔子为鲁司寇，七日而诛少正卯于东观之下。"

士师　掌诉讼，《论语·子张》："孟氏使阳肤为士师。"《汉书·刑法志》颜师古注："阳肤，曾子弟子也。士师，狱官。"

行人　掌出使。《春秋·昭公二十三年》："晋人执我行人叔孙婼。"顾栋高《春秋大事表》卷十："行人见于经者六，并以见执书，是乃一时奉使，非专官。又据《周礼》，行人为通使之官。"

介　副使。《左传·宣公十八年》记公孙归父聘于晋，还，"复命于介"。杨伯峻注："介，使者有上介，有众介。上介为副手，众介为助手。此上介也。"

相　掌礼仪。《左传·定公十年》："公会齐侯于祝其，实夹谷，孔丘相。"杜预注："相，会仪也。"《史记·秦本纪》："孔子行鲁相事。"《考证》："梁玉绳曰：相乃傧相，非当国为相也。"

边人　边疆之吏。见于《国语·晋语》。韦昭注："边人，疆埸（yì）之司也。"

太史　掌历法、典籍、记事。《左传·文公十八年》有"太史克"。又《定公四年》有"祝、宗、卜、史"。杨伯峻注："史为大史，即太史，记史事并掌典籍、星历者。"

外史　掌记各地之史。见于《左传·襄公十三年》。

周人　掌周王室典籍。见于《左传·哀公三年》。

宗伯　又称宗、宗人，掌祭祀礼仪。见于《左传·文公二年》。杨伯峻注："宗伯，古代掌礼之官，亦即哀二十四传之宗人，《鲁语》又省作宗。"

祝　又称祝史、太祝。《国语·鲁语上》："宗祝书昭穆。"韦昭注："宗，宗伯；祝，太祝也。宗掌其礼，祝掌其位也。"《左传·昭公十七年》："日有食之，祝史请所用币。"顾栋高《春秋大事表》卷十："掌祝者谓之祝史。"又《定公四年》："分鲁公……祝、宗、卜、史。"杜预注："太祝、宗人、太卜、太史，凡四官。"

卜人　《左传·闵公二年》："成季之将生也，桓公使卜楚丘之父卜之。"杜预注："卜楚丘，鲁掌卜大夫。"

巫　掌接神求雨。《左传·僖公二十一年》有"巫尪"。杜预注："巫尪，女巫也，主祈祷请雨者。"

太师　别称师，为乐工之长。《论语·八佾》："子语鲁太师乐。"杨伯峻注："太师，乐官之长。"

少师　乐官之佐，为太师的副职。见于《论语·微子》。

国老　退职卿、大夫。《左传·哀公十一年》："子为国老，待子而行，若之何子之不言也？"

司铎　掌振铎宣令。《左传·昭公十三年》有"司铎射"。杨伯峻注："司铎射，杜注'鲁大夫'，盖司铎为官名，其官署亦曰司铎，哀三年'司铎火'……盖官署在宫城中者也。"铎即大铃，为朝廷宣令之器。

博士　掌通古今。《史记·循吏列传》："公仪休者，鲁博士也，以高第为鲁相。奉法循理，无所变更，百官自正。"

官司　泛指众官。《左传·定公四年》："官司彝器。"杜预注："官司，百官也。"

官人　掌管馆舍之官。《左传·哀公三年》："府库慎守，官人肃给。"杨伯峻注："俞樾《平议》谓古官、馆同字，此谓司主馆舍者。"

校人　掌马。《左传·哀公三年》："命校人驾乘车。"杜预注："校人，掌马。乘车，公车。"

巾车　掌车。《左传·哀公三年》："巾车脂辖。"杜预注："巾车，掌车。"

御　掌驾车。《左传·昭公四年》："公御莱书。"杜预注："莱书，公御士名。"

右　国君兵车卫士，居国君之右，故称。《礼记·檀弓上》记："鲁庄公及宋人战于乘丘……卜国为右。"

仆人　掌传命。《国语·鲁语上》："宣公使仆人以书命季文子。"韦昭注："命，告也。仆人，官名。文子，鲁正卿。"

圉人　掌养马。见于《左传·定公八年》。

亚旅　指上大夫。《左传·文公十五年》："请承命于亚旅。"杜预注："亚旅，上大夫也。"

4. 内廷事务官

太宰　宗室事务官之长。见于《左传·隐公十一年》。

左宰　为太宰之佐。《左传·襄公二十三年》："季氏以公钼为马正……公钼氏富，又出为公左宰。"杜预注："出季氏家臣仕于公。"

宰人　为太宰属官。见于《左传·哀公三年》。杜预注："宰人，冢宰之属。"

饔人　掌膳食，见于《左传·昭公二十五年》。杜预注："饔人，食官。"

内小臣　掌宫内之事。铜器有鲁内小臣鼎。杨树达《积微居金文说》："周礼天官有内小臣职，云：'掌王后之命，正其服位，后出入，则前驱……'观此器，知鲁亦有此职。"

府人　宫廷事务官，掌收藏宝器。见于《左传·昭公三十二年》。杨伯峻注："府人盖掌鲁侯货藏之官。"

（三）卫国

1. 国君及其正妻与太子

公　卫国国君的称谓。见于《史记·卫康叔世家》。

夫人　国君正妻。见于《左传·定公十四年》。

太子　国君法定继承人。见于《左传·成公十四年》。

2. 辅弼之官

少师　掌教国君。《左传·襄公二十七年》："公与免余邑六十，辞曰：'……公固与之，受其半，以为少师。'"

3. 政务官与事务官

卿　掌卫国政务。《左传·成公三年》："孙子之于卫也，位为上卿。"上卿亦称冢卿。《左传·成公十四年》："（定姜曰）是先君宗卿之嗣也。"杜预注："宗卿，同姓之卿。"

褚师　掌市。见于《左传·昭公二年》。杜预注："褚师，市官也。"左言东《先秦职官表》按："春秋时期卫、郑、宋皆有褚师。褚通'储'，有贮藏之意。商品须先贮藏而后卖出，市官当取义于此。"

将军　军事将领。《礼记·檀弓上》："将军文子之丧，既予丧而后越人来吊。"

司寇　掌刑罚。《左传·昭公二十年》："卫公孟絷狎齐豹，夺之司寇与鄄。"杜预注："公孟，灵公兄也。齐豹，齐恶之子，为卫司寇。鄄，豹邑。"

大理　掌听讼审判。《说苑·政理》："卫灵公问于史鳅曰：'政孰为务？'对曰：'大理为务。听狱不中，死者不可生也。断者不可属也。'"

行人　掌出使。《春秋·襄公十八年》："晋执卫行人石买。"

太史　掌祭祀、记事。《国语·楚语上》："（卫武公）临事，有瞽史之导。"韦昭注："事，戎祀也。史，太史也，掌诏礼事。"

祝　掌祈祷神灵。《左传·定公四年》："卫子行敬子言于灵公曰：'会同难，啧有烦言，莫之治也。其使祝鮀从。'"徐中舒《左传选》："祝鮀，太祝子鱼，熟悉典制，善于辞令。"祝亦称祝史，《左传·哀公二十五年》："因祝史挥以侵卫。"杜预注："挥，卫祝史。"

宗　即宗人，掌宗庙礼仪。《左传·襄公十四年》记卫献公奔齐，及境，使祝宗告亡，且告无罪。杜预注："告，告宗庙也。"指的是向祖先神灵报告出亡之事。祝宗应是官名连称，祝指太祝，宗即宗人。

卜　亦称卜人、筮史，掌占卜。卜，见于《左传·僖公十九年》；卜人，见于《左传·哀公十六年》。筮史见于《左传·哀公十七年》："卫侯梦于北宫……公亲筮之，胥弥赦占之。"杜预注："胥弥赦，筮史。"

太师　乐工之长。见于《左传·襄公十四年》。杜预注："太师，掌乐大夫。"

师　乐师。《左传·襄公十四年》："献公饮孙蒯酒，使太师歌巧言之卒章，太师辞，师曹请为之。"杜预注："师曹，乐人。"

御　掌驾国君之车。《左传·襄公十四年》："（卫侯）出奔齐……公孙丁御公。"杜预注："为公御也。"

右　国君兵车勇士。《左传·昭公二十年》："庆比御公，公南楚骖乘。"

官师　掌国子与国君警卫。《国语·楚语上》："（卫武公）位宁有官师之典。"韦昭注："中庭之左右谓之位，门屏之间谓之宁。师，长也。典，常。"

旅贲　国君卫士。《国语·楚语上》："在舆有旅贲之规。"韦昭注："旅贲，勇力之士。掌执戈盾，夹车而趋，车止则持轮。"

4. 东宫官

傅　掌教太子。《史记·卫康叔世家》："宣公爱夫人夷姜，夷姜生子伋，以为太子，而令右公子傅之。……宣公得齐女，生子寿、子朔，令左公子傅之。"杜预注："左右公子，左右媵之子，固以为号。"

5. 内廷事务官

右宰　内廷事务总管。《史记·卫康叔世家》："使右宰丑进食。"《集解》："服虔曰：'右宰丑，卫大夫。'"

寺人　国君近侍。《国语·楚语上》："（卫武公）居寝有亵御之箴。"韦昭注："亵，近也。"亦称侍人，《左传·哀公十五年》："公使侍人纳公文懿子之车于池。"

（四）郑国

1. 国君及其正妻与太子

公　郑国国君的称谓。《左传·隐公元年》记："郑武公娶于申。"又称为伯，《左传·隐公十一年》："郑伯将伐许。"

夫人　国君正妻。《史记·郑世家》："郑文公有三夫人，宠子五人，皆以罪早死。"

太子　国君法定继承人。《史记·郑世家》："武公十年，娶申侯女为夫人，曰武姜，生太子寤生。"

2. 政务官与事务官

上卿　别称大正、大政、正卿、政卿，为六卿之首，总理政务。上卿见于《左传·襄公二十九年》，大正见于《左传·昭公十五年》，《汉书·五行志》作大政，《左传·襄公八年》作政卿。

少卿　别称少正，掌政务。少卿见于《左传·昭公三十年》，少正见于《左传·襄公二十二年》，杨伯峻注："少正即亚卿。"

六卿　六个强大宗族的首领，共掌国政，合称六卿。《左传·襄公九年》："将盟，郑六卿公子騑、公子发……皆从郑伯。"

司徒　掌公田及役徒。《左传·襄公二十五年》："司徒致民。"

司墓　掌公共墓地。见于《左传·昭公十二年》。

县人　掌公邑。《韩非子·外储说左上》："郑县人有屈公者，闻敌恐，因死。"

褚师　掌市场交易。《左传·昭公二年》："公孙黑请以印为褚师。"杜预注："褚师，市官也。"

封人　掌封疆。见于《左传·隐公元年》。杜预注："封人，典封疆者。"

司马　掌军政。《左传·襄公二十五年》："司马致节。"

将军　军队将领。《国语·晋语四》："郑人以詹伯为将军。"

司空　掌工程。《左传·襄公二十五年》："司空致地。"又称司城，《史记·郑世家》有"郑司城缯贺。"

司寇　掌都城内刑政。见于《左传·庄公二十年》。杜预注："司寇，刑官。"

野司寇　掌郊外刑狱。《左传·昭公十八年》："使野司寇各保其征。"杜预注："野司寇，县士也。火之明日，四方乃闻灾，故戒保所征役之人。"

士师　掌诉讼。《列子·周穆王》："遂讼而争之，归之士师。"

司直　掌谏国君。《诗经·郑风·羔裘》："彼其之子，邦之司直。"

行人　掌外事。《春秋·襄公十一年》："楚人执郑行人良霄。"《左传》："书曰'行人'，言使人也。"

令正　掌外交辞令。《左传·襄公二十六年》："子太叔为令正。"杜预注："主作辞令之正。"

执讯　掌通讯问。见于《左传·文公十七年》。杜预注："执讯，通讯问之官。"

相　掌赞礼仪。见于《左传·桓公十八年》。杨伯峻注："古代朝聘、会盟、享宴、祭祀等礼仪，必有襄助之人，其人曰相，其事曰相礼。"

馆人　掌客舍。见于《左传·昭公元年》。杜预注："馆人，守舍人也。"

太史　掌策命、记事。《左传·襄公三十年》："伯有既死，使太史命伯石为卿。"徐中舒《左传选》注："命，策命，古代君命书于简策，称为策命。"

祝　又称祝史，掌祭祀祈祷。《左传·襄公二十五年》："祝祓社。"杨伯峻注："此郑国之祝祓陈国之社，因军入国，恐触怒其国之鬼神，而被除不祥。"

宗人　掌宗庙礼仪。《左传·庄公十四年》："（原繁曰）先君桓公命载先人典司宗祏。"杜预注："桓公，郑始受封君也。宗祏，宗庙中藏主石室。言己世为宗庙守臣。"

开卜大夫　掌占卜。《左传·昭公十八年》："使公孙登徙大龟。"杜预

注："登，开卜大夫。"

太师　乐工之长。《吕氏春秋·君守》："郑太师文终日鼓瑟而兴。"

师　掌音乐。《左传·襄公十一年》："郑人赂晋侯以师悝、师触、师蠲。"杜预注："悝、触、蠲，皆乐师名。"

外仆　掌国君出外营舍。《左传·襄公二十八年》："子产相郑伯以如楚，舍不为坛，外仆言曰：'昔先大夫相先君，适四国，未尝不为坛。'"杜预注："外仆，掌次舍者。"

马师　别称校人，掌养马。《左传·昭公七年》："（子产曰）朔于敝邑，亚大夫也；其官，马师也。"在文献中，马师与校人均为养马之官，其之所以称为校人，《汉书·司马相如传》颜师古注："养马称校人者，谓以木为阑校以养马耳，故呼为闲也，校是马厩之总名，与闲义略同。"

御　掌驾君车。《左传·成公十六年》："（鄢陵之战）石首御郑成公。"

右　国君车上的卫士。《左传·成公十六年》："（鄢陵之战）石首御郑成公，唐苟为右。"

3. 内廷事务官

太宰　内廷事务总管。《左传·襄公十一年》："郑人使良霄，太宰石㚟如楚。"

宰夫　国君厨师。《左传·宣公四年》："宰夫将解鼋。"

府人　掌收藏珍宝、文书。《左传·昭公十八年》："使府人、库人各儆其事。"《说文·广部》："府，文书藏也。"《礼记·曲礼下》郑玄注："府谓宝藏货贿之处也。"

库人　保管武器及物资。《左传·昭公十八年》："使府人、库人各儆其事。"《礼记·曲礼下》："库谓车马兵甲之处也。"

司宫　掌宫内事务。《左传·昭公十八年》："商成公儆司宫，出旧宫人，置诸火所不及。"杜预注："商成公，郑大夫。司宫，巷伯寺人之官。旧宫人，先公宫女。"

（五）晋国

1. 国君及其正妻与太子

侯　晋国国君称号，为周王赐予的爵位。《左传·闵公元年》："晋侯作二军，公将上军，太子申生将下军。"

夫人　晋侯正妻，见于《左传·僖公四年》。

太子　晋侯法定继承人，见于《左传·闵公元年》。

2. 辅弼之臣

太师　辅弼之臣，为晋侯师，见于《左传·文公六年》。

太傅　辅弼之臣，掌辅导晋侯，见于《左传·桓公二年》。

3. 政务官与事务官

上卿　别称命卿、正卿，总理政务。《国语·晋语一》："武公伐翼，杀哀侯，止栾共子曰：'苟无死，吾以子见天子，令子为上卿，制晋国之政。'"韦昭注："上卿，执政，命于天子也。"因上卿命于天子，故亦称命卿。上卿又称正卿，《国语·晋语八》："执政使栾氏之臣勿从。"韦昭注："执政，正卿，范宣子也。"

六卿　别称六正，为三军之将、佐，兼掌政务。《左传·襄公二十五年》："自六正、五吏、三十帅、三军之大夫……皆有赂。"杨伯峻注："所谓六卿，即三军之将与佐。"

大臣　宗族掌大权者。《史记·晋世家》："（昭侯）七年，晋大臣潘父弒其君昭侯，而迎曲沃桓叔。"《国语·晋语四》："故诗云惠于宗公。"韦昭注："宗公，大臣也。"

甸人　掌公田。见于《左传·成公十年》。杜预注："甸人，主为公田者。"

廪人　掌粮仓。见于《说苑·复恩》。

兽人　掌田猎。见于《左传·宣公十二年》。

麓　掌苑囿。见于《国语·晋语九》，韦昭注："麓，主苑囿之官。传曰：'山林之木，衡麓守之。'"

县大夫　掌公邑。《左传·僖公二十五年》："晋侯围原……退一舍而原降。迁原伯贯于冀。赵衰为原大夫，狐溱为温大夫。"杜预注："伯贯，周守原大夫也。"县大夫亦称为"守"。

县师　县大夫的属官，掌县邑地域田亩、人民口数、赋税征收等事。《左传·襄公三十年》："晋悼夫人食舆人之城杞者。绛县人或年长矣。无子，而往与于食……赵孟问其县大夫，则其属也。召之……以为绛县师。"杜预注："县师，掌地域，辨其夫家人民。"《正义》："绛非赵武私邑，而云则其属者，盖凡公邑，国卿分掌之，而绛属武也。"

执秩 掌爵禄。见于《左传·僖公二十七年》，杜预注："执秩，主爵秩之官。"

司功 掌赏功。《世本·孙冯翼集本》："士匄弟佗为司功，以官为氏。"

司空 掌工程。《左传·襄公三十一年》："（子产曰）侨闻文公之为盟主也……司空以时平易道路。"杜预注："易，治也。"司空或称大司空。《左传·庄公二十六年》："春，晋士蒍为大司空。"

津吏 掌黄河渡口。《七国考》："《列女传》，赵简子南击荆，至河津，津吏醉卧不能渡。"

圬人 泥水工。《左传·襄公三十一年》："圬人以时塓馆宫室。"杜预注："圬人，涂者；塓，涂也。"

司寇 掌刑罚。《国语·晋语六》："今吾司寇之刀锯日弊，而斧钺不行。"韦昭注："刀锯，小人之刑也。弊，败也。斧钺，大刑。不行，不行于大臣也。"

理 掌断狱。《国语·晋语八》："生子舆为理，以正于朝，朝无奸官。"韦昭注："理，士官也。"理又作"士"，《左传·昭公十四年》："士景伯如楚，叔鱼摄理。"士与理通，士景伯盖以官名为氏者。士又作士师，《汉书·高帝纪》："范氏为晋士师。"

行人 掌宾客。见于《国语·晋语八》，韦昭注："行人，掌宾客之官。"

介 行人之副。《左传·襄公二十七年》："晋赵武至于宋。……宋人享赵文子，叔向为介。"杨伯峻注："赵武为主宾，叔向为宾之副，谓之介。"

司正 掌宾主礼仪。见于《国语·晋语一》，韦昭注："司正，主宾主之礼者也。"

舟虞 掌船。《国语·鲁语下》："叔向退，召舟虞与司马。"韦昭注："舟虞掌舟。"

太史 掌记事、典籍、姓氏。《左传·宣公二年》："太史书曰，赵盾弑其君，以示于朝。……孔子曰：'董狐，古之良史也，书法不隐。'"杜预

注："不隐盾之罪。"

祭史 掌祭祀、祈祷。《左传·昭公十七年》："晋荀吴帅师涉自棘津，使祭史先用牲于洛。"顾栋高《春秋大事表》卷十："祭史当即祝史。"

筮史 掌筮。《国语·晋语四》："筮史占之，皆曰'不吉'。"韦昭注："筮史，筮人，掌以三易辨九筮之名。"

卜 掌占卜。《国语·晋语二》："献公问于卜偃。"韦昭注："晋掌卜大夫郭偃也。"

巫 掌接神，为神人之间的媒介。《左传·成公十年》："晋侯梦大厉……公觉，召桑田巫，巫言如梦。……杀之。"杜预注："桑田，晋邑。……《传》言巫以明术见杀。"

师 掌音乐。《国语·晋语八》："师旷曰……"韦昭注："师旷，晋主乐大夫。"亦称"太师"，《左传·襄公十四年》："师旷侍于晋侯。"杜预注："师旷，晋乐太师。"又称"工"，《左传·襄公四年》："工歌文王之三。"杜预注："工，乐人也。"

百官 泛指众官。《左传·成公十八年》："晋悼公即位于朝，始命百官。"

有司 泛指某官员。《左传·成公九年》："晋侯观于军府，见钟仪。问之曰：'南冠而挚者，谁也？'有司对曰：'郑人所献楚囚也。'"

曾臣 犹陪臣。《左传·襄公十八年》："曾臣彪将率诸侯以讨焉。"杨伯峻注："曾臣犹陪臣。曾与陪皆有重义。天子于神称臣，诸侯为天子之臣，故于神称曾臣。诸侯于天子称臣，诸侯之臣于天子则称陪臣，其取义相同。"

元帅 统率中军之将，兼掌国政。见于《左传·僖公二十七年》，杜预注："元帅，中军帅。"

将军 又称帅，即军事将领。《左传·闵公元年》："晋侯作二军，公将上军，太子申生将下军。"

将佐 军的副帅。晋六军之将皆有佐，三军之佐见于《左传·僖公二十七年》，新三军之佐见于《国语·晋语四》。

军大夫 军的中级指挥官。《左传·僖公三十三年》："文公以（郤缺）

为下军大夫。"顾栋高《春秋大事表》卷十："晋三军大夫始此。"

军尉　掌军的政务。中军之尉又称元尉，见于《左传·闵公二年》。

尉佐　军尉之佐官。见于《国语·晋语七》。

军司马　掌军法、军赋。见于《左传·僖公二十八年》。

军司空　掌营垒、后勤。见于《左传·文公二年》。

舆帅　掌管徒卒。见于《左传·成公二年》。

候正　又称候奄、候，掌侦察。见于《左传·成公二年》。

亚旅　掌警卫。见于《左传·成公二年》。

五吏　指军尉、军司马等五种职官。《左传·襄公二十五年》："自六正、五吏、三十帅……皆有赂。"杨伯峻注："五吏疑为军尉、司马、司空、舆尉、候奄，襄十九传皆受一命之服者也。"

乐正　掌钟鼓。见于《国语·晋语五》。韦昭注："正，长也；乐正主钟鼓。"

师　一师之长。见于《左传·成公十八年》。杜预注："师，二千五百人之帅也。"

旅　一旅之长。见于《左传·成公十八年》。杜预注："旅，五百人之帅也。"

仆大夫　掌车马之事。见于《左传·成公六年》。

仆人　掌传命。见于《国语·晋语七》。

管库之士　掌看管库藏。《礼记·檀弓下》："所举于晋国管库之士七十有余家。"孙希旦《集解》："管，键也；库，物所藏。管库之士，府史以下，官长所置也。"

医　晋侯侍臣。见于《左传·僖公三十年》。

乘马御　又名赞仆，掌驾车。见于《国语·晋语七》。

驺　掌驾车。见于《左传·成公十八年》。《正义》："驺当《周礼》之趣马。"孔颖达疏："驺是主驾之官也。"

御戎　专掌晋侯兵车。见于《左传·桓公三年》。

校正　又名"右"，晋侯兵车卫士。见于《左传·成公十八年》。杜预注："校正，主马官。"

戎右　晋侯兵车卫士。见于《左传·桓公三年》。杜预注："右，戎车之右。"

司士　掌管理甲士。《左传·成公十八年》："荀宾为右，司士属焉，使训勇力之士时使。"杜预注："司士，车右之官。勇士皆车右也。勇力多不顺命，故训之以供时之使。"

舆大夫　掌副车。《左传·僖公十年》："遂杀丕郑、祁举及七舆大夫。"杜预注："侯伯七命，副车七乘。"《正义》："每车一大夫主之，谓之七舆大夫"。

公族大夫　省称公族，掌公族之政。公族指国君宗室子弟。《左传·成公十八年》记晋悼公即位，始命百官，"荀家、荀会、栾黡、韩无忌为公族大夫"。

余子　国君的近卫。余子本指卿的嫡子以外诸子，与嫡子相对而言，同时亦为官名。平时教训卿之余子，战时则率领他们掌国君的路车（戎车中的客车，主居守）。

公路　国君的近卫。公路本是指国君戎车中的导车，而掌管此种戎车、主居守之官即称为公路。此职例由余子充任，故公路即余子的互名。

公行　国君的近卫。以卿的庶子为之，掌国君戎车中的攻车和行列。《左传·宣公二年》："及（晋）成公即位，乃宦卿之适子而为之田，以为公族。又官其余子亦为余子，其庶子为公行。"杜预注："庶子，妾子也，掌率公戎行。"

少庶子　未成年庶子服事者。《韩非子·内储说下》："晋平公觞客，少庶子进炙而发绕之。"

官师　掌教贵族子弟。《国语·晋语四》："文公问于胥臣曰：'吾欲使阳处父傅谨也而教诲之，其能善之乎？'……对曰：'官师之所材也……夫教者，因体能质而利之者也。'"韦昭注："谨，文公子襄公名。能质，性能。"

4. 东宫官

傅　掌辅导太子、公子。见于《左传·僖公四年》。

5. 内职与内廷事务官

嫔嫱　内职。晋侯妾，掌宫中事务。《国语·晋语四》："备嫔嫱焉。"

韦昭注："嫔嫱，妇官。"《左传·哀公元年》杜预注："妃、嫱，贵者；嫔、御，贱者。皆内官。"

中大夫 内廷事务官。晋侯宠信谏臣，见于《左传·僖公四年》。

宰夫 内廷事务官，又称膳宰、宰人、庖人，掌膳食。见于《左传·宣公二年》。

馈人 内廷事务官，掌煮饭。见于《左传·成公十年》。

复陶 内廷事务官，掌衣服。见于《左传·襄公三十年》。

勃鞮 内廷事务官，掌鞋。见于《史记·晋世家》。

寺人 又称小臣，掌宫内事。见于《国语·晋语二》。

竖 在宫中掌事的未成年者。见于《国语·晋语八》。

（六）齐国

1. 国君及其正妻与太子

侯 齐国国君的称谓，为周天子所封之爵称。《左传·僖公二十四年》："齐侯置射钩而使管仲相。"

夫人 国君正妻。《史记·齐太公世家》："齐桓公之夫人三：曰王姬、徐姬、蔡姬。"夫人亦通称为"妃"，《国语·齐语》："九妃六嫔。"韦昭注："唐尚书曰：九妃，三国之女，以姪娣从也。昭谓：正適称妃，言'九'者，尊之如一，明其淫侈非礼制也。"

太子 君位法定继承人。《左传·隐公三年》："卫庄公娶于齐东宫得臣之妹，曰庄姜。"杜预注："得臣，齐太子也。太子不敢居上位，故常居东宫。"

2. 政务官与事务官

上卿 又称为守，为天子所命之执政官。《左传·僖公十二年》："王以上卿之礼飨管仲，管仲辞曰：'臣，贱有司也，有天子之二守国、高在。'"杜预注："国子、高子，天子所命为齐守臣，皆上卿也。"

大夫 此指天子任命的大夫，相当于诸侯国之卿。掌政务。《左传·成公十八年》："庆封为大夫，庆佐为司寇。"杨伯峻注："齐国之大夫相当于诸侯之卿，非广义之大夫，司寇尚非大夫，庆佐至襄二十一年始为大夫。"

相 国君所命之执政官。《管子·大臣》："管仲再拜稽首而起曰：'今日君成霸，臣贪承命，趋立于相位，乃立五官行事。'"后又分设左右相，

《史记·齐太公世家》："景公立，以崔杼为右相，庆封为左相。"相又称相国。《晏子春秋·内篇谏下》："愿相国察妾言。"《管子·地图》又有相室之称。

锐司徒　领作战步兵。《左传·成公二年》："锐司徒免乎？"杜预注："锐司徒主锐兵者。"

辟司徒　掌壁垒。《左传·成公二年》："辟司徒之妻也。"杜预注："辟（即壁字）司徒，主垒壁者。"

大田　掌农田。《韩非子·外储说左下》："垦草刉邑，辟地生粟，臣不如宁戚。请以为大司田。"

虞人　掌山泽之官，职司田猎、柴薪。见于《左传·昭公二十年》。又名虞师，《管子·立政》："修火宪，敬山泽林薮积草，夫财之所出，以时禁发焉，使民足于宫室之用，薪蒸之所积，虞师之事也。"

衡鹿　掌林木。《左传·昭公二十年》："山林之木，衡鹿守之。"徐中舒《左传选》注："衡鹿，管山林的官，衡同横，鹿同簏，言于山足下横木为栏，以为禁区。"

舟鲛　又名侍鱼，掌渔业、蒲苇。《左传·昭公二十年》："泽之萑蒲，舟鲛守之。"《正义》："舟，行水之器；鲛，大鱼之名。泽中有水有鱼，故以舟鲛为官名也。"

祈望　掌海产。《左传·昭公二十年》："海之盐蜃，祈望守之。"徐中舒《左传选》注："祈望，管海产的官，祈望主祭境内山川，因使之主海产。"

职计　掌财务。《晏子春秋·内篇谏上》："景公燕赏于国内，万钟者三，千钟者五，令三出，而职计莫之从。"张纯一注："职计犹今言会计。"《尔雅·释诂》："职，主也。"

封人　掌封疆。《韩非子·外储说左下》："管仲束缚，自鲁之齐，道而饥渴，过绮乌封人而乞食，乌封人跪而食之，甚敬。"

大司马　掌军政。《晏子春秋·内篇杂上》："移于司马穰苴之家。"《史记·司马穰苴列传》："（景公）既见穰苴，尊为大司马。"

将军　或称将，为军队将领。《史记·司马穰苴列传》："景公召穰苴与语兵事，大说之，以为将军。"《索隐》："谓命之为将，以将军也，遂以将军为官名。"

军正　掌管军法。《史记·司马穰苴列传》："（司马穰苴）召军正问曰："军法期而后至者云何？'对曰：'当斩。'"

司空　掌工程。《管子·立政》："决水潦，通沟渎，修障防，安水藏，使时水虽过度，无害于五谷，岁虽凶旱，有所秎获，司空之事也。"

水官　掌水利工程。《管子·度地》："请为置水官，令习水者为吏，大夫、大夫佐各一人。"

工正　掌百工，见于《左传·庄公二十二年》。杜预注："掌百工之官。"工正又名工尹，见于《管子·问》。

轮人　掌制车轮。《庄子·天道》："桓公读书于堂上，轮扁斫轮于堂下，释椎凿而上……桓公曰：'寡人读书，轮人安得议乎！'"

为宅　掌整饰宫室。《管子·大匡》："弗郑为宅。"尹知章注："为宅，掌修除宫室。"

司寇　掌刑罚。《左传·成公十八年》："庆佐为司寇。"

理　又称大司理、大理、泰士、士师，掌刑诉赏罚。《管子·小匡》："弦子旗为理。"尹知章注："理，狱官。"大司理，见于《管子·小匡》。大理，见于《韩非子·外储说左下》。泰士，见于《晏子春秋·内篇谏上》。士师，见于《管子·立政》。

司过　掌监察官吏。《晏子春秋·内篇问上》："司过荐罪。"张纯一注："司过，官名，内吏也。"

人啬夫　掌察民众。《管子·君臣上》："人啬夫任教。"尹知章注："人啬夫，谓检束百姓之官。"

大谏　掌谏国君。《管子·小匡》："使鲍叔牙为大谏。"

行人　掌出使。《管子·小匡》："隰朋为行。"尹知章注："行，谓行人也，所以通使诸侯。"行又称大行，《管子·小匡》："升降揖让，进退闲习，辨辞之刚柔，臣不如隰朋，请立为大行。"尹知章注："大行，大使之官。"

傧者　掌接待宾客。《管子·小问》："桓公令傧者延而上。"尹知章注："傧，谓引宾客者也。"

太史　掌记事、典籍。《管子·立政》："五乡之师，五属大夫，皆受宪于太史。……太史既布宪，入籍于太府。"

南史　太史之佐。《左传·襄公二十五年》："南史氏闻太史尽死，执简以往，闻既书矣，乃还。"顾栋高《春秋大事表》卷十："孔疏南史是佐太史者，当是小史也。居在南，故谓之南史耳。"

史　普通史官。见于《左传·襄公二十五年》。

玄官　掌祭天。见于《管子·幼官》。尹知章注："玄官，主礼天之官也。"

祝　掌祭祀、祈祷。《左传·襄公二十五年》："祝佗父祭于高唐。"又名祝史，见于《晏子春秋·内篇谏上》。

宗伯　掌宗庙礼仪。《洹子孟姜壶铭》："齐侯命太子乘遽叩宗伯，听命于天子。"

占梦　掌占梦之吉凶。见于《晏子春秋·内篇谏上》。

巫　掌接神。见于《吕氏春秋·知接》。

太师　乐工之长。见于《晏子春秋·内篇杂上》。

乐人　掌奏乐。见于《晏子春秋·内篇杂上》。乐人又名师，见于《晏子春秋·内篇杂下》。

五官　《管子·大匡》："管仲……趋立于相位，乃立五官行事。"又《管子·小匡》："相三月，请论百官。"五官包括大行、大司田、大司马、大司理、大谏。

有司　官吏的泛称。《国语·齐语》："有司见而不以告，其罪五。"

士吏　由士担任的官府小吏。《管子·五行》："天子出令，命左右士师内御，总别列爵，论贤不肖士吏，赋秘赐，赏于四境之内。"尹知章注："论士吏贤与不肖，当有所黜陟也。"

臣　臣泛称君主的各级官吏。《管子·小匡》："桓公能假其群臣之谋以益其智也，其相曰夷吾，大夫曰宁戚、隰朋、宾胥无、鲍叔牙。"

仆人　国君仆役。《左传·襄公二十一年》："敢勤仆人。"

御　掌驾国君兵车。《左传·成公二年》："师陈于鞌，邴夏御齐侯。"

右　国君兵车卫士。《左传·成公二年》："（鞌之战）邴夏御齐侯，逢丑父为右。"

骖乘　国君车的陪乘。《左传·文公十八年》："（齐懿公）纳阎职之妻，而使职骖乘。"杨伯峻注："骖乘，亦作参乘，又曰陪乘。……古乘车之法，导者居左，御者居中，又有一人处车之右，是以戎车则称车右，其余则称骖乘。"

圉人　掌养马。《管子·小问》："管仲对曰：'夷吾尝为圉人矣。'"尹知章注："圉，养马者。"

3. 东宫官

傅　掌辅导太子。《管子·大匡》："使鲍叔傅小白。"《左传·襄公十九年》："（齐侯）使高厚傅牙以为太子。"

少傅　掌辅导太子。《左传·襄公十九年》："（齐侯）使高厚傅牙以为太子，夙沙卫为少傅。"

4. 内职与内廷事务官

嫔　内职名。《管子·小匡》："九妃六嫔。"《国语·齐语》韦昭注："嫔，妇官也。"妇官亦称内官，《左传·襄公十九年》杨伯峻注："所谓内官者，亦诸侯、天子姬妾之别名，因居宫内，必有官阶，故云内官。"

太宰　国君家务总管。《国语·齐语》："使鲍叔为宰。"韦昭注："宰，太宰也。"

饔人　掌国君膳食。《左传·僖公十七年》："雍巫有宠于卫共姬，因寺人貂以荐羞于公。"杜预注："雍巫，雍人，名巫，即易牙。"《史记·齐太公世家》："雍巫有宠于卫共姬。"《考证》："雍、饔通，此人为掌食之官。"

寺人　官者侍于宫内者。《左传·僖公二年》："齐寺人貂始漏师于多鱼。"杜预注："寺人，内奄官竖貂也。多鱼，地名，传言貂于此始擅贵宠，漏泄桓公军事。"

门父　掌守宫门。《管子·揆度》："自言能为官不能为官者，劓以为门父。"

（七）陈国

1. 国君及其正妻与太子

公　陈国国君的称号，后又称侯。《史记·陈杞世家》："桓公弟佗，其母蔡女，故蔡人为佗杀五父及桓公太子免而立佗，是为厉公。"又："灵公与其大夫孔宁、仪行父皆通于夏姬。……征舒自立为陈侯。"

元妃　国君嫡妻。《左传·昭公八年》："陈哀公元妃郑姬，生悼太子偃师。"

太子　国君法定继承人。《左传·桓公五年》："文公子佗杀太子免而代之。"《史记·陈杞世家》："灵公太子午奔晋，征舒自立为陈侯。"

2. 政务官与事务官

卿佐　卿与佐的合称，掌理政务。《国语·周语中》："今陈侯不念胤续之常……帅其卿佐以淫于夏氏。"韦昭注："卿佐，孔、仪也。"又："陈灵公与孔宁、仪行父南寇以如夏氏。"韦昭注："孔宁、仪行父，陈之二卿。"

司徒　掌公田与役徒。《左传·襄公十七年》："宋庄朝伐陈，获司徒卬。"

司里　掌一里之政。《国语·周语中》："司里不授馆，国无寄寓，县无施舍。"韦昭注："司里，里宰也，掌授客馆。寓，亦寄也。无寄寓，不为庐舍，可以寄寓羁旅之客也。四甸为县，县方十六里。施舍，宾客负任之处也。"

芋尹　掌芋园。《左传·哀公十五年》："吴子使太宰嚭劳……芋尹盖对曰：'……寡君使盖备使，吊君下之吏。'"杜预注："盖，陈大夫。备，犹副也。"

司马　掌军政。《左传·襄公二十五年》："陈侯扶其太子偃师奔墓，遇司马桓子。"杜预注："桓子，陈之司马。"

司空　掌工程。《国语·周语中》："司空不视涂。"韦昭注："司空，掌道路者。"

司败　掌刑罚。《论语·述而》："陈司败问昭公：'知礼乎?'"《左传·文公十年》杜预注："陈、楚名司寇为司败。"

行人　掌外事。《春秋·昭公八年》："楚人执陈行人干征师杀之。"

上介　副使。见于《左传·哀公十五年》。

候　掌迎送宾客。《国语·周语中》："候不在疆。"韦昭注："候，候人，掌送迎宾客者。疆，境也。"

3. 内廷事务官

太宰　国君家务总管。《礼记·檀弓下》："陈太宰嚭使于师。"

膳宰　掌膳食。《国语·周语中》："膳宰不致饩。"韦昭注："膳宰，膳夫也，掌宾客之牢。"

（八）宋国

1. 国君及其正妻与太子

公 宋国国君称号。《史记·宋微子世家》："宣公卒，弟和立，是为穆公。"《左传·庄公十一年》："（宋公曰）孤实不敬。"杨伯峻注；"《礼记·曲礼下》云：'诸侯见天子曰臣某侯某，其与民言自称曰寡人，其在凶服曰適子孤。'此宋公自称孤，盖用凶礼。"

夫人 国君正妻。《左传·襄公二十六年》："左师见夫人之步马者，问之，对曰：'君夫人氏也。'"

太子 国君法定继承人。宋国仍有商代兄终弟及的传统，《史记·宋微子世家》："宣公有太子与夷……宣公病，让其弟和，曰：'父死子继，兄死弟及，天下通义也。我其立和。'和亦三让而受之。"

2. 政务官与事务官

上卿 六卿之首，总理国政。《左传·哀公二十六年》："司城为上卿。"顾栋高《春秋大事表》卷二四："宋之执政，不拘一官，孔父以大司马，华督以太宰，华元以右师，向戌以左师，乐喜以司城。"《史记》中上卿称相。《宋微子世家》："庄公元年，华督为相。"

六卿 宋以右师、左师、司徒、司马、司城、司寇为六卿，谁为正卿则并不固定。顾栋高《春秋大事表》卷十："宋六卿自殇公以前，则大司马执政，督杀司马孔父，遂以太宰相，襄公即位，子鱼以左师听政。"

右师 国君师。《左传·成公十五年》："葬宋共公。于是华元为右师，鱼石为左师，荡泽为司马……荡泽弱公室，杀公子肥。华元曰：'我为右师，君臣之训，师所司也。今公室卑而不能正，吾罪大矣。不能治官，敢赖宠乎？'乃出奔晋。"

左师 国君师。《左传·僖公九年》："宋襄公即位，以公子目夷（宋襄公庶兄）为仁，使为左师以听政，于是宋治。"顾栋高《春秋大事表》卷十："春秋官皆尚右，传叙宋六卿皆先右师，是宋卿以右师为长。"

二师 指右师、左师。《左传·襄公九年》："二师令四乡正敬享。"杨伯峻注："二师，右师及左师。盖宋都有四乡，每乡一乡正，即乡大夫。"

大尹　春秋末年宋执政官。《左传·哀公二十六年》："六卿三族降听政，因大尹以达。"

司徒　掌正徒。《左传·文公十一年》："宋武公之世，鄋瞒伐宋，司徒皇父帅师御之，耏班御皇父充石。"杜预注："皇父，戴公子；充石，皇父名。"

乡正　掌一乡行政。《左传·襄公九年》："宋灾。……二师令四乡正敬享。"杜预注："二师，左、右师也。乡正，乡大夫。享，祀也"

司里　掌一里之政。《左传·襄公九年》："使伯氏司里。"杜预注："伯氏，宋大夫。司里，里宰。"《正义》："此言司里谓城内之民，若今城内之坊里也。"

隧正　掌一遂行政。《左传·襄公九年》："令隧正纳郊保，奔火所。"杜预注："隧正，官名也。五县为隧，纳聚郊野保守之民，使随火起往救之。"左言东《先秦职官表》按："保，通堡。《礼记·月令》：'四鄙入保。'注：'小城曰保，又都邑之城曰保。'"

帅甸　掌公田。《左传·文公十六年》："宋昭公将田孟诸，未至，夫人王姬使帅甸攻而杀之。"顾栋高《春秋大事表》卷十："《正义》曰，周礼载师以公邑之田任甸，地近国为郊，郊外为甸。帅甸者，甸地之帅，公邑之大夫也。"

邑人　掌公邑。《左传·昭公二十一年》："厨人濮。"杜预注："宋厨邑大夫。"

迹人　掌田猎，专掌追寻禽兽踪迹之事。《左传·哀公十四年》："迹人来告曰：'逢泽有六麋焉。'"杜预注："迹人，主迹禽兽者。介，大也，麋，瘴也。"顾栋高《春秋大事表》卷十："《周礼·迹人》掌邦田之地政，为之厉禁而守之，凡田猎者受令焉。"

封人　掌封疆。《左传·文公十四年》："宋高哀为萧封人，以为卿。"杜预注："萧，宋附庸。任附庸，还升为卿。"

褚师　掌市政。《左传·襄公二十年》："季武子如宋，报向戌之聘也。褚师段逆之以受享。"杜预注："段，共公子子石也。逆以入国，受享礼。"

大司马　掌军政。《左传·隐公三年》："宋穆公疾，召大司马孔父而属殇公焉。"大司马又名司武,《左传·襄公六年》:"子荡怒,以弓梏华弱于朝。平公见之曰:'司武而梏于朝,难以胜矣!'遂逐之。"杨伯峻注:"司武即司马,武马古同音,且宋国司马之职掌武事。"

少司马 大司马之佐。《左传·昭公二十一年》:"宋华费遂生华貙、华多僚、华登。貙为少司马。"杜预注:"费遂为大司马。"

校正 掌马。《左传·襄公九年》:"使皇郧命校正出马。"杜预注:"校正主马。"

工正 掌造车。《左传·襄公九年》:"使皇郧命……工正出车。"杜预注:"工正主车。"顾栋高《春秋大事表》卷十:"昭四年传云,夫子为司马与工正书服,是诸侯之官司马之属有工正主车也。"

玉人 掌制作玉器。《左传·襄公十五年》:"宋人或得玉,献诸子罕。……子罕……使玉人为之攻之。"杜预注:"玉人,能治玉者。"

司城 掌工程。《左传·桓公六年》:"(申缗曰)宋以武公废司空。"杜预注:"武公名司空,废为司城。"

大司寇 掌刑罚。《左传·成公十五年》:"向为人为大司寇。"大司寇或称司寇,《左传·文公十八年》:"公子朝卒,使乐吕为司寇,以靖国人。"

少司寇 大司寇之佐。《左传·成公十五年》:"鳞朱为少司寇。"

行人 掌出使。《春秋·定公六年》:"晋人执宋行人乐祁犁。"杜预注:"称行人,言非其罪。"

司星 掌天文。《史记·宋微子世家》:"荧惑守心;心,宋之分野也。景公忧之,司星子韦曰……"《考证》:"《周礼·春官·保章氏》,掌天星以志星辰日月之变动。"

祝 掌祭祀、盟誓。《左传·哀公二十六年》:"(大尹)使祝为载书……将盟之,祝襄以载书告皇非我。"杜预注:"襄,祝名。"

宗 掌宗庙礼仪。《左传·襄公九年》:"祝宗用马于四墉。"杜预注:"宗,宗人。"

师 乐师。《左传·襄公十年》:"宋公享晋侯于楚丘,请以桑林。……舞,师题以旌夏。"杜预注:"桑林,殷天子之乐名。师,乐师也。旌夏,大旌也。题,识也。以大旌表识其行列。"

官师 掌教贵族子弟。《韩非子·内储说上·七术》："宋崇门之巷人，服丧而毁，甚瘠。上以为慈爱于亲，举以为官师。"

御士 国君侍从。《左传·昭公二十一年》："（华）多僚为御士。"杜预注："公御士。"

圉人 养马者。《左传·襄公二十六年》："左师见夫人之步马者，问之，对曰：'君夫人氏也。'左师曰：'谁为君夫人？余胡弗知？'圉人归，以告夫人。"

3. 东宫官

太子内师 太子近侍。《左传·襄公二十六年》："寺人惠墙伊戾为太子内师而无宠。"《正义》："内师，身为寺人之官，公使之监知太子内事，为在内人之长也。"

4. 内廷事务官

太宰 国君家务总管。《左传·桓公二年》："孔父嘉为司马，督为太宰。"

少宰 太宰之佐。《左传·成公十五年》："鱼府为少宰。"

司宫 掌宫内之事。《左传·襄公九年》："令司宫、巷伯儆宫。"杜预注："司宫，奄臣。巷伯，寺人，皆掌宫内之事。"

巷伯 宫内仆役。《左传·昭公六年》："宋寺人柳有宠，太子佐恶之。"杜预注："有宠于平公。寺，本又作侍。柳，寺人名。"

门官 守门者。《左传·僖公二十二年》："宋师败绩，公伤股，门官歼焉。"杜预注："门官，守门者，师行则在君左右。歼，尽也。"

（九）楚国

1. 国君与太子

王 楚国国君称号。楚是蛮夷之国，国君称号非由周王所封，初称子，后称王。《史记·楚世家》："蚡冒弟熊通弑蚡冒子而代立，是为楚武王。"

太子 楚王的继承人。《史记·楚世家》："初，成王将以商臣为太子，语令尹子上。子上曰：'君之齿未也，而又多内宠，绌乃乱也。楚国之举常在少者。'"《集解》："贾逵曰：举，立也。"

2. 辅弼之臣

太师 简称师，为楚王之师。《史记·楚世家》："穆王立，以其太子宫予潘崇，使为太师，掌国事。"

少师 为太师之佐。《说苑·至公》："楚庄王之时，太子车立于茅门之内，少师庆逐之。"

傅 掌辅导国君。《国语·楚语上》："昔庄王方弱，申公子仪父为师，王子燮为傅。"

保 掌保养国君或太子。《七国考》："楚文王不治政，保申谏曰：'先王卜以臣为保，吉。'"

3. 政务官与事务官

莫敖 掌王族事务。《左传·庄公四年》："令尹斗祁、莫敖屈重除道梁溠。"左言东《先秦职官表》按："屈氏为武王之后，世为莫敖，掌楚国军政大权。据《左传·昭公十三年》杜预注：'不成君无号谥者，楚皆谓之敖。'楚国王位继承人未确立嫡长子继承制，楚王子都有继承权。屈瑕为武王子，未继王位，其地位初略与周族卿相当，令尹制建立后，其位在令尹、司马之下，其职责变为主要掌管王族事务。"

二卿 指令尹、司马。《左传·成公九年》："（范文子曰）名其二卿，尊君也。"徐中舒《左传选》注："名其二卿，直称令尹子重和司马子反的名。"

令尹 总理楚国政务。《史记·楚世家》："初成王将以商臣为太子，语令尹子上。"《考证》："庄四年《左传》，楚武王臣有令尹斗祁、莫敖屈重。令尹之名始见于此。其职当国，长于诸尹，在莫敖上，盖武王所创置，他国未闻。"

右尹 令尹之副。《国语·楚语上》："右尹子革侍。"

左尹 令尹之副。《左传·宣公十一年》："楚左尹子重侵宋。"

司马 掌理军务，与令尹共为执政。《国语·鲁语下》："执政未改。"韦昭注："执政，令尹、司马也。"又："杀白公而定王室。"韦昭注："定王室，谓兼令尹、司马，以平楚国。"顾栋高《春秋大事表》卷二三序："（楚）中军不必皆令尹将……盖楚以令尹当国，而司马则专主兵事，将、相微分，与晋制略异。"

右司马 司马之副。《左传·昭公三十一年》："吴师围弦。左司马戌、右司马稽帅师救弦。"

左司马 司马之副。《左传·昭公二十七年》："左司马沈尹戌帅都君子与王马之属以济师，与吴师遇于穷。"杜预注："都君子，在都邑之士有复除者。王马之属，王之养马官属校人也。"

将军 军队将领。《史记·楚世家》："将军子常……欲立令尹子西。"

军正 掌管军队。《七国考》引《列子》："鲁施氏之子好兵，楚王以为军正。"

司徒 掌役徒。《左传·宣公十一年》："令尹蒍艾猎城沂，使封人虑事，以授司徒。"杜预注："艾猎，孙叔敖也。司徒掌役。"

封人 掌封疆。《左传·宣公十一年》："令尹蒍艾猎城沂，使封人虑事，以报司徒。"杜预注："封人，其时主城筑者；虑事，谋虑计功。"

郊尹 掌国都郊区。《左传·昭公十三年》："（楚子）夺成然邑，而使为郊尹。"杜预注："郊尹，治郊境大夫。"

陵尹 掌楚王陵地。《左传·昭公十二年》："楚子狩于州来，次于颍尾，使荡侯、潘子、司马督、嚣尹午、陵尹喜帅师围徐以惧吴。"

莠尹 掌楚王苑囿。《左传·昭公二十七年》："楚莠尹然、王尹麇帅师救潜。"张澍《姓氏寻源》卷三七："楚大夫以官为氏，莠尹与芋尹、蓝尹皆以草名官。"

芋尹 掌芋园。《史记·楚世家》："芋尹申无宇之子申亥曰……"《考证》引《左传》"正义"："芋尹，种芋园之尹也。"

蓝尹 掌种蓝草。《左传·定公五年》："王之奔随也，将涉于成臼，蓝尹亹涉其帑，不与王舟。"

豚尹 掌养猪。《左传·襄公十八年》："楚子闻之，使杨豚尹宜告子庚。"杜预注："子庚，楚令尹公子午。"韩席筹《集注》："林云：杨豚邑大夫名宜。"梁氏履绳曰："《说苑·奉使》，楚庄王欲伐晋，使豚尹观焉，因疑豚尹如周官豕人、羊人之属，杨其氏，宜其名也。"

县公 又称县尹，掌一县之政。《左传·昭公八年》："使穿封戌为陈公。"杜预注："灭陈为县，使戌为县公。"又《昭公二十年》："棠君尚谓其弟员。"杜预注："棠君，为棠邑大夫。君或作尹。"又《宣公十二年》："沈尹将中军。"杜预注："沈或作寝，寝，县也，今汝阴固始县。"

太府　掌财物收藏。孙诒让《周礼正义》："《吕氏春秋·职分篇》说楚叶公发太府之货予众，是侯国亦有太府也。"

玉尹　掌玉。《新序·杂事五》："荆人卞和得玉璞，而献之荆厉王，使玉尹相之。"《七国考》："玉尹，掌玉之官也。"

工尹　掌百工。《左传·文公十年》："王使（子西）为工尹。"杜预注："工尹，掌百工之官。"

司败　掌刑罚。《左传·文公十年》："（子西曰）臣归死于司败。"杜预注："陈、楚名司寇为司败。"

廷理　掌朝廷礼法。《韩非子·外储说右上》："荆庄王有茅门之法，曰：'群臣大夫诸公子入朝，马践霤者，廷理斩其辀，戮其御。'"

连尹　掌通使，即行人之职。楚汉之间又称"连敖"。《汉书·功臣传》："隆虑克侯周灶，以连敖入汉。"注："如淳曰，连敖，楚官。《左传》楚有连尹、莫敖，其后合为一官号。"

介　副使。见于《左传·昭公十二年》。杜预注："介，副使也。"

傧者　掌接待宾客。《说苑·奉使》："晏子使楚，晏子短，楚人为小门于大门之侧而延晏子。晏子不入，曰：'使至狗国者，从狗门入，今臣使楚，不当从此门。'傧者更从大门入。"

候人　掌看守国境。《左传·宣公十二年》："（随季对楚使曰）岂敢辱候人。"杜预注："候人，谓伺候望敌者。"

关吏　掌关隘。《七国考》引《吴越春秋》："子胥到昭关，关吏欲执之，伍员因诈曰：'上所以索我者，美珠也。今我已亡矣，将去取之。'关吏因舍之。"

左史　又名太史，掌典籍、历法。《左传·昭公十二年》："左史倚相趋过。王曰：是良史也，子善视之。是能读三坟、五典、八索、九丘。"

卜尹　掌卜事。《左传·昭公十三年》："（平王）召观从。王曰：'唯尔所欲。'对曰：'臣之先，佐开卜。'乃使为卜尹。"杜预注："佐开卜，佐卜人开龟兆。"

巫　掌知神事。《左传·文公十年》："初，楚范巫矞似谓成王与子玉、子西曰：'三君皆将强死。'"杜预注："矞似，范邑之巫。"

乐尹　又名师、泠人，掌音乐。乐尹，《左传·定公五年》："（昭王以季芊）妻钟建，以为乐尹。"杜预注："乐尹，司乐大夫。"师，《左传·僖公二十二年》："楚子使师缙示之俘馘。"杜预注："师缙，楚乐师。"泠人，《左传·成公九年》："晋侯观于军府，见钟仪……问其族，对曰：'泠人也。'"《正义》："泠氏世掌乐官而善焉，故后世名乐官为泠官。"

国老　退职的卿大夫。《左传·僖公二十七年》："国老皆贺子文。"杨伯峻注："孔疏曰：'……国老者，国之卿大夫士之致仕者也。'"

箴尹　又作铖尹，掌进谏诤。箴尹，《左传·宣公四年》："箴尹克黄使于齐。"刘文淇《疏证》："高诱《吕览》注：楚有箴尹之官，谏臣也。"铖尹，《左传·定公四年》："铖尹固与王同舟，王使执燧象以奔吴师。"

医　楚王侍医。《左传·襄公二十一年》："使蒍子冯为令尹……以疾辞。……楚子使医视之。"

右领　掌领王侍从。《左传·哀公十七年》："楚子问帅于太师子谷与叶公诸梁，子谷曰：'右领差车与左史老，皆相令尹、司马以伐陈，其可使也。'子高曰……：'臣惧右领与左史有二俘之贱。'"左言东《先秦职官表》按："齐国有差车，为主车之官。此以差车为右领，右领当是御仆之长。"

御士　国君侍卫武官。《左传·襄公二十二年》："子南之子弃疾为王御士。"

御戎　掌驾王兵车。《左传·成公二年》："王卒尽行，彭名御戎，蔡景公为左，许灵公为右。"

宫厩尹　掌王宫马厩。《左传·昭公元年》："令尹子荡帅师伐吴……吴人败其师于房钟，获宫厩尹弃疾。"

中厩尹　掌养御用马厩。《左传·昭公二十七年》："沈尹戌言于子常曰：'夫左尹与中厩尹莫知其罪，而子杀之，以兴谤讟，至于今不已。'"杜预注："中厩尹，阳令终。"

监马尹　掌马政。《左传·昭公三十年》："使监马尹大心逆吴公子，使居养。"

王马之属　楚王养马官。《左传·昭公二十七年》："左司马沈尹戌帅都君子与王马之属以济师，与吴师遇于穷。"杜预注："王马之属，王之养马官，属校人也。"

都君子　楚王亲军。《左传·昭公二十七年》："左司马沈尹戍帅都君子与王马之属以济师。"杨伯峻注："都君子为亲军之称号，征发自都邑者。"

环列之尹　掌王宫警卫。《左传·文公元年》："穆王立……使（潘崇）为太师，以掌环列之尹。"杜预注："环列之尹，宫卫之官，列兵而环王宫。"

嚣尹　掌禁喧嚣。《左传·昭公十二年》："楚子狩于州来，次于颍尾，使荡侯、潘子、司马督、嚣尹午、陵尹喜帅师围徐以惧吴。"张澍《姓氏寻源》卷十四："嚣尹氏见《氏族略》。澍按，楚灵王臣嚣尹午，嚣尹者，当是禁人喧嚣之官。"

清尹　掌清道。《左传·成公七年》："子重、子反杀巫臣之族子阎、子荡及清尹弗忌及襄老之子黑要，而分其室。"张澍《姓氏寻源》卷十八："清尹氏，氏族略云：楚大夫清尹弗忌之后。澍按，清尹，系楚清道之官。"

4. 东宫官

太傅　掌辅导太子。《史记·楚世家》："商臣闻而未审也，告其傅潘崇。"傅又作太傅，《史记·楚世家》："伍奢为太子（建）太傅。"

少傅　为太傅之佐。《史记·楚世家》："伍奢为太子太傅，无忌为少傅。"

东宫司马　掌太子守地军事。《史记·楚世家》："（平王）使太子建居城父，守边。……乃令司马奋扬召太子建，欲诛之。"顾栋高《春秋大事表》卷十："《周礼·夏官》有都司马。郑云：都，王子弟所封及三公采地也，司马主其军赋。昭十九年传云，大城城父而置太子焉，则此城父司马即周礼都司马之职也。"

正仆人　太子亲近之官，为仆人之长。《左传·昭公十三年》："蔡公使须务牟与史猈先入，因正仆人杀太子禄及公子罢敌。"杜预注："正仆，太子之近官。"《正义》："正仆，太仆也。"杨伯峻注："《周书序》有太仆正，《仪礼·大射仪》有仆人正，此正仆人，即仆人正，仆人之长也。"

5. 内廷事务官

太宰　楚王家事总管。《左传·成公十六年》："楚子登巢车以望晋军，子重使太宰伯州犁侍于王后。"杜预注："州犁，晋伯宗子，前年奔楚。"

少宰　太宰之佐官。《左传·宣公十二年》："楚少宰如晋师。"

太官　掌膳食。《七国考》引《史记》："楚庄王有爱马。……马死，欲以大夫礼葬之。乐人优孟入殿门，大哭曰：'……请为王言，六畜之葬，以笼灶为之椁……'王乃以马属太官，无令天下知闻也。"

庖宰　即厨师。《新序·杂事四》："楚惠王……食寒菹而得蛭，因遂吞之，腹有疾而不能食。令尹入问曰：'王安得此疾？'王曰：'吾食寒菹而得蛭，念遣之而不行其罪乎？是法废而威不立也，非所以使国闻也。遣而行其诛乎？则庖宰、监食，法皆当死，心又不忍。故吾恐蛭之见也，因遂吞之。'"

监食　掌监督饮食制作。例见"庖宰"条。

王尹　掌宫内之政。《左传·昭公二十七年》："楚莠尹然、王尹麕帅师救潜。"杨伯峻注："王尹原作'工尹'。据孔疏引服虔云'王尹主宫内之政'，则服本作'王尹'。阮元校勘记引孙志祖云：'下文别有工尹寿，此当作王尹。'"

司宫　掌宫内事务。《左传·昭公五年》："（楚子曰）若吾以韩起为阍，以羊舌肸为司宫，足以辱晋，吾亦得志矣，可乎？"

寝尹　掌王寝。《左传·哀公十八年》："使（子国）帅师而行，请承。王曰：'寝尹、工尹，勤先君者也。'"

大阍　掌看守宫门。《左传·庄公十九年》："（鬻拳自刖）楚人以为大阍。"刘文淇《疏证》："阍人，掌守王宫中门之禁。"大阍为门官之长，亦称门尹。《左传·哀公十六年》："石乞尹门。"杜预注："为门尹。"

内官　王左右近臣。《左传·宣公十二年》："栾武子曰：'楚自克庸以来……内官序当其夜，以待不虞。'"杨伯峻注："内官，王左右亲近之臣……入夜则有亲近之臣依次值班以为保卫。"

中庶子　掌侍从宿卫。《新序·杂事一》："楚庄王中庶子曰：'臣尚衣冠御郎十三年矣。'"《墨子·尚贤上》孙诒让注："郎即郎门，即路寝门也。"

（十）吴国

1. 国君及其太子

王　国君称号。吴国国君本称子，《春秋·襄公二十九年》："阍杀吴子余祭。"其后称王，《史记·吴太伯世家》："寿梦立而吴始益大，称王。"公元前585年为寿梦元年。

太子　国君继承人。《史记·吴太伯世家》："吴王使太子夫差伐楚。"

2. 辅弼之官

后太师　王师。铜器有吴后太师戈。

3. 政务官与事务官

太宰　掌全国政务。《左传·定公四年》："伯州犁之孙嚭为吴太宰以谋楚。"左言东《先秦职官表》按："吴国的太宰为执政官，与世卿制下管家务的太宰有别。"

市正　掌市场。《越绝书》卷一："子胥遂行，至吴，徒跣被发，乞于吴市，三日，市正疑之。"

司马　掌军事行政。《左传·哀公十一年》："将战，吴子呼叔孙曰：'而事何也？'对曰：'从司马。'"杜预注："从吴司马所命。"

将军　军事将领。《国语·吴语》："十旌一将军，载常建鼓，挟经秉枹。"韦昭注："十旌万人。"

嬖大夫　中级军官。《国语·吴语》："十行一嬖大夫，建旌提鼓，挟经秉枹。"韦昭注："十行，千人。嬖，下大夫也。在掖曰挟。经，兵书也。秉，执也。"

官师　初级军官。《国语·吴语》："陈士卒百人，以为彻行百行，行头皆官师，拥铎拱稽，建肥胡，奉文犀之渠。"韦昭注："拥，犹抱也；拥铎者，亦恐有声也。拱，执也。郑司农以为：'稽，计兵名籍也。'肥胡，幡也。文犀之渠，谓楯也。文犀，犀之有文理者。"

行人　掌外事。《史记·吴太伯世家》："王寿梦二年，楚之亡大夫申公巫臣怨楚将子反而奔晋，自晋使吴，教吴用兵乘车，令其子为吴行人，吴于是始通于中国。"《集解》："服虔曰：'行人，掌国宾客之礼籍，以待四方之使，宾大客，受小客之币辞。'"

傧者　掌司仪。《晏子春秋·内篇杂下》："（吴王）命傧者曰……"张纯一注："傧者，掌傧相之礼，即周礼秋官之司仪。"

涉人　掌河渡口。《左传·哀公十五年》："（陈上介芋尹盖曰）苟我寡君之命达于君所，虽陨深渊，则天命也，非君与涉人之过也。"杨伯峻注："沈钦韩《补注》云：涉人犹津吏。"

御士尹氏　侍从官之长。《文物参考资料》1958 年第 5 期报道，北京市海淀区发现春秋时代铜器，器内底有铭文"吴王御士尹氏叔孙作旅簠"。黄盛璋《吴御士叔孙簠铭的官职、年代和出土地点》考定："作器的人就是夫差的御士之长。"

4. 内官与宫廷事务官

妃嫱　内官名，为王贵妾。《左传·哀公元年》："（子西曰）今闻夫差次有台榭陂池焉，宿有妃嫱嫔御焉。"杜预注："妃嫱，贵者；嫔御，贱者。"

嫔御　内官之贱者，例见"妃嫱"条。

阍　掌守宫门。《春秋·襄公二十九年》："阍杀吴子余祭。"杜预注："阍，守门者。"

亭长　掌王宫侧门警卫。《越绝书》卷十："左校司马王孙骆，受教告东掖门亭长公孙圣。"

（十一）越国

1. 国君及其正妻

王　国君称谓。《史记·越王勾践世家》："勾践已平吴，乃以兵北渡淮，与齐、晋诸侯会于徐州，致贡于周。周元王使人赐勾践胙，命为伯。"越君又称为"子"。《左传·哀公元年》："越子以甲楯五千，保于会稽。"后遂僭称为"王"。

夫人　越王嫡妻，掌宫内事务。《国语·吴语》："王乃入命夫人。……'自今日以后，内政无出，外政无入。内有辱，是子也；外有辱，是我也。'"韦昭注："内政，妇职。外政，国事。"

2. 政务官与事务官

大夫　政务官员的通称。《国语·吴语》："王命大夫曰：'食土不均，地之不修，内有辱于国，是子也。军士不死，外有辱，是我也。自今日以后，内政无出，外政无入，吾见子于此止矣。'"韦昭注："均，平也。修，垦也。内，国政。外，军政。"

上将军　最高军事将领。《史记·越王勾践世家》："范蠡称上将军。"

盐官　掌盐务。《越绝书》卷八："朱余者，越盐官也，越人谓盐曰余。"

巫　掌接神。《越绝书》卷八："巫山者，越魍神巫之官也，死葬其上。"

诸御　王警卫侍从。《史记·越王勾践世家》:"诸御千人。"《索隐》:"诸御谓诸理事之官在军有职掌者。"《考证》:"谓御士也,掌侍从门御者,如周之虎贲,汉之郎官也,御士之类非一,故曰诸御也。"

君子　王之亲军。《国语·吴语》:"越王以其私卒君子六千人为中军。"《史记·越王勾践世家》:"君子六千人。"《集解》:"韦昭曰:'君子,王所亲近有志行者,犹吴所谓贤良,齐所谓士也。'虞翻曰:'言君养之如子。'"

(十二) 秦国

1. 国君与太子

伯　国君称号。《左传·文公三年》:"秦伯伐晋,济河焚舟,取王官及郊。"秦国君又称公,《国语·晋语八》:"(晋)平公有疾,秦景公使医和视之。"

太子　国君继承人。《史记·秦本纪》:"怀公太子曰昭子,早死,大臣乃立太子昭子之子,是为灵公。"

2. 政务官与事务官

庶长　掌国政。《左传·襄公十一年》:"秦庶长鲍、庶长武帅师伐晋以救郑。"叶谷磐《试论春秋时代秦的社会构成》:"秦官制中有庶长一职,在朝执政,出外则治军旅,其职大体由王族中的贵族担任。……庶长很像列国的卿,但又有不同,即庶长没有私属的领邑,其职不是世袭的。"①左言东《先秦职官表》按:"庶长为庶子(与嫡子相对)之长,而非众庶之长。秦没有实行周族那样的分封制,庶子多在朝廷任职,掌军政大权的称庶长。"

相　由国君任命,掌政务。《韩诗外传》卷八:"夫百里奚,齐之乞者也,逐于齐西,无以进,自卖五羊皮为一轭车,见秦缪公,立为相,遂霸西戎。"

威垒　掌军事营垒。《史记·秦本纪》:"大庶长弗忌、威垒三父废太子而立出子为君。出子六年,三父等复共令人贼杀出子。……三父等乃复立故太子武公。"《考证》:"冈白驹曰:'大庶长、威垒,官名;弗忌、三父,人名。'"左言东《先秦职官表》按:"垒,营垒,威垒为掌营垒之官,略当于齐国的辟司徒和晋国的军司空,不过地位较高。"

---

① 载《厦门大学学报》(哲学社会科学版) 1954 年第 5 期。

不更　国君乘车护卫。《左传·成公十三年》:"秦师败绩,获秦成差及不更女父。"杜预注:"不更,秦爵。"左言东《先秦职官表》按:"更,更卒。不更与一般更卒不同,当是军官。"杨伯峻注:"此春秋时之不更,与商鞅以后之不更名同实异,职位较高,刘劭《爵制》又云:'不更者为车右',此不更或即车右。"

帅　军事将领。《左传·僖公三十三年》:"文嬴请三帅。"三帅可能即《史记》中所说的三将军。《史记·秦本纪》:"遂发兵,使百里奚子孟明视、蹇叔子西乞术及白乙丙将兵。……秦三将军相谓曰:'将袭郑,郑今已觉之,往无及已。'"

行人　掌外交事务。《左传·文公十二年》:"秦行人夜戒晋师曰:'两君之士皆未憖也,明日请相见也。'"杜预注:"憖,缺也。"

史　掌祭祀、记事。《史记·秦本纪》:"(文公)十三年,初有史以记事。"《汉书·郊祀志》:"文公问史敦。"师古曰:"秦之太史也,敦其名也。"

内史　掌爵禄。《史记·秦本纪》:"缪公退而问内史廖。……令内史廖以女乐二八遗戎王。"

卜　掌占卜。《左传·僖公十五年》:"秦伯伐晋,卜徒父筮之。"杜预注:"徒父,秦之掌龟卜者。"

医　国君侍医。《左传·成公十年》:"(晋侯)求医于秦,秦伯使医缓为之。"

主鱼吏　掌取鱼。《七国考》:"刘向《列仙传》:'赤须子,丰人也。……秦缪公时主鱼吏也。'"

3. 内廷事务官

寺人　宫中近侍。《诗经·秦风·车邻》:"未见君子,寺人之令。"毛传:"寺人,内小臣也。"寺人又称著人。《七国考》引《秦别纪》说:"缪公享国三十九年,天子致伯,葬雍。缪公学著人。""缪公学著人",似讥秦国君好宠信宦官,卒至赵高矫诏杀死秦始皇的长子扶苏,使秦速亡。

三　春秋时期各国新爵制

(一)侯

侯为战国之爵称,春秋时楚国已开其端。因楚国国君称王,故于其下设侯。但此侯与天子所设之侯不同。天子所设之侯，为诸侯之称，此侯仅食封邑租税，不预封域政事。《左传·昭公十二年》："楚子狩于州来，次于颍尾，使荡侯、潘子、司马督、嚣尹午、陵尹喜帅师围徐以惧吴。"

（二）关内侯

春秋新爵称，为不食租税之侯。《管子·小匡》："鲁有大夫庆父之乱，而二君弑死，国绝无后，桓公闻之，使高子存之……请为关内之侯。"尹知章注："请为齐关内之侯。"又《吕氏春秋·贵信》："齐桓公伐鲁，鲁人不敢轻战，去鲁国五十里而封之。鲁请比关内侯以听。"

（三）执珪

春秋新爵称。《庄子·让王》："（楚昭）王谓司马子綦曰：'屠羊说居处卑贱而陈义甚高，子綦为我延之以三旌之位。'"注："'三旌，三公位也。'司马本作三珪，谓诸侯之三卿皆执珪者。《韩诗外传》作'昭王请屠羊说为三公。'"从上述记载可知，春秋时楚国有执珪之爵，执政三卿皆属此爵，合称三珪，三珪又称三旌，相当于王朝的"三公"。因为当时楚君已称王，故又僭称三旌为三公。

（四）上卿

春秋时爵称，指卿位最高者，又称冢卿、正卿。

上卿设于以下诸国。①齐置，《说苑·尊贤》："齐桓公使管仲治国，管仲对曰：'贱不能临贵。'桓公以为上卿。"②晋置，《吕氏春秋·介立》："（晋文公）令士庶人曰，有能得介子推者，爵上卿，田百万。"③秦置，《韩非子·十过》："由余遂去之秦，秦穆公迎而拜之上卿。"④吴置，《史记·刺客列传》："阖闾乃封专诸之子以为上卿。"

冢卿　上卿之别称。春秋时鲁国的执政三官——司徒、司马、司空，均以卿居其位，其中司徒的地位最高，称为上卿或冢卿。

正卿　春秋时晋国的三军将佐合称"六卿"，均由卿担任，以将中军者执国政，称为正卿。

（五）中卿

春秋时爵称。又称亚卿、介卿。

中卿　《晏子春秋·外篇》："无宇曰：'位为中卿，食田七十万，何以老妻为？'"

亚卿　《左传·文公六年》："（赵孟曰）先君是以受其子而仕诸秦，为亚卿焉。"

介卿　春秋时鲁国执政三官之一，其地位次于司徒，高于司空。

（六）下卿

《左传·哀公二年》："（赵）简子誓曰：'……下卿之罚也。'"杨伯峻注："齐召南《注疏考证》云：'此役简子将兵，必已为上卿，故其自誓以下卿之罚。'"又《左传·昭公十九年》："中行寅为下卿，而干上令。"

（七）五大夫

《七国考》引《吕氏春秋》："荆文王曰：'苋嘻数犯我以义，违我以礼，与处则不安，旷之而不谷得焉。不以吾身爵之，后世有圣人，将以非不谷。'于是爵之五大夫。"可知此爵始置于春秋楚文公之时，而战国时沿置之。

（八）上大夫

春秋时爵称。又称令大夫、卿大夫、右大夫、长大夫。

上大夫　《国语·鲁语上》："（季）文子以告孟献子，献子囚之七日。自是，子服之妾衣不过七升之布，马饩不过稂莠。文子闻之，曰：'过而能改者，民之上也。'使为上大夫。"

令大夫　《管子·轻重乙》："请以与大夫城藏……令大夫藏五百钟，列大夫藏百钟。"

卿大夫　《管子·揆度》："卿大夫豹饰，列大夫豹幨。"尹知章注："卿大夫，上大夫也。"

右大夫　《左传·襄公十一年》："楚子囊乞旅于秦，秦右大夫詹师师从楚子，将以伐郑。"

长大夫　战国置，《吕氏春秋·慎小》："吴起治西河，欲谕其信于民，夜日置表于南门之外。令于邑中曰：'明日有人偾南门之外表者，仕长大夫。'"高诱注："长大夫，上大夫也。"

（九）中大夫

春秋时爵称，又称列大夫、亚大夫。

中大夫　《韩非子·外储说左下》："故晋国之法，上大夫二舆二乘，中大夫二輿一乘，下大夫专乘。"

列大夫 《管子·揆度》："卿大夫豹饰，列大夫豹韅。"尹知章注："列大夫，中大夫也。"

亚大夫 《左传·昭公七年》："罕朔奔晋，韩宣子问位于子产，子产曰：'君之羁臣，苟得容以逃死，何位之敢择？卿违，从大夫之位，罪人以其罪降，古之制也。朔于敝邑，亚大夫也，其官马师也，获戾而逃，惟执政所置之，得免其死，为惠大矣，又敢求位？'"

（十）下大夫

春秋时爵称，又称嬖大夫。

下大夫 《左传·哀公二年》："（赵）简子誓曰：……克敌者，上大夫受县，下大夫受郡。"杜预注："《周书·作洛篇》：'千里百县，县有四郡。'"

嬖大夫 《左传·昭公元年》："（子产曰）子晳上大夫，女嬖大夫，而弗下之，不尊贵也。"杨伯峻注："晋、郑、吴皆谓下大夫为嬖大夫。"

（十一）国士

春秋有士，《左传·哀公二年》："（赵）简子誓曰：……克敌者，上大夫受县，下大夫受郡，士田十万。"此时的士，似指可获赏田的低级官吏。国士，《国语·晋语二》："夫二国士之所图。"韦昭注："二国士，里克、荀息也。"又，《史记·刺客列传》："豫让曰：'臣事范、中行氏。范、中行氏，皆众人遇我，我故众人报之。至于智伯，国士遇我，我故国士报之。'"国士犹战国军功爵所言之公士，为国家正式爵位之最低级。

第三节　春秋时期国野体系的沿存与泯灭

一　国野体系的沿存

（一）鲁国

鲁国从西周初期起，即有乡遂制度的存在。《尚书·费誓》："鲁人三郊三遂。"郊的行政单位是乡，三郊即是三乡三遂。《史记·鲁世家》把"遂"写作"隧"，其制到春秋时仍然存在。《左传·襄公二十三年》载："孟氏将辟，藉除于臧氏，臧孙使正夫助之，除于东门。"其时臧孙担任司寇之官，所调遣的"正夫"，当即"国"中乡的正卒，即宋国所谓"正徒"。又《左传·襄公七年》载："南遗为费宰，叔仲昭伯为隧正，欲善季氏，而求媚于南遗，谓遗：'请城费，吾多与而役。'故季氏城费。"其时叔仲昭伯担任"隧正"，所调遣的役徒，当即郊外"遂"的居民。

鲁国的乡邑组织是和军事组织密切结合的。鲁国三桓"作三军，三分公室而各有其一"（《左传·襄公二十一年》）。后来，"四分公室，季氏择二，二子各一，皆尽征之而贡于公"（《左传·昭公五年》）。

杨宽在《古史新探》所载《试论西周春秋间的乡遂制度和社会结构》一文中指出："由此可知鲁国的军队组织是和乡邑组织密切结合，军队即抽调乡邑的父兄子弟组成，军赋也在这个组织中征取。'三分公室'的时候，季孙氏用加倍征赋的办法，迫'使其乘之人以其役邑入'，就是迫使军队成员带同其提供兵役的乡邑组织（即役邑）一起臣属于季孙氏，做到了'尽征之'。'四分公室'的时候，孟孙氏和叔孙氏就仿效季孙氏的做法，做到了'皆尽征之而贡于公'。"注引江永《群经补义》说："鲁之作三军也，季氏取其乘之父兄子弟尽征之，孟氏以父兄及子弟之半归公而取其子弟之半。叔孙氏尽取子弟而以其父兄归公。所谓子弟者，兵之壮者也；父兄者，兵之老者也，皆素在兵籍隶之卒乘者，非通国之父兄子弟也。其后舍中军，季氏择二，二子各一，皆尽征之而贡于公，谓民之为兵者尽属三家，听其贡献于公也。若民之为农者，出田税，自是归之于君，故哀公云：二吾犹不足，三家虽专，亦惟食其采邑，岂能使通国之农民皆属之已哉。鲁君无民，非无民也，无为民之兵耳。以此观之，兵农岂不有辨乎？三家之采邑固各有兵，而二军之士卒车乘皆近国都，故阳虎欲作乱，壬辰戒都车，令癸巳至，可知兵常近国都，其野处之农，固不为兵也。"[1]

（二）宋国与郑国

宋郑两国之有乡遂制度，可以从两国分别组织营救火灾的记述中推测出来。

---

[1] 杨宽：《古史新探》，中华书局，1965，第 148～149 页。

《左传·襄公九年》记此年春月"宋灾（指火灾），乐喜为司城以为政。……使华臣具正徒，令隧正纳郊保，奔火所。……二师令四乡正敬享，祝宗用马于四墉，祀盘庚于西门之外"。执政乐喜派遣担任司徒的华臣准备好"正徒"，这些由司徒调遣的正徒，当是遂中的居民。说明宋国当时正实行着乡遂制度。

《左传·昭公十八年》记郑国发生火灾："火作……（子产使）司马、司寇列居火道，行火所焮，城下之人伍列登城，明日，使野司寇各保其征，郊人助祝史除于国北，禳火于玄冥、回禄，祈于四鄘。"上述列伍登城的"城下之人"，应即城外"乡"中的正卒，所谓"使野司寇各保其征"，正如宋国的乐喜"令隧正纳郊保"的做法一样，野司寇从"野"所征发来的役徒，当即遂的居民。"郊人"即是郊内"乡"的长官，犹如宋国的"乡正"。可见当时郑国和宋国一样实行着乡遂制度。

（三）齐国

《国语·齐语》："管子（管仲）于是制国（即首都），五家为轨，轨为之长，十轨为里，里有司。四里为连，连为之长。十连为乡，乡有良人焉，以为军令。五家为轨，故五人为伍，轨长帅之。十轨为里，故五十人为小戎，里有司帅之。四里为连，故二百人为卒，连长帅之。十连为乡，故二千人为旅，乡良人帅之。五乡一帅，故万人为一军，五乡之帅帅之。"在鄙野农村地区则是"制鄙。三十家为邑，邑有司，十邑为卒，卒有卒帅。十卒为乡，乡有乡帅。三乡为县，县有县帅。十县为属，属有大夫。五属，故立五大夫，各使治一属焉"。"自邑积至于五属，为四十五万家，率九家一兵，得甲五万，九十家一车，得车五千乘。"

管仲分国中为二十一乡，其中工商之乡合计为六，士农之乡十五。农村地区共分五个属。国都和农村的居民组织和军事组织的对应关系如表3-9、表3-10所示。

表3-9　十五乡的居民编组与对应的军队编制

十五乡的居民编组		对应的军队编制	
轨	五家为轨，设轨长	伍	每家抽一人入伍，即五人为一伍，是一个战斗小组

续表

十五乡的居民编组		对应的军队编制	
里	十轨为里，设里有司	小戎	每里出五十人为小戎，由里有司统率
连	四里为连，设连长	卒	每连出二百人为卒，由连长统率
乡	十连为乡，设乡良人	旅	每乡出二千人为旅，由乡良人统率
五乡	五乡合设一帅为长官，称为五乡之帅	军	每五乡出万人编为一军，由五乡之帅节制。十五乡编成三军，中军由齐桓公亲自节制，上下两军分别由国子、高子节制

表 3 – 10　鄙野地区的居民组织与对应的军事编制

鄙野地区的居民组织		对应的军事编制
邑	以三十家为邑，设邑有司	
卒	十邑为卒，设卒帅	
乡	十卒为乡，设乡帅	从邑到五属为四十五万家，每九家出一兵，得甲五万；九十家一车，得车五千乘
县	三乡为县，设县帅	
属	十县为属，属设大夫。整个鄙野地区共分五属，每属置一大夫，五属共设五大夫	

　　齐国的国鄙设官，已与鲁、宋、郑诸国的乡遂制度有所不同。首先，管仲时分国为工商之乡与士农之乡两大部分，已有了四民分业的思想，与西周以来纯粹的兵农合一的情况有所不同。管仲把国中的士农之乡与野鄙（农村）中的居民相提并论，虽两者的地位有差别，但已打破了野中居民不服兵役的传统，到了国野区分渐趋于泯灭的时期。春秋时期国野居民的政治待遇还是有所不同的，国中的农民可以被选为甲士，进入"农民"以上的士阶层，野中的居民则没有被选为士的可能，只有到建制步兵取代了车战，国野区别才归于泯灭，形成新型的城市和农村的关系。

二　国野体系的泯灭

（一）国野体系泯灭的原因

1. 国人集团的没落

　　国人集团的没落表现多样，有的因贫困而沦落，有的因亡国灭宗而丧失其身份。国人作为一个宗族的政治性的社会集团，内部分为平民和贵族两个阶层，普通平民的任务是"执干戈以卫社稷"，只交纳什一之税以提供军赋。但是随着战争规模的扩大，军赋也与日俱增，鲁国的"作丘甲"、郑国的"作丘赋"等，都是为了增加军赋。不仅如此，连年不断的战争，更使国人无暇农事，而日趋贫困化，破产流亡者无日无之。除了军赋之外，各国国君的贪欲也加重了国人的负担，国人所纳已不限于军赋，也要承担其他赋敛了。一些有政治头脑的统治者看到了这一问题，也曾采取措施，春秋时代国人破产沦落，丧失其宗族和权力之后，出路基本有三：一是逃诸四野，独立谋生，成为个体劳动者，垦荒而食，如孔子周游列国时遇到的结耦而耕的两个隐士长沮、桀溺，逃到吴国的伍子胥也曾耕于吴国之野；二是转附私门，成为私家大族的依附民，成为私门蚕食公室的社会基础；三是在剧烈的社会变动中，也有普通国人因种种机遇而跻身新贵的行列，但这毕竟是少数。上述三种出路，亦非所有国人的必由之路，还有相当大部分与野人一样逐步变为国家的授田民，经过春秋近三百年的分化组合，到战国之际，国人作为一个特定的社会集团已不复存在了。

2. 野人宗族奴隶身份的解除

在国人集团沦落的过程中，野人地位则相对提高，改变了其奴隶身份。这首先表现在野人获得了当兵的权利。这一变化从制度上说始于晋国，晋惠公"作州兵"就是开始吸收野人为兵。这一举措虽是偶然为之，但却是历史变化趋势使然。随着战争规模的扩大、军队的增多，特别是步兵兴起，野人源源不断地涌入军队，成为主要兵源。其次，野人也获得了土地占有权。野人本来是没有土地占有权的，他们在耕种主人的籍田之后，再耕种自己的生活份地，以养活自己，份地上的产出仅够维持其基本生活而已。

在野人获得了当兵的资格以后，情况有所改变。因为要使之从军，就要提高其待遇，使之有稳定的生活来源，就要放弃对他们的籍田剥削，遂授之以土，让其固定使用。晋国"作爰田"和"作州兵"并举，就是这个道理。野人获得土地占有权后，也像国人一样交纳军赋。春秋各国的赋制改革都是以此为基础的，楚国的"芴掩治赋"、鲁国的"用田赋"等都是以土地为基础，而后将土地和人口合并计征。国人和野人原来所承担的不同数量、不同性质的经济义务融为一体，承担相同的军赋，这就是人们常说的什一税。什一税本来是国人的军赋，后来赋、税合一，才一概称为什一税。

和国人集团的瓦解一样，野人地位的提高也是一个渐进的过程。先有量变，后有质变，在质变之前，有一个量的积累。野人内部也分为不同的等级，也有高低之别，最早获得当兵资格和土地占有权的只是那些身份较高和统治宗族贵族比较接近的人，而后一般野人才逐步地跨入军队，从而获得解放。如晋之"作州兵"，在其初始，只是部分人获得当兵权力和赏田，后随晋国的作三军、作五军而六军、三行，野人越来越多地成为国之干城，其他国家大都有类似的过程。这个量的积累直到春秋后期才完成质的飞跃。①

（二）国野体系的瓦解标志着国家结构的本质变化

国野体系是建立在部族奴役基础之上的。这种国野对立有别于一般城乡对立。国、都中的统治阶段以部族的形式联合为一个整体，监视、役使野鄙地区广大的被征服者，从而表现为传统的族人与非族人的对立。这便是国野体系的特点。

导致国野体系形成的应是部族之间的征服战争。国野体系既不是氏族内部阶级对立发展演变的结果，也不是原始时代纯粹部落间的战争所形成的。氏族内部的阶级分化是不会导致壁垒森严的地区对立的；纯粹的氏族社会中"还不曾有奴隶，奴役异族部落的事情，照例也是没有的"。学者金景芳有此说。与部族役使相对应的历史时代应是奴隶制时代。正因为西周处于奴隶制社会的鼎盛时期，灭商以后就把被征服的殷遗民安置在野，作为国与郊直接剥削的对象，产生了国野制。当时农业生产仍须集体劳作，殷民正好充作宗族奴隶，为周王室的籍田提供劳动力，所以国野制的存在正好是奴隶制处于发展状态的时代。春秋以后，随着社会生产力的提高、铁器的使用、牛耕的发明，以宗族奴隶为劳动力集体共耕籍田的剥削方法，已不适应社会生产力发展的情况。加上春秋时期战争规模的扩大、建制步

---

① 田昌五、臧知非：《周秦社会结构研究》，西北大学出版社，1996，第172页。

兵的兴起、兵源要求的扩大，野人才有了当兵的机会，逐渐解除了他们宗族奴隶的身份，使国野区别趋于泯灭。国野区分的泯灭，标志着国家结构的本质变化。国人与野人合并成了新的农民阶级，他们摆脱了奴隶制的剥削形式，接受了新的封建制的剥削形式，说明社会性质已经转变，国家结构发生了本质上的变化。

三　春秋时期乡、里组织与户籍制度的变化

（一）人口流动导致血缘与地缘的分离

春秋时期的人口流动可以分为三种情况。一是被邻国兼并征服之后迁徙他方。灭国迁徙是商、西周以来的老传统，武王伐纣之后，就将绝大部分殷人迁离原地分予诸侯。降至春秋，诸侯在兼并过程中依然如此。二是在宗族之间的权力斗争中失败后逃亡。各国内部宗族斗争对传统宗族血缘关系的破坏更大，凡是失败的宗族，不是被胜利者所瓜分，就是流亡邻国或四野。当时各国宗族贵族之间的倾轧，丝毫不弱于邻国之间的兼并，其目的就是"夺其室"或"分其室"，即夺取或瓜分其他贵族的人口、财产和土地、权力。只是那些下层的普通国人，除了被别的宗族瓜分之外，大都逃亡田野，自食其力。三是因经济的驱动而周流天下。经济因素所导致的弃国居野或由野入国式的双向流动也日益普遍，其中前者是主要的。有的人出于经济目的，周流天下，或来或往，一切以利益为转移。

但并不是所有的人口流动都意味着宗族血缘关系的淡化，都能促进地缘关系的发展。如对被征服者的迁徙，往往是整个族群的迁徙。春秋时期，血缘和地缘的分离还远远没有完成，聚族而居者依然很多。特别是那些贵族，即使被迫迁徙，也千方百计保持其宗族的完整，总是想方设法地举族移徙。当然，对于那些散居四野的国人而言，并非如此。他们既失去旧有宗族的庇护，自身又没有足够的政治、经济实力重新聚集族人。不同宗族的人因共同的命运和谋生的需要在一起错落杂居为其必然，春秋时代大量涌现的书社大概都是这一性质。

人口流动的频繁，说明宗族血缘关系已失其昔日的凝聚力，聚族

而居的传统不存在了。反过来，人口流动又加速了宗族血缘关系的破坏，二者的相互运动，使血缘关系和地缘关系最终分离。①

（二）乡、里组织与户籍制度的变化

西周时期有乡、里、邑之设和户籍系统，其基础均为宗族；乡里之间没有统辖从属关系，乡里均为国人的组织；户籍也分为国野两个系统，乡还不完全是行政组织，而偏重于军事制度，是因制军的需要而设的。进入春秋以后，随着族邦向领土国家的转移，宗族血缘关系解体。乡里逐步地与血缘关系分离，向纯粹的地域组织转变，向地方行政机构发展。它一方面将变动了的社会关系固化下来，另一方面又随着社会关系的变动而变动。春秋时期乡、里组织的变动表现为下列数端。

第一，各国乡的数量增多，不再有什么天子六乡、大国三乡、小国一乡的限制。这是由领土的扩大而导致的。例如《国语·齐语》："管子于是制国，以为二十一乡：工商之乡六，士乡十五。"制鄙为一百五十乡。

第二，乡里制度由国及野，既是国人的组织，也是野人的组织。如上举《齐语》，国中有二十一乡，而野中则有一百五十乡，这是国野体系瓦解过程中的必然现象。在这个过程中，基层居民组织变动不断，名称混乱。《齐语》谓国中称里，野中称邑，楚国则称州；里邑之上的组织，更是因时因地而异。但有一点可以肯定，即里逐渐成为基层居民组织，是各国的通则。当时作为基层居民组织的还有书社，吴、越、齐、楚诸国均有设置，尤以齐国设置最多。

第三，地方行政组织层次复杂，乡里地位降低，宗族血缘关系虽然处于解体过程之中，但尚未完全被地域关系所取代。在西周时期，直属国王的"里人""邑人"等变为基层官吏，乡里之间有了统辖隶属关系。《周礼·大司徒》记载的乡，在国家组织机构中地位较高，保留了西周的传统，但《国语·齐语》所记的鄙野制度中，乡的地位就降低了。这两条记载，正好反映了乡逐渐向基层行政组织转变的过程。春秋时期还有把"族""党"用

---

① 田昌五、臧知非：《周秦社会结构研究》，西北大学出版社，1996，第192页。

作基层组织名称的现象。族本是血缘组织集团，是西周立国的基础，是自然形成的，而非一级地方行政单位名称。春秋时期因人口繁衍和流动，大宗族不断分出小宗族，新老宗族之间血缘关系日渐疏远，并无多大凝聚力，遂采用行政手段，以族为基层行政单位，既保留了同族同姓的血缘传统，又强调了地域关系的重要性。党本来是由族发展而来的集团名称，原来并不是固定组织，而是关系亲密、利益相关的团体，党肇始于血缘关系，后来扩大为政治关系或其他关系。《礼记·奔丧》："哭父之党于庙。"郑玄注："党，族类无服者也。"指服外的族人，故又族党并称，如《左传·襄公二十三年》："尽杀栾氏之族党。"同党者有的是同族同姓，有的就不一定了，这是血缘关系向地域关系嬗变过程中的必然现象。

第四，五家为伍制代替了九夫为井制。春秋时期五家为伍制取代九夫为井制，源于步兵取代车兵的需要，这个过程始于郑国。《左传·隐公四年》记"诸侯之师败郑徒兵"，徒兵即步兵。齐国步兵也很发达。《国语·齐语》提及管仲制国，其中士乡十五，其制之法是"五人为伍"，"五十人为小戎"，"二百人为卒"。这当然不是春秋初年的事，但正从一个方面说明春秋时期齐国步兵发展迅速。

> 春秋时期，国野差别依然存在，在国中的九夫为井制变为五家为伍制的同时，野鄙之地则依然沿用"十夫为沟"的传统，以十家为一个户籍编制单位。……《国语·齐语》中的制鄙之法是"三十家为邑，邑有司；十邑为卒，卒有卒帅；十卒为乡，乡有乡帅。"采取的是十进制，就是受"十夫为沟"的历史传统的影响。但是，这种国野差别又处于迅速消溶的过程之中，随着国人的散居四野，野人的涌入军队，二者的区别必将合而为一。所谓什伍制度就是在这个基础上形成的。《周礼·地官·族师》云："五家为比，十家为联；五人为伍，十人为联；四闾为族，八族为联。"正是这一历史过程的真实记录。[1]

---

[1] 田昌五、臧知非：《周秦社会结构研究》，西北大学出版社，1990，第202～203页。

第四节　春秋时期采邑主家的组织已成为
列国的一级政权组织

春秋时代，一些诸侯大国所封授的采邑在规模上已远远超过西周时代王朝公卿大夫的采邑，而且春秋时代的采邑从产生之日起，就伴随着兼并与扩张，这就使少数世卿大族的采邑实力更雄厚、规模更宏大。这些采邑在国家政治生活中也越来越重要。适应这种需求，采邑的内部组织机构也就日益发展、逐步健全，成分列国的一级行政组织。

一　周王室与列国采邑的分布[①]

（一）周王室

北虢　虢叔后裔采邑，西周后期由宝鸡迁来，地在今河南省三门峡市陕州区东南上阳镇。

东虢　虢仲后裔采邑，由西都王畿迁来，地在今河南省荥阳市汜水镇西北。周平王四年（公元前767年）灭于郑。

周　周公旦后裔采邑，西周末由周原迁来，地在今河南省洛阳市东郊。

召　召公后裔采邑，西周末由周原迁来，地在今山西省垣曲县至河南省济源市之间。

荣　荣叔后裔采邑，西周末由周原迁来，地在今河南省巩义市荣锜涧。

昨　周公子昨侯后裔采邑，地在今河南省延津县。灭于南燕。

应　武王子应公后裔采邑，地在今河南省鲁山县。

南　南季载后裔采邑，原封地在今陕西省眉县，后随王室东迁，今地不详。

夷　周大夫夷诡诸采邑，见于《左传·庄公十六年》，所在地不详。

祭　祭伯后裔采邑，地在今河南省郑州市东北。

---

① 本目内容参见吕文郁《周代的采邑制度》（增订版），社会科学文献出版社，2006，第279～288页。

芮　芮伯后裔采邑，地在今陕西省大荔县。后灭于秦。

虞　虞公后裔采邑，地在今山西省平陆县。鲁僖公五年（公元前655年）灭于鲁。

凡　周公旦之子凡伯后裔采邑，地在今河南省辉县。

霍　①霍伯后裔采邑，地在今山西省霍州市。鲁闵公元年（公元前661年）灭于晋。②先且居采邑，今地不详。

郇　荀叔后裔采邑，地在今山西省临猗县，晋武公灭郇，以其地赐予原黯。

刘　刘康公等采邑，邑名或作留。地在今河南省偃师市。

邢　邢公、邢伯、邢叔采邑，西周末由宝鸡迁来，地在今河南省温县。

原　原庄公、原伯鲁等采邑，地在今山西省沁水县与河南省济源市间。后周襄王以其地赐予晋文公。

郊　王子朝采邑，地在今河南省巩义市。

毛　毛伯卫等采邑，由周原一带迁来。地在今河南省宜阳县。

温　苏忿生后裔采邑，地在今河南省温县西南。后周襄王以其地赐予晋文公。

樊　樊仲皮等采邑，地在今河南省济源市。后周襄王以其地赐予晋文公。

尹　尹言多等采邑，由西都王畿迁来，地在今河南省新安县东南。

平　单襄公等采邑，由陕西省眉县迁来，地在今河南省孟州市西南。

甘　王子带采邑，地在今河南省宜阳县。

（二）齐

卢　高傒等采邑，地在今山东省长清区。

谷　管仲家族采邑，其邑又称小谷，地在今山东省平阴县东阿镇。

狐　管仲家族采邑，今地不详。

鲍　鲍叔牙家族采邑，地在今山东省济南市历城区东。

郚　鲍叔牙家族采邑，今地不详。

晏　晏婴采邑，地在今山东省齐河县晏城镇。

渠丘　雍廪采邑，地在今山东省淄博市临淄区。

鄑　陈恒采邑，原属纪国，地在今山东省淄博市临淄区东。

夷安　晏弱采邑，地在今山东省高密市。

高唐　陈无宇采邑，地在今山东省禹城市西南。

隰　隰朋等采邑，地在今山东省临邑区。

崔　崔杼等采邑，地在今山东省济南市济阳区。

莒　陈无宇采邑，地在今山东省莒县。

舒州　陈恒采邑，本为鲁地，在今山东省滕州市。

棠　齐桓公后裔采邑，地在今山东省聊城市堂邑镇。

鳌　叔夷采邑，今地不详。

廪丘　廪丘子邑，地在今河南省范县东南。

余丘　齐国公族采邑，今地不详。

间丘　间丘婴采邑，地在今山东省泰安市。

移　公子雍采邑，今地不详。

梁丘　梁丘据采邑，今地不详。

都昌　逢丑父采邑，齐景公曾以此奉晏婴，晏婴辞。地在今山东省昌邑市。

（三）晋

郤　郤叔虎采邑，地在今山西省沁河下游。

冀　郤芮及其子采邑，地在今山西省河津市东北。

驹　郤克、郤锜采邑，今地不详。

苦　郤姓采邑，地在今山西省临汾市西南襄陵镇。

蒲城　①蒲城鹊居采邑，②先且居采邑，③重耳采邑（重耳流亡之前居蒲，即蒲城）。地在今山西省隰县西北。

温　①郤至采邑，②赵武采邑，③狐溱采邑，④阳处父采邑，⑤赵罗采邑。其地即周襄王赐昔晋文公之温，地在今河南省温县。

下阳　吕甥采邑。下阳又称夏阳，地在今山西省平陆县东北。

吕　吕甥采邑，地在今山西省霍州市西。

瑕　①吕甥采邑，②詹嘉采邑。地在今山西省临猗县西南。

阴　吕甥采邑，地在今山西省霍州市南。

州　①郤称采邑，②栾豹采邑，③公孙段采邑（晋平公赐郑大夫公孙段，后归晋），④乐大心采邑。地在今河南省温县北。

随　随会采邑，地在今山西省介休市东南。

范　随会采邑，地在今河南省范县。

栎　随会采邑，今地不详。

赵城　叔带采邑，地在今山西省洪洞县赵城镇。

耿　赵夙采邑，地在今山西省河津市东南耿乡城。

原　①赵衰采邑，地在今河南省济源市西北。②原轸采邑（与赵氏之原非一地），今地不详。

屏　赵括采邑，今地不详。

楼　赵婴齐采邑，地在今山西省永河县南。

邯郸　①赵胜、赵午采邑，②赵简子采邑。地在今河北省邯郸市。

柏人　赵简子采邑，地在今河北省隆尧县西。

冀　①士鲂、冀缺采邑，②先縠采邑。地在今山西省霍州市。

晋阳　赵简子采邑，地在今山西省太原市西南。

曲沃　①桓叔、庄伯、武公采邑（后归栾盈），②太子申生采邑。地在今山西省闻喜县北。

祁　①祁奚采邑，②贾辛采邑。地在今山西省祁县。

贾　贾佗采邑，地在今山西省临汾市贾乡。

续　狐鞫采邑，今地不详。

栾　栾宾后裔采邑，地在今河北省石家庄市栾城区。

先　先轸采邑，今地不详。

箕　箕郑采邑，地在今山西省蒲县东。

羊舌　叔向采邑，今地不详。

铜鞮　①羊舌赤（伯华）采邑，②乐霄采邑。地在今山西省沁县南。

韩原　韩万采邑，地在今山西省河津市东北。

步　步扬采邑，今地不详。

魏　毕方采邑，地在今山西省芮城。

厨　魏锜采邑，地在今山西省襄汾县西。

吕　魏锜采邑，地在今山西省霍州市西。

函舆　范皋夷采邑，今地不详。

令狐　魏颗采邑，地在今山西省临猗县南。

知　荀首采邑，地在今山西省永济市北。

解　解扬、解狐等采邑，地在今山西省运城市。

清　清沸采邑，今地不详。

邲　邲豹采邑，今地不详。

狐　狐突采邑，地在今山西省临汾市西南。

邬　①原黡采邑，地在今山西省临猗县南。②邬臧采邑，地在今山西省介休市东北。

平陵　司马乌采邑，地在今山西省文水县东北。

梗阳　魏戊采邑，地在今山西省清徐县。

涂水　知徐吾采邑，地在今山西省榆次区西南。

安邑　魏降采邑，地在今山西省夏县西北。

亟治　范皋夷采邑，今地不详。

程　荀欢采邑，今地不详。

荚　荚城僖子采邑，今地不详。

绵　介子推采邑，地在今山西省介休市东南。

马首　韩国采邑（原为祁氏采邑），地在今山西省平定县东南。

孟　孟丙采邑（原为祁氏采邑），地在今山西省阳曲县北。

平阳　赵朝采邑（原为羊舌氏采邑），地在今山西省临汾市西北。

杨　僚安采邑（原为羊舌氏采邑，又称杨氏），地在今山西省洪洞县东南。

先茅　胥臣采邑（先茅即周襄王赐晋文公之攒茅），地在今河南省修武县北。

邢　巫臣采邑（巫臣原为楚臣，奔晋后为邢大夫），地在今河南省温县东。

苗　苗奔皇采邑（苗奔皇原为楚臣，奔晋后受封于苗），地在今河南省济源市西。

屈　夷吾采邑，地在今山西省吉县北。

瓜衍　士渥采邑，地在今山西省孝义市。

五鹿　赵氏采邑，地在今河北省大名县东。

鄐　雍子采邑雍子，楚臣，奔晋，晋与之鄐，地在今河南省温县。

（四）鲁

臧　公子彄采邑，今地不详。

防　臧孙辰采邑，地在今山东省费县东北。

瑕丘　鲁桓公庶子采邑，今地不详。

郈　叔孙氏采邑，地在今山东省东平县东。

桃　叔孙氏采邑（由郈迁桃），地在今山东省泗水县东南。

费　①费父采邑（即西费），地在今山东省金乡县东南。②季孙氏采邑（即东费），地在今山东省费县北。

成（郕）　孟孙氏采邑，地在今山东省宁阳县北。

汶阳　季孙氏采邑，地在今山东省汶上县北。

郎　采邑主不详，地在今山东省鱼台县东北。

卞（弁）　①卞庄子采邑，②季孙宿采邑。地在今山东省泗水县东。

东野　季孙氏采邑，地在今山东省曲阜市东。

郓（东郓）　①季孙宿采邑，②阳虎采邑。地在今山东省沂水县东北。

柳下　展禽采邑，地在今河南省濮阳市东。

漆　朱庶其采邑，地在今山东省邹城市北。

邹　正考父采邑，地在今山东省邹县南、滕州市北。

矍相　采邑主不详，地在今山东省曲阜市。

蕃　采邑主不详，地在今山东省滕州市。

蒲圃　季孙氏采邑，地在今山东省曲阜市东。

落下　见于《元和姓纂》，采邑主及今地不详。

咸丘　采邑主不详，地在今河南省濮阳市南。

落姑　见于《古今姓氏书辨证》，采邑主及今地不详。

（五）卫

常　卫康叔支孙采邑，地在今河南省范县南。

宁　宁氏采邑，地在今河南省新乡市西。

蒲　①宁氏采邑，②公叔氏采邑。地在今河南省长垣市。

濮　采邑主不详，地在今山东省鄄城县。

汲　采邑主不详，地在今河南省卫辉市。

裘　①柳庄采邑，②卫大夫采邑。今地不详。

潘　柳庄采邑，今地不详。

叶　公孙史采邑，今地不详。

戚　孙文子采邑（孙文子曾以戚逃晋），地在今河南省濮阳市戚城。

懿　孙氏采邑，地在今河南省濮阳市西北。

平阳　孔悝采邑，地在今河南省滑县东南。

元　元咺先人采邑，今地不详。

聂　卫大夫采邑，地在今河南省清丰县北。

商丘　卫大夫采邑，今地不详。

仪　卫大夫采邑，地在今河南省兰考县东。

羊角　卫大夫采邑，地在今山东省鄄城县东北。

（六）宋

合　向戌采邑（邑名或称合乡），地在今山东省滕州市东。

华　华文督采邑，今地不详。

留　采邑主不详，地在今江苏省沛县东南。

萧　萧叔大心采邑，地在今江苏省萧县北。

鞍　桓魋采邑，地在今山东省定陶区与河南省商丘市之间。

彤门　彤班采邑，今地不详。

褚　子石采邑，今地不详。

薄　宋大夫采邑，地在今河南省商丘市北、曹县南。

木门　见于《广韵》，采邑主及今地不详。

（七）郑

京　共叔段采邑，地在今河南省荥阳市东南。

颍　颍考叔采邑，地在今河南省颍水上游。

栎　子元采邑，地在今河南省禹州市。

祭　祭仲采邑，地在今河南省郑州市东北，或说在河南省长垣市东北。

宛　宛射犬采邑，地在今河南省许昌市西北。

尉氏　郑大夫封邑，今地不详。

（八）楚

椒（菽）　伍举采邑，地在今湖北省钟祥市北。

斗　斗谷於菟（子文）采邑，今地不详。

蒍　蒍启疆等采邑，今地不详。

中犫　斗韦龟采邑，今地不详。

屈　屈瑕采邑，今地不详。

钟离　伯州犁采邑，地在今安徽省凤阳县东北。

蔓　斗成然采邑，今地不详。

常溪　夫概采邑（吴王阖闾北奔楚，封常溪），地在今河南省武陟县东南。

白　太子建（白公胜）采邑，地在今河南省息县西南。

叶　沈诸梁采邑，地在今河南省叶县南。

棠　伍尚封邑，地在今河南省遂平县西，或说棠即棠溪。

商密　采邑主不详，地在今河南省淅川县西南。

轩丘　楚文王庶子采邑，今地不详。

邓陵　楚公子采邑，今地不详。

（九）秦

衙　秦穆公庶子采邑，地在今陕西省白水县东北。

百里　百里奚采邑，今地不详。

征　公子缄采邑，地在今陕西省澄城县西南。

（十）吴

延陵　季札采邑，地在今江苏省常州市。

州来　季札采邑（州来原为楚邑，加封于季札），地在今安徽省凤台县。

二　采邑主家臣设置的总体观察

春秋时代卿大夫之家也和诸侯国一样，有一套独立的统治和管理机构，也有与这些机构相适应的大批官吏。这些官吏统称为家臣。其设置情况大致如下。

（一）相与傅

相或傅是采邑主主要的辅佐者。《左传·桓公二年》："惠之二十四年，晋始乱，故封桓叔于曲沃，靖侯之孙栾宾傅之。"《史记·晋世家》："成师封曲沃，号为桓叔，靖侯庶孙栾宾相桓叔。"可知相与傅是相同的，相又称家相。《礼记·曲礼下》："士不名家相长妾。"孔颖达疏："家相，谓助知家事者也。"

（二）其他家臣

1.大夫

春秋时代卿大夫之家有家大夫，或称属大夫。《左传·襄公十年》载："王叔与伯舆讼焉。王叔之宰与伯舆之大夫瑕禽坐狱于王庭。"杜预注："瑕禽，伯舆属大夫。"属大夫是卿大夫之家最主要的官吏，每一家的属大夫不止一两位。家大夫也像王室或公室的大夫一样只表示职级或爵位，而不表示具体职务。家大夫亦可称为家宰。

2.祝、宗、卜、史

祝、宗、卜、史之职起源甚早，殷商时已有之。西周时代天子、诸侯皆有祝、宗、卜、史，天子之祝为太祝，宗即宗人，卜谓太卜，史为右史。《左传》和《国语》等书在涉及卿大夫之家的祝、宗、卜、史时，经常将祝宗、祝史等联用或并称，就是因为这些职务经常由一个人来兼任。

3.宰、老

卿大夫之家的总管称宰，亦称老。孔子弟子求和子路都曾做过鲁国季孙氏之宰。"老"见于《左传·昭公二十五年》，"平子怒，曰：'何故以兵入吾门？'拘臧氏老"。老又称室老、家老。《国语·晋语八》："訾祏实直而博……且吾子之家老也。"韦昭注："家老，家臣、室老。"

4.邑宰

邑宰即采邑之长，邑宰不同于家宰，是专门为卿大夫掌管某一采邑的家臣（公邑之长则称为大夫）。《论语·雍也》："季氏使闵子骞为费宰。"费宰即季孙氏费邑之宰。

5. 有司

有司是为采邑主专门管理某方面事务的家臣的通称。《论语·子路》："仲弓为季氏宰，问政。子曰：'先有司，赦小过，举贤才。'"邢昺疏："有司，属吏也。"西周晚期卿大夫采邑内已经有了"有司"一类的官吏，采邑内的有司包括执掌军赋者。《左传·定公十年》："子以叔孙氏之甲出，有司若诛之，群臣惧死。"这里所说的"有司"，即指鲁国叔孙氏之负责军赋、器械之类的武职家臣。

6. 司徒

王室和公室的司徒之职都是掌管土地和人民的官吏，故金文中作"司土"。卿大夫之家的司徒之职也应是主管土地和人民的官吏。《左传·昭公十四年》有"司徒老祁、虑癸"，此二人即是职为司徒的家臣。

7. 司马、马正

司马和马正都是主管军务的家臣。《左传·昭公二十年》："王执伍奢，使城父司马奋扬杀太子，未至而使遗之。"城父是楚太子建的采邑，奋扬是采邑城父的司马。《左氏会笺》："此城父司马即《周礼》都司马之职也。"《周礼·夏官》中有都司马、家司马二职。郑玄注："都，王子弟所封及三公采地也。""家，卿大夫采地。"《周礼》都司马之职，"掌都之士、庶子及其众庶车马、兵甲之戒令，以国法掌其政学，以听国司马。家司马亦如之"。贾公彦疏："卿大夫之采地，王不特置司马，各自使其家臣为司马，主其地之军赋。"家司马一职在西周金文《趞簋》中亦见，趞为王畿内的采邑，战略地位重要，故周王亲自为趞邑置家司马。

家司马又称马正。《左传·襄公二十三年》载："季氏以公鉏为马正，愠而不出。"家司马是主管采邑主全家军务之司马。此外主管家主采邑军务的司马称为邑司马，一家之内有多少个邑就应有多少位邑司马，其地位低于家司马。

8. 司空

卿大夫之家臣中有"司空"，金文中作"司工"。《散氏盘》中，矢邑和散邑的家臣中都有司工（司空），但文献中尚未见。

9. 工师

工师是专门为采邑主掌管工匠和制作等事务的家臣。《左传·定公十年》：

"叔孙谓郈工师驷曰：'郈非唯叔孙氏之忧，社稷之患也。'"杜预注："工师，掌工匠之官也。"与诸侯国所置的工正职权性质相类似，但地位不同。

以上各职，仅是卿大夫之家及其采邑内一部分官吏，实际上家臣的设置并不止这些职务。

"从表面上看来，这些被称为家臣的各级官吏似乎仅仅是为采邑主个人服务的。实际上这些官吏所掌握的是一种社会公共权力。他们的职权范围已经远远超越了家邑主的家庭和宗族，卿大夫之家的多数官吏都是由家族以外的成员来担任的。这些家臣和采邑主一起对采邑的全部领土和居民实施管理与统治。"① 采邑已成为春秋时期列国的一级政权组织。

三 列国采邑主家臣的设置

（一）鲁国卿大夫之家臣

宰　卿大夫家事总管。《论语·子路》："仲弓为季氏宰。"

马正　卿大夫之家臣，掌军赋。《左传·襄公二十三年》："季氏以公鉏为马正。"

工师　卿大夫之家臣，掌工匠，见于《左传·定公十年》。杜预注："工师，掌工匠之官。"

祝宗　卿大夫之家臣，掌祈祷。《左传·昭公二十五年》："使祝宗祈死。"杜预注："耻为平子所欺，因祈而自杀。"

工　卿大夫之家臣，掌音乐，见于《左传·襄公二十八年》。

阍人　卿大夫之家臣，掌守门，见于《礼记·檀弓下》。郑玄注："阍人，守门者。"

竖　卿大夫之家臣，即僮仆，见于《左传·昭公四年》。杜预注："为家政。"

车　卿大夫之家臣，掌车，见于《左传·哀公十四年》。孔颖达疏："服虔云，车，车士，此大夫之家主车者。"

御驺　卿大夫之家臣，掌养马驾车。《左传·襄公二十三年》："孟氏之

---

① 吕文郁：《周代的采邑制度》（增订版），社会科学文献出版社，2006，第165页。

御骖丰点。"《正义》:"骖是掌马之官,盖兼掌御事,谓之御骖。"

斗臣　卿大夫之家臣,即卫士,《国语·晋语九》:"鲁孟献子有斗臣五人。"

邑宰　卿大夫之家臣,掌卿大夫私邑。《左传·襄公七年》:"南遗为费宰。"杜预注:"费,季氏邑。"邑宰亦称大夫,《左传·昭公二十六年》:"成大夫公孙朝。"

官僚　卿大夫之家臣,为卿大夫之下属。《国语·鲁语下》:"今吾子之教官僚。"韦昭注:"此景伯之属下僚耳,非同官之僚也。同僚谓同位者也。"

(二) 卫国卿大夫之家臣

宰　卫国卿大夫家臣,总管家事。《左传·隐公四年》:"石碏使其宰獳羊肩,莅杀石厚于陈。"杨伯峻注:"古卿大夫有家臣,家臣之长曰宰。"

竖　卫国卿大夫之家臣,即僮仆。《左传·哀公十五年》:"孔氏之竖浑良夫,长而美,孔文子卒,通于内。"

骖乘　卫国卿大夫家臣,为卿大夫的陪乘。《左传·昭公二十年》:"齐豹见宗鲁于公孟,为骖乘焉。"杜预注:"公孟,灵公兄也。(宗鲁) 为公孟骖乘。"

邑宰　卫国卿大夫的家臣,掌卿大夫的私邑。《史记·仲尼弟子列传》:"子路为蒲大夫……子路为卫大夫孔悝之邑宰。"《索隐》:"蒲,卫邑,子路为之宰也。"

(三) 郑国卿大夫之家族与家臣

门子　卿大夫之嫡子。《左传·襄公九年》:"同盟于戏……郑六卿……及其大夫、门子皆从郑伯。"杜预注:"门子,卿之适子。"

室老　卿大夫私家之臣,为卿大夫之管家。《左传·襄公二十二年》:"郑公孙黑肱有疾,归邑于公。召室老、宗人立段,而使黜官、薄祭。"杨伯峻注:"室老即宰,家臣群吏之长。"

宗人　卿大夫私家之臣,掌卿大夫宗庙礼仪。见于《左传·襄公二十二年》。杨伯峻注:"宗人亦称宗老……宗人盖掌宗室礼仪者。"

厨人　卿大夫私家之臣,即厨师。《史记·郑世家》:"子驷怒,使厨人药杀釐公。"

（四）晋国卿大夫之家族与家臣

主君　晋卿大夫之受封者，总管封地政务，故称主君。《史记·赵世家》："简子出，有人当道……当道者曰：'吾欲有谒于主君。'"

太子　卿位继承人，见于《史记·赵世家》。

内子　卿嫡妻，见于《左传·僖公二十四年》，杜预注："卿之嫡妻为内子。"

主　大夫正妻，见于《国语·晋语二》。韦昭注："大夫之妻称主，从夫称也。"

中大夫　为卿大夫之家所设之官，为亲近谋臣。《吕氏春秋·知度》："赵襄子之时，以任登为中牟令。上计，言于襄子曰：'中牟有士曰胆胥己，请见之。'襄子见而以为中大夫。"

家老　别称官宰、相室，卿大夫之家务总管。家老，《国语·晋语八》："且吾子之家老也。"韦昭注："家臣室老。"官宰，《国语·晋语四》："官宰食加。"韦昭注："官宰，家臣也；加，大夫之加田。"宰，《国语·晋语九》："简子许之，使少室周为宰。"韦昭注："宰，家宰也。"

司马　掌领家兵。《国语·晋语九》："下邑之役，董安于多。赵简子赏之，辞，固赏之，对曰：'……及臣之壮也，耆其股肱以从司马，苟愿不产。'"韦昭注："董安于，赵简子家臣。多，多功也。耆，致也。司马，掌兵。"

史　掌记事。《国语·晋语九》："赵简子田于蝼，史黯闻之，以犬待于门。"韦昭注："史黯，晋太史墨，时为简子史。"

笔吏　掌文书。《吕氏春秋·章句》："赵简子以周舍为笔吏。"

祝宗　此指以宗人而兼家祝者。《左传·成公十七年》："晋范文子反自鄢陵，使其祝宗祈死。"刘文淇《疏证》："杜预注：'祝宗，主祭祀祈祷者。'梁玉绳云，家亦有祝，祝宗谓宗人而为祝史者。"《国语·晋语六》："范文子谓其宗祝。"韦昭注："宗，宗人；祝，家祝。"

梦大夫　掌占梦。《七国考》："《占梦书》引《赵史记》云：'赵简子病，五日不知人。……简子寤，语大夫曰：'……梦大夫董安于受言而书，藏之于府。'"

右　兵车卫士。《国语·晋语九》："少室周为赵简子之右，闻牛谈有力，请与之戏，弗胜，致右焉。简子许之，使少室周为宰，曰：'知贤而让，可以训矣。'"韦昭注："右，戎右。"

骖乘　为卿大夫之车的陪乘。《七国考》引《孟子》注："少室周为赵襄子骖乘。"《汉书·文帝记》颜师古注："乘车之法，尊者居左，御者居中，又有一人处车之右，以备倾侧。是以戎事则称车右，其余则曰骖乘。"

御　掌驾车。《国语·晋语九》："铁之战……邮无正御。"韦昭注："无正，王良。御，为简子御。"

遽人　掌驿传。《国语·晋语九》："赵襄子使新稚穆子伐狄，胜左人、中人，遽人来告。"韦昭注："遽，传也。"《左传·昭公二年》杜预注："遽，传驿。"

当日　为卿大夫之家的值日。《国语·晋语九》："（史黯曰）主将适蝼而麓不闻，臣敢烦当日。"韦昭注："当日，值日也。言主将之君囿，不烦麓以告君，臣亦不敢烦主之值日以自白也。"

厨人　家臣，又称宰人，掌炊事。《史记·赵世家》："襄子姊前为代王夫人……请代王。使厨人操铜枓以食代王及从者。行斟，阴令宰人各以枓击杀代王及从官，遂兴兵平代地。"

典门　掌守门。《七国考》："《子华子》云：'子华子违赵，赵简子不悦。烛过典广门之左，简子召而语之以其故。'……《吕氏春秋》又云：'赵简子时，阳城胥渠处广门之官。'"

君　掌封地行政，《史记·赵世家》："（襄子）兴兵平代地。……遂以代封伯鲁子周为代成君。伯鲁者，襄子兄，故太子。"

令　掌一县行政。《吕氏春秋·知度》："赵襄子时，以任登为中牟令。"此县当在赵简子封地之中，为赵襄子之私邑。

（五）齐国卿大夫之家族与家臣

宗子　卿大夫嫡子。《管子·问》："问宗子之收昆弟者，以贫从昆弟者几何家？"

余子　卿大夫庶子。《管子·问》："余子仕而有田邑，今入者几何人？"

家老　卿大夫家务总管。《晏子春秋·内篇杂上》："晏子饮景公酒，令器必新。家老曰：'财不足，请敛于氓。'"

宰人　卿大夫家臣。《晏子春秋·内篇杂下》："晏子入，呼宰人具盟。"

差车　掌卿大夫乘车。《左传·哀公六年》："鲍子醉而往，其臣差车鲍点。"杜预注："差车，主车之官。"

圉人　卿大夫家养马者。《左传·襄公二十七年》："崔子怒而出……使圉人驾。"

寺人　宦者掌内事。《左传·襄公二十七年》："（崔子）使圉人驾，寺人御而出。"杜预注："寺人，奄士。"

（六）宋国卿大夫之家臣

宰　卿大夫家总管。《左传·襄公十七年》："宋华阅卒，华臣弱皋比之室，使贼杀其宰华吴。"杨伯峻注："据杜注，华臣，华阅之弟。皋比，华阅之子。其宰，皋比家之总管。"

（七）楚国卿大夫之家臣

宗老　掌卿大夫宗族。《国语·楚语上》："屈到嗜芰。有疾，召其宗老而属之曰：'祭我必以芰。'"韦昭注："屈到，楚卿，屈荡之子子夕。芰，菱也。家臣曰老，宗老，谓宗人也。"

内子　卿嫡妻。《国语·楚语上》："司马子期欲以妾为内子，访之左史倚相。"韦昭注："卿之嫡妻曰内子。"

第五节　春秋时期新的行政单位——县、郡的出现

一　县的设置及其性质

（一）列国县的设置

"县"的名称在西周时已见，当时是作为地域之名，与鄙同义，合称县鄙，指的是国都以外属于野的地区。县鄙之县作为地域之名，是一个不可数的名词，例如鄙，只能说东鄙、西鄙，而不能说某鄙。县有时称某县，亦只是指处于鄙野的某地，非为县的名称。这是县的早期含义。到了春秋

时代，县与邑通，县即是邑，是春秋时期新起的地域单位名。因其来源不同，县的大小与性质各不相同，不过邑县相通这一点是不变的。春秋设县的制度没有统一的标准，各国各行其是，县的长官的名称也各不相同。楚称县尹，又称县公。公是爵称，因为楚君称王，故县尹又称为公。晋则称大夫。兹分述各国设县的情况如下。

1. 楚县

春秋时期楚县的起源有三：一是灭亡边境附近的小国之后改建而成；二是利用原来边境附近小国旧的国都改建而成；三是利用原来设在边境的别都改建而成。

灭亡小国之后建成的楚县有下列七个。

权　原为小国，在今湖北省荆门市东南。《左传·庄公十八年》记楚灭之，建为县，以斗缗为权尹。

那处，亦作那口，其地在权的东南那处城。《左传·庄公十八年》记楚武王时权尹斗缗反叛，楚王围攻斗缗而擒之，迁斗缗于那处，使阎敖为尹。

申　原为周宣王分封的姜姓诸侯国，在今河南省南阳市北。楚灭之，改建为县。第一任申公是斗班，见于《左传·庄公三十年》。另有吕国，也是西周分封的姜姓诸侯国，在今河南省南阳市西，与申差不多时候为楚所灭，建为吕县。文献不见有吕公，可能吕县是申公兼管的。

息　原为西周分封的姬姓诸侯国，在今河南省息县。第一位息公是屈御寇，见于《左传·僖公二十五年》。

郧　原为楚国边境旁的一个小国，地在今湖北省安陆市。楚灭之，改建为县。县公最早见于《左传·成公七年》，当楚共王在位之时。

蔡　原为西周初年分封的姬姓诸侯国，国都在今河南省上蔡县西。楚灵王灭之，改建为县，第一任蔡公是公子弃疾，见于《左传·昭公十一年》。

陈　原为西周初年分封的妫姓诸侯国，国都在今河南省周口市淮阳区。楚庄王、楚灵王和楚惠王时三度灭陈为县。最早见到的陈公是楚灵王时的陈公穿封戌，见于《左传·昭公八年》。

利用边境上小国的旧都改建而成的县有以下六个。

商　即商密，原为都的国都，在今河南省淅川县西南。楚占其地，改建为县。楚成王时以司马子西为商公，见于《左传·文公十年》。

期思　原为蒋国的国都，在今河南省淮滨县东南。蒋国是西周初年周公旦庶子的封国，楚灭蒋的年代不详，楚穆王时有期思公复遂，见于《左传·文公十年》。

叶　原为许国的国都，在今河南省叶县西南。楚惠王时有叶公沈诸梁，见于《左传·定公五年》。

沈　沈即郮。为西周初年周文王少子季载的封国，在今河南省平舆县北，楚占其地建为县。最早见到的沈尹是楚庄王时的沈尹蒸，见于《左传·宣公十二年》。

寝　是郮（沈）国后来迁移的都邑。《春秋·定公四年》记："蔡公孙姓帅师灭沈。"当即此地，在今安徽省临泉县。其地转为楚占有改建为县，《左传·哀公十八年》有寝尹吴申于。

白　《史记·楚世家》："惠王二年，子西召故平王太子建之子胜于吴，以为巢大夫，号曰白公。"巢是西周以来巢国旧都，在今安徽省寿县南，后为楚所占有。

由边境上别都改建而成的楚县有下列四个。

武城　武城是楚王经营北方时驻守的别都，其地在今河南省南阳市北一百里处。《左传·定公四年》记楚昭王时有武城黑，杜注："黑，武城大夫。"《左传·哀公十七年》记楚惠王时有武城尹公孙朝。

析　析也是楚北边的别都之一，在今河南省西峡县。曾为许所迁的国都，楚又曾从此地征发军队出征，后此地建为县。《国语·楚语上》记楚庄王时有析公臣。

东不羹与西不羹　《左传·昭公十二年》记楚灵王在陈、蔡、东西二不羹四县筑城，"赋皆千乘"。时人把四县称为"四国"。《国语·楚语上》则称之为"三国"，韦昭注："三国，楚别都也。"东不羹在今河南省襄城县东南。此二县可能是利用原有北边的别都改建而成。

2. 秦县

（1）灭国而置者

《史记·秦本纪》："（武公）十年，伐邽、冀戎，初县之。十一年，初县杜、郑。"

（2）集小乡聚而为县者

《史记·秦本纪》："（孝公十二年）并诸小乡聚，集为大县，县一令，四十一县。"

（3）秦国有县又有郡

《国语·晋语二》："公子夷吾……退而私于公子絷曰……亡人苟入扫宗庙定社稷，亡人何国之与有！君实有郡县。且入河外列城五。岂谓君无有，亦为君之东游津梁之上无有难急也。"

顾颉刚在《春秋时代的县》一文中解释道：

这是晋惠公和秦国的交换条件。他说：秦如送他入晋，虽然秦已有了好些郡县，并不希罕晋的土地，但他还愿割让河外列城五个酬谢他们的好意。在这条材料里，我们知道，秦不但有县，而又有郡。可惜郡和县的统属关系如何，这里没有说出。

（4）秦国总县数

《史记·商君列传》云："集小乡邑聚为县，置令丞，凡三十一县。"

《史记·六国表》云："初取小邑为三十一县。"

对于上述三十一县与《史记·秦本纪》所说的四十一县未详孰是。

3. 晋县

（1）都邑所改，作为卿大夫采邑者

晋襄公元年（公元前 627 年），当鲁僖公三十二年，晋师破白狄，大将郤缺获白狄王子。郤缺是胥臣推荐给襄公的，所以《左传·僖公二十三年》记载："反自箕，襄公以……再命命先茅之县赏胥臣。"杜预注："先茅绝后，故取其县以赏胥臣。"

晋景公六年（公元前 594 年），晋将荀林父灭赤狄潞氏，荀林父前有罪时为士伯奏免，所以《左传·宣公十五年》中说："晋侯赏桓子（荀林父）狄臣千室，亦赏士伯以瓜衍之县。"

晋厉公二年（公元前 579 年），使吕相绝秦。《左传·成公十三年》记其责秦之语："入我河县，焚我箕郜。"这里所说的河县，是县名还是一个近河之县，未详。

晋平公十一年（公元前 547 年），蔡臣声子对楚令尹子木说："椒举娶于申公子牟，子牟得戾而亡，君大夫谓椒举：'女实遣之！'惧而奔郑……今在晋矣。晋人将与之县，以比叔向"（《左传·襄公二十六年》）。

这是晋国以县赏给别国亡臣的例子，当然更可以给本国大夫。大夫之间又可以县互相交换，可见这时晋君的权力已经下移。

（2）由于分私家之田而为县者

晋顷公十二年（公元前 514 年）杀祁盈和杨食我，灭掉祁氏和羊舌氏，分其地以为县。《左传·昭公二十八年》记灭了两族之后的事说："秋，晋韩宣子卒，魏献子为政，分祁氏之田以为七县，分羊舌氏之田以为三县：司马弥牟为邬大夫，贾辛为祁大夫，司马乌为平陵大夫，魏戊为梗阳大夫，知徐吾为涂水大夫，韩固为马首大夫，孟丙为孟大夫，乐霄为铜鞮大夫，赵朝为平阳大夫，僚安为杨氏大夫。"

（3）晋县数目

晋平公二十一年（公元前 537 年）晋侯嫁女于楚，楚灵王想把送女来的晋上卿韩起砍了足做阍人，将上大夫羊舌肸割了势做司宫，借以辱晋国，楚大夫蘧启疆劝灵王不可造次。《左传·昭公五年》记其事说："韩赋七邑，皆成县也，羊舌四族，皆强家也。晋人若丧韩起、杨肸，五卿八大夫辅韩须、杨石，因其十家九县，长毂九百，其余四十县，遗守四千，奋其武怒，以报其大耻，伯华谋之，中行伯、魏舒帅之，其蔑不济矣。"此处记载晋有县四十。楚并有万家之县。《战国策·赵策》："知过曰：'魏宣子之谋臣曰赵葭，韩康子之谋臣曰段规，是皆能移其君之计。君其与二君约，破赵则封二子者各万家之县一，如是则二主之心可不变，而君得其所欲矣。'"在这段文字的前面，记智伯请地于韩魏，韩魏各"致万家之县"于智伯，可见"邑"与"县"可互称。

4. 齐县

（1）《管子》所见管仲治齐时的县制

《国语·齐语》记管仲治齐，定出很整齐的都鄙制度。《齐语》："制鄙：

三十家为邑，邑有司；十邑为卒，卒有卒帅；十卒为乡，乡有乡帅；三乡
为县，县有县帅；十县为属，属有大夫。五属故立五大夫，各使治一属焉；
立五正，各使听一属焉。"按照这个编制推算，一县有九千家，与秦国有万
家之县的情况相似，可是金文里所反映的情况与此大异。

（2）金文所见的齐国县制

晋灵公时叔向作齐侯钟，其铭文说：

公曰："夷……汝肇敏于戎功，余锡女釐都脊劆，其县三百，余命
女嗣釐邑，造国徒四千，为女敌寮。……"

上述铭文中"脊劆"应是釐都属下的邑，是齐侯赏给叔向做采邑的，相当
于晋制的县。"其县三百"则是说脊劆的属邑有三百个。这正是县邑可以通
称的例子。

5. 吴县

吴国设县，当是与大国交往之时模仿而来的。

《史记·吴太伯世家》云："王余祭三年，齐相庆封有罪，自齐来奔吴，
吴予庆封朱方之县，以为奉邑……富于在齐。"而《左传·襄公二十八年》
记齐庆封奔吴，仅谓"吴句余予之朱方"而已，未有"县"字。若司马迁
所述有据，则朱方仅是吴国若干个县中的一个。

6. 不设县之国

春秋时期有一些次等国（如鲁、卫、宋、郑），它们国土面积不大，只
需依旧分为都鄙来治理即可。

（二）春秋时期县的性质

至于春秋时期县的性质，则因其县的产生来源不同而有差别。

春秋时县的第一个建立渠道是"灭国为县"，指灭掉边境上的小国改建
为县。此类县往往以被灭的小国为名，如陈县、息县之类。此类县以原小
国的国都为中心之邑，下辖许多小邑，实际上是一个地域单位。此类县直
属国君，除管理辖境内的行政事务外，兼管军事，与原来作为小国时的管
理内容相同。县的长官由国君任命，替国君守卫边境，其实权与原来的小

国国君无异，也常以出兵车多寡来表示其县之大小，如"千乘之县"等。县的长官由国君任免，有时可以连任，这一点与战国时期郡县之县相同；不过县的内部结构和县属下的居民组织还与其作为小国时期相同。有的小国改县之名后又复国，而后再次被吞并而改置为县。此类县与战国以后郡县之县的性质不同，只是直属国君，由国君任免其长官这一点与郡县之县相同，所以春秋时此类县可以说是开战国郡县之县的先河。又因此类县地域广大，其长官又兼辖军民两政，国君不易控制，常形成尾大不掉之势。如楚县的长官权尹斗缗与巢县的长官白公胜就曾踞县反叛。所以此类县不属于县的常态类型。

春秋时县的第二个产生渠道是改国内之邑为县。此种县是在国家内部结构变动的基础上发展起来的，以自然居邑为基础，所以自其产生之初就有着比较明显的基层政权的性质，是为了治民的方便。尽管治民也是为了征兵，也以赋兵多少为县大小的标志，但这是行政和军事合一，与楚的以军事为主有所区别。这类县以齐晋两国最为典型。"齐晋之县正因为是作政权组织而存在，都有一个从小到大的发展过程，逐步有相对统一的标准。到春秋中期以后，县就不完全是以自然居邑为基础了，一个县有一个邑，也可以有几个邑。如晋之温县起码有郤、州两个别邑，州邑从温分出去以后即为州县。"[1]

春秋的县，其性质属于公邑，与作为私邑的采邑不同。采邑是卿大夫受封于国君的禄赐，有家臣为之管理，采邑内的一切财富都归卿大夫所有，卿大夫只需把收入的一小部分贡于国君，象征着臣属关系，除此之外，国君是不得过问采邑内的一切事务的。家臣只知有主，不知有君，而县尹则不同，他们受命治一县事务，一切按君命行事。县的长官有世袭的，那是由于春秋时期实行世卿世禄制度，国家的官职大都有固定的家族世袭担任，此种世袭是官职的世袭，不是封爵的世袭。战国时期作为领土国家一级政权的县制，就是从春秋的作为公邑的县发展而成的。至于齐国的以"三乡为县"的县，仍属于国野（都鄙）体系下属于鄙（农村）的一个行政层级，与新兴的县制不同。春秋时期国君也有把县赏赐给臣下作为采邑的，这与

① 田昌五、臧知非：《周秦社会结构研究》，西北大学出版社，1996，第223页。

公邑和采邑间的互相转换属于同一性质。

二　郡的由来及其性质

（一）秦晋的郡

《国语·晋语二》提到秦国"实有郡县"，意思是秦国除县以外还有郡的建制。具体情况不详。

又，《左传·哀公二年》记晋国的赵简子誓师辞云："克敌者上大夫受县，下大夫受郡，士田十万，庶人工商遂，人臣隶圉免。"杜预注引《周书·作洛》："千里百县，县有四郡。"谓郡小县大，故上大夫受县，下大夫受郡。童世业对此作如下的解释，谓："晋已有郡，下县一等，郡为边聚或较小之地也。"[①] 田昌五、臧知非在其所著《周秦社会结构研究》一书中进一步指出：

> 这虽是推测之词，但说出了郡的本来面貌，即郡本来是小于县的，当然不一定都是边聚。前已指出，商周的国家形态以"点"为特征，没有后世的领土特征，国是由邑发展而来，是大的邑；县、里的原生形态也是邑，是一些小的散布于国邑周围的邑，一部分邑最后形成为土地辽阔的县，其余构成了后来乡里的一部分。郡的初始也是邑，《水经注·河水五》引苗恭《十四州记》云："郡之言君也。今之郡字，君在其左，邑在其右，君为元首，邑以载民。故取于君而谓之郡也。"此解虽然表象了些，但却揭示了郡的起源；和县一样，都源于邑。西周时邑有邑人，里有里君，以治邑、里之事；降至春秋，许多邑、里发展为县，有的邑则演变为郡。县、郡、书社（里社）都源于邑，都可以用来赏赐。故有赏赐以县、赏赐以郡，更有赏赐以书社者。……郡的初始，不一定设于边地，而且视邑的位置而定；正像县的发展分为两种类型一样，郡也分为两种类型，一是由内地之邑发展起来，一是由边地之邑发展起来，其辖土也有个从小到大的发展过程。不同国家

---

① 童书业：《春秋左传研究》，上海人民出版社，1980，第186页。

的郡的设置和发展不尽相同，在三晋系以内部邑为基础，在秦楚可能多设于边地新占领之地。①

其说可从。

（二）吴国的郡

《史记·仲尼弟子列传》记公元前484年吴、鲁与齐战于艾陵，子贡说吴王夫差救鲁伐齐，于是吴王乃遂发"九郡兵伐齐"。顾颉刚在《春秋时代的县》一文中分析说："他们的郡制的大小无法查考，但如果据'县有四郡'的话来看，那么九郡不过两县多，谅不能打破齐师，或者这些郡要大一点。"田昌五、臧知非在《周秦社会结构研究》一书中则说："《说文》云：'郡，周制地方千里，分为百县，县有四郡，故春秋传曰：上（当作下）大夫受郡是也，至秦初置三十六郡以监其县。'这'县有四郡'不知何据，也可能是杜预所使用的《周书》，抑或有其他材料。《周书》即传世之《逸周书》，《汉书·艺文志》著录为七十一篇，谓为'周史记'，现在一般认为是战国作品，它至少反映了战国时人对郡制起源的认识，反映了郡的原生态。"②

总之，学者们的观点是，郡起于春秋之末，县、郡同源，其初都为邑，春秋时县大而郡小，两者都有军事职能。

第六节　春秋时期列国的军事组织与监狱

一　春秋时期的军事组织

（一）列国的军队设置

各大国多设有上、中、下三军（以中军为尊），三军约有战车千乘、士兵三万人。春秋时期列国的军队编制可知者如下。

---

① 田昌五、臧知非：《周秦社会结构研究》，西北大学出版社，1996，第235~236页。
② 田昌五、臧知非：《周秦社会结构研究》，西北大学出版社，1996，第236页。

鲁国　襄公时立三军。

齐国　《国语·齐语》："管子（管仲）于是制国（即首都），五家为轨，轨为之长；十轨为里，里有司；四里为连，连为之长；十连为乡，乡有良人焉，以为军令。五家为轨，故五人为伍，轨长帅之。十轨为里，故五十人为小戎，里有司帅之。四里为连，故二百人为卒，连长帅之。十连为乡，故二千人为旅，乡良人帅之。五乡一帅，故万人为一军，五乡之帅帅之。"

晋国　最初只有一军，献公时增加一军，到文公时又扩充为三军。后来景公在鞌打败了齐国，便创立了六军，见于《左传·成公三年》。

楚国　到庄王时始备三军，以为正军，二广为亲军，游阙为游兵。一广拥有的战车的计量单位为"卒"，其具体的数额是一"偏"的两倍，即三十乘，即《左传·宣公二十年》所说："其君（指楚王）之戎分为二广，广有一卒，卒偏之两。"正军有缺，以游阙补之。二广与游阙的设置，在于正军有败以此易之，是为楚国的特别兵制。

越国　越国攻打吴国时，除三军之外，另有左右偏师，叫作句卒。

（二）军队编制的变化

春秋前期列国军队的编制从大体上看，与《周礼》所说的"军、师、旅、卒、两、伍"六级编制并无显著的差异。《国语·周语中》提到晋国时说："四军之帅，旅力方刚，卒伍治整，诸侯与之。"这说明晋国军队的编制与《周礼》所说的"军、师、旅、卒、两、伍"六级编制相符合。此种军队编制应是春秋列国军队编制的通制。齐国军队编制在桓公时由管仲进行了改革，扩大"两"为"小戎"，裁减了"师"级编制，形成了"军、旅、卒、小戎、伍"五级编制，分别辖万人、二千人、二百人、五十人和五人。吴国军队的编制级别最为简约，为"军、旅、卒、伍"四级，见于《孙子兵法·谋攻》。吴国当时实行百人彻行为一卒，十行为一旅，十旅为一军的制度，可知《孙子兵法》所说是对吴国军队编制的实际反映。

春秋时期军队编制的变化是由军赋制度的变化引起的。春秋前期仍沿用西周的兵农合一之制。其时仍实行国人当兵，野人不当兵，军赋与兵役相统一的制度。商和西周的兵役都是以村社组织为基础。井田是村社的土地分配形式，村社是井田制的组织形式，二者是统一的。《左传·襄公二十五年》说楚国的"规偃猪，町原防，牧隰皋，井衍沃"，《襄公三十年》所说的"都鄙有章，上下有服，田有封洫，庐井有伍"等，都是统治阶级维护井田和村社组织的证明，这就决定了军赋与兵役相统一制度的继续存在。根据春秋时期的军赋，出赋一乘的土地称为"甸"。一甸土地所出的赋叫作乘。一乘军赋包括战车、甲士和步卒（徒），乘实际上就是军队的一个基本编制单位。

春秋时期军赋制度的变化是在晋"作州兵"、郑子产"作丘赋"与鲁成公的"作丘甲"之后。上述措施作为春秋时期军赋制度的重要改革，不仅打破了传统的田野界限，赋予了野人当兵的权利，还标志着以"国人为兵"为特征的分封制时代的军事制度开始走向解体。兵源的扩大导致了军队编制的重大变化。其主要表现在车乘士卒之法的变化，即由春秋前期的每乘战车"三十人"制发展为中晚期的"七十五人"制。

春秋前期，战车一乘均为战士三十人。此三十人中，甲士十人（三人在车上，七人在车下）均具有军官身份，是军队中的主力。徒二十人中十五人为战士，五人为厮养。其制当沿自西周。在车乘编制由三十人到七十五人的转变中，齐国军队中出现了"五十人为一小戎"的编制，就是把一乘战车的兵力，由三十人扩充到了五十人，可以看作由三十人到七十五人之变化的一个中间环节，有着重要意义。

春秋中后期兵源范围有所扩大，编制有所改革，一是裁去了车下的七名甲士，增加徒兵的编制。《司马法》所说"百人为卒"，指的就是一乘的人数。其具体编制如下：

攻车一，甲士三人，步卒（战斗步兵）七十二人，编为三两；

守车（包括广车一，轺车一，辇一），徒役（供甲士役使）二十五人，编为一两；

合计甲士、步卒、徒役一百人，编为四两。

也就是说，两由表示战车一辆的量词变为隶属步兵的一个基本的战斗单位，乘由四辆战车组成的百人组织变为由攻车、守车各一辆组成的百人团体。

此时期的兵额，以攻车千乘计算，有甲士、步卒七万五千人，守车千乘徒役二万五千人，两者合计十万人。《孙子兵法》所说"驰车千驷，革车千乘，带甲十万"，正与春秋后期攻车和守车的编制相符合。

（三）兵种优势的变化与新兵种的出现

1. 车战由极盛而趋于衰微

农村公社土地分配制度的破坏，导致了车战的衰亡。"车，贵知地形。"（《六韬·犬韬》）战车的攻击能力依赖于战车的机动性，而战车的机动性又取决于战场的地形条件。战车的这一弱点，早在车战方兴未艾的西周时期就已经有所暴露了。西周金文《不𡢁簋盖铭》所载的伯氏作战命令就曾经戒饬部下："弗以我车函（陷）于艰。"① 随着车战规模的扩大，这一弱点逐渐明显。《左传·成公十六年》记鄢陵之战，晋军在攻击楚军途中突遇烂泥潭，车队只好绕行，晋侯亲军全部陷入泥淖，进攻行动受阻，差点贻误战机。《左传·成公二年》记载，齐国在鞍之战中失败，向晋求和，晋人提出"使齐之封内尽东其亩"。也就是要求齐国将其境内田地垄亩、道路沟渠，全部改为东西走向，作为罢战的重要条件。这无异于给晋国的战车铺平了道路，齐国当然不能同意，抗辩说："唯吾子戎车是利，无顾土宜，其无乃非先王之命也乎？"可见战车与道路确实是紧密相关的。在井田沟渠系统棋布的西周，"周道如砥，其直如矢"（《诗经·小雅·大东》），战车虽然不能适应复杂的地形，但在平原作战中却是所向披靡的，而且当时的战车数量较少，交战双方都有充分可能选择良好的作战地形。私田出现以后，情况就发生了变化，那些横七竖八的私田破坏了井田制的道路系统，撕裂了榛芜的封疆莽原，使战车的运动受到了严重阻碍。空前巨大的作战规模，数以千计的车辆，以及正面宽大的严整队形，所有这些已使这个矛盾更加突出，所以随着农村公社的破坏、井田沟渠系统的消失，车战所赖以自存的主要战术特点——机动性也逐渐丧失殆尽了。车战是与分封制时代的生产力相适应的，与分封制同期始终。随着农村公社土地分配形式——井田制沟渠系统的消失，车战也就趋于衰微了。

2. 建制步兵的再度兴起与舟师的出现

建制步兵是一种脱离战车独立编制的步兵。商周时期的"行"即是此

---

① 见徐同柏《从古堂款识学》卷十、三十六。

种步兵。春秋时的建制步兵大约是在春秋初期对西方和北方戎狄族的战争中开始出现的，《左传·僖公二十八年》记此年（晋文公五年，公元前632年）"晋作三军以御狄"，这便是最早出现的建制步兵部队。考晋于公元前679年（鲁庄公十六年，晋武公三年）作一军，公元前661年（鲁闵公元年，晋献公十五年）作二军；公元前633年（鲁僖公二十七年，晋文公四年）始作三军，而在作三军之前十七年，也就是公元前649年（鲁僖公十年，晋献公二十七年）晋军就已经有了左行与右行，又在作三军之后一年，紧跟着建立了三行。不过晋国设置左行和右行这两支部队时，虽然其已经脱离车兵而独立，但在编制上还是隶属于以车兵为主的下军的。这种情况实际延续得很久，直到成公黑臀时代，当时虽然早已正式建立了三行，但在晋国的禁卫军中却仍然保持着一支步兵部队，称为公行，加一个"公"字，是为了显示它的贵族身份。这种贵族部队，在丽姬之乱以后，曾经一度被取消过。步兵之成为独立建制，是在建立三行之时。公元前632年，晋侯为了御狄，在作三军之外又增设了中行，并从原左右行从军的编制中划出，正式建立了独立的三行部队，但是这个新建的三行，有将无佐，它的主帅级别也较低。以上情况表明，行不是军，它在编制上也不相当于军，而是比军低不止一级的编制单位。

建制步兵在建立之后的相当一段时间内，并没有广泛参与国内战争，主要是驻扎在边陲山区以及后方城邑，担任边防和卫戍行务，远非当时军队的主力。直至春秋末期，建制步兵渐趋活跃。建制步兵在国内战场的大量使用，应当是在春秋末期，它实际上已经为战国时期的大规模步战吹响了进军的前奏。

春秋时期还出现了新的兵种——舟师。舟师就是水军，南方楚、吴、越等国均有设置。

楚国的舟师，据《左传》记载，鲁襄公二十四年，"楚子为舟师以伐吴"。鲁昭公十九年（公元前523年），"楚子为舟师以伐濮"。鲁昭公二十四年（公元前518年），"楚子为舟师以略吴疆"。

吴舟师，据《左传》记载，鲁定公六年（公元前504年），"吴大子终累败楚舟师"。鲁定公四年（公元前506年），吴国伐楚，舍舟淮内。鲁哀公九年（公元前486年），吴伐齐，开鸿沟，沟通江淮，以利舟师北进。

《左传》记鲁哀公十年（公元前485年）吴国伐齐时夫差还派徐承帅舟师自海入齐。可见舟师不仅活跃于江湖，还能入海，应是我国最早出现的海上军队。

越国舟师，据《国语·吴语》记载，越国伐吴，使范蠡、后庸率舟师沿海溯淮，以断绝吴国的后路。

（四） 卿大夫采邑家兵的建立

春秋时期，由于分封的权力下移至诸侯，卿大夫家的组织成为一级政权组织，卿大夫也就在都邑组建自己的武装。

春秋初期，在郑、晋、楚等国，有些势力强大的卿大夫即已凭借都邑的力量组建军队，如郑国的共叔段、晋国的曲沃庄伯、楚国的斗缗分别在自己控制的都邑——京、曲沃、权建立军队，其中曲沃庄伯并以此夺取了晋国政权。不过在春秋初年，卿大夫在都邑组建自己的军队还是个别的现象，而且是不合法的。

春秋中叶以后，特别是"作州兵"、"作丘甲"和"作丘赋"之后，兵源规模扩大，使得列国卿大夫普遍建立了都邑军队，例如晋国在山东的都邑蔡阳①，在河北和河外（即河南）的都邑焦、瑕、温、原都组建了军队，合称五邑之师。齐国也有东阳②、高唐、渠丘三邑的武装。鲁国的都邑普遍存在强大的武装，而且在春秋末年，这些都邑兵都已摆脱了国家的控制，成为卿大夫自己的武装力量。宋国都邑兵中著名的有"空泽甲士"，其他都邑也同空泽一样有武装，楚国的地方兵名为县兵。楚县多由被其灭掉的国家所形成。至春秋晚期，楚国的地方县邑几乎都已建立强大的武装。

都邑兵作为国家辅助的军事力量，其主要职责是保卫地方，陈恩林说："春秋列国的地方都（县）邑兵与国中之师是有严格区别的。国中之师是国家军队的主力。其兵源主要是国人，都邑之师是国中之师的辅助力量，其兵源主要是野人，但是都邑之师又不是严格意义上的野人，因为春秋时在野中的都邑和国一样，也是'邑外为郊，郊外为野'，有郊、野之分的，组

---

① 见于《左传·襄公二十三年》。
② 见于《左传·襄公六年》。

成都邑兵的成员，是都邑郊以内的国人，而不是邑郊以外的真正的'野人'。所以都邑兵的身份虽然低于国人，对国人来说是'野人'，但又高于真正的'野人'，对于'野人'来说是'邑人'。这种情况表明，春秋时期国、野间的界限虽然已经开始打破，但是这种打破还是有限度的，两者间的差别并没有完全消失。"①

卿大夫除掌握其所属的都邑兵之外，还有其新组织——族兵。卿大夫家族中都有一套宗法体系，族人负有保卫宗主和宗邑（即卿大夫封邑）的义务。由此形成了以族人为骨干的"族兵"。他们在战场上是军中主力或亲兵，在平时则与卿大夫聚族居于国中，所以一旦有事，调动起来极为迅速。

二　春秋时期的监狱

（一）刑名

〔徒刑〕

执　春秋晋宋等国刑名。顾栋高《春秋大事表》卷十三载："《春秋经》：'（僖公）十有九年春，王三月，宋人执滕子婴齐。'"

锢　春秋晋刑名。《左传·襄公三年》："会于商任，锢栾氏也。（禁锢栾盈，使诸侯不得受。）"

〔肉刑〕

贯耳　春秋齐刑名。《左传》："子玉复治兵于蒍，终日而毕，鞭七人，贯三人耳。"

刖　春秋齐刑名。《左传》记晏婴讽景公以踊贵屦贱。考踊系"刖足者所用之假肢，受刖刑者被砍去左足，须装上假肢才能行走。所以推知齐国那时有刖刑"。

〔流刑〕

放与奔　春秋晋刑名。孔颖达说："放之于奔，俱是去国而情异。"《释例》："奔者，追窘而去，逃死四邻，不以礼出也。放者受罪黜免，宥之以远也。"放之例，《春秋》："宣元年，晋放其大夫胥申父于卫。"奔之例，

---

① 陈恩林：《先秦军事制度研究》，吉林文史出版社，1991，第149~150页。

《春秋》："（宣公十八年）冬十月……归父还自晋，至笙，遂奔齐。"

〔死刑〕

杀　春秋卫、郑、蔡、齐、楚等国刑名。《春秋》："（隐公）四年……九月，卫人杀州吁于濮。""（襄公）三十年……郑人杀良霄。""（桓公）六年……蔡人杀陈佗。""（庄公）九年春，齐人杀无知。""（宣公）十一年……冬十月，楚人杀陈夏征舒。"

刺　春秋时杀所不当杀者为刺。说见顾栋高《春秋大事表》卷十三《刑赏》"内讳杀曰刺"条。《春秋》："（成公）十六年……乙酉，刺公子偃。"

烹　春秋刑名。《释名》："煮之于镬曰烹，若烹禽兽之肉也。"《左传》："楚白公为乱，既死，其徒征之，生拘石乞而问白公之死焉。乞曰：'此事也，克则卿，不克则烹，何害？固其所也。'乃烹石乞。"

枭首　春秋刑名。《左传》："孟、仲之子杀诸塞关之外，投其首于宁风之棘上。"

肆　春秋刑名。既戮陈尸叫作"肆"，如《左传》所记载的"尸崔杼于市""尸雍子与叔鱼于市"均为其例。

醢　春秋宋刑名。如宋醢南宫万、猛获是。

辕　春秋齐刑名。如齐辕高渠弥是。其刑即"车裂"，参见下条。

车裂　春秋刑名。其刑是将被刑者四肢和头缚于五辆车上向不同的方向驱动大车，使尸体撕裂为数块，极为残酷。

人祭　春秋时宋、楚刑名。如《左传》："宋公使邾文公用鄫子于次睢之社""（昭公十一年）冬十有一月丁酉，楚师灭蔡，执蔡世子有以归，用之"是。

戮尸　春秋齐刑名。《左传·襄公二十八年》："求崔杼之尸，将戮之，不得。……既，崔氏之臣曰：'与我其拱璧，吾献其柩。'于是得之。十二月乙亥朔，齐人迁庄公，殡于大寝。以其棺尸崔杼于市，国人犹知之，皆曰：'崔子也。'"杜注："崔氏弑庄公，又葬不如礼，故以庄公棺著崔杼尸边，以章其罪。"又，《昭公十四年》："邢侯怒，杀叔鱼与雍子于朝，宣子问其罪于叔向。叔向曰：'三人同罪，施生戮死可也。……乃施刑邢侯而尸雍子与叔鱼于市。'"杨鸿烈按："戮尸之文，此二事最为明著，叔鱼事在

《国语·晋语》里作'杀其生者而戮其死者'。韦注说:'陈尸为戮。'由此看来,那么'戮尸'即是陈尸,非必于既死之尸犹枭其首,与后来戮尸枭首的事,微有不同。"

族刑 春秋秦刑名。秦国有"三族刑"。孙星衍《平津馆文稿》卷上《周书罪不相及论》:"考族诛连坐之法,起于秦文公。"《史记·秦本纪》:"文公二十年,法初有三族之罪。"《集解》:"张晏曰:'父母兄弟妻子也。'如淳曰:'三族,父族、母族、妻族也。'"①

(二) 监狱设置

一是囹圄。春秋时期一般称监狱为囹圄。《管子·五辅》:"善为政者,仓廪实而囹圄空,不能为政者,仓廪虚而囹圄实。"

二是狴犴。"狴"与"犴"原是两种兽名,后来才合称为"狴犴",指牢狱,如扬雄《法言·吾子》中说:"狴犴使人多礼乎?"

三是深室。深室就是春秋时期的地牢。《左传·僖公二十八年》记元咺与卫侯讼,卫侯败诉,晋文公执卫侯,归于京师,置诸深室。杨伯峻注:"别为囚室,其室幽深,故名深室。"白焕然说:"深是地牢的一个显著特点,其用心在于防止囚犯逃跑。拘押卫侯的'深室'其实是一种地穴式的建筑,就是地牢。"

四是石室。春秋时代吴灭越,越王勾践夫妇连同范蠡一起被俘,囚禁于姑苏(今江苏省苏州市)虎丘山上一个石室之中,服苦役三年。吴王夫差认为越王对自己已无二心才放他们回到越国。

(三) 狱政管理

春秋时监狱管理的特点有二。

一是连坐受刑。中国古代因他人犯罪而使与犯罪者有一定关系的人连带受刑的制度,又称相坐、从坐、缘坐。连坐起源很早,夏、商、西周、春秋、战国时期均有连坐制度。《通典·刑法》"刑制"条载:"秦文公二十年,法初有三族罪。"即对于罪行特别严重的死刑犯夷其三族。三族据如淳的解释指"父族、母族、妻族"。也就是说,一个人犯了特别严重的死罪,

---

① 参见杨鸿烈《中国法律发达史》第四章"刑法总则",中国政法大学出版社,2009。

除自己的家人外，还会有父亲的兄弟、母亲的娘家人和妻子的娘家人连坐被杀。历史上最早见到的族刑发生于春秋时期秦武公三年（公元 695 年）。《史记》记载，武公三年，"诛三父等而夷三族"。到了战国时期，连坐受刑更加严酷。荆轲因刺秦王政，被夷七族。《史记·索隐》谓"七族"是指父之姓、姑之子、姊妹之子、女之子、母之姓、从子及妻父母。商鞅变法时，立相坐之法：十家为什，五家为伍，发现问题要互相纠举揭发，否则连坐。如不告奸，匿奸与降敌同罪。又立"怠贫收孥法"，对于因怠惰而贫困的平民，收录其妻子，没入官府为奴婢；伍老也会因其管辖范围内有人"犯罪"未检举而连坐。

二是狱制军管。学者白焕然指出："春秋的监狱是各诸侯国战争的组成部分，因此春秋的狱制又具有浓厚的军事色彩。《诗经·鲁颂·泮水》载：'矫矫虎臣，在泮献馘，淑问如皋陶，在泮献囚。'这是对鲁僖公伐淮夷而返，修泮宫举行献馘献囚大典的歌颂。一般是武将献馘（所杀之敌，割左耳以请功），刑官献囚（把关押的战俘列而献之）。鲁献公举行献馘、献囚的盛典，显然是一种炫耀武力、声张国威的举动。这种献囚的形式当不是以鲁国为限。如《春秋左氏传》成公七年传记载了锺仪被郑人作为献囚，关押在晋国的军械保藏机关达二年之久，才由晋侯特命释放的故事。以上都反映了春秋时期各诸侯国的战争给狱制的变化所带来的影响。"其说甚是。①

---

① 以上参见白焕然等著《中国古代监狱制度》（新华出版社，2007）第五章《春秋时期的监狱制度》中的"监狱形态"与"狱政管理"部分。

第四章 战国时期以官僚制度为特征的
分国领土国家的建立

战国时期领土国家的建立，主要基于下述原因。

一是地主阶级取得了国家的政权，社会的阶级矛盾转变为地主阶级与农民的矛盾，国体发生了改变，封建社会建立。

二是官僚制度的形成，国君与郡县主的上下级关系取代了分封制时期的委托统治的形态，使国家形态蜕变为单一制国家——领土国家。

三是生产力的发展，牛耕的普遍推行使以一家一户为单位的小生产成为可能，"按地区划分国民"结束了早期国家的形态。

第一节 生产力的发展促进新兴地主
阶级政权的形成

一 春秋后期生产力的发展促进生产关系的改变

春秋时铁器逐步推广，对当时的社会生产，特别是农业生产具有重要意义。铁的发现大概是在商代，但直到西周，人们还只会使用锻铁，其数量很少，不可能普遍应用。到春秋时期有了铸铁，在青铜冶制业的基础上，铁器才逐步推广到社会各个生产领域。《国语·齐语》记载，管仲向齐桓公提出以甲兵赎罪的建议。甲，铠也；兵，弓矢之类。也就是以交纳铁制兵器作赎金。春秋中叶齐灵公的叔夷钟铭文中有"造戟，徒四年"一语，戟就是铁（繁体字作鐵）的初文，由此可见齐灵公时就有大批采铁和冶炼的官徒了。晋、楚二大国在春秋时代也都使用了铁器。周敬王七年（公元前513 年），晋国用铁铸了刑鼎，鼎上有范宣子所作的刑书。铸鼎的铁是作为军赋向民间征收的，这和管仲在齐国的做法大体一致，可见这时铁器在晋国民间的使用已相当普遍了。铁器基本上代替以前的生产工具，是在春秋时代逐渐完成的。各国、各地区、各部门使用铁器是逐渐普及起来的。春秋时代，一些铜铸工具和大量的石、骨、蚌等原料所制的工具都还在生产领域起着一定的作用。铜制的工具有斤、耨、铲等。石锛、石镰、石铲、蚌镰等一些石器、蚌器还在使用，铁器替代这些生产工具，是直到战国时代才完成的。

这时候，牛耕也进一步推广了。由于生产工具的变革、牛耕的推广，加上生产技术的改进和某些大型水利灌溉设施的出现，农作物产量比过去有所提高，因而剩余生产物也相应增多了。农业生产的发展，使以一家一户为单位的小生产和以个体经营为特色的小农阶层（佃农和自耕农）有了成为社会基础的可能，旧式的奴隶制时代的"千耦其耘"和"十千维耦"的集体劳动形式被个体的、以一家一户为生产单位的农业经营方式取代，成为封建经济的重要特征之一。

生产工具的变革、牛耕的推广，使可耕田的面积急剧增加，私田大量出现。早在西周末年，私田的存在就已经是一个相当显著的事实了。到了春秋时期，荒田被大量开垦，农业生产效率提高，私田的数量因而不断地增加。公田有一定的规模，私田则可以随地形而自由变化；公田是不能买卖的，私田则是私有的；公田是要给公家上一定赋税的，私田在起初却不必上税。就在这样的发展过程中，有些诸侯和卿大夫逐渐豪富起来了。

周宣王"不籍千亩"之后，随着土地私有制的进一步发展和奴隶的对抗，公田上的奴隶制的集体劳动形式在各国逐渐废弛了，从西周延续下来的井田制也开始解体。

随着私有土地的出现，封建依附关系开始发生，并逐步发展起来。春秋时期见于记载的"隐民"和"私属徒"、"宾萌"和"族属"就是此种封建依附关系。上述依附农民，可以占有、生产他们自己的生活资料和生产资料，独立经营他们的农业和各种同农业相结合的农村家庭工业。奴隶身份的取消，提高了他们的劳动积极性，是当时社会财富增长的决定因素，同时这也加速了私田的发展，在春秋时代复杂的阶级斗争和生产力不断发展的过程中，封建社会正在逐步形成。

随着私田规模的扩大，出现了土地私有制度。公元前594年，鲁国实行"初税亩"（《左传·宣公十四年》），就是废除了旧法，开始实行按亩征税的制度。"初税亩"又反映了当时鲁国私田数量已比较多，地主阶级的经济力量也比较强。开始按亩征税，虽然是为了增加国家的赋税收入，但客观上公开确认私田的合法性和所有权，进一步破坏了奴隶制下的井田制。① 到春秋晚期，中原各国都已采用按亩征税的地租制度。到春秋战国间，地租的征收就很普遍，当时实行的是实物地租的形式。

随着征收地税办法的推行，征收军赋的办法也开始改变。郑国在子产"作封洫"，对私田开始征税以后的第六年，即公元前538年，又"作丘甲"（《左传·成公元年》）。"丘甲"和"丘赋"的性质相同，丘是地域单位。军赋原来是在井田范围内按井田的数目来征收的。"丘赋"和"丘甲"就是改为按地区范围来征收，这样就对私田所有者开始征收军赋，其目的在于增加国家的军赋收入。此种征赋办法也称为"兵役"。

秦国在中原各诸侯国中，经济发展是比较迟缓的，直到公元前408年才实行"初租禾"（《史记·六国年表》）。"初租禾"与"初税亩"的性质相同，就是按照地主所有田地面积征收一定数量的谷子作为地税，这比鲁国"初税亩"要迟186年。"从鲁国实行'初税亩'到秦国实行'初租禾'，标志着封建生产关系在奴隶社会母体内生长成熟。"②

二　战国时期新兴地主阶级政权的形成

春秋后期，随着封建制生产关系在奴隶社会母胎内逐渐生长成熟，新兴地主阶级力量日益壮大。广大奴隶和平民反抗奴隶主贵族的斗争日益高涨，奴隶制经济基础日益瓦解，就使得奴隶主阶级中一部分人分化出来转

---

① 杨宽：《战国史》，上海人民出版社，1980，第132页。
② 杨宽：《战国史》，上海人民出版社，1980，第134页。

变为新兴地主阶级的代表，开启了新的时代。这个时期因各诸侯国之间连年战争，被称为"战国"。西汉末年刘向撰《战国策》，始将"战国"作为历史时代的名称，现以周元王元年（公元前 475 年）到秦王政二十六年（公元前 221 年）统一中国，称为"战国时代"。战国时代以"三家分晋"和"田氏代齐"为标志，显示以奴隶制为特征的分封制已经走到了尽头。三晋和田齐都是以国内的强宗大族取得国家政权，而原来作为强宗的家臣，也都转化为国家的官吏，国政出于家臣，也就是出现了"陪臣执国命"的现象。秦楚等国虽然没有出现强家篡国的情况，但通过自身的变革，已经建立封建制度，也已成为中央集权的封建制国家，说明分封制此时已经完成了它的历史使命。

战国时期出现了燕、赵、韩、魏、齐、楚、秦七个强国平列的形势。这些国家就其国内的情况而言，是统一的中央集权的地主政权；而就全中国来说，则是出现了七个割据称雄的封建国家。

三　战国时期的兼并战争对统一封建国家产生的促进作用

（一）战国初期的三家分晋和田氏代齐

三家分晋。《史记·赵世家》载，烈侯六年（公元前 403 年），魏、韩、赵皆相继立为诸侯。……敬侯十一年（公元前 376 年），韩、魏、赵共灭晋，三分其地。

田氏代齐。齐侯本姜姓，西周时姜尚始封。至战国时，新兴地主阶级贵族专政，周安王十一年（公元前 391 年）田和迁齐康公至海上，遂有其国。周安王十六年（公元前 386 年）周王正式承认田和为齐侯，史称田齐。田齐政权始自悼子元年（公元前 410 年），中经和子（田和），至公元前 384 年（齐侯剡元年）。田齐政权自悼子元年至齐侯剡四年，与姜齐政权并存。悼子元年为齐宣公四十六年，田齐侯剡四年即齐康公二十四年。至此年，姜齐政权始行结束，以田齐政权代之。

（二）春秋时期的诸侯国沿存于战国者多为七雄所灭

赵灭中山。赵惠文王三年（公元前 296 年），灭中山，迁其王肤施。（《史记·赵世家》）

赵灭代。"祁夷水又东北流，径代城西。……赵灭代。汉封孝文为代王。"（《水经·漯水注》）

韩灭郑。郑为春秋十二诸侯国之一，韩哀侯二年（公元前375年）灭于韩。（《史记·韩世家》）

魏灭许。"许恃荆不听魏，荆攻宋而魏灭许。"（《韩非子·饰邪》）

赵灭郯。"晋烈公四年，越子朱句来郯，以郯子鸪归。"（《水经·沂水注》）

越灭滕。"越王朱句二十年，灭滕。"（《路史·国名纪事》引《竹书记年》）

齐灭宋。齐湣王十五年（公元前286年）灭宋。（《史记·田敬仲世家》）

楚灭蔡。蔡为春秋十二诸侯国之一，楚惠王四十二年（公元前447年）楚灭之。（《史记·楚世家》）

楚灭莒。楚简王元年（公元前431年）北伐灭莒。（《史记·楚世家》）

楚灭杞。楚惠王四十四年（公元前445年），楚灭杞。（《史记·楚世家》）

楚灭邾。"江水又东，径邾县故城西，楚宣王灭邾，徙于此，故曰邾也。"（《史记·越王勾践世家》）

楚灭越。"于是越遂释齐而伐楚，楚威王兴兵而伐之，大败越，杀王无强，尽取故吴地至浙江。"（《史记·越王勾践世家》）

楚灭鲁。鲁为春秋十二诸侯国之一，楚考烈王十四年（公元前249年）灭鲁。（《史记·楚世家》）

秦灭卫。卫为春秋十二诸侯国之一，至秦二世时始绝。（《史记·秦始皇本纪》）

（三）灭少数民族部族

赵灭林胡、楼烦。"大夫曰：赵武灵王逾句注，过代谷，略灭林胡、楼烦。"（《盐铁论·伐功》）

秦灭獂。秦孝公元年（公元前361年），"于是乃出兵东围陕城，而斩戎之獂王"（《史记·秦本纪》）。

秦灭义渠。"昭王立，义渠王朝秦，遂与昭王母宣太后通，生二子，至王赧四十三年，宣太后诱杀义渠王于甘泉宫，因起兵灭之，始置陇西、北地、上郡焉。"（《后汉书·西羌传》）

秦灭蜀。周慎靓王五年（公元前316年），"秋，秦大夫张仪、司马错、都尉墨等从石牛道伐蜀……冬十月，蜀平"（《华阳国志·蜀志》）。

（四）秦灭六国及周

秦灭燕。秦王政二十五年（公元前 222 年）灭燕。"二五年，大兴兵，使王贲将，遂攻辽东，得燕王喜。"（《史记·燕世家》）

秦灭赵。"（秦王政）十九年，王翦、羌瘣尽定取赵地东阳，得赵王。"（《史记·秦始皇本纪》）

秦灭韩。"（秦王政）十七年，内史腾攻韩，得韩王安，尽纳其地，以其地为郡。"（《史记·秦始皇本纪》）

秦灭魏。"（秦王政）二十二年，王贲攻魏，引河沟灌大梁，大梁城坏，其王请降，尽得其地。"（《史记·秦始皇本纪》）

秦灭齐。"（齐王建）四十四年，秦兵击齐，齐王听相后胜计，不战，以兵降秦。秦虏王建迁之共。遂灭齐为郡。"（《史记·田敬仲世家》）齐郡是把齐的国都临淄地区改建为郡，非为把整个齐国改称齐郡。

秦灭楚。楚王负刍五年（公元前 223 年），秦"虏楚王负刍，灭楚，名为郡"（《史记·楚世家》）。此楚郡是指把楚王负刍行在的国都地区改建为郡，并非把全楚国改建为楚郡。

灭周。"（齐王建）十六年秦灭周。"（《史记·田敬仲世家》）

（五）战国灭国与春秋灭国特点不同

春秋时期属于国家机关转型时期，各国对兼并来的土地的处理办法是不同的。那些封建化程度高的国家，把灭国得来的土地改造成由国君直辖的县或郡，如楚国；那些仍旧维持分封制的国家，把兼并来的土地转赏给卿大夫作为他们的封邑，如晋国。战国时期灭国族的行为，是地主阶级联合政权对分封制下的国族体制主动进行改造的措施。那时把兼并来的土地一律改为封建制度下的县、郡，或是封建性的封君的封地，两者的性质是不同的。至于战国末期秦王政兼并六国，那是一种封建国家之间的兼并行为。郡在战国时期是作为不同军区而存在的，郡府专管军事。秦王政把兼并来的国家改建为郡，是把郡改造为县的上级行政机关的措施，正适应大一统以后改地方行政层级为郡县两级制的需要。

第二节　官僚制度的建立

一　官僚制度的由来与封建职官体系的构建

春秋时代在卿大夫的家内实行着家臣制。家臣是可以随时调动的。晋、楚、秦等大国已经陆续建立了直属于国君的县，县的长官也不是世袭的。到春秋战国之交，由于"三家分晋"和"田氏代齐"，卿大夫取得了国家政权，于是家臣制便逐渐推行到各级政治机构中去，逐渐发展成了战国的官僚制度。

战国的官僚制度以相与将为首，实行文武分途。相是百官之长，将是武官之长。此外有尉掌管军事，御史为国君的秘书，郎中掌管宫内传达和警卫，卫尉掌管宫门的禁卫，太仆掌管车马，廷尉掌管司法，主客掌管外交，内史掌管租税，少府掌管山海池泽，供养国君。秦汉时期的三公、九卿即由这些职官发展而成。地方机构有县与郡两个系统，县是行政系统，直接由中央政府管辖，设县令以掌理政务。县以下的乡里组织这时已转变为县以下的基层组织，里有里正，在县城和乡里中都有什伍组织，以五家为一伍、十家为一什来编组居民。郡是军区的划分，设郡守，在军事上郡是县的上级单位，设守，或称"郡守"，以掌理军事。战国时实行征兵制，以郡县为征兵单位。郡在战国时期逐渐由军事系统向行政系统转化。不过，以郡统县的地方行政二级制则是在秦统一六国后的秦代才正式实行的。郡县都是新兴地主阶级联合统治机关的组织形式，在地方上代行统治。在这种情况下，农民对于地主的人身隶属，与奴隶对于奴隶主的人身隶属相比，也稍有减弱，故郡县制的实行，有其进步意义。

二　官僚制度下政权建设的要点

（一）改兼掌文武的世卿为相、将，分掌文武二柄

分封制时代实行世卿世禄制度。春秋时各国均以世卿当国。宋、晋等国还采用六卿制度，以六卿分掌国政，而以正卿当国。因为这些执政之卿

是世代执政，新国君与新执政之间渐次疏远，这些执政之卿容易形成国家的分裂势力，甚至篡夺政权。最明显的是晋国以异姓贵族世代为卿，六卿兼统文武，既是朝廷执政之卿，又分统六军，兼掌文武二柄，而以中军将为上卿，总掌朝政。六卿又互相倾轧，斗争的结果是三家之卿把另三家之卿消灭了，剩下的三家贵族就把晋国的政权瓜分了，并得到了周王的承认，成为新的魏、赵、韩三家合法诸侯。战国时有鉴于此，就把集文武二柄于一身的执政之卿废除了，分设相、将两职，分掌国政，把大臣的权力分散，这有利于国君集权。相原来是诸侯朝聘时辅导礼仪的官，到战国时成了执政之名，齐国分设左右二相。将军为领兵之统帅，战国时成了武官之长。战国时只有楚国始终未设相和将，仍沿袭春秋时官制，以令尹为最高官职。武职，只设柱国或上柱国，其地位仅次于令尹。

（二）实行文武分途与官爵分离

战国时以相与将分统文武，便于国君集权，而且在职官的设置上，文武分途也有其必要性。战国时，统治地域扩大，官僚机构庞大复杂，常备兵建立，征兵制度推行，战争规模扩大，战争方式改变，官僚机构不得不文武分家。在中央，以相为百官之长，以将掌统武官。在地方上，以县令为一县之长，统领全县政务。郡是军区的划分，设郡守（或简称"守"），专掌军事。发生战争时，由郡守向军区内各县调集兵役，领兵作战，战事完后，服兵役者仍归田务农。

在春秋时，卿大夫既是在朝廷任职的官员，也是有封土的封君，拥有爵位，官与爵合一，他们被封授的土地也就是所任官职的俸禄。士既是军车上的甲士——一种下级军官，也是有土地的低爵。战国时官与爵相分离，担任职事的官员均拥有俸禄，当时的俸禄以谷物支付，各按等级计量付给，称为"谷石禄制"。而爵位则是另一种给予官吏的政治待遇，以表明其身份，他们享有一定的政治权利，如免役、复除等。受封为高爵的侯，或受封为封建性的封君后，则食封土的租税而无谷石之禄。

（三）改内外服制的区分为中央与地方的区分

内外服的区分，存在于复合制国家时期。内服官指在王畿中设的官，外服官是指在王畿外设的官。在地域划分上就是王畿和诸侯国的区分。而中央和地方的区分，则是指单一制国家的中央与地方两级政府的区分，标志着"按地区划分国民"的领土国家的形成。在区分内外服时期，虽然朝廷与诸侯国之间的关系有一定的权利和义务的划分，但是诸侯国的政务基本上是自主的，朝廷与诸侯国的关系，只是一种委托统治的关系，朝廷不能直接干预诸侯国的朝政。而中央和地方的关系，则是单一制国家中的上下级关系，地方政府必须服从中央政府的领导，地方的司法、监察活动也由中央的司法、监察部门管辖。中央政府与地方政府上下级关系的确立，是单一制国家（或称"领土国家"）形成的标志。

（四）改分封制时期卿大夫"家"的组织为封建的封君制度

战国时期的封君与分封制时期的采邑主性质已不相同。采邑制下卿大夫不但封地是世袭的，而且在封地内几乎与国君一样有相对的经济、政治、军事和征兵的权力，并有家宰掌管家事，邑宰掌其私邑。比起采邑主来，封君的权力有如下的限制。第一，封君在封域内的县仍是国家的地方行政单位，封君不能干涉县的行政，只能收取属县的租税。其收租税的计量单位以封户为数，如食邑万户之类。第二，不能调动封域内的军队，发兵之权是由国君直接掌管的，封君只允许有少量的警卫武装。第三，封君在封域内要遵守国家的法令，不能违反。第四，在重要的封君地域内，国君可以派遣相或太守进行管理。除上述限制性的规定之外，也允许封君在封域内享有一定的经济特权，如楚国春申君持有楚王发给的过关免税的凭证，借以谋利；齐国孟尝君也利用经济特权敛财，封户的欠款都记在供商业用的契券上，随时可以责成偿还。封君在封地内有府，可以储存财物。封君就其身份来说，多为王族贵族、有功劳的将相大臣。除在经济上有些剥削的特权之外，在政治上也有一定的优待，如允许封君在封地上自称寡、孤，可以筑城，可以养士。

（五）改国野分立时期的军赋制为新的郡县征兵制

齐国在战国之初还是实行军赋之法，《司马法》载："四邑为丘，""四丘为甸，""甸，六十四井，出长毂一乘，马四匹，牛十二头，甲士三人，步卒七十二人，戈楯具，谓之乘马。"这是齐国奴隶制时代征发军赋的制度，随着奴隶制的瓦解，军队以农民为主要成员，改以步兵、骑兵为战斗的主力，这种以"乘马"为单位的征发军赋制度也就发生变化。随着郡县制度的建立和军队以农民为主要成员，以郡县为单位的征兵制度开始实行。据《战国策·齐策一》记载，齐国的国都临淄有七万户人家，下户每户有三个男子，不用到远县去征发，临淄的兵卒就已有二十一万人。战国时期男子服兵役的年龄为十五岁到六十岁。大体上，男子到达傅（成年登记户籍）的年龄后，国家随时都可以征发其入伍。服兵役时间的长短须依战役和需要而定。战役结束就可以回家。当时各国遇到大战，往往征发全国壮丁而起倾国之师，但一般战争往往只征发与敌国邻近的郡县的壮丁作战，如郡县不靠近敌国，就不常征发，使他们能休养生息。战国时期，各国除实行以郡县为单位的征兵制度以外，还建立了常备军制度。常备兵都是经过考选的，例如魏国考选武卒时，"衣三属之甲，操十二石之弩，负服（箙）矢五十个，置戈其上，冠轴带剑，赢三日之粮，日中而趋百里"（《荀子·议兵》），中试的可以免除全户的徭役和田宅的租税。当时各国出兵时，往往以常备军带同征发来的兵作战。

三 官僚体制下入仕途径和职官管理制度的建立

（一）入仕途径

荐举入仕。被荐举者多为贤能之士，故亦称贤能入仕。《战国策·齐策四》："先生王斗造门而欲见齐宣王。……王斗曰：'王亦不好士也，何患无士？'王曰：'寡人忧国爱民，固愿得士以治之。'……王斗曰：'王之忧国爱民，不若王爱尺縠也。'王曰：'何谓也？'王斗曰：'王使人为冠，不使左右便辟而使工者何也？为能之也。今王治齐，非左右便辟无使也，臣故曰不如爱尺縠也。'宣王谢曰：'寡人有罪。'于是举士五人任官，齐国大治。"

上书游说入仕。战国时也可不经过任何人的推举，直接向国君上书进行游说，阐述自己的政治主张，取得国君的信任，从而被国君用为大臣。儒家如孟轲、荀况，法家如商鞅、李斯，纵横家如张仪、苏秦，都是通过上述途径入仕的。

以战功入仕。战国时各国所起用的指挥作战的将领，不少是从战争中根据军功提拔起来的。秦国自从商鞅变法以后，便制定了按军功大小赏给爵位和官职的制度。

由郎官入仕。战国时担任国君侍从、警卫的郎官，具有候补官员的性质。因为他们常和国君亲近，便于国君从中选拔。例如李斯原为吕不韦的舍人，由吕不韦推荐为郎官，由此逐步提升为大臣。

从属官中选拔入仕。战国时相国和中央各部门以及地方长官，都有提拔任用下级官员之权。《秦律》规定："任人而所任不善者，各以其罪论。"

任子。《睡虎地秦墓竹简·秦律·司空》："葆子以上居赎刑以上到赎死，居于官府，皆勿将司。所弗问而久毃（繋）之，大啬夫、丞及官啬夫有罪。"注："葆，通保。葆子疑即任子。"《汉书·哀帝纪》："除任子令。"注："应劭曰：'任子令者，《汉仪注》：吏二千石以上，视事满三年，得任同产若子一人为郎。'"颜师古曰："任者，保也。"

（二）考绩制度

战国时考核官吏的最主要办法就是"上计"，"计"就是"计书"。上计的内容比较广泛，包括仓库存粮数字、垦用和赋税数目、户口统计以及治安情况。《商君书·去强》："强国知十三数：竟（境）内仓口（仓库）之数，壮男壮女之数，老弱之数，官（官吏）士（学士）之数，以言说取食者之数，利民（靠谋利为生的人）之数，马、牛、刍（饲料）、槁（禾秆）之数。欲强国，不知国十三数，地虽利，民虽众，国愈弱至削。"这十三数就是上计所要统计的数字。每年中央的主要官吏和地方的长官，都必须把一年各种预算数字写在木"券"上送到国君那里去，国君把"券"剖分为二，由国君执右券，臣下执左券。这样国君就可以根据右券来责成臣下。到了年终，臣下必须到国君那里去报核。上计时由国君亲自考核或由丞相协助考核。如果考核成绩不佳，就可当场收玺免职。高级官员对于下级官员的考核也是如此。上计的时候臣下还可以向国君推荐人才。汉代郡国须向朝廷上计的制度即源于此。

（三）巡行制度

杨宽、吴浩坤主编的《战国会要》引《战国策·赵策二》曰："王立周绍为傅，曰：'寡人始行县，过番吾，当子为子之时，践石以上者皆道子之孝。故寡人问子以璧，遗子以酒食，而求见子。子谒病而辞。"《战国会要》

编者按："战国时，国王、相国、郡守都有行县之制，巡视所属之县。"

（四）赏罚制度

赏有升官赐爵和赏金。在战国，中央和地方长官发现部属中有优秀者时，常提拔他们升任新的官职。秦的军功爵亦用以赐给有功的战士。此外，战国时特别建立了赏金制度。由于当时商品经济发达，货币广泛流通，黄金已成为货币，赏赐功臣黄金百镒、千镒、百斤、千斤的事，在战国已属多见。魏赵等国还用大量的土地进行赏赐。

罚有免官和连坐。免官见《韩非子·外储说左下》，文曰："梁车为邺令，其姊往看之，暮而后至，因逾郭而入，车遂刖其足。赵成侯以为不慈，夺之玺而免之令。"此外，官员荐举人才有连坐之法，若被荐举者犯法，荐主亦得处相应之罪。

（五）玺符制度

玺与符都是行使权力的凭信。春秋时已有用玺印来封的文书，即所谓"玺书"（见《左传·襄公二十九年》）。到战国时，无论下命令或往来公文，都已必须在封泥上用玺作为凭信，否则就不能生效。公元前238年，秦国长信侯嫪毐作乱，想征发县中的卫卒，就假造了御玺和太后的玺来行文征发。发兵用虎符，虎符作伏虎形状，上有铭文，分为两半，底有合榫，右半存在国王处，左半发给将领。军队的调发必须有存在国君处那右半个虎符作为凭信。魏信陵君救赵，要不是窃取了在王卧室内的半个虎符和假造命令，是不可能夺得晋鄙的兵权的。与符同样性质的还有"节"。"节"原用竹节制成，此时多数用青铜铸成，上有铭文，亦常是几枚合成圆形，作为通行的证件。此外还有关传，指通关的信物，包括符与传。"符"见于《墨子·号令》，文曰："诸城门若亭，谨候视往来行者符，符传疑，若无符，皆诣县廷言，请问其所使。其有符传者，善舍官府。其有知识、兄弟欲见之，为召，勿令入里巷中。""传"见于《韩非子·说林上》，文曰："田成子去齐，走而之燕，鸱夷子皮负传而从。"陈奇猷《校注》："孟元子曰：'传，信也。以缯帛为之，出入关合。'"奇猷按："《汉书·文帝纪》：'除关不用传。'"颜注："传，古者或用棨或用缯帛。"

（六）省官制度

《史记·吴起列传》："楚悼王素闻起贤，至则相楚。明法审令，捐不急之官，废公族疏远者，以抚养战斗之士。"

（七）请假制度

杨宽、吴浩坤主编的《战国会要》引《战国策·楚策四》说："李园求事春申君为舍人，已而谒归，故失期。还谒，春申君问状，对曰：'齐王遣使求臣女弟，与其使者饮，故失期。'"《战国会要》编者按："据此可知当时官僚对其所属有一定的管理制度，请假归家必须按期回来，过期将要查问。"

（八）致仕制度

《孟子·公孙丑下》："孟子致为臣而归。"赵岐注："辞齐卿而归其室也。"可见战国时期已经有了致仕制度。

（九）俸禄制度

战国时官僚制度形成，不再以封邑为官俸，而采用谷石禄制，即以粮食为官吏俸禄的制度，以便于官吏的任用和罢免。当时各国俸禄的计量单位不同，卫国以"盆"计，有千盆、五百盆等级别（见《墨子·贵义》）。齐、魏等国以"钟"记，如魏文侯时魏成子官为相国，"食禄千钟"（见《史记·魏世家》）。秦、燕等国以"石""斗"论。秦国有五十石、一百石、五百石、六百石以上俸禄之官，大体以五十石为一级（见《韩非子·定法》、《史记·秦始皇本纪》秦王政十二年），最小的官吏则有斗食之俸（见《战国策·秦策三》）。燕有三百石以上俸禄之官（见《韩非子·外储说右下》）。

（十）爵位制度

1. 沿袭春秋之爵

上卿　齐、楚、赵、魏、燕、卫、中山、秦置。

卿　齐、卫置。

亚卿　燕置。

客卿　齐、赵、韩、燕、秦置。

上大夫　齐、赵、魏置。

中大夫令　秦置。

中大夫　齐、魏置。

下大夫　齐置。

卿大夫　齐置。

国大夫　魏置。

显大夫　秦置。

五大夫　秦置。

公大夫　魏置。

大夫　楚、赵、魏、韩、燕置。

列大夫　齐置。

上执圭　楚置。

执圭　楚置。

侯　楚置。

万户侯　赵置。

通侯　楚置。

列侯　赵置。

关内侯　魏置。

2. 战国新爵

（1）封君

一般以封地为封号，但也有不以封地为封号的，如楚国考烈王时以黄歇为春申君，"赐淮北地十二县"（《史记·春申君列传》），可见黄歇是以功绩而得封号的。封君比起一般有封地的侯来，有很多特权，但在基本待遇——"可以收取封地的租税"这一点上是相同的，其封域仅仅作为辅助性的行政区划而存在。封君与侯性质相同，同为爵称，故有的著作中在统计封君的数目时，把侯归入封君之内。

（2）军功爵

军功爵指因军功而赐给的爵位。春秋时期，齐、楚、晋、秦诸国都已建立军功爵的制度。战国时代秦国商鞅变法，改革军功爵制度是其变法的主要内容。商鞅提出，平民甚至奴隶和罪犯立军功即可获得爵位，并确定了赏赐军功爵的办法，即根据从军者建立的功绩，经过评议，依其功绩的大小赐给不同的爵位和土地财物。爵位的名称则有沿袭秦前期者。不过商鞅变法时秦国的国君称公而不称王，按照西周爵制公侯同级，所以其时不会有侯爵，秦国以侯为最高爵位的二十级军功爵，最早也只能是在秦称王以后建立的，以级多者为高。其名称和军级如下：二十级，彻侯；十九级，关内侯；十八级，大庶长；十七级，驷车庶长；十六级，大良造；十五级，少良造；十四级，右更；十三级，中更；十二级，左更；十一级，右庶长；十级，左庶长；九级，五大夫；八级，公乘；七级，公大夫；六级，官大夫；五级，大夫；四级，不更；三级，簪袅；二级，良造；一级，公士。其中七级公大夫以上（含）属于高爵，六级官大夫以下（含）属于低爵，高爵实际上是官员的爵位，低爵则是一般吏民的爵位。凡属高爵，其爵位越高，则待遇越丰，至彻侯并可有封地而食租税。低爵也并非毫无意义，凡获得爵位，即具有一定政治地位，可以获得减刑，缩短服役期限，免除兵役、徭役等特权。

第三节　战国时期中央国家机关的职官设置

一　战国时期中央官制的总体观察

（一）官僚体制下诸新兴职官

相　为百官之长。春秋战国间，由于新兴地主阶级参与政治，出现了官僚组织的相。例如赵简子在位时，解狐曾推荐其仇给简子为相。相又称丞相（赵、魏置）、左右丞相（秦置）、相国（铜器铭文中称相邦，秦、燕、赵、韩置），又有假相国（赵置）、守相（赵置）。唯楚不设相，以令尹为最高官职。

将军　为武官之长。将军原是春秋时晋卿的称号，战国时由于统治机构的扩大，文武分职，将军成为武官之长，燕、赵、魏置。又有大将军（赵、魏置）、上将军（齐、魏、燕置）、客将军（魏置）、五乘将军（魏置）。秦最高武职初为大良造，后亦为将军，又有护军。唯楚不设将军，只有柱国与上柱国，其地位仅次于令尹。

尉　掌管军事。赵有中尉，职掌"选练举贤，任官使能"（《史记·赵世家》）。后来在将军之下设有国尉、都尉，魏国有持节尉。秦昭王时也在大良造之下增设国尉一级，为秦汉太尉一职之所本。

御史　为国君的秘书。齐、赵、魏置，齐并有执法一官，别国使臣来献国书时，往往由国君的御史接受，国君在宴会群臣时，往往是"执法在傍，御史在后"（《史记·滑稽列传》淳于髡语）。两国国君相会，也常有御史在旁记录。秦汉的御史大夫即由此职发展而来。

郎中令　掌管宫内传达和警卫。赵、韩、齐、秦、楚等国都设郎中，作为国君的侍卫。秦制郎中令下有谒者，战国时魏、齐、楚等国亦有谒者，是为国君掌管传达的。秦汉时代的郎中令为此职的沿设。

卫尉　掌管宫门的警卫。秦在战国时已设置。秦汉时代的卫尉即沿此而设。

仆　掌管车马。春秋时各国早已设置。战国时魏、韩、齐、秦等国亦均有仆，为秦汉太仆一职的起源。

廷尉　掌管司法。秦在战国时已设置，为秦汉所沿置。有的国家仍沿春秋称司寇。

主客　掌管外交。齐有主客一官，"主"就是"典"的意思，为秦汉典客一职的起源。

内史　掌管租税。秦、赵均置，其职务是"节财俭用，察度功德"（《史记·赵世家》）。为秦汉治粟内史一职的滥觞。

少府　掌管山海池泽，供养国君。韩、秦均置。秦制在少府下置佐弋和尚书。佐弋掌弋射，卫国亦置。尚书，齐国亦设，又称掌书，魏国亦称主书。少府一职，为秦汉所沿设。

（二）沿袭春秋诸官

令尹　为执政之官。楚置，略低于令尹的为莫敖，又有小令尹。

司徒　掌管土地和役徒。魏置。

司马　掌管军事。齐、楚置。楚又分大司马与左右司马（左右司马掌军中两翼），赵亦有左司马。

司空　掌管土地和工程。韩置。

司寇　掌管刑狱。赵置。

太傅　备国君顾问。齐置。

傅　备国君顾问。魏置。

师　备国君顾问。齐、魏、赵置。

左师　备国君顾问。赵置。春秋时在宋国为执政之官。

右师　备国君顾问。齐置。春秋时在宋国为执政之官。

太宰　总管内廷事务。楚置。

行人　通使之官。赵置。

封人　掌筑社坛及籍田疆界。韩置。

虞人　掌管山林川泽。魏、赵置。

廪人　掌管粮仓。魏、赵置，韩有廪吏。

工师　掌管百工和官营手工业。齐置，即工正之职。

乐人　掌音乐。魏置。

太史　掌书记、文籍、典册。齐、魏置，韩有史。

太卜　掌占卜之事。楚置。

筮史　掌占卜之事。赵置。

太子师　掌教导太子。秦置。

太子傅　掌教导太子。秦、齐、赵、魏、燕置。

庶子　掌对于卿大夫的庶子教育、训诫。魏有御庶子，秦、赵、韩有中庶子，秦有少庶子。

骖乘　为王车的陪乘者。赵置，齐有驸驾。

（三）其他官

柱国　武官最高官爵。楚、赵置，楚又有上柱国。

大良造　秦在战国初期最高官职。

客卿　外籍人在本国为卿者。秦、齐置。

庶长　为领兵之官。秦置。

左更　为领兵之官。秦置。

中更　为领兵之官。秦置。

五校大夫　为领兵之官。秦置。

中大夫令　参掌议论。秦置。

长史　为诸吏之长。秦置。

秩史　为记事之官。秦置。

主书　为主管文书之官。魏置。

侍医　随侍君主的御医。秦置。

舍人　王公贵官的侍从宾客、亲近左右。秦、赵、魏置。

官帅长　掌出入王命。赵置。

博闻师　备顾问之官。赵置。

司日　掌出入王命。赵置。

司过　掌谏君主过失。赵置。

黑衣　为近卫侍御之官。赵置。

传舍吏　为管理宾馆的吏人。赵置。

田部吏　掌收租税。赵置。

宦者令　为管理宫中宦者之官。赵置。

中候　军中之官。赵置。

士师　掌刑狱之事。齐置。

大田　掌农田垦殖。齐置。

大行　掌礼仪宾客。齐置。

大谏　掌谏君主过失。齐置。

大理　掌狱讼。齐置。（《说苑·臣术》作大士）

祭酒　为学士之长。齐置。

学士　研究学术，参议政事。齐置。

博士　掌通古今，参议政事。齐、魏置。

犀首　将军名号。魏置。

典令　掌诸侯礼仪。楚置。

左徒　议论国事，发布号令。楚置。

三闾大夫　掌王族昭、屈、景三姓事务。楚置。

铜人　为侍从之臣。楚置，燕称涓人。

境吏　为巡察边境之吏。燕置。

二　战国时期分国中央职官的设置

战国时期以燕、赵、韩、魏、齐、楚、秦七国最为强大，合称"战国七雄"，其他诸小国有宋、卫、中山、东周、西周诸国。其官制是官僚体制，其职官是新设职官与沿袭春秋诸官的混合体。

（一）燕国

王　燕国国君的称号，见《史记·燕召公世家》。

太后　国君之母，见《战国策·燕策二》。

太子　国君的继承人，见《战国策·燕策一》。

相　总理政务。《战国策·燕策一》："苏秦之在燕也，与其相子之为婚。"相又称丞相，《史记·赵世家》："燕王令丞相栗腹约䍐，以五百金为赵王酒。"相又尊称相国，《韩非子·外储说左上》："郢人有遗燕相国书者……燕相国受书而说之。"

豕宰　掌养猪。《七国考》引《符子》："朔人献燕昭王以大豕。……王乃使豕宰养之。"

工尹　掌冶炼。李学勤《战国题铭概述》记述燕国青铜兵器铭文有"右攻（上）君（尹）青其"，"右攻（工）君（尹）□"。

冶工　掌造金属器具。李学勤《战国题铭概述》有"攻（工）竖""攻（工）众"，此即冶工。《韩非子·外储说左上》："右御冶工言王曰：'……今臣冶人也，无以为之削，此不然物也，王必察之。'"

陶尹　掌制陶手工业。李学勤《战国题铭概述》载燕国陶文有"右陶君（尹）""左陶君（尹）"。

陶倕　制陶技师。李学勤《战国题铭概述》有"倕疾""倕朝"，《吕氏春秋·本生》高诱注："倕，尧之巧工。"春秋时期遂以巧匠倕的名字作为制陶技师的官称。

陶工　制陶工人。李学勤《战国题铭概述》有"右陶攻（工）汤""左陶攻（工）敃""右陶攻（工）徒"，均属左右陶尹管辖。

伯　陶工之长。李学勤《战国题铭概述》有"敃（伯）贺""敃（伯）国"等，均为陶工之长。

衡官　掌度量。《七国考》引《符子》："命衡官桥而量之，折桥，豕不量。"

水官　掌河道。《七国考》引《符子》："命水官舟而量之。"

女伶　掌音乐。《七国考》引《拾遗记》[四]："燕昭王时，广延国献善舞者二人……乃使女伶代唱其曲。"董说按："伶，乐官也。黄帝时乐师伶伦，世掌其官，故后世号乐官曰'伶官'，女伶者，女乐官也。"

上将军　军队最高统帅。《史记·乐毅列传》："燕昭王悉起兵，使乐毅为上将军。"

将军　军事将领。《战国策·齐策六》："燕将攻下聊城，人或谗之。燕将惧诛，遂保守聊城，不敢归。"

行议　掌军事谋议。李学勤《战国题铭概述》载燕国青铜器铭文："燕王詈作行议镦。"作者认为"行议"是使用该兵器的人员职名。左言东《先秦职官表》按："行议当是军师之类的职称。"

司马　掌领骑兵，别称骑。《战国策·齐策六》："禽其司马。"又："齐田单以即墨破燕，杀骑劫。""骑劫"之骑即指司马，劫为司马之名。

主车　掌兵车。李学勤《战国题铭概述》载燕国印玺有"易（燕）军主车"。

师　国君师。《战国策·燕策一》："（郭隗曰）帝者与师处，王者与友处，亡国与役处。……于是昭王为隗筑宫而师之。"

太傅　掌辅导太子。《战国策·燕策三》："太子丹患之，谓其太傅鞫武曰……"

宰夫　掌王膳食。《七国考》引《符子》："朔人献燕昭王以大豕。……燕相谓王曰：'奚不享之？'王乃命宰夫膳之。"

右御　掌驾车。《韩非子·外储说左上》："右御、冶工言王曰：'臣闻人主无十日不燕之斋。'"

御书　掌文书。《七国考》："应劭曰：'御书犹尚书也。'"

王萃　王侍卫。李学勤《战国题铭概述》据燕国青铜兵器铭文，认为王萃是燕王侍卫徒御的名目之一。

（二）赵国

王　赵国国君的称号，见《战国策·赵策三》。

主父　王父，见《史记·赵世家》。

太后　王母，见《战国策·赵策四》。

后　王正妻，见《史记·赵世家》。

太子　王位继承人，见《史记·赵世家》。

相国　总理政务，别称相、丞相，见《史记·赵世家》。

假相国　暂行相国职务，又称守相，见《史记·廉颇蔺相如列传》。

田部吏　掌收赋税，见《史记·廉颇蔺相如列传》。

内史　掌财政，见《史记·赵世家》。

中尉　掌官员选拔，见《史记·赵世家》。

国三老　掌教化，见《史记·赵世家》。

工师　铸造技师。李学勤《战国题铭概述》有"右军工师翠绍""下军工师张武""左军工师司马伶"。

工　掌制造金属器具。《韩非子·外储说左上》："赵主父令工施钩梯而缘播吾，刻疏人迹其上，广三尺，长五尺，而勒之曰：'主父常游于此。'"

库啬夫　掌管兵器等物资库。黄盛璋《试论三晋兵器的国别和年代及其相关问题》引传世一鼎铭："十一年库啬夫肖（赵）不竿（兹）胤□□蝓所为，空二斗。"[1] 作者认为："三晋兵器多由库造，库应该以制造兵器为主，而府则以制造其他器物为主。""库虽然以制造兵器为主，但有时也可制造别的器物。"

中府丞　掌王内府。黄盛璋《试论三晋兵器的国别和年代及其相关问题》引一杖首铭文："三年，中府丞赵□冶泗。"

司寇　掌刑罚。《战国策·西周策》："周最谓李兑曰……"注："李兑，赵司寇，后封奉阳君。"

行人　掌通使。《战国策·赵策四》："冯忌请见赵王，行人见之。"注："行人，掌使之官。"

传舍吏　掌客舍。《史记·平原君虞卿列传》："邯郸传舍吏子李同说平原君曰：'君不忧赵亡邪？'"王伯祥《史记选》注："传舍吏，客馆中司事的人。"

大将军　军队最高统帅。《史记·廉颇蔺相如列传》："赵王与大将军廉

---

[1]　见《考古学报》1974 年第 1 期。

颇诸大臣谋。”

将军　军事将领。《史记·赵世家》：“秦人攻赵，赵大将李牧、将军司马尚将击之。”

裨将　即副将。《史记·白起王翦列传》：“秦斥兵斩赵裨将茄。”《考证》：“胡三省曰，裨将，军之副将也。”

都尉　军中一部长官。《战国策·赵策三》“秦、赵战于长平，赵不胜，亡一都尉。”

候　掌侦察。《史记·廉颇蔺相如列传》：“军中候有一人言急救武安，赵奢立斩之。”

官帅将　掌军事训练。《汉书·冯奉世传》：“在赵者为官帅将，官帅将子为代相。”

国尉　掌军事行政。《史记·廉颇蔺相如列传》：“军士许历请以军事谏。赵奢曰：‘内之。’……（赵惠文王）以许历为国尉。”

柱国　国都卫戍武官。《战国策·赵策四》：“田驷谓柱国韩向曰：‘臣请为卿刺之。’”左言东《先秦职官表》按：“柱国原为国都之称。《齐三》：‘安邑者，魏之柱国也；晋阳者，赵之柱国也；鄢陵者，楚之柱国也。’后遂成为保卫国都的武官职称，战国时楚、赵皆设此官。”

尹史　即太史，掌天文。《七国考·赵灾异》：“《后汉书·天文志》注云：‘赵有尹史见月生齿，蚀毕大星，占有兵变。’”左言东《先秦职官表》按：“尹史当即太史，天文为太史所掌。”

太卜　掌占卜。《战国策·东周策》：“赵取周之祭地，周君患之，告于郑朝，郑朝曰：‘君勿患也，臣请以三十金复取之。’周君予之，郑朝献之赵太卜，因告以祭地事。及王病，使卜之，太卜谴之曰：‘周之祭地最祟。’赵乃还之。”注：“祟，神祸也。”

筮史　掌筮。《史记·赵世家》：“（孝成王）四年，王梦衣偏裻之衣，乘飞龙上，不至而坠，见金玉之积如山。明日，王召筮史敢占之。”

师　国君师。《史记·赵世家》：“牛畜侍烈侯以仁义，约以王道……官牛畜也师。”《七国考》：“或曰：师即右师之官也。”

左师　国君师。《史记·赵世家》：“（孝成王元年）左师触龙言愿见太后。"《考证》："胡三省曰，春秋之时，宋国之官有左、右师，上卿也，赵以触龙为左师，冗散之官，以优老臣者也。"

傅　掌辅导王及王子。《战国策·赵策二》："王立周绍为傅。……王曰：'寡人以王子为子任，欲子之厚爱之，无所见丑。'"此指太子之傅。又，《史记·赵世家》："肥义为相国，并傅王，是为惠文王。"此指王之傅。

博闻师　掌通古今，备顾问。《史记·赵世家》："武灵王少，未能听政，博闻师三人，左右司过三人。"《七国考》："博闻师当是备顾问者。"左言东《先秦职官表》按："赵、齐有博士官，与博闻师名异而实同。"

司过　掌谏议。例见上条。《七国考》注："司过乃谏官耳。"

御史　掌文书、记事。《史记·廉颇蔺相如列传》："相如顾召赵御史，书曰：'某年某月，赵王使秦王击缶。'"

家令　掌王家事务。《七国考》："《古今注》云：'罗敷为邑人千乘王氏妻，王氏后为赵王家令。'"

宰人　掌王膳食。《七国考》："《庄子·说剑》云：'宰人上食，王三环之。'王者，赵文王也。"

宦者令　掌王宫内事务。《史记·廉颇蔺相如列传》："蔺相如……为赵宦者令缪贤舍人。"

郎中　国君侍卫。《史记·赵世家》："春平君者，赵王甚爱之，而郎中妒之。"

中庶子　贵族子弟在官府任事者。《说苑·辨物》："扁鹊过赵王，王太子暴疾而死，鹊造宫门曰：'吾闻国中卒有壤土之事，得无有急乎？'中庶子之好方者应之曰：'然，王太子暴疾而死。'"

黑衣　国君卫士。《战国策·赵策四》："愿令得黑衣之数，以卫王宫。"注："黑衣，皂衣也，卫士衣服。"

司日　官府值日，掌传命。《七国考》："刘向《别录》云：'赵武灵王立司日，出纳王命。'"

舍人　高级官员的近侍。《史记·廉颇蔺相如列传》："蔺相如……为赵宦者令缪贤舍人。"

（三）韩国

王　韩国国君称号。韩君本称侯，《史记·赵世家》载："哀侯元年与赵、魏分晋国。二年，灭郑，因徙都郑。"后称王。《史记·秦本纪》："（秦惠王十三年）魏君为王，韩亦为王。"

太子　国君的继承人。《史记·韩世家》："（宣惠王）十九年……太子仓质于秦以和。……宣惠王卒，太子仓立，是为襄王。"

相国　总理政务。《战国策·西周策》："苏代遂往见韩相国公中。"相国或称为相，《史记·韩世家》："烈侯三年，聂政杀韩相侠累。"

守相　代理相国。李学勤《战国题铭概述》载韩国兵器督造者有"守相杜波""守相申毋官"。作者认为："守相即代理相邦。"

申徒　掌土地、役徒。《史记·高祖功臣侯者年表》："（张良）以厩将从起下邳，以韩申徒下韩国。"左言东《先秦职官表》按："申、司古通用，申徒即司徒。"

廪吏　掌粮仓。《七国考》引《韩非子》："韩昭侯之时，黍种尝贵甚，昭侯令人复，廪吏果窃黍种而粜之甚多。"

封人　掌封疆。《吕氏春秋·开春论》："韩氏城新城，期十五日而成。段乔为司空，有一县后二日，段乔执其吏而囚之。囚者之子走告封人子高曰：'唯先生能活臣父之死。'"高诱注："子高，贤者也；封人，田大夫，职在封疆，故谓之封人。"

司空　掌工程。《吕氏春秋·开春论》："韩氏城新城，期十五而成。段乔为司空，有一县后二日，段乔执其吏而囚之。"

大工尹　掌管手工业。李学勤《战国题铭概述》载韩国兵器题铭有"大攻（工）君（尹）公孙桴""〔大〕攻（工）君（尹）韩崐"。作者认为："工尹是管理手工业的官吏，高于工师。"

工师　铸造技师。李学勤《战国题铭概述》载韩国兵器铭文有"右军工师司马雎""邦右军工师赵痤""邦左军工师韩雀"等。黄盛璋《试论三晋兵器的国别和年代及其相关问题》引韩国兵器铭文有"右库工帀（师）司马鸥""工帀（师）宋费"等。

冶尹　制造金属器具。李学勤《战国题铭概述》载韩国兵器铭文有"冶君（尹）疸□""冶韩开""冶尹明"。黄盛璋《试论三晋兵器的国别和年代及其相关问题》引韩国兵器铭文有"冶秋""冶竖"等。

削者　掌制削刀。《韩非子·外储说左上》："郑有台下之冶者，谓燕王曰：'臣，削者也。'"孙诒让《周礼正义》认为此即《周礼·考工记》攻金之工筑氏。

司寇　掌刑罚。黄盛璋《试论三晋兵器的国别和年代及其相关问题》引韩国兵器铭文有"司寇长朱""司寇奠（郑）害"等。

将　军事将领。《史记·韩世家》："（宣惠王）八年，魏败我将韩举。"将或称将军。《史记·六国年表》："秦败我修鱼，得（韩）将军申差。"

史　掌记事、典籍。《战国策·东周策》："史厌谓周君曰……"鲍彪注："韩史。"

宰人　掌王膳食。《韩非子·内储说下》："昭僖侯之时，宰人上食。"

典冠　掌王冠冕。《韩非子·二柄》："昔者韩昭侯醉而寝，典冠者见君之寒也，故加衣于君之上。觉寝而说，问左右曰：'谁加衣者？'左右对曰：'典冠。'君因兼罪典衣，杀典冠。其罪典衣，以为失其事也；其罪典冠，以为越其职也。"

典衣　掌王衣服。例见上条。

尚浴　掌王沐浴。《韩非子·内储说下》："僖侯浴，汤中有砾，僖侯曰：'尚浴免则有当代之乎？'"陈奇猷《集解》："焦竑曰：'秦置六尚，又有尚沐、尚席，古字少，故多省文以转注，合《周礼》之言，则诸尚字皆古掌字省文。'"

少府　掌国君私财。《战国策·韩策一》："（苏秦曰）天下之强弓劲弩，皆自韩出。谿子、少府时力、距来，皆射六百步之外。"《史记·苏秦传》"索隐"："韩有少府所造时力、距来二种之弩，其名并具《淮南子》。"

御史　掌文书。《战国策·韩策一》："张仪为秦连横说韩王曰：'……是故秦王使使臣献书大王御史。'"

中庶子　贵族庶子任太子侍从者。《战国策·韩策二》："韩公叔与几瑟争国。中庶子强谓太子曰：'不若及齐师未入，急击公叔。'"鲍彪注："庶子，本周官，秦置中庶子，为太子官。"

客卿　外籍人居卿位者。《战国策·韩策三》："客卿为韩谓秦王曰……"注："韩重客卿，位在相国之下一等。"

大夫　有俸禄的一般官员。《七国考》引《琴经疏》："聂伯为韩大夫，出使于秦，作怨离之曲，别老母、稚妻也。"

（四）魏国

王　国君称谓。《史记·周本纪》："威烈王二十三年，九鼎震。命韩、魏、赵为诸侯。"魏国国君先称侯，后称王。《史记·魏世家》："文侯受子夏经义，客段干木。""武侯卒，子罃立，是为惠王。"

太子　国君继承人。《史记·魏世家》："初，武侯卒也，子罃与公中缓争为太子。……故曰：'君终无适子，其国可破也。'"

太后　国君之母。《战国策·魏策二》："魏惠王起境内众，将太子申而攻齐。客谓公子理之傅曰：'何不令公子泣王太后，止太子之行？'"

夫人　国君正妻。《吴子·图国》："（魏）文侯身自布席，夫人捧觞，醮吴起于庙，立为大将。"

相　总理政务。《汉书·艺文志》："《李克》七篇。"注："子夏弟子，为魏文侯相。"相亦称丞相，《史记·魏世家》："（苏代曰）太子之自相，是三人者皆以太子为非常相也，皆将务以其国事魏，欲得丞相玺也。"

司徒　掌土地和徒役。《战国策·赵策四》："魏王许诺，使司徒执范座而未杀也。"鲍彪注："司徒，周卿，此时主徒隶者耳。"

虞人　掌狩猎。《战国策·魏策一》："文侯与虞人期猎。"鲍彪注："虞人，掌山泽之官。"吴师道《补正》："孟子注，守苑囿之吏。"杨伯峻《孟子词典》："虞人，管理狩猎场的小吏。"

工师　铸造技师。李学勤《战国题铭概述》载魏国兵器题铭有"工师华""工师革""上军工师戎间"等。

冶　掌制造金属器具。李学勤《战国题铭概述》载魏国兵器题铭有"冶无""冶狷"等。其中"冶"字当为官名，官名后是任职者之名。

河丞　掌管河道。李学勤《战国题铭概述》叙三晋都官印有"□城河丞"。

司寇　掌刑罚。魏有大梁司寇鼎。李学勤《先秦题铭概述》认为凡由司寇督造的器物，表示冶工是刑徒。又，李文引魏器矛有"邦司寇富无""邦司寇□弟。"

　　巫祝　掌神事。《史记·滑稽列传》：“其巫，老女子也，已年七十。从女弟子十人所，皆衣缯单衣，立大巫后。……豹视之，顾谓三老、巫祝、父老曰……”

　　乐人　掌音乐，又称乐师。《七国考》引桓谭《新论》：“汉文帝得魏文侯时乐人窦公，百八十岁。文帝奇之，问：‘何服食而至此？’对曰：‘年十三失明，父母教以鼓琴，日以为常，无所服食耳。’”

　　上将军　军队最高统帅。《史记·魏公子列传》：“魏王见公子（无忌）相与泣，而以上将军印授公子。”

　　将军　军事将领。《战国策·赵策三》：“魏安釐王使将军晋鄙救赵。”

　　持节尉　掌军事行政，并可领兵。《战国策·魏策四》：“信陵君使人谓安陵君曰：‘君其遣缩高，吾将仕之以五大夫，使为持节尉。’”

　　犀首　掌王宫警卫。《战国策·秦策一》：“犀首战胜威王，魏兵罢弊，恐畏秦，果献西河之外。”注：“犀首，姓公孙，名衍，魏阴晋人。犀首，魏官名，衍尝为此官，故称。威王，楚威王。”丁山《商周史料考证》：“小屯出土的犀牛头骨或者是安在宫门之上，用以辟除不祥的。……战国时，魏有‘犀首’一官，大概是‘黑衣卫’的卫尉，所以看守宫门的。”

　　师　国君师。《晋书·刑法志》：“秦汉旧律，其文起自魏文侯师李悝。”

　　傅　掌辅导国君之子。《战国策·魏策二》：“客谓公子理之傅曰……”《史记·魏世家》：“（翟璜曰）君之子无傅，臣进屈侯鲋。”

　　博士　掌通古今，备顾问。《汉书·贾山传》：“贾山……故魏王时博士弟子也。”师古曰：“六国时魏也。”

　　中大夫　掌议论。《史记·范雎蔡泽列传》：“（范雎）乃先事魏中大夫须贾。”《汉书·百官公卿表》：“中大夫掌议论。”

　　主书　掌文书。《吕氏春秋·乐成》：“（魏文侯）命主书曰：‘群臣宾客所献书者，操以进之。’”

　　上官　掌王膳食。朱德熙、裘锡圭《战国铜器铭文中的食官》引鼎铭：“梁上官鬺（容）弅（参与）。”[1] 作者认为上官为王食官。

---

　　① 见《文物》1973 年第 12 期。

见者啬夫　掌引见传命的啬夫，属于官啬夫。官啬夫是负责某一方面事务的啬夫的总称。《战国策·魏策四》："周最善齐，翟强善楚，二子者，欲伤张仪于魏。张子闻之，因使其人为见者啬夫闻见者，因无敢伤张子。"

舍人　国君、高级官员的侍从。《说苑·奉使》："魏文侯使舍人毋择献鹄于齐侯。"《汉书·高帝纪》颜师古注："舍人，亲近左右之通称也。"

中庶子　贵族庶子在官府任事者。《史记·商君列传》："鞅少好刑名之学，事魏相公孙座，为中庶子。"王伯祥《史记选》注："中庶子本为掌公族之官。战国时，大夫之家有中庶子，有舍人，是中庶子稍高于舍人。"

少庶子　年少庶子在官府任事者。《韩非子·内储说上》："卜皮为县令，其御史污秽而有爱妾。卜皮乃使少庶子佯爱之，以知御史阴情。"

公主　魏侯女。《史记·孙子吴起列传》："田文既死，公叔为相，尚魏公主而害吴起。"

（五）齐国

王　《史记·田敬仲完世家》："（康公）三年，太公与魏文侯会浊泽，求为诸侯。魏文侯乃使使言周天子及诸侯，请立齐相田和为诸侯。周天子许之。康公之十九年，田和立为齐侯，列于周室，纪元年。……邯郸拔，齐因起兵击魏，大败之桂陵。于是齐最强于诸侯，自称为王，以令天下。……（齐湣王）三十六年，王为东帝，秦昭王为西帝。……齐去帝复为王。"

王后　王正妻。《史记·田敬仲完世家》："襄王既立，立太史氏女为王后。"

太子　王位继承人。《战国策·齐策六》："太子乃解衣免服，逃太史之家为溉园。"

相　总理政务。《战国策·齐策一》："成侯邹忌为齐相。"

司徒　掌土地与民政。李学勤《战国题铭概述》载齐国印玺有"右司徒"之玺。

廪　掌粮仓。李学勤《战国题铭概述》载有齐国陶印"右廪釜""右莫廪□亳釜"。作者认为廪"是政府贮藏剥削来的农产品的所在"。另有"平陵县左廪玺"。

市掾　掌市场之官的属吏。《史记·田单列传》："湣王时，单为临淄市掾。"《资治通鉴》卷四："初燕人攻安平，临淄市掾田单在安平，使其宗人皆以铁笼传车辖。"胡三省注："掾，掌市官属也。"

关师　掌征关税。李学勤《战国题铭概述》引丘关釜题铭："左关釜节于廪釜。"作者认为"关师征取贸易税。"又在关釜署名有"左关师发"。

陶正　掌制陶手工业。李学勤《战国题铭概述》载齐国印玺有"齐陶正颎"，为"主管制陶手工业的官吏"。

士师　掌管诉讼、刑法。《七国考》引刘向《孟子注》："士师，田齐狱官。"

诸侯主客　掌外事。《史记·滑稽列传》："（齐王）罢长夜之饮，以髡为诸侯主客。"

祭酒　掌稷下学宫。《史记·孟子荀卿列传》："而荀卿最为老师，齐尚修列大夫之缺，而荀卿三为祭酒焉。"《索隐》："按：礼食必祭先，饮酒亦然，必以席中之尊者一人当祭耳，后因以为官名。"

太史　掌历法、典籍。《史记·田敬仲完世家》："湣王之遇杀，其子法章变名姓为莒太史敫家庸。……襄王既立，立太史氏女为王后。"

上将军　军队最高统帅。《说苑·指武》："田单为齐上将军，兴师十万将以攻翟。"

将军　军事将领。《战国策·齐策一》："成侯邹忌为齐相，田忌为将，不相说。"

军师　军事参谋。《资治通鉴》卷二："威王谋救赵，以孙膑为将，辞以刑余之人不可，乃以田忌为将而孙子为师，居辎车中，坐以计谋。"

司马　掌军事行政。《管子·轻重戊》："令左司马伯公将白徒而铸钱于庄山。"

右师　国君师。《孟子·离娄下》："公行子有子之丧，右师往吊。"

太傅　掌辅导国君。《战国策·齐策四》："齐王闻之，君臣恐惧，遣太傅赍黄金千斤，文车二驷，服剑一，封书谢孟尝君曰……"

傅　掌辅导太子。《吕氏春秋·壅塞》："齐王欲以淳于髡傅太子。"

中大夫　掌谋议。《韩非子·内储说下》："齐中大夫有夷射者，御饮于王，醉甚而出。"

博士　掌通古今。《七国考》引《五经异义》："战国时，齐置博士之官。"

执法　掌礼仪。《史记·滑稽列传》："（淳于髡曰）赐酒大王之前，执法在傍，御史在后。"

御史　国君秘书。例见"执法"条。

掌书　掌管文书。《吕氏春秋·骄恣》："遽召掌书书之。"曾资生《中国政治制度史》第一册："掌，《新序》作'尚'。'尚'，主也，实即秦汉以来的尚书。"

谒者　掌引见宾客。《战国策·齐策四》："先生王斗造门而欲见齐宣王，宣王使谒者延入。"注："谒者，掌宾赞受事，延，引也。"

宫门司马　掌守卫宫门。《战国策·齐策六》："齐王建入朝于秦，雍门司马前曰……"《七国考》："雍门，齐西门。"

郎中　国君侍卫。《七国考》引《韩非子》："齐威王时有郎中。"

驸驾　掌驾车。《韩非子·外储说右下》："造父为齐王驸驾，以渴服马，百日而服成……效驾于圃中……马见圃池而走，造父不能禁。"

侍史　高级官员的秘书。《史记·孟尝君列传》："孟尝君待客坐语，而屏风后常有侍史，主记君所与客语。"

舍人　高级官员亲近侍从。《战国策·齐策三》："孟尝君有舍人而弗悦，欲逐之。"

（六）楚国

王　国君称号。《战国策·楚策一》："荆宣王问群臣曰：'吾闻北方之畏昭奚恤也，果诚何如？'群臣莫对。"

王后　国君正妻。《战国策·楚策四》："（春申君）乃出园女弟谨舍，而言之楚王。楚王召入，幸之。遂生子男，立为太子，以李园女弟为王后。"

太子　王位继承人。《史记·楚世家》："（齐、韩、魏）三国共伐楚，楚使太子入质于秦而请救。"

令尹　总理政务。《史记·楚世家》："考烈王以左徒为令尹，封以吴，号春申君。"

左尹　令尹之副。《史记·项羽本纪》："楚左尹项伯者，项羽季父也。"

嗇夫　楚之小臣。《战国策·东周策》记楚有"廥夫空"，鲍龙注："廥、嗇字同，小臣也，空其名。"

铜官　掌铸钱。《七国考》："《图书记》云：'楚设铜官，铸钱洲上，遂名铜官。'按《一统志》：'铜官渚在湖广长沙府城北六十里，有洲。旧传楚铸钱处。'即铜官洲也。"

工师　工程技师。李学勤《战国时代的秦国铜器》引楚怀王二十九年所制漆奁铭云："廿九年，大司□造，吏承向，右工师为，工大人台。"[①]

工大人　工匠之长。见"工师"条。

莫敖　掌军政，领兵作战。《战国策·楚策一》："威王问于莫敖子华曰……"战国时的莫敖，其地位已降至司马之下。

左徒　其初与议国政，后仅为谏议之官。《史记·屈原贾生列传》："屈原者名平，为楚怀王左徒……入则与王图谋国事，以出号令；出则接遇宾客，应对诸侯，王甚任之。……怀王使屈原造为宪令。"《正义》："盖今左右拾遗之类。"

三闾大夫　掌王族昭、屈、景三姓贵族。屈原曾任此职。《楚辞·离骚序》："三闾之职，掌王族三姓，曰昭、屈、景，屈原序其谱属，率其贤良，以厉国士。"

太卜　掌占卜。屈原《卜居》："屈原既放，三年不得复见。竭智尽忠，而蔽彰于谗，心烦虑乱，不知所从。往见太卜郑詹尹曰：'余有所疑，愿因先生决之。'"

柱国　掌警卫国都。《战国策·韩策二》："史疾对楚王曰：'今王之国，有柱国、令尹、司马典令。'"柱国或称上柱国，《战国策·楚策二》："王发上柱国子良车五十乘，而北献地五百里于齐。"

司马　掌军事行政，并领兵作战。《战国策·韩策二》："史疾对楚王曰：'今王之国，有柱国、令尹、司马典令。'"司马或称大司马。《战国策·楚策二》："遣昭常为大司马，令往守东地。"

左司马　掌军中左翼军务。《战国策·燕策三》："楚王使景阳将而救

---

① 见《文物参考资料》1957 年第 8 期。

之，暮舍，使左右司马各营壁地。"

右司马　掌军中右翼军务。例见"左司马"条。

大将军　军队最高统帅。《史记·楚世家》："（秦）虏我大将军屈匄、裨将军逢侯丑等七十余人。"

将军　军事将领。《战国策·齐策六》："楚王使将军将万人而佐齐。"

裨将军　副将领。《史记·楚世家》："（秦）虏我大将军屈匄、裨将军逢侯丑等七十余人。"

太傅　掌辅导王。《汉书·艺文志》："铎氏微三篇，楚太傅铎椒也。"太傅或作傅，《史记·十二诸侯年表》："铎椒为楚威王傅，为王不能尽观春秋，采取成败，卒四十章，为铎氏微。"

太子傅　掌辅导太子。《史记·春申君列传》："秦王曰，令楚太子之傅先往问楚王之疾，返而后图之。"

太宰　王家务总管。《战国策·韩策一》："郑强之走张仪于秦，曰仪之使者，必之楚矣。故谓太宰曰：'公留仪之使者，强请西图仪于秦。'"鲍彪注："太宰，楚官。"

郎尹　国君警卫长。《淮南子·人间训》："楚令尹子国伏郎尹而笞之三百。"注："郎尹，郎官之尹也。"

郎中　掌国君侍卫。《战国策·楚策四》："（朱英谓春申君曰）君先仕臣为郎中。君王崩，李园先入，臣请为君撞其胸，杀之。"

弋飞　掌射猎。《吕氏春秋·知分》："荆有弋飞者，得宝剑于千遂，还反涉江，至于中流，有两蛟夹绕其船，弋飞拔宝剑赴江，刺蛟杀之，而复上船。荆王闻之，仕之执圭。"《汉书·宣帝纪》如淳注引《吕氏春秋》"弋飞"作"兹非"。西汉有左弋令丞，武帝时改为弋飞令丞。北周有弋飞中大夫，王仲荦《北周六典》引许慎曰："弋，便利也，便利矰缴，以弋凫雁，故曰弋飞。"

中射　宫中射手。《韩非子·说林上》："有献不死之药于荆王者，谒者操之以入，中射之士问曰：'可食乎？'曰'可'，因夺而食之。"《集解》："顾广圻曰，本书《说林》上下篇皆有中射之士。射，他书又作谢。孙诒让曰，中射者，射人之给事宫内者也。仆人、射人皆平时赞正君服位者，是射人与仆人为官联，故后世合二官以为侍御近臣之名曰仆射。"

登徒　贵族子弟在宫中任事者。宋玉《登徒子好色赋》："大夫登徒子侍于楚王。"《战国策·齐策三》："孟尝君出行国，至楚，献象床。郢之登徒，直使送之，不欲行。见孟尝君门人公孙戍曰：'臣，郢之登徒也，直送象床。'"鲍彪注："登徒，楚官也。"

谒者　主引见宾客。《战国策·楚策三》："（苏秦）对曰：'楚国之食贵于玉，薪贵于桂，谒者难得见如鬼，王难得见如天帝。今令臣食玉炊桂，因鬼见帝。'"

主酒吏　掌供酒。《七国考》："许慎《淮南注》：'楚会诸侯，鲁、赵皆献酒于楚王。主酒吏求酒于赵，赵不与，吏怒，乃以赵厚酒易鲁薄者，奏之。楚王以赵酒薄，遂围邯郸也。'"

御　高级官员车仆。《战国策·东周策》："周共太子死……左成谓司马翦曰：'……公若欲为太子，因令人谓相国御展子、廧夫空曰……'"鲍彪注："楚相之御，姓展。"

舍人　高级官员亲近侍从。《战国策·齐策二》："（陈轸曰）楚有祠者，赐其舍人卮酒。"鲍彪注："《始皇纪》注，主厩内小吏，或云侍从宾客者。"吴师道《补正》："颜师古曰：'舍人，亲近左右之通称，后遂以为私属官属。'"

厨官　掌膳食。寿县楚器铭文有"大句（后）胀（厨）官"。

（七）秦国

王　国君称号。《史记·周本纪》："（显王）四十四年，秦惠王称王，其后诸侯皆为王。"

太后　王母。《史记·穰侯列传》："昭王少，宣太后自治，任魏冉为政。"

后　王正妻。《史记·秦本纪》："（昭襄王二年）庶长壮与大臣、诸侯、公子为逆，皆诛，及惠文后皆不得良死。悼武王后出归魏。"

太子　国君继承人。《史记·樗里子甘茂列传》："秦惠王卒，太子武王立。"

庶长　掌政务，由国君宗族充任。《史记·秦本纪》："（出子二年）庶长改迎灵公之子献公于河西而立之。"

左庶长　掌政务，由非国君宗族充任。《史记·秦本纪》："居三年，百姓便之，乃拜鞅为左庶长。"

相　国君任命的执政官。《战国策·秦策一》："卫鞅亡魏入秦，孝公以为相……期年之后，道不拾遗，民不妄取，兵革大强，诸侯畏惧。"相又称丞相。《史记·秦本纪》："（武王）二年，初置丞相，樗里疾、甘茂为左右丞相。"相，亦尊称相国。《史记·吕不韦列传》："庄襄王元年，以吕不韦为丞相，太子政立为王，尊吕不韦为相国。"

长史　国君秘书长。《史记·李斯列传》："秦王拜李斯为长史，听其计，阴遣谋士，赍持金玉，以游说诸侯、诸侯名士可下以财者，厚遗结之，不肯者，利剑刺之。"

大田　掌农业。《云梦秦简·田律》："禀大田而毋（无）恒籍者，以其致到曰禀之，勿深致。"整理组注："大田，官名，主管农事。"

太仓　朝廷粮储机构。《云梦秦简·厩苑律》："大（太）仓课都官及受服者。"整理组注："太仓，朝廷收储粮食的机构。"又《仓律》："县上食者籍及它费大（太）仓，与计偕。都官以计时雠食者籍。"

大内　朝廷收储物资的机构。《云梦秦简·金布律》："县，都官以七月粪公器不可繕者……其金及铁入以为铜。都官输大内，内受买（卖）之，尽七月而黡（毕）。都官远大内者输县，县受买（卖）之。"于豪亮《云梦秦简所见职官述略》："从秦律看，秦的大内似乎是金、铁、铜等重要金属的收藏机构。"

少内　朝廷管理钱财的机构。《云梦秦简·金布律》："县、都官坐效、计以负赏（偿）者，已论，啬夫即以其直（值）钱分负其官长及冗吏，而人与参（三）辨券，以效少内，少内以收责之。"整理组注："少内可能也是朝廷管理钱财的机构。"

邦司空　或称国司空，掌工程。《云梦秦简·秦律杂抄》："军人买（卖）禀，禀所及过县，赀戍二岁，同车食、敦（屯）长、仆射弗告，戍一岁；县司空、司空佐史、士吏将者弗得，赀一甲；邦司空一盾。"整理组注："邦司空，朝廷的司空。"

甬官　掌徭役。《商君书·垦令》："令有甬官食概①，不可以辟役。"高亨注："甬，佣也，役也。甬官，掌管徭役的官。食是给人吃。概疑……古饩字。供给役人或客人的粮米叫做饩。食饩即拿出粮米给役人吃。"

工师　掌工匠及手工业。《商周金文录遗》584 号有工帀（师）田，《贞松堂集古遗文续编下》有工师叶。李学勤《战国时代的秦国铜器》中说："大约每一设有冶铸工业的城市，设立工师一人。"

工室丞　掌管手工业。《云梦秦简·秦律杂抄》："省殿，赀工师一甲，丞及曹长一盾。"整理组注："丞，这里应指工官的负责官员。"又《工律》："县及公室听官为正衡石赢（累）。斗用（桶）、升，毋过岁壶（壹）。"整理组注："工室，管理官营手工业的机构。"

曹长　工匠班长。《云梦秦简·秦律杂抄》："省殿，赀工师一甲，丞及曹长一盾。"整理组注："曹长，据简文应为工匠中的班长。"

工　一般工匠。李学勤《战国时代的秦国铜器》记相邦戈铭有"工禹""工寅""工武"等。

关市　掌关市税收。《云梦秦简·关市》整理组注："关市，官名，见《韩非子·外储说左上》，管理关和市的税收等事务。《通鉴·周纪四》胡注认为关市即《周礼》的司关、司市，战国之时合为一官。"

廷尉　掌司法。《云梦秦简·尉杂》整理组注："尉，这里指廷尉。"《汉书·百官表》："廷尉，秦官，掌刑辟。"

宪盗　掌捕盗。《云梦秦简·内史杂》："候（候）、司寇及群下吏毋敢为官府佐、史及禁苑宪盗。"整理组注："宪盗，据简文，系一种捕'盗'的职名。《法律答问》作害盗，'宪'字……与'害'字通假。"

候　掌伺察敌情。《云梦秦简·内史杂》："候（候）、司寇及群下吏毋敢为官府佐、史及禁苑宪盗。"整理组注："候，本义为伺望，此处为一种被用以伺望敌情的刑徒。"

国正监　掌监察。《商君书·境内》："将军为木壹，与国正监，与正御史参望之。"高亨注："正监，官名，主管监察事项。正即正副之正。"

---

① 概，疑为"概"之误。

行人　掌外事。《七国考》引《道书注》："秦昭王时，行人张固至楚。"

属邦　掌管理少数民族。《云梦秦简·属邦》整理组注："属邦，管理少数民族的机构，见秦兵器铭文。汉代因避汉高祖刘邦讳，改称属国、典属国。"

宗祝　以宗人而兼太祝之事者。《七国考》引《秦诅楚文》："使其宗祝邵蟇布憨告于不显大沉久湫。"

卜　掌卜事。《云梦秦简·传食律》："上造以下……及卜、史……"整理组注："卜，卜人。"

史　掌筮。《云梦秦简·传食律》："上造以下……及卜、史……"整理组注："史，《左传·襄公二十五年》疏：'筮人也。'"

中旗　辩士，又作中期。《战国策·秦策五》："秦王与中期争论，不胜。秦王大怒，中期徐行而去。"姚宏注："中期，秦辩士也。"

内史　掌京师政事。《史记·秦始皇本纪》："内史肆。"周予同《中国历史文选》（上）："内史掌管京师政事。"

中尉　掌京师卫戍事务。《华阳国志·蜀志》："故蜀王怒伐苴侯，苴侯奔巴，求救于秦。秦惠王方欲谋楚。……司马错、中尉田真黄曰……"

国尉　掌全国军事行政。《史记·秦始皇本纪》："（十年）大梁人尉缭来……缭曰：'诚使秦王得志于天下，天下皆为虏矣。不可与久游。'乃亡去。秦王觉，固止，以为秦国尉。"

上将军　军队最高将领。《史记·白起王翦列传》："乃阴使武安君白起为上将军。"

将军　军事将领。《史记·秦本纪》："（昭襄王八年）使将军芈戎攻楚。"

裨将　即副将。《资治通鉴》卷五："王齕为裨将。"裨将亦称裨将军，《史记·蒙恬列传》："始皇二十三年，蒙武为秦裨将军。"

右行　右翼军将领。《战国策·东周策》："石行秦谓大良造曰……"鲍彪注："一本石作右。右行，秦官也。"右行又称右将，《战国策·秦策二》："甘茂攻宜阳，三鼓之，卒不上，右将有尉对曰……"左言东《先秦职官表》按："右将当即右行，右路军的将领。"

军尉　掌管军中一校。《战国策·秦策二》："甘茂攻宜阳，三鼓之，卒不上。秦之右将有尉对曰……"注："有尉，军尉也。"《七国考》引应劭《汉书》注云："秦惠文王置军尉。"

都官　朝廷直属机构。《云梦秦简·厩苑律》："今课县，都官公服牛各一课。"整理组注："都官，直属朝廷的机构，故又称中都官。《汉书·宣帝纪》注：'都官令丞，京师诸署之令丞。''中都官，凡京师诸官府也。'"又《法律答问》："可（何）谓'官长'，可（何）谓'啬夫'？命都官曰'长'，县曰'啬夫'。"

官长　机构中的主管官员。《云梦秦简·金布律》："不盈十人者，各与其官长共养车牛。"整理组注："官长，机构中的主管官员，《后汉书·礼仪志》：'公卿官长以次行雩礼求雨。'"又《法律答问》："可（何）谓'官长'……命都官曰'长'。"

佐　朝廷直属机构中的辅佐官员。《云梦秦简·金布律》："都官有秩吏及离官啬夫，养各一人，其佐、史与共养……都官之佐、史冗者，十人，养一人。"

史　朝廷直属机构中的文书人员。《云梦秦简·金布律》："都官之佐、史。"《说文·叙》引汉《尉律》："学僮十七已上，始试，讽籀书九千字，乃得为史。"

养　炊事人员。《云梦秦简·金布律》："都官有秩吏及离官啬夫，养各一人。"整理组注："养，做饭的人，《公羊传·宣公十二年》注：'炊烹者曰养。'"

见牛者　掌看管车牛。《云梦秦简·金布律》："十人，车牛一两（辆），见牛者一人。"整理组注："见牛者，看牛的人。"

仆　赶车人员。《云梦秦简·金布律》："都官佐、史不盈十五人者，七人以上鼠（予）车牛、仆。"整理组注："仆，《史记·齐世家》集解引贾逵云：'御也。'即赶车的人。"

司御　掌管理车辆。《云梦秦简·传食律》："上造以下……及卜、史、司御……糲（粝）米一斗。"整理组注："司御，管理车辆的人。"

寺　服务人员。《云梦秦简·传食律》："上造以下……司御、寺、府、糒（粝）米一斗。"整理组注："寺，读为侍。"

府　掌保管府藏。《云梦秦简·传食律》整理组注："府，掌管府藏的人。"

师　王师。《史记·王翦列传》："翦为宿将，始皇师之。"

傅　掌辅导王。《秦会要》引《说苑》："始皇立茅焦为傅。"

太子师　掌教王子。《史记·商君列传》："黥其师公孙贾。"《资治通鉴》卷二："太子犯……黥其师公孙贾。"

太子傅　掌辅导太子。《史记·商君列传》："刑其傅公子虔。"《资治通鉴》卷二："太子犯法……刑其傅公子虔。"

夫人　王妾中之最尊者。《七国考》引应劭之语曰："秦自惠文王后，嫡称王后，次称夫人，又有美人、良人、八子、七子、长使、少使之号。"

美人　王妾。例见"夫人"条，其地位在夫人下、良人上。

良人　王妾。例见"夫人"条，其地位在美人下、八子上。

八子　王妾。例见"夫人"条，其地位在良人下、七子上。

七子　王妾。例见"夫人"条，其地位在八子下、长使上。

长使　王妾。例见"夫人"条，其地位在七子下、少使上。

少使　王妾。例见"夫人"条，其地位在长使下。

少府　掌王内府。黄盛璋《试论三晋兵器的国别和年代及其相关问题》引秦兵器铭文："十三年少府工檐（面）、武库□属邦。"[1] 作者认为："据背铭'属邦'两字，可定为秦刻，但至少可以证明少府也制造兵器。"

太官　掌王膳食。《云梦秦简·秦律杂抄》："大（太）官、右府、左府、右采铁、左采铁课殿，赀啬夫一盾。"整理组注："太官，见《汉书·百官表》，属少府，注：'太官主膳食。'"

右府　例见"太官"条。

左府　例见"太官"条。整理组注："右府、左府，疑也是少府的属官。"

右采铁　例见"太官"条。

左采铁　例见"太官"条。整理组注："右采铁、左采铁，应即《史

---

[1] 见《考古学报》1974 年第 1 期。

记·太史公自序》所说'秦主铁官'。丁冕圃《玺印集印》有'右冶铁官'，秦印。"

中大夫令　掌议论。《史记·秦始皇本纪》："中大夫令齐。"

御史　王的侍从文书。《云梦秦简·尉杂》："岁雠辟律于御史。"整理组注："御史，《史记·张苍列传》：'苍……好书律历，秦时为御史，主柱下方书。'《商君书·定分》说法令都藏有副本，以防止删改。本条应指臣尉到御史处核对法律条文。"

郎中　掌王宿卫。《战国策·燕策三》："诸郎中执兵皆陈殿下，非有诏不得上。"注："诸郎中，宿卫之官。"

郎　王侍从。《史记·李斯列传》："不韦贤之，任以为郎。"《七国考》引《物原》："诸官称郎，自秦武王置常侍郎始。"

中庶子　贵族庶子在宫内任事者。《战国策·燕策三》："（荆轲）厚遗秦王宠臣中庶子蒙嘉。"《史记·鲁仲连邹阳列传》："故秦皇帝任中庶子之言，以信荆轲之说。"

中车府令　掌王车。《史记·蒙恬列传》："赵高昆弟数人，皆生隐宫，其母被刑僇（通戮），世世卑贱。秦王闻高强力，通于狱法，举以为中车府令。"《七国考》："传言秦王，知未并天下之前也。"

谒者　掌传命。《七国考》引《史记》："秦昭王使谒者王稽于魏。"《后汉书·百官志》引荀绰《晋百官表注》："昔燕太子使荆轲劫始皇，变起两槛之间，其后谒者持匕首刺腋。高祖偃武行文，故易之以板。"

给事中　掌宫内事。《史记·吕不韦列传》："吕不韦恐觉祸及己，乃私求大阴人嫪毐为舍人……不韦又阴谓太后曰：'可事诈腐，则得给事中。'"

宦者　宫内侍从。《云梦秦简·仓律》："宦者、都官吏、都官人有事上为将，令县贳（贷）之。"整理组注："宦者，阉人。"

侍医　侍御医官。《战国策·燕策三》："是时，侍医夏无且，以其所奉药囊提轲。"

卫尉　掌宫廷警卫。《史记·秦始皇本纪》："卫尉竭。"周予同《中国历史文选》（上）："卫尉，掌管宫廷警卫。"

公车司马　掌宫门警卫。《云梦秦简·秦律杂抄》："公车司马猎律。"

整理组注："公车司马，朝廷的一种卫队，《汉书·百官表》属卫尉，注：'《汉官仪》云公车司马掌殿司马门，夜徼宫中，天下上事及阙下凡所征召皆总领之。'"

佐弋　掌弋射。《史记·秦始皇本纪》："佐弋竭。"《汉书·百官表》："秦时，少府有佐弋，掌弋射者。"

宫均人　掌宫内巡逻。《云梦秦简·法律答问》："可（何）谓'宫均人'？宫中主循者殹（也）。"整理组注："均读为徇，古书或写作徇、狥。《尚书·泰誓中》传：'徇，循也。'"

宫更人　掌值夜。《云梦秦简·法律答问》："可（何）谓'宫更人'？宫隶有刑，是谓'宫更人'。"整理组注："古时分一夜为五更，更人应即夜间看守的人。"

宫狡士　掌宫内王犬。《云梦秦简·法律答问》："可（何）谓'宫狡士'、'外狡士'？皆主王犬者殹（也）。"整理组注："狡，一种产于匈奴地区的大犬。"

外狡士　掌宫外王犬。释见"宫狡士。"

甸人　掌守先君墓。《云梦秦简·法律答问》："可（何）为'甸人'？'甸人'守孝公、漱（献）公冢者殹（也）。"整理组注："《礼记·文王世子》有甸人，即《周礼》的甸师，与本条的甸人无关。"

爨人　掌烧灶。《云梦秦简·法律答问》："可（何）谓'爨人'？古主爨灶者殹（也）。"整理组注："爨，烧灶。"

集人　掌采薪柴。《云梦秦简·法律答问》："可（何）谓'集人'？古主取薪者殹（也）。"整理组注："集，《广雅·释诂一》：'取也。'"

少庶子　贵族或显宦家臣，以贵族年幼庶子充任。《战国策·秦策五》："文信侯去而不快。少庶子甘罗曰：'……今臣生十二岁于兹矣，君其试臣。'"姚宏注："少庶子，官名。甘罗，文相家臣也。"鲍彪注："罗，茂之孙。"

舍人　贵族或显宦家臣。《史记·秦始皇本纪》："吕不韦为相……李斯为舍人。"周予同《中国历史文选》（上）："舍人，战国时，贵族或显宦家中，都养有一些门客，代他谋划，接待宾客，处理事务。门客中和主人接近的叫舍人。舍人是对家臣的泛称。"

尚书　贵族或显宦的文书。《战国策·秦策五》："司空马说赵王曰：'文信侯相秦，臣事之为尚书，习秦事。'"

（八）宋国

王　国君的称谓。《史记·宋微子世家》："剔成四十一年，剔成弟偃攻袭剔成，剔成败奔齐，偃自立为宋君。君偃十一年，自立为王。"

太后　王母。《战国策·宋卫策》："谓大尹曰：'……公不如令楚贺君之孝，则君不夺太后之事矣。'"

大尹　掌理政务。《战国策·宋卫策》："谓大尹曰：'君日长矣，自知政，则公无事。公不如令楚贺君之孝，则君不夺太后之事矣，则公常用宋矣。'"大尹或称令尹。《韩非子·说林下》："白圭谓宋令尹曰：'君长自知政，公无事矣。'"

国老　高级政务官退休者。《战国策·宋卫策》："（宋康王）骂国老谏曰。"黄丕烈《札记》："《新序》作'骂国老之谏者'。'曰'即'者'坏字耳。"

史　掌占卜、记事。《战国策·宋卫策》："宋康王之时，有雀生鹯于城之陬。使史占之，曰：'少而生巨，必霸天下。'"姚宏注："史，太史，曰能辨吉凶之妖祥。"

（九）卫国

君　卫国国君的称号。《战国策·宋卫策》："犀首伐黄，过卫，使人谓卫君曰……"又："卫嗣君病。"姚宏注："秦王贬其号为君也。"

相　掌理政务。《战国策·宋卫策》："君曰：'善。'与之相印，曰：'我死，子制之。'嗣君死，殷顺且以君令相公期。"姚宏注："公期，嗣君子也。"

关市　掌收关、市赋税。《韩非子·内储说上》："卫嗣公使人为客过关市，关市苛难之，因事关市以金，关吏乃舍之，嗣公为关吏曰：'某时有客过而所，与汝金，而汝因遣之。'关市乃大恐，而以嗣公为明察。"

关吏　关市属吏。例见"关市"条。陈奇猷《集解》："关吏，关市之属吏也。"

佐弋　掌弋射。《韩非子·外储说左上》："卫人佐弋也。"

（十）中山国

王 国君称号。《战国策·中山策》："犀首立五王，而中山后持。"吴师道《补正》："《大事记》，周显王四十六年，韩、燕、中山皆称王。"中山之王又称君。例见"大夫"条。

后 国君正妻。《战国策·中山策》："阴姬与江姬争为后。"又："中山王遂立（阴姬）以为后。"

相 掌理政务。《韩非子·内储说上》："中山之相乐池以百乘使赵。"

大夫 享有大夫爵称的官员。《战国策·中山策》："中山君飨都士，大夫司马子期在焉。"

都士 王卫士。《战国策·中山策》："中山君飨都士。"鲍彪注："《霍光传》'都士'注，都，试也，此言已试而飨之。"

将行 掌领出使人员。《韩非子·内储说上》："中山之相乐池以车百乘使赵，选其客之有智能者以为将行。"

御 掌驾车。《战国策·中山策》："中山君出，司马憙御。"

参乘 国君车卫士。《战国策·中山策》："中山君出，司马憙御，公孙弘参乘。"

（十一）东周与西周

君 国君称号。战国时，周王室已没落为附庸之国，去王号称君。后又分裂为东周、西周两国，其君分别称东周君（见《战国策·东周策》）、西周君（见《战国策·西周策》）。

太子 国君继承人。东周之太子见《史记·周本纪》，"果立公子咎为太子"。《正义》："是楚令周立公子咎为太子。"西周之太子见《战国策·西周策》："谓齐王曰：'王何不以地赍周最以为太子也。'齐王令司马悍以赂进周最于周"。鲍彪注："最，周之庶子。"

相国 掌政务。《战国策·东周策》："昭献在阳翟，周君将令相国往，相国将不欲。苏厉为之谓周君曰：'今昭献非人主也，而主君令相国往；若其王在阳翟，主君将令谁往？'"

军正 军事长官。《战国策·西周策》："或谓周君曰：'不如令太子将军正迎吾得于境。'"鲍彪注："军正，犹卒正，军之率也。"

冶　掌冶铁。《战国策·西周策》："函冶氏为齐太公买良剑，公不知善，归其剑而责之金。"姚宏注："函，姓；冶，官名也。因此为氏。"

司寇　掌刑罚。《战国策·西周策》："司寇布为周最谓周君曰……"鲍彪注："司寇，周官，布其名。"

候　掌侦察。《战国策·东周策》："因使人告东周之候曰：'今夕有奸人当入者矣。'候得而献东周。"鲍彪注："候，侦察之吏。"

太史　掌历法典籍。《史记·周本纪》："烈王二年，周太史儋见秦献公曰……"《索隐》："《老子列传》曰：'儋即老子'耳，又曰'非也'，验其年代是别人。"

中府　掌周君内府。黄盛璋《试论三晋兵器的国别和年代及其相关问题》："洛阳金村所出东周铜器铭中也有中府，足证中府也兼造兵器。"①

左官　掌国君膳食。朱德熙、裘锡圭《战国铜器铭文中的食官》记东周器铭有"左自（官）佀壶"②，作者认为自（官）为食官。

中官　掌国君正妻膳食。朱德熙、裘锡圭《战国铜器铭文中的食官》记洛阳出土的陶罐文字有"中官"，作者认为中官为王后食官。

第四节　战国时期县制的完备是领土国家形成的标志

一　县的设置

（一）文献所见战国时期的县

根据《战国会要》卷一三八《方域三》的内容，简述如下。③

1. 秦县

四十一县　《史记·秦本纪》："（孝公）十二年，并诸小乡聚，集为大县。县一令，四十一县。"《战国会要》编者按："《六国年表》作：'初取

---

① 见《考古学报》1974 年第 1 期。
② 见《文物》1973 年第 12 期。
③ 杨宽、吴浩坤主编《战国会要》，上海古籍出版社，2005，第 1359～1366 页。

小邑为三十一县。'《商君列传》作：'集小都、乡、邑、聚为县，置令、丞，凡三十一县。'"

上庸之地六县 《史记·楚世家》："（靳尚）又谓夫人郑袖曰：'秦王甚爱张仪，而王欲杀之，今将以上庸之地六县赂楚。'"

河东九县 《史记·六国年表》："（秦昭王）二十二年，蒙武伐齐，河东为九县。"

频阳 《史记·秦本纪》："厉共公二十一年，初县频阳。"《战国会要》编者按："故城当在今陕西省富平县东北。"

蒲 《史记·六国年表》："秦献公六年，初县蒲。"

蓝田 《史记·六国年表》："秦献公六年，初县蓝田。"

善明氏 《史记·六国年表》："秦献公六年，初县善明氏。"

陕 《史记·六国年表》："秦惠公十年，县陕。"

栎阳 《史记·六国年表》："（秦献公）十一年，县栎阳。"

上曲阳 《水经·滱水注》："长星水又东径上曲阳县故城北。本岳牧朝宿之邑也，秦罢井田，因以立县，城在山曲之阳，是曰曲阳。有下，故此为上矣。"

雍丘 《水经·睢水注》："睢水又东，径雍丘县故城北。县，旧杞国也。楚灭杞，秦以为县。"

鄢县 《水经·沔水注》："新陂东入城，城故鄢郢之旧都，秦以为县。汉惠帝三年，改曰宜城。"故城在今宜城市东南。

骑城 《水经·沔水注》："沔水之左有骑城，周回二里余，高一丈六尺，即骑亭也。县故楚邑也，秦以为县。"

筑阳 《水经·沔水注》："筑水又东，径筑阳县故城南。县故楚附庸也。秦平鄢郢，立以为县。"

竟陵 《水经·沔水注》："巾水又西，径竟陵县北，西注杨水。水西有古竟陵大城，古郧国也。昔白起拔郢，东至竟陵，即此也。秦以为县。"

郑县 《水经·沔水注》："（郑）县故褒之附庸也。周显王之世，蜀有褒汉之地。至六国楚人兼之，怀王衰弱，秦略取焉。周赧王二年，秦惠王置汉中郡，因水名也。《耆旧传》云，南郑之号，始于郑桓公。桓公死于犬戎，其民南奔，故以南郑为称，即汉中郡治也。”

相县　《水经·睢水注》："故宋地也。秦始皇二十三年，以为泗水郡。”

鄀县　《水经·沔水注》："沔水又径鄀县故城南，即所谓鄢鄀卢罗之地也，秦以为县。”

山都　《水经·沔水注》："沔南有固城，城侧沔川，即新野山都县治也。旧南阳之赤乡矣，秦以为县。”

穰县　《水经·淯水注》："朝水又东南，径穰县故城南，楚别邑也。秦拔鄢郢，即以为县。”

氏道　《水经·江水注》："江水自天彭阙，东径汶关而历氏道县北。……县，本秦王政置，后为升迁县也。”

江州县　《水经·江水注》："巴水西南流，历巴中，径巴郡故城南。江州县，故巴子之都也。及七国称王，巴亦王焉。秦惠王遣张仪等救苴侯于巴，仪贪巴、苴之富，因执其王以归，而置巴郡焉，治江州。”

巫县　《水经·江水注》："江水又东，径巫县故城南。县，故楚之巫郡也。秦省郡立县，以隶南郡。”

肤施县　《水经·河水注》："奢延水又东，径肤施县，秦昭王三年置。”

左邑　《水经·涑水注》："涑水又西南，径左邑县故城南故曲沃也。晋武公自晋阳徙此，秦改为左邑县。”

令支　《水经·濡水注》："濡水又东南，流径令支县故城东。王莽之令氏亭也。秦王政二十二年，分燕置辽西郡，令支隶焉。”

海盐　《水经·沔水注》："谷水之右有马皋城，故司盐都尉城。是以《汉书·地理志》曰县有盐官。东出五十里有武原乡，故越地也。秦于其地置海盐县。”

罗县　《水经·湘水注》："汨水又西径罗县北。本罗子国也。秦立长沙郡，因以为县，水亦谓之罗水。”

2. 楚县

陈县　《史记·楚世家》："是岁也（《集解》：徐广曰：'惠王之十年。'），灭陈而县之。”

随县　《水经·涢水注》："（随）县，故随国矣。《春秋·左传》所谓汉东之国，随为大者也。楚灭之以为县。"

沛县 《水经·泗水注》："（沛县）昔许由隐于沛泽，即是县也。县盖取泽为名。宋灭属楚，在泗水之滨，于秦为泗水郡治。"

邾县 《水经·江水注》："江水又东，径邾县故城南，楚宣王灭邾，徙居于此，故曰邾也。"《战国会要》编者按："邾，《水经注疏》谓在黄冈县西北十里，当即在今湖北省黄冈县北邾城。"

3. 赵县

代四十六县 《韩非子·初见秦》："拔邯郸，管山东河间，引军而去，西攻修武，逾华绛上党。代四十六县，上党七十县，不用一领甲，不苦一士民，此皆秦有也。"《战国会要》编者按："'四十六'，《战国策·秦策一》作'三十六'，与之异。"

上党七十县 《韩非子·初见秦》："……引军而去，西攻修武，逾华绛上党。代四十六县，上党七十县，不用一领甲，不苦一士民，此皆秦有也。"《战国会要》编者按："陈奇猷《集解》谓：卢文弨曰：七十，《策》作十七，是。王渭曰：即《赵策》：'今有城市之邑七十。'顾广圻曰：按《史记·赵世家》彼亦作十七。"

河间十二县 《战国策·秦策五》："秦下甲攻赵，赵赂河间十二县，地削兵弱，卒不免秦患。"

上原 《史记·赵世家》："孝成王十一年，县上原。"

狐氏 《战国策·赵策一》："甘茂为秦约魏以攻韩宜阳，又北之赵，冷向谓强国曰：'齐王欲求救宜阳，必效县狐氏。'"

4. 魏县

上郡十五县 《史记·秦本纪》："（惠文君）十年，魏纳上郡十五县。"

大县数十 《史记·魏世家》："无忌谓魏王曰：'又长驱梁北，东至陶、卫之郊，北至平监。所亡于秦者，山南山北，河外河内，大县数十，名都数百。'"

苦陉 《韩非子·难二》："李克治中山，苦陉令上计而入多。"《战国会要》："《七国地理考》谓在真定府无极县东北二十八里，即今河北定县东南邢邑。"

邺　《史记·魏世家》："（魏文侯）任西门豹守邺，而河内称治。"《索隐》："大河在邺东，故名邺为河内。"

5. 韩县

宜阳　《战国策·秦策二》："宜阳，大县也。上党、南阳积之久矣，名为县，其实郡也。果攻宜阳，五月而不能拔也。"

（二）战国后期置县数目之统计

终战国之世——秦王政二十五年（公元前 222 年），即秦始皇统一中国的前一年，各国先后置县的情况可考者如下[①]（其间有若干县名重复出现是各国之间互相兼并的结果）。

1. 齐县二十（包括宋县）

①临淄；②高唐；③安严；④甄；⑤即墨；⑥阿；⑦南武城；⑧薛；⑨狐氏；⑩蒙；⑪昌城（昌国）；⑫聊城；⑬莒；⑭夜；⑮盖；⑯平陆；⑰平陵；⑱甬；⑲安阳；⑳阳都。

2. 韩县二十六（包括郑县）

①平阳；②杨氏；③长子（尚子）；④铜鞮；⑤屯留；⑥京；⑦郑；⑧邢丘；⑨卢氏；⑩新城；⑪路；⑫涉；⑬端氏；⑭修鱼；⑮宜阳；⑯武遂；⑰皋落；⑱修武；⑲汝阳；⑳野王；㉑猴氏；㉒纶氏；㉓阳翟；㉔阳人；㉕中阴；㉖格氏。

3. 赵县四十八（包括中山县）

①盂；②大陵（平陵）；③梗阳；④邬；⑤涂水；⑥邯郸；⑦祁；⑧中牟；⑨晋阳；⑩泫氏；⑪平邑；⑫苦陉；⑬番吾；⑭长子；⑮高唐；⑯甄（鄄）；⑰榆次；⑱蔺；⑲离石；⑳鄗；㉑安平；㉒代；㉓广衍；㉔石邑（石城）；㉕云中；㉖善无；㉗肤施；㉘南行唐；㉙兹氏；㉚防陵；㉛昌城；㉜铜鞮；㉝屯留；㉞武垣；㉟元氏；㊱上原；㊲邢；㊳新城；㊴狼孟；㊵韩皋；㊶邬；㊷柏人；㊸沮阳；㊹平原；㊺富昌；㊻武平；㊼埒；㊽栾。

4. 魏县四十八（包括卫县）

①温；②少梁；③雒（洛阳）；④合阳；⑤邺；⑥庞；⑦苦陉；⑧酸

①　周振鹤主编，周振鹤、李晓杰著《中国行政区划通史》（总论、先秦卷），复旦大学出版社，2009，第 312～407 页。

枣；⑨承匡；⑩安邑；⑪垣（王垣）；⑫鲁阳；⑬武堵（都）；⑭中牟；⑮大梁；⑯绛；⑰邯郸；⑱泫氏；⑲济阳；⑳澭阴；㉑顿丘；㉒晋；㉓上蔡；㉔蒲子（蒲阳）；㉕添垣；㉖咎奴（高奴）；㉗皮氏；㉘蒲阪；㉙襄城；㉚平丘；㉛首垣；㉜仁；㉝怀；㉞邢丘；㉟单父；㊱高都；㊲陶（强）；㊳燕；㊴虚；㊵长平；㊶雍丘；㊷山阳；㊸修武（宁）；㊹共；㊺宅阳；㊻梧；㊼虎；㊽涞。

5. 燕县七

①沮阳；②渔阳；③无终；④阳乐；⑤令支；⑥襄平；⑦昌城。

6. 楚县三十四（包括吴越二国县）

①邓；②湖阳；③竟陵；④苦；⑤期思；⑥寝；⑦郜；⑧申（宛）；⑨析；⑩叶；⑪阴；⑫息；⑬武城；⑭上庸；⑮随；⑯鄢；⑰陈（郢陈）；⑱平舆；⑲莒；⑳鲁阳；㉑临沅；㉒广陵；㉓后巢；㉔吴；㉕上蔡；㉖下蔡；㉗钟离；㉘朱方；㉙新城；㉚襄城；㉛汝阳；㉜薛；㉝兰陵；㉞寿春。

7. 秦县三百六十四（包括周县）

设县时间可得确年者如表4-1所示。

表4-1 秦县有明确设县时间者

序号	县名	序号	县名
（1）	邽（上邽）	（14）	重泉
（2）	冀	（15）	栎阳
（3）	下邽	（16）	蒲
（4）	杜	（17）	蓝田
（5）	郑	（18）	善明氏
（6）	虢	（19）	雒（洛）阳
（7）	魏城	（20）	少梁（夏阳）
（8）	临晋	（21）	安邑
（9）	庞戏城	（22）	高陵
（10）	频阳	（23）	漦
（11）	雍	（24）	美阳
（12）	籍姑	（25）	武功
（13）	庞	（26）	咸阳

续表

序号	县名	序号	县名
(27)	武城	(58)	洛都
(28)	商	(59)	定阳
(29)	合阳	(60)	肤施
(30)	阴晋（宁秦）	(61)	宛
(31)	陕	(62)	叶
(32)	蔺	(63)	桓
(33)	离石	(64)	皮氏
(34)	蒲阳（蒲子）	(65)	皋落
(35)	漆垣	(66)	梗阳
(36)	高奴	(67)	绛
(37)	义渠	(68)	兹氏
(38)	南郑	(69)	石邑（石城）
(39)	卢氏	(70)	祁
(40)	朐衍	(71)	临沅
(41)	江州	(72)	狄道
(42)	鱼复	(73)	邓
(43)	阆中	(74)	鄢
(44)	湔氏	(75)	穰
(45)	上庸	(76)	筑阳
(46)	乌氏	(77)	枳
(47)	成都	(78)	郢
(48)	郫	(79)	竟陵
(49)	临邛	(80)	仁
(50)	郿	(81)	平丘
(51)	宜阳	(82)	巫
(52)	武遂	(83)	温
(53)	蒲阪	(84)	修武（宁）
(54)	新城	(85)	蔡阳
(55)	襄城	(86)	长社
(56)	析	(87)	华阳
(57)	广衍	(88)	卷

序号	县名	序号	县名
（89）	怀	（120）	安陆
（90）	邢丘	（121）	酸枣
（91）	陶	（122）	燕
（92）	河南	（123）	虚
（93）	梁	（124）	长平
（94）	野王	（125）	雍丘
（95）	缑氏	（126）	山阳
（96）	纶氏	（127）	顿丘
（97）	长子	（128）	濮阳
（98）	铜鞮	（129）	首桓（长垣）
（99）	屯留	（130）	邺
（100）	安阳（宁新中）	（131）	云中
（101）	郑（新郑）	（132）	善无
（102）	曲阳	（133）	云阳
（103）	阳人	（134）	番吾
（104）	榖城	（135）	丽邑
（105）	平阴	（136）	阳翟
（106）	偃师	（137）	京
（107）	巩	（138）	端氏
（108）	洛阳	（139）	路
（109）	高都	（140）	涉
（110）	榆次	（141）	杨氏
（111）	新城	（142）	平阳
（112）	狼孟	（143）	修鱼
（113）	涂水	（144）	申阴
（114）	邬	（145）	格氏
（115）	孟	（146）	邯郸
（116）	大陵	（147）	苦陉
（117）	晋阳	（148）	上原
（118）	尉氏	（149）	韩皋
（119）	邢	（150）	武垣

序号	县名	序号	县名
(151)	元氏	(182)	梧
(152)	柏人	(183)	虒
(153)	鄗	(184)	涞
(154)	安平	(185)	砀
(155)	南行唐	(186)	睢阳
(156)	防陵	(187)	大梁
(157)	甄（鄄）	(188)	新郪
(158)	邢	(189)	鲁
(159)	平原	(190)	薛
(160)	富昌	(191)	息
(161)	武平	(192)	寿春
(162)	坲	(193)	陈
(163)	栾	(194)	平舆
(164)	沮阳	(195)	沛
(165)	渔阳	(196)	相
(166)	令支	(197)	下蔡
(167)	无终	(198)	随
(168)	蓟	(199)	湖阳
(169)	阳东	(200)	苦
(170)	昌城（昌国）	(201)	期思
(171)	承匡（襄邑）	(202)	汝阳
(172)	弦氏	(203)	居巢
(173)	中牟	(204)	钟离
(174)	单父	(205)	阴
(175)	武堵（都）	(206)	今
(176)	济阳	(207)	尚
(177)	濊阴	(208)	繁丘
(178)	上蔡	(209)	喜
(179)	鲁阳	(210)	羕陵
(180)	共	(211)	正阳
(181)	宅阳	(212)	中阳

续表

序号	县名	序号	县名
(213)	沋阳	(228)	武臣
(214)	鄝	(229)	临湘
(215)	叔陵	(230)	罗
(216)	株阳	(231)	襄平
(217)	夷阳	(232)	吴
(218)	鬲	(233)	丹徒
(219)	阳陵	(234)	代
(220)	新都	(235)	平邑
(221)	州	(236)	迁陵
(222)	𨟼阳	(237)	酉阳
(223)	寝	(238)	益阳
(224)	都	(239)	零阳
(225)	莒	(240)	屖陵
(226)	广陵	(241)	索
(227)	兰陵		

设县时间不得确年者如表 4 - 2 所示。

表 4 - 2　秦县无确切设县时间者

序号	县名	序号	县名
(1)	泾阳	(12)	傅阳
(2)	阴密	(13)	当城
(3)	安武	(14)	建陵
(4)	彭阳	(15)	承
(5)	方渠除道	(16)	郯
(6)	平寿	(17)	东武阳
(7)	都昌	(18)	东阿
(8)	浮阳	(19)	东牟
(9)	阳都	(20)	黄
(10)	鼓城	(21)	腄
(11)	吕	(22)	昌阳

续表

序号	县名	序号	县名
(23)	任城	(54)	西
(24)	无盐	(55)	驺
(25)	高密	(56)	成固
(26)	西城	(57)	蕃
(27)	乐成	(58)	丰
(28)	轵	(59)	符离
(29)	上雒（洛）	(60)	虹
(30)	新安	(61)	芒
(31)	柘	(62)	鄩
(32)	阳夏	(63)	乐陵
(33)	般阳	(64)	临朐
(34)	於陵	(65)	博昌
(35)	著	(66)	乐安
(36)	梁邹	(67)	慎
(37)	东平陵	(68)	新蔡
(38)	济阴	(69)	南顿
(39)	城阳	(70)	女阴
(40)	西陵	(71)	阳安
(41)	即墨	(72)	方与
(42)	下密	(73)	薄道
(43)	历阳	(74)	夷舆
(44)	郏	(75)	洛都
(45)	琅邪	(76)	卢
(46)	下邑	(77)	博城
(47)	取虑	(78)	兰干
(48)	僮	(79)	略阳
(49)	徐	(80)	平城
(50)	下相	(81)	长社
(51)	公犹	(82)	偃陵
(52)	堂邑	(83)	颍阳
(53)	安丰	(84)	徐无

序号	县名	序号	县名
(85)	白狼	(105)	晦陵
(86)	延陵	(106)	乌呈
(87)	赟城	(107)	芷阳
(88)	广城	(108)	鄙
(89)	夕阳	(109)	寿陵
(90)	漆	(110)	庸
(91)	好畤	(111)	新成阳
(92)	废丘	(112)	新东阳
(93)	泉州	(113)	游阳
(94)	亲涂	(114)	旱
(95)	东安平	(115)	榖寇
(96)	襄德	(116)	高栎
(97)	翟道	(117)	长武
(98)	衙	(118)	新阴
(99)	戏	(119)	高阳
(100)	定阳	(120)	岐
(101)	狄城	(121)	卢丘
(102)	蓼城	(122)	桔邑
(103)	夜	(123)	秋城
(104)	虏娄		

二 战国时期县的特点与职能

春秋的县制是县邑之县，或者是由灭国改置而来，或者是由自然居邑发展而来，没有统一的规划，其性质还受到采邑制较大的影响，没有冲破分封制时代的樊篱，不具备地方政府的职能，其居民划分也没有完全打破宗族血缘关系，没有系统地以地缘为基础的基层行政组织。战国则不然，县普遍地成为地方政府，是封建领土国家最有效的行政管理单位，战国时期的县具有下述几个特点。

第一，每县的辖区、人口有相对统一的标准，人口和土地有着适当的比例关系，县的设置是有计划地进行的。商鞅变法"并诸小乡聚，集为大县"，总共设了三十一个（一说四十一个）县，显然也包括原来的县在内，对原来的县进行调整，重新规划。这些县显然是按一定的人口、面积标准设立的，方圆百里。以方圆百里之地为县的标准面积，保持一定的人地比例关系，是战国的通例。战国时期，随着领土的扩大，民族构成也日趋复杂，特别是秦国，西北、西南边地的各少数民族先后纳入了秦国的版图。对这些少数民族较多的地区，是不能照搬中原的统治方式的，而要因地制宜，因此秦国在普遍设县的同时，又在少数民族地区设立了和县平级的"道"，作为少数民族聚居区的地方政府。

第二，县直属于国君，县的长官由国君任命，秉承国君的意志和国家有关法令治理地方，为国君效力，不得自专，完全摆脱了原来采邑制的影响。原来的县公、县尹、县大夫统一由县令（长）所取代。这不仅仅是名称的不同，而且是权力关系的不同在官称上的反映。尽管当时仍有称县令为县大夫、县尹的，但这仅仅是出于习惯，正式的官方名称都用县令长或县啬夫。

第三，每年年终考核各县治绩，作为奖惩的依据，其主要方式是上计。"计"就是计书，即统计簿，内容包括县城内的户口、垦田、仓储、赋税等。上计考核的目的，一是保证国家的财政收入和统治职能的正常运转；二是控制地方政府，把上计考核的结果作为对县令等地方官吏进行奖惩任免的依据。因此，上计又是国君控制县政权的有力手段。

第四，县有一套完整的行政机构，县令之下设县丞协助县令治理一县民事、司法，设县尉协助县令处理一县军事。下设若干曹（相当于后世的科），作为具体的职能部门。县以下基层行政组织有乡、里（或与之相当的其他组织），设有啬夫、乡佐、里典（里正、里魁）等官吏。

第五，县具有完整的行政、司法、财政、军事权力。其主要职能在于行政、司法、财政诸方面，军事职能不过是诸多职能中的一种。

战国时期县的管理职能包括以下几个方面。

一是组织生产。其内容包括兴修水利、保护环境、开垦荒地、按时播种、田间管理、谷物收藏等各个环节。既要督促个体农民发展生产，又要具体组织国营农业、手工业、牧业的生产。这方面有专门的法规，有具体的操作规定。

二是民政管理，其中重要的一项是户籍登记，具体操作由乡、里基层官吏负责，最高负责人则是县令。其他如教化百姓，厘正风俗，使民人自觉遵从统治秩序。

三是财政职能。此项包括财政收入和支出两个方面。县是地方财政单位，国家的财政收入主要来自地方。因而征收赋税、征发徭役是县政权最主要的职能，其他各项职能，如组织生产、强化民政等都是围绕着这个中心进行的，目的在于增加赋税、保证徭役资源，这是衡量一县治绩的最主要依据。

四是司法职能。我国古代实行司法和行政合一的制度，把司法看成行政职能的一个主要的内容。各种司法案件都由行政长官审理，县令既是行政长官，也是司法长官，他们可以委派属吏去具体处理司法事务，最后负责的必须是县令。

五是军事职能。战国时期实行文武分职，在地方上为了权力的集中，县尉专职负责军事事务，但须由县令总领其职，实行一元化领导。战国时期随着县制的普遍建立和农民成为军队的主要成员，国家实行以县为单位的征兵制，国君把发兵的虎符交由县令掌管，如秦新郪虎符就是右在国君手中，左在新郪县令手中，合符无误，才能调兵。

总之，"战国县制的上述特征，表明着国家结构的本质变化。从政治形态看，这是中央集权之下的地方政府，县政府相当于中央的派出机构，以实施中央意志亦即君主意志为唯一职能，没有任何独立性格。从辖土构成看，县的管辖范围不再局限于城邑及其四周地区，而以农村为主体，城邑不过是其衙署所在而已，有的一个县不止一个城，如齐国有一百二十城，只有七十多个县，有的县就辖有两个以上的城。《孙膑兵法·擒庞涓》说'平陵，其城小而县大'，'县大'就是指县的辖区不再以城为中心了，这是战国的普遍情况，并非平陵一县。城和县的差别，是城市和乡村的差别，军队主体不再是城市居民，而是农民；当时城市中虽有农民，但已不是主要人口了。城市是官僚、士人、工商的聚居区，农民数量退居次要地位。

从政区划分来看，地缘关系取代了血缘关系，行政组织代替了血缘组织，宗族尽管还在影响到地方政权的运行，但这只是自然存在，在法理上，已与政权完全分开。这一切的一切，都在表明这样一个事实，即封建领土国家已经形成，中国的历史发展到一个崭新的阶段"①。

三 战国时期什伍户籍制度的确立与乡里发展为县以下的基层组织②

战国时代，国野区分完全泯灭，封建领土国家形成，原来的国人、野人都变成了封建国家的编户齐民，五家为伍、十家为什成为户口的基本编组形式，称为"什伍制"。什伍制并非基层行政组织，而是户籍制度。什伍制的普遍化说明了户籍管理的严密。战国时期，人口流动频繁，而人口又是富国强兵的基础，所以各国一方面想方设法招徕他国人口，另一方面又千方百计地阻止境内人口外流。其基本措施有二：一是把户口和授田联系在一起，用行政手段把农民附着于土地上；二是严格户口登记制，实行同伍连坐，使其相互监督。战国户籍制度以秦施行较晚，但秦制集东方特别是三晋制度之大成，最具典型性。秦行什伍制始于献公十年（公元前375年），《史记·秦始皇本纪》附"大事记"说，是年"为户籍相伍"，即采用五家为伍制，此制采自六国。此前秦的户籍制不详。商鞅变法，全面严格户籍制，"令民为什伍，而相收司连坐"。《商君书·境内》中说："四境之内，丈夫女子皆有名于上，（生）者著，死者削。"《去强》篇中亦说："举民众口数生者著，死者削。"第一，著名男女口数。第二，按邻里关系实行什伍连坐。第三，根据职业、出身、地位分别立籍，实行不同的管理制度。秦的户籍种类除了普通农民户籍之外，还有市籍。《商君书·垦令》中说："以商之口数使商，令之斯、舆、徒、童者必当名。"而后采取重税重役的办法，剥夺商人的利益。秦户籍类别中还有官籍、吏籍。官和吏属于两个阶层，官是政府部门负责人，吏是各部门的职役人员，各有专籍。《史记·蒙恬列传》记：赵高有罪，"秦王令蒙毅法治之，毅不敢阿法，当

---

① 田昌五、臧知非：《周秦社会结构研究》，西北大学出版社，1996，第234页。
② 本目内容参见田昌五、臧知非《周秦社会结构研究》，西北大学出版社，1996，第203～214页。

高死罪，除其宦籍"。秦始皇专门谪发有罪吏远戍五岭，说明吏也有专籍，才能确知人数而谪发之。又有宗室籍，《史记·商君列传》中说："宗室非有军功论，不得为属籍。"属籍即宗室之籍。第四，凡在籍之民，不得随意迁徙。《商君书·垦令》中说："使农无得擅徙。"要迁民必须得到官府批准，办理更籍手续，持有凭证。第五，户口登记分两大类，一类是登记人口总数，老弱残疾妇幼人等全录在册；另一类是专记服役人口，就是专记成年人，谓之"傅"，即著名役籍，从此以后要服兵役和劳役，其根据是身高和年龄，男奴隶身高六尺五寸者、女奴隶高六尺二寸者都算成年人。对奴隶如此，对农民亦然。以身高指年龄是先秦的传统。《论语·泰伯》有"托六尺之孤"之语，《吕氏春秋·上农》中也说："凡民自七尺以上属诸三官。"其时以身高代表年龄一般对应之法是：七尺为二十岁，六尺五寸为十七岁，六尺为十五岁，五尺是十四岁以下。凡合尺寸者不管实际年龄如何都要著名役籍，所以傅籍年龄并不能代表其真实年龄，存在着一定程度的不合理性。

所有户籍管理工作都是由乡、里等基层的官吏进行的。户籍的严密化正说明了战国时期基层政权建设的发达和日趋秩序化、合理化。与春秋时代相比，战国基层政权的发展表现在县已完全成为地方最高政府，乡的地位进一步下降，逐渐形成了以乡辖里的地方基层行政系统。

战国时期乡里制度的形成也有一个过程，其表现有二。一是春秋时代带有宗族血缘关系的族、党等行政组织日渐消失，这是和地域关系取代血缘关系同步的。二是基层行政组织日趋简化，逐渐确立为乡、里两级。

战国时期乡是基层治民机构，国家各项政令都是通过它来贯彻执行的。其职能如下。

一是司法权。即贯彻实施国家法令，受理诉讼，调解纠纷，维护治安。

二是登记户口，征发徭役，收取赋税。赋税和徭役是国家统治的经济基础，所以征敛赋税是基层官吏的主要任务，掌握户口的目的就是保证税源和役源。

三是组织生产，督促农事。富国强兵是战国时期各国共同的追求。要达到此目的，发展生产是必要的前提，也只有发展生产，发挥国家机器的生产管理职能，才称得上富国强兵。

四是教化乡民，主持祭记，监视农民，使之自觉遵纪守法。战国时城乡均实行里制，城市人口密集，里与里相连，农村的里系以自然居邑为基础，一个村落大约就是一个里。无论在城市还是农村，里均有围墙，一方面是为了保障居民安全，另一方面是为了管理的方便。里门定时开闭，有专人看守，也就是常说的里监门。里均立社，祭社以求五谷丰登、平平安安，是百姓重要的宗教活动。这个活动也是由里典等基层官吏主持。祭祀所需要的各种牺牲物品，都由各家共同分担，祭祀完毕，其牺牲也由各家平均分享。祭祀之时，乡里基层官吏往往利用百姓齐集之机，宣读邦法，考校人口，序年齿，排长幼，以和睦邻里。

四　列国县的职官设置

（一）赵国
县令　掌一县行政，见《战国策·赵策一》。

（二）韩国
县令　《七国考》引《通鉴》：“（韩上党入赵）赵使平原君……以千户都三，封其县令为侯。”

（三）魏国
县令　掌一县行政。《战国策·魏策一》：“西门豹为邺令。”鲍彪注：“邺，属魏郡。”

县司马　掌一县军事行政。李学勤《战国题铭概述》叙三晋都官印有“阳州左邑右□司马”。

县司工　掌一县工程。李学勤《战国题铭概述》叙三晋都官印有“才阳司工”“左氏司工”“汪陶右司工”等。

县司寇　掌一县治安。李学勤《战国题铭概述》叙三晋都官印有“安阳司寇”“鄱邑武阳司寇”等。

县司成　掌一县教育。李学勤《战国题铭概述》叙三晋都官印有“乐阴司成之玺”。

三老　掌一县的教化。《史记·滑稽列传》：“魏文侯时，西门豹为邺令，往到邺，问民间疾苦。……邺三老、廷掾常岁赋敛百姓。"

廷掾　县吏名。《史记·滑稽列传》："邺三老、廷掾常岁赋敛百姓。"

御史　掌监察。《韩非子·内储说上》："卜皮为县令，其御史污秽而有爱妾，卜皮乃使少庶子佯爱人，以知御史阴情。"《战国策·韩策三》："安邑之御史死，其次恐不得也。输人为之谓安令曰：'公孙綦为人请御史于王，王曰：彼固有次乎？吾难败其法。'因遽置之。"注："次，谓御史之副。"

（四）楚国

县令　掌一县之政。《史记·孟子荀卿列传》："齐人或谗荀卿，荀卿乃适楚，而春申君以为兰陵令。"县令亦称县啬夫，《鹖冠子·王铁》："五乡为县，县有啬夫治焉。"

乡师　掌一乡之政。《鹖冠子·王铁》："十甸为乡，乡置师。"

甸长　掌一甸之政。《鹖冠子·王铁》："四里为甸，甸为之长。"

里有司　掌一里之政。《鹖冠子·王铁》："十伍为里，里置有司。"

伍老　掌一伍之政。《鹖冠子·王铁》："五家为伍，伍为之长。"

（五）秦国

县令　主一县之政。《史记·秦本纪》："（秦孝公十二年）作为咸阳，筑冀阙，秦徙都之，并诸乡聚，集为大县，县一令，四十一县。"县令又称大啬夫，《云梦秦简·效律》："官啬夫免，县令令人效其官，官啬夫坐效以赀。大啬夫及丞除。县令免，新啬夫自效殹（也），故啬夫及丞皆不得除。"整理组注："此处大啬夫及下文新啬夫，均指县令而言。"

令史　县令的文书。《云梦秦简·编年纪》有"安陆令史""鄢令史"。整理组注："令史，县令的属吏，职掌文书等事。"

县丞　县令之佐官。《史记·商君列传》："秦集小都、乡、邑、聚为县，置令、丞。"

县尉　掌一县军事。《云梦秦简·秦律杂抄》："县尉时循视其攻（功）及所为，敢令为他事，使者赀二甲。"又《置吏律》："除吏、尉，已除之，乃令视事及遣之。"整理组注："尉，此处指县尉，管理县中军务的官。见《汉书·百官表》。"

士吏　掌管军士。《云梦秦简·戍律》："除士吏，发弩啬夫不如律，及发弩射不中，尉赀二甲。"整理组注："士吏，一种军官，见居延汉简，其地位在尉之下，候长之上。"

署君子　掌管戍卫。《云梦秦简·秦律杂抄》："徒卒不上宿，署君子、敦（屯）长、仆射不告，赀各一盾。宿者已上守除，擅下，人赀二甲。"整理组注："署君子，防守岗位的负责人。"

将　百人以上的指挥官。《商君书·境内》："百人一将。……五百主，短兵五十人……千石之令，短兵百人；八百之令，短兵八十人；七百之令，短兵七十人；六百之令，短兵六十人。"左言东《先秦职官表》按："令指县令，县令都可担任五百人以上的将。"

屯长　徒卒队长。《商君书·境内》："五人一屯长。"高亨注："屯长即伍长。"

仆射　低级军官。《云梦秦简·秦律杂抄》："徒食，敦（屯）长、仆射弗告，赀戍一岁。"整理组注："仆射，一种军官，据简文次序，其地位在屯长之下。《孙子·作战》曹操注：'阵车之法，五车为队，仆射一人，十车为官，卒长一人。'可参考。"

都库啬夫　总管全县武器库。《云梦秦简·效律》："都仓、库、田、亭啬夫坐其离官属于乡者。"

库啬夫　掌收藏兵器。《云梦秦简·秦律杂抄》："禀卒兵，不完善（缮），丞、库啬夫、吏赀二甲。"整理组注："库，指收藏兵器的武库。"

发弩啬夫　掌领射手。《云梦秦简·秦律杂抄》："除士吏，发弩啬夫不如律，及发弩射不中，尉赀二甲。发弩啬夫射不中，赀二甲，免。"整理组注："发弩，专司射弩的兵种，见战国及西汉玺印、封泥。发弩啬夫系这种射手的官长。"

尉计　掌军费开支。《云梦秦简·效律》："尉计及尉官吏节（即）有劾，其令、丞坐之。"整理组注："尉计为县尉的会计。"

都亭啬夫　管理全县的亭。《云梦秦简·效律》："都仓、库、田、亭啬夫坐其离官属于乡者。"

县司空　亦名司空啬夫，掌工程。《云梦秦简·秦律杂抄》："军人买（卖）禀禀所及过县……县司空、司空佐史、士吏将者弗得，赀一甲。"整理组注："司空啬夫，司空的主管官员，应即邦司空或县司空。"

司空佐史　司空助理。《云梦秦简·秦律杂抄》："军人买（卖）禀禀所及过县……县司空、司空佐史、士吏将者弗得，赀一甲。"

县工　掌工匠。《云梦秦简·秦律杂抄》："县工新献，殿，赀啬夫一甲。"整理组注："县工，应指郡县的工官。"

曹长　工匠班长。《云梦秦简·秦律杂抄》："县工新献，殿，赀啬夫一甲，县啬夫、丞、吏、曹长各一盾。"整理组注："曹长，据简文应为工匠中的班长。"

县司马　掌军马。《云梦秦简·效律》："司马令史掾苑计，计其劾，司马令史坐之。"整理组注："司马令史，疑即……县司马，掌管军马。"

司马令史掾　司马令史的属吏。《云梦秦简·效律》："司马令史掾苑计，计其劾，司马令史坐之。"整理组注："掾，一种属吏。令史掾，令史的掾。……司马令史掾系司马令史的掾。"

苑啬夫　掌苑囿。《云梦秦简·内史杂》："苑啬夫不存，县为置守。"整理组注："苑啬夫为苑囿的啬夫。"

苑计　苑囿的会计。《云梦秦简·效律》："司马令史掾苑计。"整理组注释为"司马令史掾管理苑囿的会计"。

厩啬夫　掌养马。《云梦秦简·秦律杂抄》："马劳课殿，赀厩啬夫一甲。"整理组注："厩啬夫是整个养马机构的负责人。"

皂啬夫　掌马的饲养人员。《云梦秦简·秦律杂抄》："马劳课殿，赀皂啬夫一盾。"整理组注："皂啬夫是厩中饲养人员的负责人。"

驾驺　官府驾车人员。《云梦秦简·秦律杂抄》："驾驺除四岁，不能驾御，赀教者一盾，免，赏（债）四岁繇（徭）戍。"整理组注："驾驺，即厩御，为官长驾车的人。"

都田啬夫　总管全县农事。《云梦秦简·效律》："都仓、库、田、亭啬夫坐其离官属于乡者。"

田啬夫　管理农事。《云梦秦简·田律》："百姓居田舍者毋敢酤（酤）酉（酒），田啬夫、部佐谨禁御之，有不从者有罪。"整理组注："田啬夫，地方管理农事的小官。"

牛长　掌管牛的饲养。《云梦秦简·厩苑律》："以四月、七月、十月、正月肤田牛，卒岁，以正月大课之，最……赐牛长日三旬。"整理组注："牛长，据简文应为饲牛人员中的负责者。古时劳绩常以日计算，有功时即'赐劳'若干日。"

都仓啬夫　管理全县粮仓。《云梦秦简·效律》："都仓、库、田、亭啬夫坐其离官属于乡者。"

仓啬夫　掌管粮仓。《云梦秦简·仓律》："入禾仓、万石一积而比黎之为户。县啬夫若丞及仓、乡相杂以印之，而遣仓啬夫及离邑仓佐主稟者各一户以气（饩），自封印。"

稟人　掌计粮数及藏米。《云梦秦简·效律》："入禾。……籍之曰：'痊禾若干石，仓啬夫某、佐某、稟人某。'"整理组注："稟人，即廪人，管理谷物的收藏出纳。"

漆园啬夫　掌漆园。《云梦秦简·秦律杂抄》："鬃园殿，赀啬夫一甲，令、丞及佐各一盾。"整理组注："漆园属于县，故此处令、丞应为县令、丞。"

府啬夫　掌保管皮革等物资。《云梦秦简·秦律杂抄》："臧（藏）皮革橐（蠹）突，赀啬夫一甲，令、丞一盾。"整理组注："啬夫，此处指收藏皮革的府库的啬夫。"

县少内　掌管钱财。《云梦秦简·法律答问》："'府中公金钱私贷（贷）用之，与盗同法。'可（何）谓'府中'？唯县少内为'府中'，其它不为。"整理组注："县少内，县中收储钱财的机构。"

啬夫　又称官啬夫，为县及县以下行政机构的负责人。《云梦秦简·内史杂》："官啬夫免……过二月弗置啬夫，令、丞为不从令。"整理组注："从简文推测，此处令、丞应指县令、丞，官啬夫为县下属机构的主管官员。"大啬夫则专指县令。

佐　行政机构主管官员的助理。《云梦秦简·置吏律》："官啬夫节（即）不存，令君子毋（无）害者或令史守官，毋令官佐、史守。"

史　行政机构的文书。《云梦秦简·法律答问》："赎罪不直，史不与啬夫和，问可（何）论？当赀一盾。"

乡啬夫　掌一乡的诉讼、赋税。《云梦秦简·仓律》："入禾仓，万石一积而比黎之为户。县啬夫若丞及仓、乡相杂以印之。"整理组注："乡，地方基层行政单位。"《汉书·百官表》："大率十里一亭……十亭一乡。"左言东《先秦职官表》按："《百官表》又云：'乡有三老、有秩、啬夫、游徼。……啬夫职听讼，收赋税……秦制也。'"与仓啬夫共同加盖玺印的应即乡啬夫。

部佐　乡啬夫助理。《云梦秦简·田律》："百姓居田舍者毋敢酤（酤）酉（酒），田啬夫、部佐谨禁御之，有不从者有罪。"整理组注："部，汉代乡的辖区称乡部，亭的辖区称亭部。《续汉书·百官表》：'又有乡佐属乡，主民，收赋税。'此处部佐应即乡佐一类。"又，《法律答问》："部佐匿者（诸）民田，者（诸）民弗智（知），当论不当？"注："部佐，乡部之佐，汉代称乡佐。"

校长　掌亭事。《云梦秦简·封诊式》："某亭校长甲。"整理组注："校长，见《续汉书·百官志》注：'主兵戎盗贼事。'"于豪亮《云梦秦简所见职官述略》谓："此简的校长，显然是亭长的别称。……亭长称为校长，大约亭长也是一校之长。"

求盗　掌逐捕盗贼。《云梦秦简·秦律杂抄》："求盗勿令送逆为它。"整理组注："求盗，亭中专司捕'盗'的人员。《汉书·高帝纪》注引应劭云：'求盗者，亭卒。旧时亭有两卒，一为亭父，掌开闭扫除；一为求盗，掌逐捕盗贼。'"

里典　亦称里正，掌一里之政。《云梦秦简·秦律杂抄》："匿敖童，及占癃（癃）不审，典、老赎耐。"整理组注："典、老，即里典（正）、伍老。"

监门　掌守里门。《韩诗外传》卷八："姚贾，监门之子也。"《史记·张耳陈余列传》"集解"引张晏曰："监门，里正卫也。"《汉书·高帝纪》注引苏林曰："监门，门卒也。"

伍老　为一伍之长。《云梦秦简·秦律杂抄》："匿敖童，及占癃（癃）不审，典、老赎耐。"整理组注："典、老，即里典（正）、伍老。"

盐铁市官　掌盐铁买卖。《七国考》引《华阳国志》："张仪与张若城成都，置盐铁市官并长、丞。"

列伍长 掌商贾五户。《云梦秦简·金布律》："贾市居列者及官府之吏，毋敢择行钱、布；择行钱、布者，列伍长不告，吏循之不谨，皆有罪。"整理组注："据简文，商贾有什伍的编制，列伍长即商贾伍人之长。"

道啬夫 掌一道行政。《云梦秦简·语书》："南郡守腾谓县、道啬夫。"整理组注："道，少数民族集居的县。《汉旧仪》：'内郡为县，三边为道。'"

道官相 道官助理。《云梦秦简·属邦》："道官相输隶臣妾，收人，必署其已禀年月日，受衣未受，有妻毋（无）有。"

臣邦君长 少数民族领袖。《云梦秦简·法律答问》："可（何）谓'后子'？官其男为爵后，及臣邦君长所置后大（太）子，皆为'后子。'"整理组注："臣邦君长，简文或称臣邦君公，指臣属于秦的少数民族的领袖。《后汉书·南蛮传》载秦惠文王并巴中，以巴氏为蛮夷君长。"

（六）卫国

守 掌一县行政。《战国策·宋卫策》："秦攻卫之蒲。胡衍谓樗里疾曰：'……公释蒲勿攻，臣请为公入戒蒲守，以德卫君。'"守亦称令，春秋时子路曾任蒲令。《韩非子·内储说下》："卫嗣君之时，有人于令之左右，县令有发蓐而席弊矣，嗣公还令人遗之席曰：'吾闻汝今者发蓐而席弊甚，赐汝席。'县令大惊，以君为神也。"

五 地方其他职官

（一）燕国

守 掌边防要地，《战国策·赵策四》："（赵）奢尝抵罪居燕，燕以奢为上谷守，燕之通谷要塞，奢习知之。"

里丞 掌里政。李学勤《战国题铭要述》载燕国印玺有"易（燕）江里丞"。

境吏 掌守边疆。《战国策·燕策三》："张丑为质于燕，燕王欲杀之，走且出境，境吏得丑。"

相 掌封君封地行政。《史记·赵世家》："（主父）封长子章为代安阳君。……又使田不礼相章也。"

（二）魏国

守　边地军政长官。《史记·孙子吴起列传》："文侯以吴起善用兵……乃以为西河守。"

都司徒　掌管地方土地和民政。李学勤《战国题铭概述》①述三晋都官印有"夏虚都司徒"。

都司马　掌管地方军事行政。李学勤《战国题铭概述》叙三晋都官印有"雷首都右司马"。

都司工　掌管地方工程。李学勤《战国题铭概述》叙三晋都官印有"雷首都司工""平阴都司工"。

邑大夫　为封君封城内邑的长官。李学勤《战国题铭概要》叙三晋都官印有"阴城君邑大夫金安"。

（三）齐国

守　齐国不设郡，但仍于边防重地设守。《史记·田敬仲完世家》："威王曰：'……吾臣有檀子者，使守南城，则楚人不敢为寇东取，泗上十二诸侯皆来朝。吾臣有盼子者。使守高唐，则赵人不敢东渔于河。吾吏有黔夫者，使守徐州，则燕人祭北门，赵人祭西门，徒而从者七千余家。'"

大夫　掌公邑（县）行政。《七国考》引《册府元龟》："鲁谓之宰……齐谓之大夫，齐威王封即墨大夫，烹阿大夫是也。"

里伯　掌里政。李学勤《战国题铭概述》载齐国器铭有"右里敀（伯）""左里敀（伯）""左伯"等。《管子·轻重戊》："令谓左右伯沐涂树之枝。"作者认为，左右伯都是"王卒"，白徒是属于左右伯的生产者，按军事编制征召，由司马管辖。

鄙伯　掌野鄙之政。李学勤《战国题铭概述》②载齐国印玺有"辖鄙右敀（伯）"。左言东《先秦职官表》按："鄙相当于汉制的乡。"

---

① 李学勤：《战国文物概述》分上、中、下三部分，分别刊于《文物》1959 年第七、八、九期。

② 李学勤：《战国文物概述》分上、中、下三部分，分别刊于《文物》1959 年第七、八、九期。

都车马　掌地方兵车、马匹。李学勤《战国题铭概述》载齐国印玺有"日庚都萃车马""左讨都车司马"等。

第五节　战国时期的郡

一　文献所见战国时期的郡[①]

(一)秦郡

十二郡　秦王政五年(公元前242年)以前置,见《秦律·制吏律》。

上郡　见《汉书·地理志》,秦置。《括地志》说:"上郡故城在绥州上县东南五十里。"

河东郡　见《史记·秦始皇本纪》。《水经·涑水注》:"秦始皇使左更白起取安邑,置河东郡。"安邑当为河东郡治。

汉中郡　《史记·秦本纪》:"(秦惠文王更元)十三年,庶长章击楚于丹阳,虏其将屈匄,斩首八万,又攻楚汉中,取地六百里,置汉中郡。"

巴郡　《华阳国志·巴志》:"周慎王五年,蜀王伐苴,苴侯奔巴。巴为求救于秦。秦惠文王遣张仪、司马错救苴、巴,遂伐蜀,灭之。仪贪巴、苴之富,因执其王以归,以置巴郡焉。治江州。……其地(指巴国)东至鱼复,西至僰道,北接汉中,南极黔涪。"秦巴郡当亦以此为领域。

蜀郡　《华阳国志·蜀志》:"周慎王五年秋,秦大夫张仪、司马错、都尉墨等从石牛道伐蜀,蜀王自于葭萌拒之,败绩。……冬十月,蜀平。"周赧王元年,秦惠王(据《史记·秦本纪》所记为惠文王更元九年,即公元前316年)封子通国为蜀侯,以陈壮为相,置巴、蜀郡,以张若为蜀守。置郡之领域当有今四川省阆中以西、松潘、天全以东,宜宾、石棉以北的地区。

陇西郡　《史记·匈奴列传》:"(秦昭王时)遂起兵伐残义渠,于是秦有陇西、北地、上郡。"

北地郡　《水经·河水注》:"富平县故城,秦置北地郡,治县城。"

---

①　本目内容参见杨宽、吴浩坤主编《战国会要》,上海古籍出版社,2005,第1367~1387页。

南郡 《史记·秦本纪》："（秦昭王）二十九年，大良造白起攻楚，取郢为南郡。"

南阳郡 《史记·秦本纪》："（秦昭王）三十三年，魏入南阳以和。三十四年，秦与魏韩上庸地为一郡，南阳免臣迁居之。三十五年，初置南阳郡。"

陶郡 《史记·穰侯列传》："穰侯卒于陶，而因葬焉。秦复收陶为郡。"

上党郡 《史记·白起列传》："（秦昭王）四十八年十月，秦复定上党郡。"《水经·汉漳水注》谓："上党郡治长子县。"

黔中郡 《史记·秦本纪》："（秦昭王）三十年，蜀守若伐楚，取巫郡及江南，为黔中郡。"

太原郡 《史记·秦本纪》："（秦庄襄王）四年，王龁攻上党，初置太原郡。"

三川郡 《史记·秦本纪》："（秦庄襄王）元年，东周君与诸侯谋秦，秦使相国吕不韦诛之，尽入其国。使蒙骜伐韩，韩献成皋、巩，秦界至大梁，初置三川郡。"

东郡 《史记·秦始皇本纪》："（秦始皇）五年，将军骜攻魏，定酸枣、燕、虚、长平、雍丘、山阳城，皆拔之，取二十城，初置东郡。"

雁门郡 《汉书·地理志下》记秦置雁门郡。《水经·河水注》谓："其郡治善无县。"

云中郡 秦置，见《汉书·地理志下》。王先谦《汉书补注》："赵武灵王破林胡楼烦，攘地至此，因置郡。"《水经·河水注》："白渠水又西南径云中故城南，故赵地……今云中城是也。"

颍川郡 《史记·秦始皇本纪》："（秦始皇）十七年，内史腾攻韩，得韩王安，尽纳其地，以其地为郡，命曰颍川。"

邯郸郡 《汉书·地理志》："赵国，故秦邯郸郡。"王先谦《汉书补注》："秦始皇十六年置。"

钜鹿郡 《汉书·地理志》，秦置。又《水经·浊漳水注》："衡水又北，径钜鹿县故城东。钜鹿郡治，秦始皇二十五年灭赵，以为钜鹿郡。"

广阳郡 《水经·漯水注》："秦始皇二十一年灭燕，以为广阳郡。"

上谷郡　《汉书·地理志下》："上谷郡，秦置。"王先谦《汉书补注》："本燕郡，见《匈奴传》；旧三十六县，为秦赵攻得，见《战国策》；秦始皇二十三年置郡，见《圣水注》。"

渔阳郡　《汉书·地理志下》："渔阳郡，秦置。"故城在今北京市密云区西南。

右北平郡　秦置，见《汉书·地理志下》。《水经·鲍丘水注》："（蓝水）东屈而南流，径无终县故城东。故城无终子国也，故燕地。秦始皇二十一年灭燕，置右北平郡治此。"

辽西郡　见《汉书·地理志》，秦置。《水经·濡水注》："（阳乐水）出东北阳乐县。《地理风俗记》曰：'阳乐故燕地，辽西郡治，秦始皇二十二年置。'《魏土地记》曰：'海阳城西南有阳乐城。'"

砀郡　《水经·睢水注》："睢水又东，径睢阳县故城南，秦始皇二十二年以为砀郡。"

楚郡　《史记·楚世家》："王负刍五年，秦将王翦、蒙武遂破楚国，虏楚王负刍，灭楚名为楚郡云。"

泗水郡　《汉书·地理志上》："沛郡，故秦泗水郡。"《水经·睢水注》注："睢水又东过相县南，相县，故宋地也，秦始皇二十三年以为泗水郡。"

薛郡　《水经·泗水注》："泗水自城北，南径鲁城西南，县即曲阜之地。秦始皇二十三年以为薛郡。"

九江郡　《汉书·地理志上》："九江郡，秦置。"《水经·淮水注》："淮水又东北，流径寿春县故城西，县即楚考烈王自陈徙此。秦始皇立九江郡，治此。兼得庐江、豫章之地，故以'九江'名郡。"

长沙郡　《水经·湘水注》："汨水又西径罗县北，本罗子国也。秦立长沙郡，因以为县，水亦谓之罗水。"

会稽郡　《史记·秦始皇本纪》："二十五年，王翦遂定荆南地，降越君，置会稽郡。"

代郡　《汉书·地理志下》："代郡，秦置。"《水经·㶟水注》："（雁门水）东南流径高柳县故城北，旧代郡治。秦始皇二十五年，虏赵王迁，以国为郡。"

辽东郡 见《汉书·地理志》，秦置。《水经·大辽水注》："辽水屈而西南……秦始皇二十五年灭燕置辽东郡治此。"

齐郡 见《汉书·地理志》，秦置。《水经·淄水注》："（营丘）其外郭，即献公所徙临淄城也。世谓之虏城，言齐潜王伐燕，燕王哙死，虏其民实诸郭，因以名之。秦始皇二十六年，灭齐为郡，治临淄。"

琅邪郡 见《汉书·地理志上》，秦置。《水经·潍水注》："琅邪，山名也。越王勾践之故国也。勾践并吴，欲霸中国，徙都琅邪。秦始皇二十六年灭齐以为郡。城即秦皇之所筑也。"

九原郡 《汉书·地理志下》："五原郡，秦九原郡。"《水经·河水注》："河水又东径九原县故城南，秦始皇置九原郡治此。"

庐江郡 《水经·赣水注》："赣水又北径南昌县故城西，于春秋属楚，即令尹子荡师于豫章者也。秦以为庐江南郡。"

鄣郡 《后汉书·郡国志四》："丹阳郡，秦鄣郡，武帝更名。"

郯郡 《水经·洙水注》："（郯县）故国也。县故旧鲁也，东海郡治，秦始皇以为郯郡。"

（二）楚郡

宛郡 《说苑·指武》："（楚悼王时）吴起为宛守，行县适息。"《战国会要》编者按："守，乃是郡之行政长官，则吴起曾是楚国宛郡之长官。"

汉中郡 《史记·楚世家》："怀王十七年，与秦战丹阳，秦大败我军，斩甲士八万，虏我大将军屈匄、裨将军逢侯丑等七十余人，遂取汉中之郡。"

新城郡 《战国策·楚策一》："楚王果以新城为主郡。"鲍注："主，犹守也。为郡，则士马盛，可以备秦。"

江东郡 《史记·甘茂列传》："（范蜎曰）越国乱，故楚南塞厉门而郡江东。"

黔中郡 《战国策·楚策一》："苏秦为赵合从，说楚威王曰：'楚地西有黔中、巫郡。'"鲍注："黔中，属南郡。"

巫郡 《战国策·楚策一》："苏秦为赵合从，说楚威王曰：'楚地西有黔中、巫郡。'"鲍注："巫郡，属南郡。"

江旁十五邑以为郡 《史记·楚世家》："楚顷襄王二十三年，襄王乃收东地兵，得十余万，复西取秦所拔我江旁十五邑以为郡，距秦。"

上党郡　《战国策·齐策二》："秦攻赵，赵令楼缓以五城求讲于秦，而与之伐齐。齐王恐，因使人以十城求讲于秦。楼子恐，因以上党二十四县许秦王。"

上地郡　《韩非子·内储说上》："董阏于为赵上地守，行石邑山中。"《战国会要》编者按："上地守，即上地郡郡守。上地，或即上党。"

代郡　《战国策·秦策一》："降代、上党。代三十六县，上党十七县。"《韩非子·初见秦》作"代四十六县"。

云中郡、雁门郡、代郡　《史记·匈奴列传》："而赵武灵王亦变俗胡服，习骑射，北破林胡、楼烦。筑长城，自代并阴山下，至高阙为塞。而置云中、雁门、代郡。"

（三）魏郡

河西郡　《史记·匈奴列传》："魏有河西、上郡，以与戎界边。"又，《史记·吴起列传》中记魏文侯曾以吴起为西河守，以拒秦。《战国会要》编者按："此西河郡守，即河西郡守。"

上郡　《史记·魏世家》："（魏襄王）七年，魏尽入上郡于秦。"

河东郡　帛书《战国纵横家书》第十三章："秦取梁（梁）之上党。乾（韩）梁从，以功（攻）勾（赵），秦取勾（赵）之上地，齐取河东。"

大宋郡、方与郡　《史记·楚世家》："楚人有好以弱弓微缴加归雁之上者，顷襄王闻，召而问之。对曰：'还射圉之东，解魏左肘而外击定陶，则魏之东外弃而大宋、方与二郡者举矣。"

上党郡　帛书《战国纵横家书》第十三章："秦取梁（梁）之上党。"《战国会要》编者按："魏之上党与韩、赵上党均在今山西省东南部，土地相接，犬牙交错。"

太原郡　《战国策·东周策》："周最谓金投曰：'秦尽韩、魏之上党太原，西止秦之有已。'"

（四）韩郡

上党郡　《史记·韩世家》："（韩）桓惠王十年，秦击我太行，我上党郡守以上党郡降赵。十四年，秦拔赵上党。"

上地郡 《战国策·楚策一》："而大王不与秦，秦下甲兵，据宜阳，韩之上地不通。"《战国会要》编者按："上地，即韩之上党。《荀子·设兵》有韩之上地方数百里，杨倞注云；上地，上党之地。吴师道引邹衍《春秋后语》正作上党地。"

三川郡 《战国策·韩策三》："张登请费缫曰：请令公子年谓韩王曰：'费缫，西周仇之，东周宝之。此其家万金，王何不召之，以为三川之守。'"《战国会要》编者按："三川郡，韩宣王时建制。因黄河、洛水、伊水三川而得名。公元前 249 年秦攻韩，韩献成皋、巩，界至大梁，重建三川郡，郡治设在洛阳。"

上蔡郡 《史记·楚世家》："楚人有好以弱弓微缴加归雁之上者，顷襄王闻，召而问之，对曰：'王朝张弓而射魏之大梁之南，加其右臂而径属之于韩，则中国之路绝而上蔡之郡坏矣。'"

（五）燕郡

上谷郡 《战国策·秦策五》："赵攻燕，得上谷三十六县，与秦什一。"鲍注："上谷，属幽州。"《国策地名考》恩泽按："《汉志》，幽州有上谷郡。王隐《地道志》曰，郡在谷之头，故以上谷名焉。"

辽东郡 《战国策·燕策三》："秦诏王翦军以伐燕，十月而拔燕蓟城。燕王喜、太子丹等，皆率其精兵东保于辽东。"《战国会要》编者按："辽东，燕郡名。以在辽水以东得名。原为东胡地，燕将秦开破东胡后设郡。辖境有今辽宁省大凌河以东地区。"

云中郡 《战国策·赵策二》："秦攻韩、魏，则楚绝其后，齐出锐师以佐之。赵涉河、漳，燕守云中。"《战国会要》编者按："赵有云中郡，赵武灵王破楼烦、林胡后设郡。据《战国策·齐策五》'苏秦说齐闵王章'有'胡人袭燕楼烦数县'之语，疑燕亦有云中郡之设置。"

（六）齐郡

五都 《战国策·齐策一》："齐车之良，五家之兵，疾如锥矢，战如雷电。"《战国会要》编者按："战国齐无郡的制度，或以为五都制度相似于别国的郡制。"

（七）吴郡

九郡 《史记·仲尼弟子列传》："吴王许诺，乃谢越王。于是吴王乃遂发九郡兵伐齐。"

二　郡由军区逐渐向政区发展

战国时代各国在边地设郡，其时的郡具有军区的性质，郡的地位已高于县。郡守有征发一郡壮丁作战的权力。战国时代各国在边地既设郡也设县，郡作为军区，在边区的范围常覆盖着若干个县，即一郡统管着若干个县的军事。如在征兵工作上即有领导县令的权力。县是国君直辖的行政单位，国君为了集权的需要，对县进行监督，也往往赋予郡守监督辖区内县政之权。

战国后期，秦国大扩疆土，灭国并县使秦国所辖县之数量激增，秦王依靠郡太守控制属县更属自然，于是逐渐实行以郡统县的制度，郡守除专掌军事之外也兼有监察行政之权。特别是韩、赵、魏三国所设之郡本来都在晋国之内，属于内地，于是秦国在吞并六国的过程中，渐次在全国推行以郡统县的制度，逐渐形成了地方政权的二级制。

三　战国时期郡的设官

（一）赵国

太守　掌一郡军政。《战国策·赵策三》："齐人李伯见孝成王，成王说之，以为代郡守。"守即太守之简称。

（二）韩国

太守　掌一郡军政。《战国策·赵策一》："（韩王）令韩阳告上党之守靳黈曰：'……使阳言之太守，太守其效之。'"太守亦称守，《七国考》引《通鉴》："韩氏上党守冯亭使者至，曰……"

（三）魏国

守　掌一郡军政。《史记·孙子吴起列传》："文侯以吴起善用兵……乃以为西河守。"

（四）楚国

郡大夫　掌一郡军政。《鹖冠子·王鈇》："十县为郡，有大夫守焉。"

（五）秦国

太守　掌一郡军政。《华阳国志》："张若为蜀中郡守。"郡守又称郡太守，《七国考》引《风俗通》："秦昭王使李冰为蜀郡太守。"

都尉 《资治通鉴》卷七："（楚）大败李信，入两壁，杀七都尉。"胡三省注："此郡都尉将兵从伐楚者也。"《七国考》："秦使都尉墨等从石牛道伐蜀。"

御史 掌监察。《云梦秦简·传食律》："御史卒人使者，食粺米半斗。"整理组注："御史，此处疑为监郡的御史，《汉书·高帝纪》注引《风俗通》：'秦时御史监郡，若今刺史。'"

主簿 掌文书。《七国考》引《风俗通》："蜀守李冰与江神斗，主簿刺杀江神。"簿即文书，《汉书·李广传》颜师古注："簿，谓文状也。"

第六节 战国时期的军队组织与监狱

一 战国时期的军队组织

（一）军队的规模与统兵将领

战国时期各国间战争频繁，所以都十分重视军队。当时的战争与春秋时相比，一是规模大，二是时间长。与此相应，战国时各国军队一是人数多，二是常备军已形成。春秋时的大战，如晋楚城濮之战，双方出动人数仅几万人，两军合计也不超过七万人。到春秋晚期，各诸侯国的军队人数骤增，楚国的战车可达万乘，但军队总计也不过三十万人。而战国时期各国拥有的军队，动辄数十万人。秦国的军队"带甲百余万，车千乘骑万匹"[1]。楚国的军队也是"带甲百万"[2]，而齐国的军队是"带甲数十万"[3]。魏国的军队由各种不同的成员组成，包括武力二十万人、苍头二十万人、奋击二十万人、厮徒十万人，其总数亦是将近百万人。各国交战时投入兵力为万、十万人的已不算大战，大的战争中投入的兵力动辄达数十万人。公元前 260 年秦赵长平之战，秦将白起活埋赵国降兵达四十万人。公元前

---

① 《战国策·韩策》。
② 《战国策·楚策一》。
③ 《战国策·魏策一》。

224 年，秦伐楚，秦将王翦带兵六十万人，与楚国作战。

军队的统领有将军，将的任免权在国君手中，军队的调动权也在国君手中，所以，战国时期的将军虽可统帅数十万、上百万大军，但其军权不在将军之手而在国君手中。军队属于国家，也就是属于国君。廉颇为赵国名将，长平之战初起，他实行固垒坚守的策略，对秦国军队速决不利。秦国使用反间计，赵孝成王即免去廉颇的指挥权而任命赵括统军与秦国作战。① 战国末年秦倾全国兵力，命王翦带六十万人攻楚，王翦为解除秦王政对他的怀疑，多次向秦王请求田宅赏赐。② 王翦之所以如此，是为了打消秦王对他的疑虑，不致半途收回他的指挥权。

（二）各国的常备军

战国时期，各国的常备军是军队的中坚，齐国称为"技击"，魏国称为"武卒"，秦国称为"锐士"，楚国称为"选练之士"，燕国称为"百金之士"。他们是"招延募拔"而来的，经过了严格考选，被选中者享有优厚的待遇。魏国考选武卒时，让参选者"衣三属之甲，操十二石之弩，负服（箙）矢五十个，置戈其上，冠胄带剑，赢三日之粮，日中而趋百里"。选中者可以免除全家的赋税，并获得田宅。③

常备军是军队的中坚，但是当时各国领土不广，财力有限，不可能供养几十万人甚至上百万人的军队，故在实行常备军制度的同时，还辅以郡县征兵制度。

战国时各国的军队以步兵为主力，骑兵的作用增大。赵武灵王改革服装，实行"胡服"的目的是便于骑射。战国时期战车的作用减弱，但并没有完全退出战场。水军在南方各国普遍建立，甚至秦国都建立了专门的水师。南方诸国都有专用的战船。越国有大翼、小翼、楼船、桥船（见《越绝书》）。吴国除上述几种战船外，还有中翼。战国时期南方国家还有一种战船叫"突冒"（见《尔雅》）。各种战船的用途如下。①大翼、中翼、小翼属于大型战船，船体狭长，速度快，适宜在长江中下游活动。②楼船，

---

① 《史记·廉颇列传》。
② 《史记·王翦列传》。
③ 《荀子·议兵》。

是一种相当于在陆地用的楼车，也是在船上设高架，可在上面发放矢石，居高临下地攻击敌阵。③桥船，是一种体积小、速度快、机动性强的轻型战船，可以用于冲锋陷阵。④突冒，船首装有坚硬而突出的冲角，船体结实坚固，可以冲击敌船，故得名突冒。此外吴国还有一种专供国君乘坐的王舟，称为"余皇"，是水战的指挥船。

（三）各国的兵种

战国时期中原各大国的步兵刚刚脱离战车独立成军，它的编制还受战车编制的影响。《周礼》中所说的军队编制，实际上是战国步兵编制的反映，具有一定的代表性。其具体的编制是：五人为伍，伍有伍长；五伍为两，长为两司马；四两为卒，长为卒长；五卒为旅，长为旅帅；五旅为师，长为师帅；五师为军，长为军将，一军一万二千五百人。① 至于原来战车较少或早已就有独立步兵的国家，并不和这些相同。如秦国的编制是五人一伍长，五十人一"屯长"，五百人一"五百主"，一千人一"二五百主"。魏国的编制则是五人为伍，十人为什，五十人为属，一百人为闾。②

步兵既脱离战车自成兵种，战车的车属徒兵自然也就减少，至于具体数字，史无明文。据秦始皇陵兵马俑坑出土的战车徒兵数，有一乘八人、二十八人和三十二人三种。其中以八人制的最多，其他两种是靠近指挥车的战车徒兵数，当是为了加强护卫力量而增加的，一般的战车可能为八人。③

骑兵的编制，据《六韬》，为"五骑一长，十骑一吏，百骑一率，二百骑一将"，其战斗编组为"三十骑为一屯，六十骑为一辈"④。但秦始皇陵兵马俑坑出土的骑兵方阵则为四骑一组，三组一列，九列一百零八骑为一个单位，并配属战车六辆。这可能是各国编制不同的原因，也可能代表两个不同时期的编制。

舟师编制，没有文献可征。但从《越绝书》中可以看到吴、越两国大

---

① 《周礼·夏官·司马》。
② 《商君书·境内》《尉缭子·伍制令》。
③ 《秦兵马俑》。
④ 《六韬·犬韬·均兵》。

型战船的编制。一般大翼战船，编制有指挥官四人，持弩和钩矛、大斧的战士三十四人，操舟水手五十二人，官兵共九十人。[1]

《周礼》所记军一级编制，已有一定数量的佐属人员。又据战国末年成书的《六韬》记载，最高统帅有七十二个幕僚官员，其中包括类似现代的参谋长、副参谋长，作战、情报、通信、气象、人事等参谋，以及宣传、后勤、医务等人员。[2] 可见我国军队在战国时期已经有了相当健全的司令部组织。

二 战国时期的监狱

（一）刑名

〔死刑〕

大辟　死刑的别称。《汉书·刑法志》："秦用商鞅……大辟有凿颠、抽肋、镬烹之刑。"

凿颠　战国秦刑名，见"大辟"条。

抽肋　战国秦刑名，见"大辟"条。

镬烹　战国秦刑名，见"大辟"条。

枭首　战国秦刑名。《史记·秦始皇本纪》："长信侯毐作乱而觉……令相国昌平君、昌文君发卒攻毐。战咸阳，斩首数百……中大夫令齐等二十人皆枭首，车裂以徇，灭其宗。"《集解》："骃案：悬首于木上曰枭首。"

车裂　战国秦刑名，见"枭首"条。

体解　战国秦刑名。《史记·秦始皇本纪》："二十年，燕太子丹患秦兵至国，恐，使荆轲刺秦王，秦王觉之，体解荆轲以徇。"

斩　战国秦刑名。《史记·秦始皇本纪》："八年，王弟长安君成蛟将兵击赵，反，死屯留，军吏皆斩死，迁其民于临洮。将军壁死（指成蛟自杀于壁垒之内），卒屯留、蒲鹠反，戮其尸。"《集解》："屯留，上党之县名，指成蛟为将军而反，秦兵击之，而蛟壁于屯留而死，屯留、蒲鹠二邑之反卒虽死，犹皆戮其尸。"沈家本《历代刑法考·刑制总考二》："按古时斩人，

---

① 《太平御览》卷一三五引《越绝书·兵法》。
② 《六韬·龙韬·王翼》。

大多是腰斩，故往往以腰领并言。《后汉书·李云传》：'成帝赦朱云腰领之诛。'不但云保首领，而必云全腰领，可知腰斩为多，汉世犹然也。"沈氏又举《战国策·秦策三》为例："今臣之胸不足以当椹质，要（腰）不足以待斧铖。"并加以解释说："范睢谓胸当椹质，腰待斧铖，言胸伏于椹质之上而以斧斩其腰也，其状甚明。"《周礼·掌戮》郑注："斩以斧铖，若今要（腰）斩也；杀以刀刃，若今弃市也。"

弃市　战国秦刑名。《史记·秦始皇本纪》："有敢偶语《诗》、《书》者弃市，以古非今者族。吏见知不举者与同罪。"弃市谓杀以刀刃，陈尸于市，与众共弃之。

矺死　战国秦刑名。《史记·李斯列传》："十公主矺死于杜。"《索引》："矺音宅，与磔同，古今字异耳。磔谓裂其肢体而杀之。"

蔵藜　战国秦刑名。《说苑》秦始皇取太后迁之咸阳宫，下令曰："敢以太后事谏者，戮而杀之，以蔵藜其脊肉干四支，而积之阙下。"

戮尸　战国秦刑名。《史记·秦始皇本纪》："将军壁死，卒屯留、蒲鹬反，戮其尸。"

族　战国秦刑名。秦国在春秋时代即有三族之刑，到了战国时期，从"灭商君之家"可见此种刑罚仍沿用不废，例见"弃市"条。

〔肉刑〕

黥　①战国秦刑名。见"相收司连坐"条。②战国魏刑名，见"刖"条。

劓　战国秦刑名。见"相收司连坐"条。

刖　战国魏刑名。《史记》："孙膑与庞涓学兵法，庞涓既事魏，得为惠王将军，而自以为能不及孙膑，阴使召孙膑，膑到，庞恐其贤，以刑法断其两足而黥之。"西周以前，膑与刖为两个不同的刑种，膑指去膑骨，刖指斩两足。西周改膑为刖，即废去膑刑，唯用刖刑。穆王时复改刖为腓，刖与腓为互名，指的是同一刑种，所以穆王以后膑、腓所指的都是刖刑。说见沈家本《历代刑法考·刑法分考十七》"膑"条，故孙膑所受之刑，实为刖刑。

斩左右趾　战国秦刑名。见宫梦仁《读书纪数略》第四十一卷引。斩左右趾是秦的刖刑，初犯斩左趾，再犯斩右趾。

〔徒刑〕

战国时秦称徒刑犯人为徒隶，山东诸国则称为胥靡。

隶臣（妾）　战国时秦徒隶名。男的称隶臣，女的称隶妾。游绍尹在《秦律的阶级本质和基本内容》一文中说："在官府奴隶中，既有官奴，又有大量的'徒隶'。没为官奴是终身为奴，'徒隶'则是有期限的。……'隶臣'在《秦律》中是苦役年限最短的（二年），其他的鬼薪、白粲、城旦之类的苦役年限最短为三年，最长达六年〔《秦律答问》有'毄（系）为城旦六年'者〕，而且附加的肉刑也不同，现在见到的都是剃去须鬓，即是'耐为隶臣'。而对鬼薪、白粲、城旦则多是'髡'、'黥'，即剃去头发和在脸上刺字。……《秦律》明文规定，刑徒'衣赤衣，冒赤'，而且还要戴铁制的颈钳和脚钛（即腿上之锁）。"[1]

鬼薪　战国时秦徒隶名。意指为鬼神而取薪，是一种强制犯人入山采薪以供宗庙祭祀之用的刑罚。《史记·秦始皇本纪》记嫪毐作乱，讨诛之，其徒二十人皆枭首，车裂以徇，灭其宗，及其舍人，轻者为鬼薪。《秦简·法律答问》中又分鬼薪为当刑鬼薪、耐为鬼薪两种，刑期为三年。

白粲　战国时秦徒隶名。指强制女犯择米使正白，供宗庙祭祀用的刑罚。《汉书·惠帝纪》："皆耐为鬼薪、白粲。"注引应劭曰："取薪徒宗庙为鬼薪，坐择米使正白为白粲，皆三岁刑也。"因其刑罚的级别相同，故常连称之。

城旦舂　战国时秦徒隶名。是指城旦和舂两个相同刑级的徒隶。城旦是强制男犯人筑城；舂是舂米，指女犯人不去筑城，只作舂米以供给徒隶口粮的劳役。按《秦简》及其他书籍记载，秦时城旦舂一作"舂城旦"。有黥城旦舂（面刺墨）、黥劓城旦舂（面刺墨、割鼻）、完城旦舂（去其鬓而完其发，不加肉刑）和髡钳城旦舂（剃去头发，颈上加铁钳）之别，俱不伤肢体。城旦舂的刑期，应劭、如淳都认为是四岁刑，卫宏认为髡钳城旦舂为五岁刑，完城旦舂为四岁刑（见《汉旧仪》）。

司寇　战国时秦徒隶名。是对犯人课以一定劳役的刑罚名称。司与伺

---

[1] 见《中南财经政法大学学报》1979 年第 1 期。

同，因派往边地服劳役，并以防御外寇，故名。《秦简》有城旦司寇、舂司寇、城旦舂司寇之分。司寇的刑期为两年。但司寇常以其他刑种降为司寇，或以别的刑种兼做司寇工作，此时作为其他刑种的附加刑处理，减其刑期为一年。如《汉书·刑法志》："隶臣妾满二岁，为司寇。司寇一岁……免为庶人。"此处"司寇一岁"，应是以二罪相加，减其轻刑司寇二年刑为一年。又《史记》"城旦"《集解》引如淳之语说："律说论决为髡钳，输边筑长城。"此处的髡钳，指的是髡钳城旦，兼做司寇工作，即以司寇为附加刑，其司寇称为城旦司寇，刑期减为一年。相应的，兼做司寇工作的髡钳城旦的刑期，应是在原来五年的基础上增加一年，为六年。

胥靡　战国时山东诸国的刑徒名。胥靡主要从事筑城等土木工程。《庄子·庚桑楚》："胥靡登高而不惧，遗死生也。"《注》："不赖于生，故不畏死。"

〔迁刑〕

迁　战国秦刑名。例见"斩"条。

夺爵迁　战国秦刑名。《史记·秦始皇本纪》："文信侯不韦死，窃葬。其舍人临者，晋人也，逐出之。秦人六百石以上夺爵迁。五百石以下不临，迁，勿夺爵。自今以来操国事不道如嫪毐、不韦者，籍其门视此。"《索隐》："谓籍没其一门，皆为徒隶。"《正义》："籍录其子孙，禁不得仕宦。"

〔名誉刑〕

降为士伍　战国秦刑名。夺爵迁的犯人，在免去其爵位以后，其身份即降为士伍，是一种名誉刑。

〔连坐刑〕

与同罪　战国秦刑名。例见"弃市"条。

相收司连坐　战国秦刑名。《史记·商君列传》："卒定变法之令。令民为什伍，而相收司连坐，不告奸者腰斩，告奸者与斩敌首同赏，匿奸者与降敌同罪。民有二男以上不分异者，倍其赋。有军功者，各以率受上爵；为私斗者，各以轻重被刑大小。僇力本业，耕织致粟帛多者复其身。事末利及怠而贫者，举以为收孥。""于是太子犯法……刑其傅公子虔，黥其师公孙贾。""行之四年，公子虔复犯约，劓之。""商君亡至关下，欲舍客舍。

客人不知其是商君也，曰：'商君之法，舍人无验者坐之。'"

同罚　战国秦刑名。例见"相收司连坐"条。

籍其门　战国秦刑名。例见"夺爵迁"条。①

（二）监狱设置

一是囹圄。囹圄是对一般监狱的称谓。《尉缭子》："今夫决狱〔系者〕，小圄不下十数，中圄不下百数，大圄不下千数。十人联百人之事，百人联千人之事，千人联万人之事。所联之者，亲戚兄弟也，其次婚姻也，其次知识故人也。是农无不离〔其〕田业，贾无不离〔其〕肆宅，士大夫无不离〔其〕官府。如此关联良民，皆囚之情也。兵法曰：'十万之师出，日费千金。'今良民十万而联于（囚）〔囹〕圄，上不能省，臣以为危也。"这是说小的监狱关押的囚犯不下数十人，中等监狱关押的囚犯不下数千人，可见监狱之多。

二是永巷。永巷属于特种监狱，往往设在皇宫中的长巷——永巷。永巷是未分配到各宫去的宫女集中居住处，也是幽禁失势或失宠妃嫔之处。《七国考·秦刑法》："范雎乃得见于离宫，佯为不知永巷而入其中。"所谓永巷，就是宫中之狱。

三是徒人城。这是一种苦役监。战国时期，随着徒刑的兴起，劳役监也逐渐发展起来，其时最为典型的劳役监就是徒人城。《太原府志》载："三角城在太原县西北，一名徒人城。谓是赵襄子所筑，以处刑徒。其城三面，故名三角城。"徒人城的特点有三：一是拘押犯人众多，二是规模庞大，三是劳役艰苦。

（三）狱政管理

战国时期的狱政管理是按刑种不同分别对判决犯进行管理。

一是死刑管理。战国时期的监狱有看押死刑犯的职能。其时刑罚严酷，死刑犯众多。一般来说，在执行死刑以前，有的要放在一定场所看押，这个场所便具有监狱的职能，不过只是对罪犯进行看押监管。

二是肉刑管理。接受肉刑后的犯人，有的被收为官奴，有的继续接受

---

① 以上参见杨鸿烈《中国法律发达史》第五章《战国至秦的刑名》，中国政法大学出版社，2009。

监管。这种临时监管的地方，便具有监狱的功能。

三是刑徒管理。战国时期确立了一种刑徒制度，把一部分罪犯转化为服劳役的刑徒。这些刑徒实际上就是官奴婢。官奴婢从其来源上划分，有的以降卒入官府为奴，有的是犯罪的奴隶，有的是刑徒，刑徒仅仅是官奴婢来源的一种。战国时期的刑徒主要是为官府服役。所服的劳役不仅限于修城、筑路，甚至从事一些技术含量比较高的劳作，例如在青铜器上铸造铭文等。战国时刑徒均加以肉刑，此处所谓肉刑是广义的肉刑，其中完（亦称为耐）是指剃去鬓须，髡指剃去头发，二者均不损伤肢体；黥指以墨刺面，劓指割去鼻子，刖指斩去脚，共五种刑罚。战国时期广泛实行劳作刑，对官府来说有两个好处：一是成本低廉；二是他们都是刑徒，易于管理。刑徒制始于战国，逐步地取代了肉刑制，并普遍地实行起来，对后来的刑罚制度所产生的影响是很大的。如，后来的徒刑就是在古代的劳作刑的基础上演化而成的，从而取代了肉刑。另外，充军制也是从刑徒制中派生出来的。

四是迁刑管理。迁刑是将犯人迁往边远地区服役或戍守的刑罚，是战国时期较轻的刑罚。迁刑在战国时期的秦国广泛使用。迁刑没有后世的远近之分，而且往往是全家随迁。除服劳役的繁重之外，还要在军兵的监视下，或服兵役戍边，或服劳役修城，或服杂役劳作等。其服刑之地就是劳役场，或称劳役监，也就是规模较大的监狱场所。迁刑可以赎，秦律中称为"赀赎"，使人入金而免其罪。《云梦秦简·司空律》规定："或赎（迁）欲入钱者，日八钱。"[1]

---

[1] 以上参见白焕然等著《中国古代监狱制度》（新华出版社，2007）第六章"战国时期的监狱制度"中的"监狱形态"与"狱政管理"部分。

第五章 《周礼》所蕴含的先秦官制及其对后世国家机关设置的影响

第一节 《周礼》成书的时代背景与六官制度的由来

一 《周礼》成书的时代背景

《周礼》一书是战国学者为大一统以后的国家机关设计的蓝图。中国的统一观念，即王权的正统和法统观，自国家形成初期就开始萌芽。《尚书·禹贡》：

> 东渐于海，西被于流沙，朔南暨，声教讫于四海。

《尚书·益稷》：

> 光天之下，至于海隅苍生，万邦黎献，共惟帝臣。

这是以一统的眼光来描述舜禹时代普天之下、四海之内尽为臣仆，因而使声威教化远播四极。三代的"王有天下"的观念正是"大一统"观念的滥觞。自夏启继其父禹建立国家到西周君统与宗统合一，建立起较为完备的国家管理体制，王统观念日趋成形。三代时期的王统思想，有三点值得注意。一是原始社会的氏族血缘关系凝聚而成的王统观念，是由西周通过分封，将宗族组织扩大为政治组织而完成的。周天子为天下的大宗兼天下的共主，诸侯以一国的大宗兼一国的共主，卿大夫在其封土内也是如此。二是在朝代更迭时"有德者得天下"的王统理论。如除夏启代禹为帝建立夏朝是循因历史发展的需要之外，商之灭夏、周之灭商，都是以有道伐无道，取得天下，成为正统。在中国早期国家发展过程中，已经融进了对统治者实行德行评定的内容。三是与特定地域相联系的国家正统观。夏朝建国后，由它所控制的地域逐渐成了国家的不可分割的内容。即一个正统国家必须占据特定的地域，并有相应的中央权力。这一特定地区在夏商西周时期便是中原地区。"占据中原地区便获得一种强烈的自尊意识，就可以向四周发号施令，进行征伐；未取得中原控制权的千方百计跻身中原，希望得到中原文化的认同，只要中原统治势力稍弱，四周势力强者就会相继侵入，攫取中原主宰权。商代夏，周代商都是在取得中原之后才赢得正统地位的。"①以上三者的有机结合便是"大一统"。

延至春秋战国时期，西周的礼乐文明遭到根本性的冲击，三代时期形成的"大一统"格局趋于瓦解，天下缺乏合法统一的政治秩序，结果导致诸侯争霸，混战连年，人们饱受这一政治无序所造成的苦难，渴望重新实现政治上的统一，建立起合法合理的政治秩序。于是春秋战国时期虽然社会动乱，却出现了"百家争鸣"的思想繁荣局面。诸子百家身处乱世，却规划着未来的"一统"天下，他们不仅将"大一统"观念系统化、理论化，而且增加了新的内容。诸子百家更加强调国内政治秩序的统一，虽然先秦诸子对统一的方式和内容存在不同意见，但天下必须"定乎一"是他们的共识。政治的统一，是春秋战国以来社会生产发展、各地经济联系加强的必然趋势。此种要求政治统一的思想，特别反映在《公羊传》中。如对《春秋》"（隐公）元年春王正月"作传，其原文如下：

---

① 傅永聚、任怀国：《儒家政治理论及其现代价值》，中华书局，2011，第3～4页。

> 元年者何？君之始年也。春者何？岁之始也。王者孰谓？谓文王也。曷为先言王而后言正月？王正月也。何言乎王正月？大一统也。

战国时期，有一些学者为大一统后的国家组织设计蓝图，于是就有《周礼》一书的出现。

《周礼》本名《周官》，旧说为周公致太平之书。是周公制礼作乐的具体内容。后世据此把《周礼》的内容看作西周实际存在的官制。直到现在，还有人认为《周礼》是中国最早出现的一部行政法典。其实，《周礼》虽然从书名上看应是周代的制度，但是从有些内容看，周公时代的社会，不可能有如此细密的官制。"礼"就是奴隶社会的道德规范，也是行政规范。周公制礼的核心内容便是"亲亲"和"尊尊"。体现在国家机关的组织上，便是要实现宗统和君统的统一，并且受到当时生产力的限制，在国家组织形成上只能实行分封制，以保证各级封君的利益。作乐是用音乐来调和人的精神生活，使人们和谐地贯彻礼的规范。其时具体的职官制度只能从金文和《尚书》《诗经》等信史上去钩稽而描绘出其大致情况，绝不可能如《周礼》之细密。根据顾颉刚《"周公制礼"的传说和〈周官〉一书的出现》一文的考证，《周礼》一书是战国时代的学者，很可能就是齐国的稷下学派为大一统以后的国家机关所设计的蓝图。对《周礼》一书具体内容的分析，可以证明顾说的正确性。

二 《周礼》六官制度的由来

《周礼》将国家机关分为六个部门，即所谓"六官"，它是从春秋时期的六卿制度发展而来的。

"卿"的最初意义为"飨"。在甲骨文中"卿"写作"鄉"。"鄉"为"饗"（"飨"的繁体字）之省。《说文解字》："饗，鄉人饮酒也。"古代祭祀活动要聚众饮酒，因此"饗"又作祭祀之名。祭祀权在古代社会中代表着主持祭祀单位的最高权力。在中国古代，血缘集团是有层次的，因而祭祀活动也具有层次性。在氏族社会，有家族、氏族乃至部族祭祀活动，各家族长、氏族长和部落酋长分别作为他们所代表的某一血缘层次的祭司，低层次血缘单位有参加高层次血缘单位祭祀活动的义务和权利，各家族长或氏族长在参加高层次血缘单位祭祀活动时有助祭的责任。因此，从宗教的祭司角度讲，这些参与高层次血缘单位祭祀活动的家族长或氏族长即成为卿。由于古代文武不分，各级血缘单位的酋长既是最高祭司，又是其族兵的最高统帅。因此氏族或部落的祭司集团实际上又具有军事联盟首长的性质。进入早期国家以后，胜利部族的这些卿作为家族长或氏族长自然就转为最高统治集团的成员。周人推翻商王朝的统治，其卿士们自然转化为周王朝的最高统治集团，通过分封策命，成为王畿内周天子下第一批有土有民的封君。卿士是指卿之有执事于王朝者。西周至幽宣之际，特以卿士一人秉政。春秋时，周王室实行左右二卿制，其他诸侯国亦有执政之卿。六卿之制，首创于晋，六卿中的首席，同时也是三军中的中军元帅。三军之将佐六帅皆称卿。中原诸国先后有六卿者，又有宋、郑二国。宋为中原大国，宋与郑为邻，因郑国好战，故宋以大司马执政。到宋襄公即位，始改以左师听政为首席之卿，其时有几卿，《左传》中未详。至其子成公立，始以右师秉政，六卿并见于史。郑虽为春秋立卿最早之国，然而设置六卿晚于晋、宋，至春秋中期后六卿始全设。终春秋之世，诸侯有六卿者，仅晋、宋、郑三国而已。其他国家及王室均未闻。总之，列国之有六卿，自春秋始，亦与春秋相始终。

《周礼》作者将国家机关分为六个部门，显然是受到六卿制度的影响。《周礼》之六官——冢宰、司徒、宗伯、司马、司寇与司空，其爵皆为卿。六官各有所掌之典（法则），称为六典。六典指治典、教典、礼典、政典、刑典、事典，分别为六官所掌，而总属于太宰。据吕友仁《周礼译注》，六典的内容如下：治典为治理政务的法典，为太宰所掌；教典是关系天下教化的种种法典，为大司徒所掌；礼典是有关五礼（吉礼、凶礼、宾礼、军礼、嘉礼）的种种法典，为大宗伯所掌；政典是有关以军事力量安定天下和平均赋税的法典，为大司马所掌；刑典是有关刑罚的种种法典，为大司寇所掌；事典是为国家营造大而至于都邑、城郭、宗庙、宫室，小而至于车服器械的种种法典，为大司空所掌。[①]

---

① 吕友仁：《周礼译注》，中州古籍出版社，2004，第16~17页。

至于六官以天、地、春、夏、秋、冬命名，则是受到阴阳五行思想的浸润。阴阳的概念起于《易经》，《易经》认为万物都有阴阳两属，不过此种区分是相对的。在一定范围内或一定情况下，事物主导面或占主导地位的是阳，否则是阴。例如王与六官，则王是君，占主导地位，是阳，六官为臣，是阴。若就六官范围来说，冢宰总揽政务为阳，其他五官为阴。五行指木、金、火、水、土五种物质，战国时盛行五行相生的学说，与阴阳的概念相结合，便称阴阳五行。五行对应的方位是东、西、南、北、中，以土主中央，强调土的地位，这与农业社会以土为生财之源有关，五行对应于时令，于春夏秋冬四季之外，特别强调土旺四季。五行的相生相克，则是由于阴阳矛盾的对立。五行学说还强调天人一体、天人相与、天人感应。天起决定性作用，人事活动只能顺应时令安排，否则要招致巨大的灾难。当然人事也可能反作用于天，引起天象的异常变化。以五行学说为思维模式的著作，首推《月令》一书，《月令》中的全部图式，都按阴阳五行学说，围绕着农业生产而安排，并用以指导调整生产。

《周礼》作者就是依据《月令》的思维模式来设计大一统以后的国家管理层的。上面提到的君臣之间固然是阳与阴的对立，六官中天官与其余五官也并非平列，冢宰为总揽政务之官，是阳，故以天官称之；分理政务的五官为阴。五官的排列也很有规律：土地是整个国家的基础，主管全国土地的司徒即以地官称之；农事以春耕、夏种、秋收、冬藏为序，所以主管教化的宗伯就以春官称之；司马主政，犹如夏天播种作物，就以夏官称之；主管依法刑人的司寇如秋天收割农作物，故以秋官称之；司空为事官，主管营建与百工，犹如农业之冬藏，故以冬官称之。

第二节 《周礼》 构拟的六官制度

《周礼》的政权模式是王居于六官之上，其地位最尊。虽然在《周礼》六官的设计中，没有专门为王设置的位置，事实上，恰恰在着力突出王的地位和权力。《周礼》现存五篇，每篇序文开头都有"惟王建国，辨方正位，体国经野，设官分职，以为民极"几句话。"建国"就是营建国都，营建国都要辨正方位、区分国野。《周礼》作者在都城建筑规制上尽量显示王的至高无上的地位。都城为每边九里的正方形，每一边设三座城门。国都中设南北向和东西向交错的干道网。南北干道每条三途，共三条，合计九途；东西干道也是每条三途，共三条，合计九途，统称九经九纬。王宫前，左边设祭祀祖先的宗庙，右边设祭祀土地神和谷神的社稷。王宫前面为朝廷，后面为市集。市集和朝廷各占地一百亩（相当于一个劳动力的授田面积）。

王在政权机构中居于中枢的地位。举凡分土授土、封建诸侯、授官任职、设立制度等，其决定权均归于王。不过王虽然拥有以上重要权力，但在某些大事件上并不能一个人独断专行，而是要征询百官和万民的意见（《秋官·小司寇》即记有"三询"之制），王的财政开支要受财政制度的制约。无论王对群臣的一般赏赐（即所谓"常赐"）还是特殊恩赐，都要受到相关财务制度的约束，而不能为所欲为。王还必须接受美善之道的教育；犯了错误，也要接受臣下的匡谏，去恶迁善（《地官》中的师氏和保氏具体负责这方面的工作）。由此可见，《周礼》作者设计的君主制政体是以国为本位的，而不是以君为本位。

六官是为王服务的，是王"设官分职"的具体内容，兹分述于下。

一 天官冢宰

天官掌邦治，天官系统的官员统称为治官，长贰以下的属官共计六十一职。

（一）长官与副贰

太宰　宰本为宫官之长，主宫内事务。必待王下了"百官总已以听冢宰"[①]的后命之后，始为总摄六官的执政大臣。冢宰亦称太宰，掌建王邦之六典、八法、八则、八柄、八统、九职、九赋、九式、九贡、九两，以佐王治理王邦与诸侯国。以卿一人为之，为六卿之首。小宰、宰夫为其副职

---

① （清）阮元校刻《十三经注疏》，中华书局，1980年影印本，第162页。

与佐官；另有上士八人，中士十六人，旅下士①三十二人，递相辅佐；下辖府②六人，史③十二人，胥④十二人，徒⑤一百二十人。

小宰 掌王宫中之政令，并辅助太宰治理王邦与诸侯国，为太宰之副职。以中大夫二人为之。

（二）掌吏治之官

宰夫 掌治朝之位，负责诸臣、百姓上书及财务审计等，为太宰、小宰之佐官。以下大夫四人为之。

（三）掌宫内寝舍之官

宫正 掌王宫戒令。以上士二人为之，中士四人、下士八人佐其职；下辖府二人，史四人，胥四人，徒四十人。

宫伯 掌卿大夫之子弟宿卫王宫者。以中士二人为之，下士四人佐其职；下辖府一人，史二人，徒二十人。

宫人 掌王寝扫除及供王沐浴等事。以中士四人为之，下士八人佐其职；下辖府二人，史四人，胥八人，徒八十人。

掌舍 掌王行舍的门禁与警卫。以下士四人为之；下辖府二人，史四人，徒四十人。

掌次 掌王外舍帷幕的张设之法。以下士四人为之；下辖府二人，史四人⑥，徒八十人。"次"指用布帷或竹帘隔开的临时休息处所。

（四）掌宫内膳食之官

膳夫 掌王膳食。以上士二人为之，中士四人、下士八人递相辅佐；下辖府二人，史四人，胥十二人，徒一百二十人。膳夫是膳官之长，内饔、外饔、烹人都是其属官。

庖人 掌供王、王后、世子等人的肉食牲畜、禽类。以中士四人为之，

---

① 旅，意为"众"，旅下士指分领总务的众下士。
② 府，为负责保管文书、财物的吏员。
③ 史，是负责撰写文书的吏员。
④ 胥，是徒的领班，每一胥辖徒十人。
⑤ 徒，指庶人在官服役的勤杂人员。
⑥ 本作"府四人，史二人"，王引之《经义述闻》认为当作"府二人，史四人"，据改。

下士八人佐其职；下辖府二人，史四人，贾①八人，胥四人，徒四十人。

　　内饔　掌制作王、王后、世子膳羞的烹调。以中士四人为之，下士八人佐其职；下辖府二人，史四人，胥十人，徒一百人。

　　外饔　掌作外祭祀及宾客食品。以中士四人为之，下士八人佐其职；下辖府二人，史四人，胥十人，徒一百人。

　　烹人　掌为内外饔煮肉。以下士四人为之；下辖府一人，史二人，胥五人，徒五十人。

　　甸师　掌耕种籍田及供给田野之物。以下士二人为之；下辖府一人，史二人，胥三十人，徒三百人。

　　兽人　掌狩猎的政令。以中士四人为之，下士八人佐其职；下辖府二人，史四人，胥四人，徒四十人。

　　渔人　掌取鱼及征渔税。以中士二人为之，下士四人佐其职；下辖府二人，史四人，胥三十人，徒三百人。

　　鳖人　掌取鱼鳖龟蜃。以下士四人为之；下辖府二人，史二人，徒十六人。

　　腊人　掌制干肉。以下士四人为之；下辖府二人，史二人，徒二十人。

　　笾人　掌供果脯。以奄②一人为之；下辖女笾十人，奚③二十人。笾是一种竹编的高脚食器，祭祀宴飨时用以盛果脯。

　　醢人　掌供肉酱。以奄一人为之；下辖女醢二十人，奚四十人。醢指肉酱。

　　醯人　掌供醋。以奄二人为之；下辖女醯二十人，奚四十人。醯即是醋。

　　盐人　掌供盐。以奄二人为之；下辖女盐二十人，奚四十人。

　　（五）掌宫内饮料之官

　　酒正　掌造酒的政令。以中士四人为之，下士八人佐其职；下辖府二人，史八人，胥八人，徒八十人。酒正为酒官之长，酒人、浆人均为其

---

① 贾，指熟识市场物价，负责采购的人员。其身份是平民之在官府任事者。
② 奄，宦官之称。
③ 奚，女奴之称。

所属。

酒人 掌酿酒。以奄十人为之；下辖女酒三十人，奚三百人。

浆人 掌制作饮料。以奄五人为之；下辖女浆十五人，奚一百五十人。

凌人 掌采冰、藏冰、颁冰之事。以下士二人为之；下辖府二人，史二人，胥八人，徒八十人。凌指冰或冰窖。

（六）掌宫内服装之官

幂人 掌供巾布覆物。以奄一人为之；下辖女幂十人，奚二十人。"幂"谓以巾覆物。

幕人 掌供帷幕以备张设。以下士一人为之；下辖府二人，史二人，徒四十人。

司裘 掌供天子所需的各种皮裘。以中士二人为之，下士四人佐其职；下辖府二人，史四人，徒四十人。

掌皮 掌征集和发放皮革及毡毳，制成天子所需要的各种成品。以下士四人为之；下辖府二人，史四人，徒四十人。

典丝 掌蚕丝的收集并发放给内外女工，使其加工为成品。以下士二人为之；下辖府二人，史二人，贾四人，徒十二人。

典枲 掌葛麻的收集并分发给女工，使其织成布。以下士二人为之；下辖府二人，史二人，徒二十人。

内司服 掌王后之衣服。以奄一人为之；下辖女御二人，奚八人。

缝人 掌宫内缝纫之事。以奄二人为之；下辖女御八人，女工八十人，奚三十人。

染人 掌染丝帛。以下士二人为之；下辖府二人，史二人，徒二十人。

追师 掌王后及内外命妇的冠戴。以下士二人为之；下辖府一人，史二人，工二人，徒四人。

履人 掌王及后之屦舃。以下士二人为之；下辖府一人，史一人，工八人，徒四人。

夏采 掌丧服。以下士四人为之；下辖史一人，徒四人。

（七）掌宫内医疗之官

医师 掌医之政令。以上士二人为之，下士四人佐其职；下辖府二人，史二人，徒二十人。医师为众医之长，食医、疾医、疡医、兽医均为其所属。

食医　掌为天子调配饮食膳羞。以中士二人为之。

疾医　掌以内科方法医治疾病。以中士八人为之。

疡医　掌以外科方法医治疾病。以下士八人为之。

兽医　掌医牛马疾病。以下士四人为之。

（八）宫内妇寺之官

内宰　主管宫内事务，以下大夫二人为之，上士四人、中士八人佐其职；下辖府四人，史八人，胥八人，徒八十人。内小臣、阍人、寺人、内竖均为其所属。

内小臣　掌王后之命。以奄上士一人为之；下辖史二人，徒八人。

阍人　掌守宫门，无爵。王宫每门四人，囿游亦如之。

寺人　为王后宫寝近侍之人，掌管女御、女奴诸事。王后路寝五人，由宦官充任。

内竖　孩童掌传达王命者。员额比寺人多一倍。

九嫔　为王妃的名号。九嫔及世妇、女御都是天子的妃妾，不在百官之数。由于太宰兼管宫内，故以类及之。

世妇　为王的妃妾，位在九嫔之下。

女御　为王的妃妾，又名御妻，地位在世妇之下。

女祝　掌宫内祭祀祈祷。员额四人；下辖奚八人。

女史　掌宫内记事。员额八人；下辖奚十六人。

典妇功　掌宫内丝织之事。以中士二人为之，下士四人佐其职；下辖府二人，史四人，工四人，贾四人，徒二十人。

（九）掌财货之官

太府　掌财货收藏。以下大夫二人为之，上士四人、下士八人佐其职；下辖府四人，史八人，贾十六人，胥八人，徒八十人。太府为天子所有府库的总保管，玉府、内府、外府均为其所辖。

玉府　掌保管王的珍宝玩好与武器。以上士二人为之，中士四人佐其职；下辖府二人，史二人，工八人，贾八人，胥四人，徒四十八人。

内府 保管贡赋中的珍贵之物。以中士二人为之；下辖府一人，史二人，徒十人。

外府 掌货币储藏，管理货币回收与发放。以中士二人为之；下辖府一人，史二人，徒十人。

司会 掌统计和考核邦国都鄙、官府的财政收支，为计官之长。以中大夫二人为之，下大夫四人、上士八人、中士十六人递相辅佐；下辖府四人，史八人，胥五人，徒五十人。

司书 掌管各种账簿。以上士二人为之，中士四人佐其职；下辖府二人，史四人，徒八人。

职内 掌财赋收入。以上士二人为之，中士四人佐其职；下辖府四人，史四人，徒二十人。

职岁 掌财赋支出。以上士四人为之，中士八人佐其职；下辖府四人，史八人，徒二十人。

职币 掌管各官府结余的经费，以供王办理小事或赐予之用。以上士二人为之，中士四人佐其职；下辖府二人，史四人，贾四人，胥二人，徒二十人。

二 地官司徒

地官掌邦教，地官系统的官员统称为教官，长贰以下的属官共计七十六职。

（一）长官与佐贰

大司徒 总掌教育、土地、产殖等事。设卿一人，为地官之长，六卿之一。小司徒、乡师为其副职与佐官；另有上士八人，中士十六人，旅下士三十二人递相辅佐；下辖府六人，史十二人，胥十二人，徒一百二十人。

小司徒 协助大司徒治政，并掌理民众之数及其征役、祭祀、饮食、丧纪等事务。小司徒员额二人，秩中大夫，为大司徒之副职。

（二）掌国中政教之官

乡师 为小司徒掌管六乡事务的佐官。以下大夫四人为之，每二人分管三乡。《周礼》之制，王城外一百里内的地域叫作四郊，郊内设六乡。

乡是一级行政区划单位,小司徒掌管六乡。六乡分为左三乡、右三乡。

乡老 乡老是一种荣誉官名,由三公（太师、太傅、太保）担任,每二乡一人,无固定职掌,可以与天子坐而论道,可以过问六乡之事,可以参与推举六乡的贤能。乡老不是司徒的属官,只是因为职掌与教官相近,故附于地官。

乡大夫 掌一乡之政。以卿为之,每乡一人,四郊之内设六乡,每乡辖一万两千五百家。

州长 掌一州之政。以中大夫为之,每州一人。州是乡的下属行政单位,辖两千五百家。

党正 掌一党之政。以下大夫为之,每党一人。党是州的下属行政单位,辖五百家。

族师 掌一族之政。以上士为之,每族一人。族是党的下属行政单位,辖一百家。

闾胥 掌一闾之政。以中士为之,每闾一人。闾是族的下属行政单位,辖二十五家。

比长 掌一比之政。以下士为之,每比一人。比是闾的下属行政单位,辖五家。

（三）掌郊外政教之官

遂人 掌六遂及四等公邑之政。以中大夫二人为之,遂师为其佐官；又以上士八人、中士十六人、旅下士三十二人递相辅佐；下辖府四人,史十二人,胥十二人,徒一百二十人。吕友仁《周礼译注》中说："《周礼》之制,王畿千里,王城外一百里至二百里之间的地域叫做邦甸,二百里至三百里之间的区域叫做家削,三百里至四百里之间的区域叫做邦县,四百里至五百里之间的区域叫做邦都。邦甸之中设立六遂,每遂一万二千五百家。在邦甸、家削、邦县、邦都中,都有天子派员治理的直辖领地,叫做公邑。"①

遂师 掌六遂赋役之事。以下大夫四人为之,每二人管辖三遂,以其

---

① 吕友仁译注《周礼译注》,中州古籍出版社,2004,第118~119页。

所掌佐遂人之职。

遂大夫 掌一遂之政。以中大夫为之，每遂一人。

县正 掌一县之政。以下大夫为之，每县一人。县是遂的下属行政单位，辖二千五百家。

鄙师 掌一鄙之政。以上士为之，每鄙一人。鄙是县的下属行政单位，辖五百家。

酂长 掌一酂之政。以中士为之，每酂一人。酂是鄙的下属行政单位，辖一百家。

里宰 掌一里之政。以下士为之，每里一人。里是酂的下属行政单位，辖二十五家。

邻长 掌五家。员额每邻一人。邻是里的下属行政单位，辖五家。领长无爵无禄，受田如农夫而免其赋役，如庶人之在官者。

（四）掌祭祀之官

封人 掌设置天子祭祀社稷的神坛及其周围垣墙，在王畿边界、诸侯国界设置边界标志。以中士四人为之，下士八人佐其职；下辖府二人，史四人，胥六人，徒六十人。

鼓人 掌教导击鼓之事。以中士六人为之；下辖府二人，史二人，徒二十人。

舞师 掌教导舞蹈之事。以下士二人为之；下辖胥四人，徒四十人。

牧人 掌牧养牛、马、羊、豕、犬、鸡六牲以供祭祀之用。以下士六人为之；下辖府一人，史二人，徒六十人。

牛人 掌饲养公家的牛只，以备不时之需。以中士二人为之，下士四人佐其职；下辖府二人，史四人，胥二十人，徒二百人。

充人 掌管把选中用作祭祀的六牲养肥。以下士二人为之；下辖史二人，胥四人，徒四十人。"充"在这里是养肥的意思。

（五）掌地方力役之官

载师 掌确定土地的肥瘠，并据以确定应交赋税之多寡。以上士二人为之，中士四人佐其职；下辖府二人，史四人，胥六人，徒六十人。

闾师 掌王城之内及其四郊的民人、六畜的数目，按时征收应交的赋贡。以中士二人为之；下辖史二人，徒二十人。

县师　掌公邑（天子的直辖领地）。以上士二人为之，中士四人佐其职；下辖府二人，史四人，胥八人，徒八十人。《周礼》之制，王畿内除六乡、六遂之外，还有都鄙、公邑。都鄙是王子弟、公卿大夫的采地，都鄙之外都是公邑。此处的县就是公邑之意。

遗人　掌王畿米粟薪刍的储备，以待施惠。以中士二人为之，下士四人佐其职；下辖府二人，史四人，胥四人，徒四十人。

均人　掌平均乡遂、公邑土地的征役。以中士二人为之，下士四人佐其职；下辖府二人，史四人，胥四人，徒四十人。

旅师　掌收集、储备六遂及公邑农民捐助的粮食、受罚交纳的粮食，以备荒年赈济。以中士四人为之，下士八人佐其职；下辖府二人，史四人，胥八人，徒八十人。

稍人　掌公邑出车徒的政令。以下士四人为之；下辖史二人，徒十二人。稍是王城外二百里至三百里间的区域。

委人　掌征收野地的贡赋，以供储备。以中士二人为之，下士四人佐其职；下辖府二人，史四人，徒四十人。"委"即储积。

土均　掌平均邦国都鄙地税之政令。以上士二人为之，中士四人、下士八人佐其职；下辖府二人，史四人，胥四人，徒四十人。

草人　掌改造土壤使其肥沃。以下士四人为之；下辖史二人，徒十二人。

稻人　掌种植泽地的谷物。以上士二人为之，中士四人、下士八人佐其职；下辖府二人，史四人，胥十人，徒一百人。

土训　掌向天子说明九州土地的形势。以中士二人为之，下士四人佐其职；下辖史二人，徒八人。

诵训　掌向天子说明四方风俗、古往之事。以中士二人为之，下士四人佐其职；下辖史二人，徒八人。

（六）掌教育之官

师氏　掌向天子进行正面教育，负责对贵族子弟的道德教育。以中大夫一人为之，上士二人佐其职；下辖府二人，史二人，胥十二人，徒一百二十人。

保氏 掌谏诤天子的缺点,以六艺教育贵族子弟。以下大夫一人为之,中士二人佐其职;下辖府二人,史二人,胥六人,徒六十人。

司谏 掌纠察万民的德行、道义等事。以中士二人为之;下辖史二人,徒二十人。

司救 掌用礼义来防止万民的邪恶、过失。以中士二人为之;下辖史二人,徒二十人。

调人 掌纠察民人中结仇怨者,并为之调解。以下士二人为之;下辖史二人,徒十人。

媒氏 掌民人婚姻之事。以下士二人为之;下辖史二人,徒十人。

(七)掌市政及门关之官

司市 掌买卖之政务及其禁令,负责市场管理。以下大夫二人为之,上士四人、中士八人、下士十六人递相辅佐;下辖府四人,史八人,胥十二人。

质人 掌平准市场物价。以中士二人为之,下士四人佐其职;下辖府二人,史四人,胥二人,徒二十人。

廛人 掌对市场征税。以中士二人为之,下士四人佐其职;下辖府二人,史四人,胥二人,徒二十人。廛是市场中储存货物的邸舍。

胥师 掌市场中所辖二十肆的政令。每二十肆设一人;下辖史二人。肆指市场中的店铺行列。胥师是平民之在官服务者。其下有胥,每一胥负责所辖二肆的正常营业。

贾师 掌核定市场所辖二十肆商品的价格,每二十肆设一人;其下有史二人。

司虣 掌禁止扰乱市场的行为。每十肆设一人。

司稽 掌巡查市场,拘留其犯禁者。每五肆设一人。

肆长 掌一肆之政。每肆设一人。

泉府 掌收购市场上的滞销商品,以待日后急需者的购买。以上士四人为之,中士八人、下士十六人佐其职;下辖府四人,史八人,贾八人,徒八十人。泉为钱的古称。

司门　掌把守王城十二门及其启闭，并征收出入城门的货物税。以下大夫二人为之，上士四人、中士八人、下士十六人递相辅佐；下辖府二人，史四人，胥四人，徒四十人。王城一面三门，四面十二门。每门下士二人，府一人，史二人，徒四人。

司关　掌把守国境上的关口，并收取出入国境的货物税。以上士二人为之，中士四人佐其职；下辖府二人，史四人，胥八人，徒八十人。每关下士二人，府一人，史二人，徒四人。

掌节　掌检查符节。以上士二人为之，中士四人佐其职；下辖府二人，史四人，胥二人，徒二十人。

（八）掌山林川泽及其产物之官

山虞　掌山林之禁令。每大山以中士四人为之，下士八人佐其职；下辖府二人，史四人，胥八人，徒八十人。中山下士六人；下辖史二人，胥六人，徒六十人。小山下士二人；下辖史一人，徒二十人。

林衡　巡视林麓并掌其政令。每大林麓以下士十二人为之；下辖史四人，胥十二人，徒一百二十人。中林麓和中山之虞的编制相同；小林麓则同于小山之虞的编制。

川衡　巡视川泽并掌其政令。每大川以下士十二人为之；下辖史四人，胥十二人，徒一百二十人。中川下士六人；下辖史二人，胥六人，徒六十人。小川下士二人；下辖史一人，徒二十人。

泽虞　掌国有泽薮的政令。有水为泽，无水为薮。每大泽大薮以中士四人为之，下士八人佐之；下辖府二人，史四人，胥八人，徒八十人。中泽、中薮和中川的编制相同；小泽、小薮亦同于小川的编制。

迹人　掌畿内田猎场所的政令。以中士四人为之，下士八人佐其职；下辖史二人，徒四十人。此官探寻禽兽的足迹，故名。

矿人　掌有关矿山地的禁令。以中士二人为之，下士四人佐其职；下辖府二人，史二人，胥四人，徒四十人。

角人　掌按时征收象牙鹿角一类物品。以下士二人为之；下辖府一人，徒八人。

羽人　掌按时征收羽毛。以下士二人为之；下辖府一人，徒八人。

掌葛 掌按时征收制作葛布、麻布的原料。以下士二人为之；下辖府一人，史一人，胥二人，徒二十人。

掌染草 掌征收可作染料的草木。以下士二人为之；下辖府一人，史二人，徒八人。

掌炭 掌征收炭和灰，以下士二人为之；下辖史二人，徒二十人。炭可以取暖，灰可以洗衣。

掌荼 掌按时征收荼。以下士二人为之；下辖府一人，史一人，徒二十人。荼为茅草所开的白花，可以做衣做被。

掌蜃 掌征收蚌蛤之类。以下士二人为之；下辖府一人，史一人，徒八人。蚌蛤烧成的灰有防潮御湿作用，下葬时垫于棺下。

囿人 掌看管御苑、离宫中的禽兽。以中士四人为之，下士八人佐其职；下辖府二人，胥八人，徒八十人。

场人 掌理种有各种瓜果蔬菜的园地。以下士为之，每场二人；下辖府一人，史一人，徒二十人。

（九）掌粟米之官

廪人 掌统计各种作物的总产量、储藏粮食，以备赏赐臣民之用。以下大夫二人为之，上士四人、中士八人、下士十六人递相辅佐；下辖府八人，史十六人，胥三十人，徒三百人。

舍人 掌宫中用粮的管理。以上士二人为之，中士四人佐其职；下辖府二人，史四人，胥四人，徒四十人。

仓人 掌管粮仓。以中士四人为之，下士八人佐其职；下辖府二人，史四人，胥四人，徒四十人。

司禄 掌向群臣颁发禄米。以中士四人为之，下士八人佐其职；下辖府二人，史四人，徒四十人。职掌缺载，上列职掌，系根据郑玄注中所说。

司稼 掌巡视邦野的庄稼，知其名目与其所宜之地，并据以制定种植之法，晓谕民众。以下士八人为之；下辖史四人，徒四十人。

舂人 掌舂谷成米，以备所需。以奄者二人为之；下辖女舂抌二人，奚一人。

饎人 掌供祭祀及王用饭。以奄者二人为之；下辖女饎八人，奚四十人。

稾人　掌供应在宫中值班和加班人员的伙食，以宦者八人为之。下辖女稾每宦者二人，奚五人。

三　春官宗伯

春官掌邦礼，春官系统的官员称为礼官，长贰以下的属官共计六十九职。

（一）长官与副贰

大宗伯　掌国家祭祀、礼典、文化事务。设卿一人，为礼官之长，六卿之一。小宗伯、肆师为其副职与佐官；另有上士八人，中士十六人，旅下士三十二人，递相辅佐；下辖府六人，史十二人，胥十二人，徒一百二十人。

小宗伯　凡国之大事佐大宗伯，凡国之小礼，小宗伯专掌其事。以中大夫二人为之，为大宗伯的副贰。

（二）掌礼之官

肆师　佐宗伯掌祭祀礼仪，以下大夫二人为之。肆，意为陈列。

郁人　掌管祼器。以下士二人为之；下辖府一人，史二人[1]，徒八人。祼又作"灌"，谓以郁鬯香酒浇地降神，是宗庙之祭开始时的礼节。

鬯人　掌祭祀时提供秬鬯。以下士二人为之；下辖府一人，史一人，徒八人。秬鬯即用黑黍酿造的酒。

鸡人　掌供鸡牲，并在重要祭祀时负责报时。以下士一人为之；下辖史一人，徒四人。

司尊彝　掌酒器。以下士二人为之；下辖府二人，史四人[2]，胥二人，徒二十人。尊、彝均为酒器，彝用以盛秬鬯香酒，尊用以盛五齐。

司几筵　掌管几席的使用。以下士二人为之；下辖府一人，史二人，徒八人。几指几案，为凭依之具，筵即席子。

天府　掌宗庙所藏簿书及宝器。以上士一人为之，中士二人佐其职；

---

① 原作"府二人，史一人"，王引之认为当作"府一人，史二人"，据改。

② 原作"府四人，史二人"，王引之认为当作"府二人，史四人"，据改。

下辖府二人，史四人，胥二人，徒二十人。

典瑞 掌玉瑞玉器的收藏及使用。以中士二人为之；下辖府二人，史二人，胥一人，徒十人。

典命 掌策命文书。以中士二人为之；下辖府二人，史二人，胥一人，徒十人。

司服 掌王之吉凶礼服。以中士二人为之；下辖府一人，史二人，胥一人，徒十人。

典祀 掌守四郊祭祀之地。以中士二人为之，下士四人佐其职；下辖府二人，史二人，胥四人，徒四十人。

守祧 掌守祖庙，保管其先王先公的遗服。以宦者二人为之；每庙下辖女祧二人，奚四人。

世妇 佐王后礼事，由卿大夫之妻担任。每宫由卿妻二人主之，下大夫之妻四人，中士之妻八人递相辅佐；下辖女府二人，女史二人，奚十六人。

内宗 内宗女助祭者。凡是与王同姓的内女中有爵位者，均为内宗女。

外宗 外宗女助祭者。凡是王姑姐妹的女儿中有爵位者，均为外宗女。

冢人 掌王墓地的茔域及下葬事宜。以下大夫二人为之，中士四人佐其职；下辖府二人，史四人，胥十二人，徒一百二十人。

墓大夫 掌公共墓地。以下大夫二人为之，中士八人佐其职；下辖府二人，史四人，胥二十人，徒二百人。

职丧 掌有爵者丧事。以上士二人为之，中士四人、下士八人佐其职；下辖府二人，史四人，胥四人，徒四十人。

都宗人 掌都之祭祀之礼。以上士二人为之，中士四人佐其职；下辖府二人，史四人，胥四人，徒四十人。

家宗人 掌理家邑祭祀之礼。其设官与所辖人员与都宗人同。

（三）掌乐舞之官

大司乐 掌以音乐教国子。以中大夫二人为之，乐师佐之，又有上士八人、下士十六人递相辅佐；下辖府四人，史八人，胥八人，徒八十人。大司乐为乐官之长，自乐师以下至鞮鞻氏均为其属官。

乐师　掌以音乐教授小学中的学生。以下大夫四人为之，佐大司乐之职。

大胥　掌卿大夫诸子学舞者名册，以及征召等事。以中士四人为之，小胥佐之；下辖府二人，史四人，徒四十人。

小胥　为协助大胥征招督察学舞者。以下士八人为之，佐大胥之职。

大师　掌乐工，管六律、六同，以合阴阳之声。以下大夫二人为之，统瞽矇、眡瞭诸员；下辖府四人，史八人，胥十二人，徒一百二十人。大师为乐工的头领，由盲人充任。

小师　为大师之副。以上士四人为之，亦由盲人充任。

瞽矇　掌乐器演奏，为大师所属乐工。上瞽四十人，中瞽一百人，下瞽一百六十人，亦以盲人充任。

眡瞭　掌调鼗击磬，凡有演奏之事，负责搀扶瞽矇。为大师所属乐工，员额三百人。

典同　掌校正乐器之音律。以中士二人为之；下辖府一人，史一人，胥二人，徒二十人。"同"谓律吕。

磬师　掌教击磬。以中士四人为之，下士八人佐其职；下辖府四人，史二人，胥四人，徒四十人。

钟师　掌击钟镈以为奏乐之节。以中士四人为之，下士八人佐其职；下辖府二人，史二人，胥六人，徒六十人。

笙师　掌教授吹奏笙、竽等乐器。以中士二人为之，下士四人佐其职；下辖府二人，史二人，胥一人，徒十人。

镈师　掌击镈等事。以中士二人为之，下士四人佐其职；下辖府二人，史二人，胥二人，徒二十人。镈形如钟而比钟大。

鞮师　掌教授东夷之乐。以下士二人为之；下辖府一人，史一人，舞者十六人，徒四十人。

旄人　掌教授俗乐舞和四夷乐舞。以下士四人为之，舞者无固定员额；下辖府二人，史二人，胥二人，徒二百人。旄为旄牛之尾，舞者手执的道具。

籥师　掌教授国子的文舞、吹籥。以中士四人为之；下辖府二人，史二人，胥二人，徒二十人。

籥章 掌教击土鼓和用籥吹奏。以中士二人为之，下士四人佐其职；下辖府一人，史一人，胥二人，徒二十人。

鞮鞻氏 掌教授四夷之乐。以下士四人为之；下辖府一人，史一人，胥二人，徒二十人。鞮鞻是四夷舞者所着之皮制舞鞋。

典庸器 掌收藏乐器、庸器。以下士四人为之；下辖府二人，史四人①，胥八人，徒八十人。庸器，是作为战利品从战败国取得的乐器，以铭记战功。

司干 掌收藏跳舞时手持的道具。以下士二人为之；下辖府二人，史二人，徒二十人。干谓盾，跳舞时手持道具之一。

（四）掌卜祝之官

太卜 总掌卜筮之事。以下大夫二人为之，卜师、卜人佐其职；上述三官共辖府二人，史二人，胥四人，徒四十人。通过龟甲问事叫卜，太卜为卜官之长，自卜师至筮人均为其所属。

卜师 掌管灼龟占卜。以上士四人为之。

卜人 协助太卜、卜师所掌事务。以中士八人为之。

龟人 掌藏甲以备用。以中士二人为之；下辖府二人，史二人，胥四人，徒四十人。

菙氏 掌管提供灼龟所用的燋契。以下士二人为之；下辖史一人，徒八人。

占人 掌视龟的卦兆而言其吉凶。以下士八人为之；下辖府一人，史二人，徒八人。

筮人 掌筮法。以中士二人为之；下辖府一人，史二人，徒四人。通过蓍草问吉凶叫筮。

占梦 掌占验梦的吉凶。以中士二人为之；下辖史二人，徒四人。

视祲 掌望气以辨吉凶。以中士二人为之；下辖史二人，徒四人。

太祝 掌祭祀时的祈祷。以下大夫二人为之，上士四人佐之；小祝佐太祝之职。以上两官共辖府二人，史四人，胥四人，徒四十人。太祝为祝

---

① 原作"府四人，史二人"，王引之认为当作"府二人，史四人"，据改。

官之长，小祝、丧祝、甸祝、诅祝均为其所属。

小祝　掌小祭祀之祝号，并佐大祝行事。以中士八人为之，下士十六人佐其职。

丧祝　掌大小丧祭之祝事。以上士二人为之，中士四人、下士八人佐其职；下辖府二人，史二人，胥四人，徒四十人。

甸祝　掌田猎之祝事。以下士二人为之；下辖府一人，史一人，徒四人。

诅祝　掌盟诅之祝号，作誓词载之于册。以下士二人为之；下辖府一人，史一人，徒四人。

司巫　掌群巫之政。以中士二人为之；下辖府一人，史一人，胥一人，徒十人。

巫师　掌教群巫。以中士四人为之；下辖府二人，史四人，胥四人，徒四十人。

男巫　掌望祀，以茅旌召神及求吉祥、消灾祸等事。无固定员额。

女巫　掌岁时袚除、衅浴及舞雩等事。无固定员额。

（五）掌文史星历之官

太史　掌法典、礼籍、祭祀、星历等事，以下大夫二人为之，上士四人为辅佐；小史中士佐太史之职，下士十六人为其辅佐。以上两官共辖府四人，史八人，胥四人，徒四十人。太史为史官之长，小史、外史、御史等属之。

小史　掌王及畿内诸侯之史记，载王之世系，并协助太史行事。以中士八人为之，下士十六人佐其职。

内史　在宫中佐助太宰管理爵禄废置等政务，以及颁王之策命等事。以中大夫一人为之，下大夫二人，上士四人，中士八人，下士十六人，递相辅佐；下辖府四人，史八人，胥四人，徒四十人。

外史　掌书外令及四方之志。以上士四人为之，中士八人、下士十六人佐其职；下辖胥二人，徒二十人。

御史　掌保管与起草文书。以中士八人为之，下士十六人佐其职，其史一百二十人；下辖府四人，胥四人，徒四十人。

冯相氏 掌天文星历。以中士二人为之，下士四人佐其职；下辖府二人，史四人，徒八人。

保章氏 掌观察天象变异，辨其吉凶。以中士二人为之，下士四人佐其职；下辖府二人，史四人，徒八人。

（六）掌车旗之官

巾车 掌官车。以下大夫二人为之，上士四人、中士八人、下士十六人递相辅佐；下辖府四人，史八人，工一百人，胥五人，徒五十人。

典路 掌王及后之用车。以中士二人为之，下士四人佐其职；下辖府二人，史二人，胥二人，徒二十人。

车仆 掌王戎车之副。以中士二人为之，下士四人佐其职；下辖府二人，史二人，胥二人，徒二十人。

司常 掌王旌旗。以中士二人为之，下士四人佐其职；下辖府二人，史二人，胥四人，徒四十人。

四 夏官司马

夏官掌邦政，夏官系统的官员称为政官，长贰以下的属官共计七十四职。

（一）长官与副贰

大司马 掌理军政和四方诸侯各项事务，以卿一人为之，为夏官之长，六卿之一。小司马、军司马、舆司马、行司马为其副职和佐官；另有旅下士三十二人分理杂务；下辖府六人，史十六人，胥三十二人，徒三百二十人。

小司马 凡小祭祀、会同、飨射、师田、丧纪，掌其事如大司马之法。以中大夫二人为之，为大司马副职。

（二）掌军旅之官

军司马 即中军之司马，掌兵车与徒卒。以下大夫四人为之，其职掌原文阙载。

舆司马 掌兵车。以上士八人为之，其职掌原文阙载。

行司马 掌徒卒。以中士十六人为之，其职掌原文阙载。

军将① 掌领一军。以卿为之。一万二千五百人为一军。一个军的吏员有府二人，史六人，胥十人，徒一百人。

师帅 掌领一师。以中大夫为之。二千五百人为一师。

旅帅 掌领一旅。以下大夫为之。五百人为一旅。

卒长 掌领一卒。以上士为之。一百人为一卒。

两司马 掌领一两。以中士为之。二十五人为一两。

伍长 掌领五人。五人为一伍。

司勋 掌功赏之事。由上士二人为之，下士四人佐其职；下辖府二人，史四人，胥二人，徒二十人。

环人 掌向敌挑战，查察军中奸细、受降敌人等事。以下士六人为之；下辖史二人，徒十二人。秋官所属亦有环人，与此名同实异。

挈壶氏 掌军中悬壶计时之事。以下士六人为之；下辖史二人，徒十二人。

射人 主射礼之事。由下大夫二人为之，上士四人、下士八人佐其职；下辖府二人，史四人，胥二人，徒二十人。

司士 掌理群臣名册、升降、征召及正朝仪之位等事。以下大夫二人为之，中士六人、下士十二人佐其职；下辖府二人，史四人，胥四人，徒四十人。

诸子 掌理国子之戒令、教治、等级、朝会等事。以下大夫二人为之，中士四人佐其职；下辖府二人，史二人，胥二人，徒二十人。

司右 掌车右之士的政令。以上士二人为之，下士四人佐其职；下辖府四人，史四人，胥八人，徒八十人。

都司马 掌一都之庶子与兵众、车马、兵甲之政令。每都以上士二人为之，中士四人、下士八人佐其职；下辖府二人，史八人，胥八人，徒八十人。都，包括大都、小都。大都是王子弟以及三公采地，小都是卿的采地。孙诒让《周礼正义》中说："此官与家司马及春官之都宗人、家宗人，秋官之都士、家士，皆都家私臣之受命于王者也……以其掌采地军赋，得以职事自

---

① 六军之军将、师帅、旅帅、卒长、两司马、伍长，皆出军时始置。

达于王朝，故亦以事类附列《夏官》之末，而实非大司马之属官也。"

家司马　掌卿大夫采地之兵众、车马、兵甲之政令。家即指卿大夫采地而言，家司马由各卿大夫安排自己的家臣充任，听从公司马的命令。

（三）掌防御之官

掌固　掌修护城郭、沟池、树渠，并派民守卫之事。以上士二人为之，下士八人佐其职；下辖府二人，史四人，胥四人，徒四十人。

司险　掌九州之地图，守护山林、川泽、险阻之地及重要通道。以中士二人为之，下士四人佐其职；下辖史二人，徒四十人。

掌疆　掌边疆守备之事。以中士八人为之；下辖史四人，胥十六人，徒一百六十人。

候人　掌迎候宾客之事。以上士六人为之，下士十二人佐其职；下辖史六人，徒一百二十人。

（四）掌马之官

马质　掌买马及调整马价等事。以中士二人为之；下辖府一人，史二人，贾四人，徒八人。

校人　掌王马之政。以中大夫二人为之，上士四人、下士十六人佐其职；下辖府四人，史八人，胥八人，徒八十人。

趣马　掌养马。以下士为之，每皂一人；下辖徒四人。皂，厩之小者，十二匹马为一皂。趣马为校人之下属。

巫马　掌医马疾。以下士二人为之，医四人为其辅佐；下辖府一人，史二人，贾二人，徒二十人。

牧师　掌牧放及养马之事。以下士四人为之；下辖胥四人，徒四十人。

庾人　掌王厩十二闲养教马匹之事。以下士为之，每闲二人；下辖史二人，徒二十人。

圉师　掌教圉人养马。以无爵者为之，每乘一人；下辖徒二人。

圉人　专职养马人。以庶人为之，良马每匹一人，驽马二匹一人。

（五）掌兵甲之官

司甲　掌管铠甲之事。以下大夫二人为之，中士八人佐其职；下辖府四人，史八人，胥八人，徒八十人。司甲为司兵、司戈盾之长。

司兵　掌管兵械。以中士四人为之；下辖府二人，史四人，胥二人，徒二十人。

司戈盾　掌戈盾。以下士二人为之；下辖府一人，史二人，徒四人。

司弓矢　掌弓矢的收藏出入。以下大夫二人为之，中士八人佐其职；下辖府四人，史八人，胥八人，徒八十人。司弓矢为槁人、缮人之长。

槁人　掌弓箭的制造。以中士四人为之；下辖府二人，史四人，胥二人，徒二十人。

缮人　掌王所用弓弩矢箙赠弋抉拾之事。以上士二人为之，下士四人佐其职；下辖府一人，史二人，胥二人，徒二十人。

（六）掌王戎事之官

戎右　为王兵车之骖乘。以中大夫二人为之，上士二人为佐官。

齐右　为王齐车之骖乘。以下大夫二人为之。齐车指王之玉路、金路。

道右　为王道车之骖乘。以上士二人为之。道车指王之象路。

大驭　掌驭王之玉路，并为犯轵之祭。以中大夫二人为之。此官与戎仆、齐仆、道仆、田仆为五路之驭。大驭最尊，故不称仆而谓之大驭。

戎仆　掌驭王兵车。以中大夫二人为之。

齐仆　掌驭王之金路以接待宾客。以下大夫二人为之。

道仆　掌驭王象路，供王早晚上朝与燕游出入。以上士十二人为之。

田仆　掌驭王猎车。以上士十二人为之。

驭夫　掌驭王之副车、使车、从车。以中士二十人为之，下士四十人佐其职。副车即贰车，备王自乘；使车为使者所乘之车；从车指卿大夫从王出行所乘之车。

虎贲氏　掌管虎士八百人为王警卫。以下大夫二人为之，中士十二人佐其职；下辖府二人，史八人，胥八十人，虎士八百人。

旅贲氏　掌王出行时在王车左右护卫。以中士二人为之，下士十六人佐其职；下辖史二人，徒八人。

节服氏　掌王祭祀、朝觐时之衮冕，持王之旌旗。以下士八人为之；下辖徒四人。

（七）掌四方邦国之官

职方氏　掌天下地图，主四方之职贡及王巡狩时为王先导。以中大夫四人为之，下大夫八人、中士十六人递相辅佐；下辖府四人，史十六人，胥十六人，徒一百六十人。

土方氏　掌土圭之法以测时、度地，又辨土宜、土化之法，授给负责合理使用土地的官员。以上士五人为之，下士十人佐其职；下辖府二人，史五人，胥五人，徒五十人。

怀方氏　掌招致四夷之民及其产物，并负责迎送。以中士八人为之；下辖府四人，史四人，胥四人，徒四十人。

合方氏　掌理交通、流通货物，统一货物标准及度量衡等。以中士八人为之；下辖府四人，史四人，胥四人，徒四十人。

训方氏　掌教导四方之民。以中士四人为之；下辖府四人，史四人，胥四人，徒四十人。

形方氏　掌诸侯国疆域之分界。以中士四人为之；下辖府四人，史四人，胥四人，徒四十人。

山师　掌山林之名物，使各诸侯国贡珍异之物。以中士二人为之，下士四人佐其职；下辖府二人，史四人，胥四人，徒四十人。

川师　掌川泽之名物，使各诸侯国贡珍异之物。以中士二人为之，下士四人佐其职；下辖府二人，史四人，胥四人，徒四十人。

原师　掌辨丘陵、坟衍、原隰之名物，及其可以居民建邑之地。以中士四人为之，下士八人佐其职；下辖府四人，史八人，胥八人，徒八十人。

匡人　掌向诸侯国传达八法、八则，查察为奸作恶者。以中士四人为之；下辖史四人，徒八人。

撢人　掌巡行天下，向诸侯国传达王之政事。以中士四人为之；下辖史四人，徒八人。

量人　掌度量国城大小、宫室、方位、市朝、道巷、军队垒舍等，并制图收藏。以下士二人为之；下辖府一人，史四人，徒八人。

（八）掌杂事之官

太仆　掌正王之服位，传达王命，转呈奏事，助王击鼓等。以下大夫二人为之，为诸仆之长；小臣、祭仆、御仆等佐其职。以上诸官共辖府二人，史四人，胥二人，徒二十人。

小臣　掌传达王次要之命令，赞助王之小礼节，为太仆之辅佐。以上士四人为之。

祭仆　掌奉王命处理有关祭祀之事。以中士六人为之。

御仆　掌理群吏、庶民之奏事，奉王命吊劳等。以下士十二人为之。

隶仆　掌宫室洗扫、宫中清道、大丧招魂等事。以下士二人为之；下辖府一人，史二人，胥四人，徒四十人。

弁师　掌冕弁诸首服。以下士二人为之；下辖工四人，史二人，徒四人。弁为首服之总名。

司爟　掌行火之政令。以下士二人为之；下辖徒六人。

服不氏　掌驯养猛兽，兼管射事。以下士一人为之；下辖徒四人。

射鸟氏　掌射鸟供膳羞，兼司祭祀时驱乌鸦、鸢鸥，行射礼时取矢于侯等事。以下士一人为之；下辖徒四人。

罗氏　掌以罗网捕鸟。以下士一人为之；下辖徒四人。

掌畜　掌养鹅等禽，祭祀时供禽及蛋，每年贡禽物及庶羞。以下士二人为之；下辖史二人，胥二人，徒二十人。

小子　掌祭祀时进羊牲肉等事。以下士二人为之；下辖史一人，徒八人。

羊人　掌供祭祀时所需的羊牲。以下士二人为之；下辖史一人，贾二人，徒八人。

方相氏　掌蒙熊皮驱疫鬼。以无爵者四人为之。

五　秋官司寇

秋官掌邦禁，秋官系统的官员称为刑官。长贰以下的属官共计六十三职。

（一）长官与副贰

大司寇　掌理刑狱、司法。以卿一人为之，为秋官之长，六卿之一。小司寇、士师、乡士为其副职和佐官；另有中士十六人，旅下士三十二人递相辅佐；下辖府六人，史十二人，胥十二人，徒一百二十人。

小司寇　掌外朝之政，以五刑听万民之狱讼。以中大夫一人为之，为大司寇副职。

（二）掌刑法狱讼之官

士师 掌禁令、狱讼之事。以中大夫四人为之，以其听掌之事佐大司寇。

乡士 掌六乡及国中刑狱之事。以上士八人为之，以其所掌之事佐大司寇。

遂士 掌六遂及四郊狱讼之事。以中士十二人为之；下辖府六人，史十二人，胥十二人，徒一百二十人。

县士 掌郊外甸地、稍地、县地、都地四等公邑狱讼之事。以中士三十二人为之；下辖府八人，史十六人，胥十六人，徒一百六十人。县指公邑。

方士 掌四方都家狱讼之事。以中士十六人为之；下辖府八人，史十六人，胥十六人，徒一百六十人。

讶士 掌诸侯之狱讼并兼掌迎送宾客之事。以中士八人为之；下辖府四人，史八人，胥八人，徒八十人。

朝士 掌外朝位次及刑狱之事。以中士六人为之；下辖府三人，史六人，胥六人，徒六十人。

朝大夫 为诸侯国及卿之私臣派在王朝者，以便有事与诸侯或卿联系。诸侯的朝大夫，每国以上士二人为之，下士四人佐其职；下辖府一人，史二人，庶子八人，徒二十人。卿的朝大夫则每都以中士一人为之，下士二人佐其职；下辖府一人，史二人，庶子四人，徒八十人。

都士 掌管大都、小都吏民的狱讼。以中士为之，每都二人，下士四人佐其职；下辖府二人，史四人，胥四人，徒四十人。

家士 掌管大夫采地吏民的狱讼。以中士为之，每家二人，下士四人佐其职；下辖府二人，史四人，胥四人，徒四十人，与都士同。

（三）执行刑禁之官

司刑 掌墨、劓、宫、刖、死五刑。以中士二人为之；下辖府一人，史二人，胥二人，徒二十人。

司刺 掌三刺、三宥、三赦之法。以下士二人为之；下辖府二人，史二人，徒四人。

司厉　掌没收盗贼之兵器及其赃物。以下士二人为之；下辖史一人，徒十二人。

司圜　掌收教罢民。以中士六人为之，下士十二人佐其职；下辖府三人，史六人，胥十六人，徒一百六十人。

掌囚　掌拘囚罪犯。以下士十二人为之；下辖府六人，史十二人，徒一百二十人。

掌戮　掌刑杀戮尸之法。掌管对死刑斩首和戮尸，并掌墨、劓、宫、刖等刑罚。以下士二人为之；下辖史一人，徒十二人。

司隶　掌率领罪隶、四翟之隶劳役之事。以中士二人为之，下士十二人佐其职；下辖府五人，史十人，胥二十人，徒二百人。

罪隶　掌役小隶及守卫王宫、野舍。员额一百二十人。罪隶指罪人之家族没入官府为奴者。

蛮隶　供校人役使养马及守卫王宫、野舍。员额一百二十人。蛮隶指南蛮之被俘虏为奴者。

闽隶　供掌畜役使养鸟。员额一百二十人。闽隶指闽蛮之被俘虏为奴者。

夷隶　供牧人役使养牛。员额一百二十人。夷隶指东夷之被俘虏为奴者。

貉隶　供服不氏役使养兽及守卫王宫野舍。员额一百二十人。貉隶指东北夷之被俘虏为奴者。

禁杀戮　掌禁止吏民互相伤害凶杀。以下士二人为之；下辖史一人，徒十二人。

禁暴氏　掌禁庶民之暴乱。以下士六人为之；下辖史三人，胥六人，徒六十人。

野庐氏　掌理道路交通等事。以下士六人为之；下辖胥十二人，徒一百二十人。

雍氏　掌疏通沟渎，管理水利设施。以下士二人为之，下辖徒八人。雍通"壅"，堵塞。

萍氏　掌国家的水禁。以下士二人为之，下辖徒八人。

司寤氏　掌管夜间之禁戒。以下士二人为之，下辖徒八人。

司烜氏　掌火禁兼掌坟烛、庭燎等事。以下士六人为之；下辖徒十二人。

修闾氏　掌管王城中里门的守禁。以下士二人为之；下辖史一人，徒十二人。

衔枚氏　掌国中闾门之戒警，稽查行人出入。以下士二人为之，下辖徒八人。

（四）掌盟约宪令之官

司民　掌户籍，登记人口之数。以中士六人为之；下辖府三人，史六人，胥三人，徒三十人。

司约　掌契约券书之事。以下士二人为之；下辖府一人，史二人，徒四人。

司盟　掌盟约之事。以下士二人为之；下辖府一人，史二人，徒四人。

职金　掌识别金玉锡石丹青等矿物及其出纳之事。以上士二人为之，下士四人佐其职；下辖府二人，史四人，胥八人，徒八十人。

布宪　掌宣布法令。以中士二人为之，下士四人佐其职；下辖府二人，史四人，胥四人，徒四十人。

（五）掌辟除之官

条狼氏　掌驱使行人走避，出军及将祭祀时传达王的誓言以警众。以下士六人为之；下辖胥六人，徒六十人。

蜡氏　掌埋葬路毙之尸等事。以下士四人为之，下辖徒四十人。蜡氏亦称蛆氏。蜡通蛆，谓腐内生蛆。

冥氏　掌捕取猛兽之事。以下士二人为之，下辖徒八人。冥通"幂"，谓掩覆鸟兽。

庶氏　掌去毒蛊。以下士一人为之，下辖徒四人。段玉裁说："庶氏既掌除毒蛊，则其官曰蛊氏可矣，而书不作'蛊'字者，庶（zhǔ）与蛊音同，是以作庶氏。"

穴氏　掌捕取穴居之兽。以下士一人为之，下辖徒四人。

趩氏　掌捕猛鸟。以下士二人为之，下辖徒八人。趩音 chì（翅）。

柞氏　掌斫木。以下士八人为之，下辖徒二十人。

薙氏　掌除草。以下士二人为之，下辖徒二十人。薙通"剃"。

哲蔟氏　掌毁妖鸟之巢。以下士一人为之，下辖徒二人。哲音 chè（撤），蔟音 cù（促）。

翦氏　掌除蠹虫。以下士一人为之，下辖徒二人。

赤犮氏　掌治墙屋间虫豸。以下士一人为之，下辖徒二人。

蝈氏　掌去除蛙黾。以下士一人为之，下辖徒二人。郑玄说："齐鲁之间谓蛙为蝈。"

壶涿氏　掌治水中毒虫。以下士一人为之，下辖徒二人。

庭氏　掌射妖鸟。以下士一人为之，下辖徒二人。

伊耆氏　掌大祭祀时供杖。以下士一人为之，下辖徒二人。

犬人　掌祭祀之犬牲。以下士二人为之；下辖府一人，史二人，贾四人，徒十六人。

（六）掌与诸侯蛮夷往来之官

大行人　掌诸侯国来朝及使命往来之事。以中大夫二人为之，小行人、司仪、行夫递相辅佐；下辖府四人，史八人，胥八人，徒八十人。

小行人　掌小宾客之礼，以待四方使者。以下大夫四人为之，以其职佐大行人。

司仪　掌接待宾客，傧相礼仪，以上士八人为之，中士十六人为辅佐，以其职佐大行人。

行夫　掌奉王命至诸侯国庆喜吊丧等小事。以下士三十二人为之，以其职佐小行人。

环人　掌迎送宾客及守卫之事。以中士四人为之；下辖史四人，胥四人，徒四十人。

象胥　掌接待番国国君及使者，并任翻译之事。以上士为之，每翟一人，中士二人、下士八人佐其职；下辖徒二十人。

掌客　掌接待诸侯宾客之牢礼、饩献、饮食之不同规格。以上士二人为之，下士四人佐其职；下辖府一人，史二人，胥二人，徒二十人。

掌讶 掌迎接宾客。以中士八人为之；下辖府二人，史四人，胥四人，徒四十人。

掌交 掌联系诸侯与之交好。以中士八人为之；下辖府二人，史四人，徒三十二人。

掌察 掌督察四方诸侯国之事。以中士八人为之；下辖史四人，徒十六人。

掌货贿 掌四方所献金玉、齿革、兵器等货贿。以下士十六人为之；下辖史四人，徒三十二人。

六 冬官司空

《周礼》第六篇本为"冬官司空"，冬官掌邦事，冬官系统的官员称为事官。其文亡佚，长贰以下之属官，代之以《考工记》所记诸工，共计三十职。

（一）长官与副贰

大司空 掌邦事，营城郭都邑，立社稷宗庙，造宫室器械，监百工。以卿一人为之，为冬官之长，六卿之一。其职掌阙载，上列职掌系据《环济要略》中的记载。

小司空 为大司空副职。《周礼》"冬官司空"亡佚，依其他五官之例推之，应有小司空的设置，其爵为中大夫，员额不详。

（二）攻木之工

轮人 掌造车轮与车盖。

舆人 掌造车厢。《考工记》："舆人为车。"舆即车厢。

辀人 掌造车辕。辀即车辕。

弓人 掌造弓。

庐人 掌制兵器之柄。

匠人 掌木工兼版筑营造及为沟洫诸事。

车人 掌造牛车及耒耜。

梓人 掌制造木器。

（三）攻金之工

筑氏 掌制作书刀。《尔雅·释名》"释兵"条："书刀，给书简札有所刊削之刀也。"

冶氏　掌制造矢镞、戈戟、兵器等事。

凫氏　掌制造钟鼎。

栗氏　掌制作量器。

段氏　掌制作镈器。

桃氏　掌制作刀剑。

（四）攻皮之工

函人　掌制甲。

鲍人　掌治革。

韗人　掌治皮革以冒鼓，又兼制鼓框。

韦氏　掌治熟韦。

裘氏　掌治毛裘。

（五）设色之工

画缋　掌调五种颜色，以形成各种图案。缋即绘，《考工记·总序》以画缋为两种工匠，即画人和缋人，似误。

钟氏　掌为羽染色。

筐人　疑为加工丝枲布帛之事，其职文阙载。

幌氏　掌涑丝涑帛。《考工记》："幌氏涑丝以涗水。"涗水，谓清灰水；"涑"与"练"通。

（六）刮磨之工

玉人　掌雕琢玉器。

栉人　疑是掌制作梳子、篦子之事。其职文阙载。

雕人　疑是掌雕琢骨角之事。其职文阙载。

磬氏　掌制作磬。

矢人　掌造箭。

（七）抟埴之工

陶人　掌制甗、甑等陶器。

瓬人　掌制簋、豆等陶器。

第三节 《周礼》中的治国措施

《周礼》中的治国措施，包含在六官的职掌之中，有着丰富的内容。其中有对于前代统治经验的总结，也有《周礼》作者自己设计的内容，反映了作者的政治理想。这些治国措施未见得都在历史上真正实施过，但为统治者提供了不少可以借鉴的内容。兹略述如下。

一 属于太宰之职者

（一）以"六典"辅佐王治理天下

《周礼·天官·太宰》："掌建邦之六典，以佐王治邦国。"即掌理修立王邦治政六典，以辅佐王治理王邦和各诸侯国。第一是治典，用来统治天下，治理官府，管理百姓。第二是教典，用来安定王邦和各诸侯国，使官府有所遵循；教化百姓，使他们都变得柔顺而善良。第三是礼典，用来协和王邦和各诸侯国，统御官府，使百姓们都能和睦相处。第四是政典，用来平服天下各国，使百官各安其位，使百姓们都能得到公平的待遇，平均负担赋税。第五是刑典，用来制止王邦内部和各诸侯国的叛乱，诛罚犯法的官吏，督察百姓。第六是事典，用来富强天下，使官吏都能尽其能力来建立功绩，服务百姓。治典为天官本身所掌；教典、礼典、政典、刑典、事典则是地官、春官、夏官、秋官、冬官所掌。天官总摄六官，即指总掌此六典而言。

（二）以"八法"管理官府

《周礼·天官·太宰》："以八法治官府。"指以八种办法来管理官府。第一是官属，规定各级官员之间的统领与分属关系，使治理王邦的机构、人员齐备。第二是官职，规定各级官员之职责，借以使各个官府职责明确。第三是官联，指凡有需六官之属相互协助联合办事者，则协作办事，借以使有关官府联合起来，协力完成国家大事。第四是官常，指各官员所任之专职（不包括联事之职），借以使各个官府做好本职工作。第五是官成，指按文书簿册考核官府之政绩，借以使上级了解下级的工作。第六是官法，指百官办事之法度，借以使百官知道遵循，不可乱来。第七是官刑，指有关惩治百官之刑法，借以督察百官，使之尽心王事。第八是官计，指考核百官的治绩，通过对百官的考核来定赏罚。

太宰八法，其作用及于六官，若联系六官之职掌和历代经师们的注疏，可作如下之解说。

关于官属。《天官·太宰》："以八法治官府，一曰官属，以举邦治。"郑玄注引郑司农说："官属谓六官，其属各六十，若今之博士、太史、太宰、太祝、太乐属太常也。《小宰职》曰：'以官府之六属举邦治：一曰天官，其属六十'是也。"贾公彦疏："言'官属'者，谓六官各有六十官之属也。长官有属官，官事得举，故云以举邦治。"孙诒让《周礼正义》卷二："属犹言属别，谓以爵秩尊卑相领隶……凡官属，有总属，有分属，有当官之属，有冗散之属。总属即六官属各六十，通属于其正长是也。分属若庖人、内饔、外饔、烹人属膳夫是也。当官之属者，宫正中下士以下，属于上士是也。冗散之属，若四方之以舞仕者属旄人，国勇力之士属司右，相犬、牵犬者属犬人，皆无职名员数是也。四者各以尊卑相隶，通谓之官属。先郑举其大者言之。凡六官之属，亦多赢羡，不皆六十，《小宰》约举大数耳。"

关于官职。《天官·太宰》："以八法治官府……二曰官职，以辨邦治。"郑玄注引郑司农说："官职谓六官之职。《小宰职》曰：'以官府之六职辨邦治：一曰治职，二曰教职，三曰礼职，四曰政职，五曰刑职，六曰事职。'"

关于官联。《天官·太宰》："以八法治官府……三曰官联，以会官治。"郑玄注引郑司农说："官联谓国有大事，一官不能独共，则六官共举之……《小宰职》曰：'以官府之六联合邦治，一曰祭祀之联事，二曰宾客之联事，三曰丧荒之联事，四曰军旅之联事，五曰田役之联事，六曰敛弛之联事。'"孙诒让《周礼正义》卷二说："依《小宰》云'凡小事皆有联'，则不必大事而后有联。此据六官共举者言之，故云大事。其小事则不必合六官，或异官，或同官，凡各属共为一事，亦得为联。"孙诒让《周礼正义》于职官之职文下，常说明此职与某职为官联。如《天官·宫正》："掌王宫之戒令纠禁。"《周礼正义》中说："戒令谓戒具征令之事，纠禁亦即士师之宫禁，此官与彼为官联也。"

关于官常。《天官·太宰》："以八法治官府……四曰官常，以听官治。"郑玄注引郑司农说："官常谓各自领其官之常职，非连事通职所共也。"孙诒让《周礼正义》："谓各职当官常行之事。《太史》云'祭之日，执书以次位常'是也。每官各有其专领之职事，不得相侵越。官常主分，与官联主合，义正相反，盖以官职分言之，著于书者为官法，布于行事者为官常。官尊者法与常皆备，官卑者则惟奉行官常而已。"

关于官成。《天官·太宰》："以八法治官府……五曰官成，以经邦治。"郑玄注引郑司农说："官成谓官府之成事品式也。《小宰职》曰：'以官府之八成经邦治：一曰听政役以比居，二曰听师田以简稽，三曰听闾里以版图，四曰听称责以傅别，五曰听禄位以礼命，六曰听取予以书契，七曰听卖买以质剂，八曰听出入以要会。'"孙诒让《周礼正义》卷二："谓各官府所掌之事已成，则案其簿书文字，考其品数法式，即治会之事。《司会》：'以参互考日成，以月要考月成，以岁会考岁成。'此官成正与日成、月成、岁成同义。《司书》云：'凡税敛，掌事者受法焉。及事成，则入要贰焉。'注云：'成犹毕也。'此注云'成事'犹彼云'事成'。……郑所谓成事品式，即谓凡官事之有文籍可稽校案验者。《小宰》以比居、简稽等为八成，正是此义。士师掌士之八成，邦汋、邦贼之等，亦即最会刑名之簿书。《王制》云：'百官各以其成，质于三官。大司徒、大司马、大司空，以百官之成，质于天子。'此即官成也。"

关于官法。《天官·太宰》："以八法治官府……六曰官法，以正邦治。"郑玄注引郑司农说："官法，谓职所主之法度，官职主祭祀、朝觐、会同、宾客者，则皆自有其法度。"孙诒让《周礼正义》卷二："谓邦之大事，各有专法，著其礼节名数，若今会典、通礼之属。一官秉之，以授众官，使各依法共治之，是谓官法。"

关于官刑。《天官·太宰》："以八法治官府……七曰官刑，以纠邦治。"郑玄注："官刑，司寇之职五刑，其四曰官刑，上能纠职。"指官有失职，则以刑罚惩之。

关于官计。《天官·太宰》："以八法治官府……八曰官计，以弊邦治。"郑玄注："弊，断也。""'官计，谓三年则大计群吏之治而诛赏之。'……官计，谓小宰之六计，所以断群吏之治。"《天官·小宰》："以听官府之六计，弊群吏之治。一曰廉善，二曰廉能，三曰廉敬，四曰廉正，五曰廉法，六曰廉辨。"

太宰八法作为管理百官的法则，也可作为《周礼》全书的纲领。正如孙诒让在《周礼正义·略例》中所说："古经五篇，文繁事富，而要以太宰八法为纲领。众职分陈，区畛靡越。其官属一科，《叙官》备矣。至于司存攸寄，悉为官职；总揭大纲，则曰官法，若《太宰》六典、八则之类；详举庶务，则曰官常，若《太宰》正月之吉，始和，布治于邦国都鄙以下至职末皆是也；而官计、官成、官刑，亦错见焉：若《太宰》职末受会，则官成也；大计群吏，则官计也；诏王废置诛赏，则官刑也。六者自官职、官常外，余虽或此有彼无，详略互见，而大都分系当职，不必旁稽。唯官联条绪纷繁……虽复疏阙孔多，或亦稽古论治之资乎？"

（三）以"八则"治理都鄙

《周礼·天官·太宰》："以八则治都鄙。"八则指治理王畿内大小都、家邑和采地的通法，由太宰制定并执掌。第一是祭祀，借以控制其所供奉的神祇的尊卑；第二是法则，借以控制其所设官吏是否僭上逾等；第三是废置，借以控制其所设官吏的随意升降任免；第四是禄位，借以控制其对有道德、有学问者的随意任用；第五是赋贡，借以控制其财政税收；第六是礼俗，借以控制其对民众的不良影响；第七是刑赏，借以控制其擅自作威作福；第八是田役，借以控制其对民众的随意征调役使。

（四）以"八柄"驾驭群臣

《周礼·天官·太宰》："以八柄诏王驭群臣。"指以八种权柄辅佐王统御群臣。第一是爵位，用以劝励贤臣，使其尊贵；第二是俸禄，用以劝励贤臣，使其富有；第三是赐予，用以劝励贤臣，使其得到天子的宠爱；第四是拔擢，用以劝励贤臣，使其修养品行；第五是赦罪，用以劝励臣子，使其感恩；第六是抄家，用以惩罚罪臣，使其贫穷；第七是削职，用以惩罚罪臣，使其受到警诫；第八是诛杀，用以处罚罪臣，使其知道罪有应得。

（五）以"八统"统御万民

《周礼·天官·太宰》："以八统诏王驭万民。"指以八种方法辅佐王统驭万民。第一是亲爱亲族，第二是尊敬故旧，第三是荐举贤德的人，第四是任用有才能的人，第五是奖励有功绩的人，第六是尊重有声望、有地位的人，第七是察举勤劳的小吏，第八是以礼接待来朝的诸侯。

（六）以"九职"任使万民

《周礼·天官·太宰》："以九职任万民。"指以九种职业来任使天下百姓。第一是三农，让他们生产谷物；第二是园圃，让他们培育各种瓜果蔬菜；第三是虞衡，让他们开发山林川泽的资源；第四是薮牧，让他们养育繁殖鸟兽；第五是百工，让他们对珍珠、象牙、玉料、石料、木料、金属、兽革、鸟羽进行加工并制成成品；第六是商贾，让他们繁荣市场和流通货物；第七是女工，让她们缫丝织麻，织造布帛；第八是从事杂事的厮役奴婢，让他们采集野生的果实；第九是佣工，本身没有固定的职业，但可随时受人雇用，替别人工作。

（七）用九种税收来筹措经费

《周礼·天官·太宰》："以九赋敛财贿。"第一是"邦中之赋"，即国中的地税，第二是"四郊之赋"，即距王城百里四郊六乡的地税，第三是"邦甸之赋"，即距王城百里至二百里六遂中的公邑地税，第四是"家稍之税"，即距王城二百里至三百里公邑和采邑的地税，第五是"邦县之税"，即距王城三百里至四百里的公邑和采邑的地税，第六是"邦都之税"，即距王城四百里至五百里的公邑和采邑的地税，第七是"关市之赋"，即由司关、司市征收之税，第八是"山泽之赋"，如矿人征收的金锡玉石、角人征收的象牙鹿角之税，第九是"币余之税"，即官府每年公用所剩的余财。

（八）以"九式"均衡财用

《周礼·天官·太宰》："以九式均节财用。"即用九种使用经费的法规来平衡和节制财政支出。第一是祭祀用财的法规，第二是招待宾客所需支出的法规，第三是丧事及凶年所需要支出的法规，第四是天子膳羞衣服的用财法度，第五是冬官百工造作器物等事所需支出的法规，第六是置备聘问所用礼品使用经费的法规，第七是饲养牛马所需禾谷支出的法规，第八是天子赐群臣所需支出的法规，第九是天子宴饮时特别恩赐群臣所需支出的法规。

（九）以"九贡"提供国家财用

《周礼·天官·太宰》："以九贡致邦国之用。"即用九种贡纳方法使各诸侯国向天子进献物品。第一是贡献祭祀用的物品，第二是贡献接待宾客所用的物品，第三是贡献制造器具所用的材料，第四是贡献馈赠所用的物品，第五是贡献木材之类的物品，第六是贡献金玉龟贝之类的物品，第七是贡献缝制祭服所用的材料，第八是贡献玩好之类的物品，第九是贡献各地特产的杂物。

（十）以"九两"使天下万民互相联系

《周礼·天官·太宰》："以九两系邦国之民。"即以九种协调两方关系的方法使天下万民互相关联。第一是有地之君，以其拥有土地而得到当地民众的拥护；第二是官长，以其尊贵的地位得到属下的尊重；第三是传道的师长，以其道德获得弟子的爱戴；第四是儒士，以其才能得到民众的信服；第五是大宗子，因敦睦宗族得到族人的亲爱；第六是主人，以其能够为客人提供便利而得到客人的感激；第七是各级官吏，以其良好的政绩而得到百姓的爱戴；第八是朋友，以其信誉得到对方的信任；第九是主管山林泽薮的官吏，因为辅导民人从事生产，得到百姓的赞许。

二 属于小宰之职者

（一）以官府的"六叙"规范百官群臣的行动

《周礼·天官·小宰》："以官府之六叙正群吏。"即以官府的六种序次，来规正所有的官吏。第一是以爵秩的尊卑来决定朝会的序次；第二是以爵秩的尊卑来决定呈报政绩的先后；第三是国家有大事也以爵秩的尊卑来决定执掌；第四是按照执掌的大小来订定月俸；第五是按照爵秩的尊卑决定接受会计文书的先后；第六是群臣若有事情来咨请辩讼，也要依爵秩尊卑来定平治裁决的次序。

（二）以官府的"六属"来完成对王邦的治理

《周礼·天官·小宰》："以官府之六属举邦治。"即把所有的官府分为六个系统，以全面完成对王邦的治理。第一是天官系统，有属官六十，掌理王邦的治务；第二是地官系统，有属官六十，掌理王邦教典的推行；第三是春官系统，有属官六十，掌理王邦礼典的推行；第四是夏官系统，掌理王邦政典的推行；第五是秋官系统，有属官六十，掌理王邦刑典的推行；第六是冬官系统，有属官六十，掌理王邦事典的推行。

（三）以官府的"六职"来明确六官在治理王邦中的不同责任

《周礼·天官·小宰》："以官府之六职辨邦治。"即根据官府的六项职能来明确六官在王邦治理过程中的不同责任。第一是天官的治理职能，负责平均万民的负担，调节王邦的财用；第二是地官的教育职能，负责安定天下各国，使百姓安宁，使宾客感到如同在家一般；第三是春官的礼仪职能，负责协和天下各国，使百姓敦睦，使天神、人鬼、地祇都得到应有的祭祀；第四是夏官的军事职能，负责威服天下各国，使百姓循规蹈矩，夏官也负责征集各地的贡品；第五是秋官的刑罚职能，负责制止各国犯上作乱，督察百姓，消灭盗贼；第六是冬官的营造职能，负责使天下富足，百姓都能安居乐业，营造各种物品。

（四）以官府的"六联"来把王邦的大事办好

《周礼·天官·小宰》："以官府之六联合邦治。"即以官府在六个方面的联合办事，来把王邦的大事办好。所谓联合办事，也就是太宰职能中的"官联"。第一是在祭祀时的联合办事，第二是在接待宾客方面的联合办事，第三是在办理王的丧事和有关饥荒的救济事务方面的联合办事，第四是军旅方面的联合办事，第五是在田猎和征调民众方面的联合办事，第六是在聚敛财物和散发救济方面的联合办事。除此之外，还有许多小事，也需要联合办理。

（五）以官府的"八成"来处理王邦的政务

《周礼·天官·小宰》："以官府之八成经邦治。"指以八项成事品式（官府文书）来处理王邦的政务。第一是百姓对赋税、使役有争执之事而需决断者，要根据比居伍籍文书来听断；第二是考核军旅、田猎之事，就要检阅兵器、检验人数；第三是闾里间有争讼的，要根据户籍地图来听断；第四是有债务纠纷的，要根据契约借券来听断；第五是有争禄位的，就要根据礼籍、策命来听断；第六是官民贷款有争执的，要根据书契、券书来听断；第七是买卖有争执的，就要根据券书来听断；第八是官府财物出入有争执的，要根据会计簿书来听断。

（六）以官府的"六计"来考核群吏

《周礼·天官·小宰》："以听官府之六计弊群吏之治。"指平治官府的六种考计方法，来考核官吏们的政绩。第一是审察他们是否把事情做好，第二是审察他们是否能彻底推行政令，第三是审察他们处理公务是否恪尽职守，第四是审察他们是否公正廉明，第五是审察他们是否守法，第六是审察他们是否能明辨是非。

三 属于大司徒之职者

（一）以"土会之法"辨别五种土地上的动植物和居民

《周礼·地官·大司徒》："以土会之法辨五地之物生。""会"就是计算，土会之法就是区别各种土地的不同情况，以提供计算赋税的依据。第一种土地是山林，适宜生长貂狐之类多毛的动物，适宜种植柞栗之类可作染料的树木，其民多毛而体方；第二种土地是川泽，适宜生产鱼龙之类的有鳞之物，适宜种植莲芡之类的所结果实有皮之植物，其民肤黑而滋润；第三种土地是丘陵，适宜生长野鸡之类的禽鸟，适宜生长产坚果的树木，其民体圆而身长；第四种土地是坟衍丘陵，适宜生长鱼鳖之类的硬壳动物，其民肤白而体瘦；第五种土地是原隰，适宜生长虎豹之类少毛的动物，宜种植萑苇之类的植物，其民肥胖而矮小。

（二）以"十二教"施教于五种不同土地上的居民

《周礼·地官·大司徒》："因此五物者民之常，而施十有二教焉。"即按上述五种土地居民的生活习惯，对他们进行十二个方面的教育。第一是以祭祀之礼教民尊敬，第二是以乡射、乡饮酒等礼教民谦让，第三是以婚姻之礼教民亲爱，第四是以音乐之礼教民和睦，第五是以礼仪辨别尊卑上下的等级，第六是以善良的习俗教民安居，第七是以刑罚教民中正，第八是以誓戒教民敬慎，第九是以制度教民节制，第十是以累世祖传的艺事教民充实技能，第十一是按照贤行颁予爵位，第十二是按照功绩颁予俸禄。

（三）以"土宜之法"辨别十二种土地上所适宜的居民与鸟兽草木

《周礼·地官·大司徒》："以土宜之法辨十有二土之名物。"即根据不同的土地适宜于不同用途的法则，辨别十二分野都是哪些以及每一分野所适宜的居民、鸟兽和草木，从而规划民人的居处，选定那些于人有利的地方，避开那些对人有害的地方，使之各得其所。从而使民人旺盛，鸟兽繁殖，草木生长，土地潜力得以发挥。辨别十二分野宜种的植物，知道该种什么为好，从而教民种植五谷，种植蔬菜果木。

（四）用"土均之法"规正地税

《周礼·地官·大司徒》："以土均之法辨五物九等，制天下之地征。"即根据平均土地贡赋的法则，辨别五种土地所产之物与九等土质，制定天下的地税，以鼓励民人做好各自的工作，以土地所出的谷物征收钱谷和各种赋税，以使天下的征税公平划一。

（五）以"土圭之法"来测量何地是天下的中央

《周礼·地官·大司徒》："以土圭之法测土深，正日景，以求地中。"即用"土圭之法"可以测南北距日之远近，根据日影的长短求得何地是地中（天下的中央）。若其地夏至时的日影是一尺五寸，这个地方就是"地中"。地中是天的中和之气与地的中和之气汇合之处，其地四季分明，风调雨顺，物产丰富，民人安居。于是就在这样的地方建立国都，划定王畿方千里的地域。畿外建立诸侯之国也要以土圭测影的办法测定其方位，确定其疆域。凡是建立都鄙，也要为其划定地域，令有关部门在其边界上挖沟、筑墙、种树；按照都鄙的户数设立井、邑、丘、甸、县、都等行政单位，加以管理。

（六）以"荒政"十二条使万民团聚而不离散

《周礼·地官·大司徒》："以荒政十有二聚万民。"即遇到荒年，施行十二条救荒的政策，以使民众团聚而不离散。第一项是贷给民人谷种和食粮；第二项是减轻各种租税；第三项是宽缓刑罚；第四项是免除为公家服劳役；第五项是开放关山川泽的禁令；第六项是免除市场货物的稽查；第七项是简化吉礼的礼仪；第八项是简化丧礼的礼仪；第九项是收藏乐器不奏；第十项是简化婚礼，增加民人结婚的机会；第十一项是求索重修旧有而已废的祭祀；第十二项是铲除盗贼。

（七）以六项保安蕃息的政策来养护万民

《周礼·地官·大司徒》："以保息六养万民。"即以六项保安蕃息的政策来养护万民。第一项是爱护幼小的儿童，第二项是尊养年高德劭的老人，第三项是救助民人中之困穷者，第四项是周济贫苦的人，第五项是宽免有残疾的卒役，第六项是安定富裕者。

（八）推行六项传统的善良风俗使万民安居

《周礼·地官·大司徒》："以本俗六安万民。"即推行六项传统的善良风俗使万民安居。第一项是民人建造房屋一定要使其坚固耐用；第二项是凡同族的人死亡，一定要按照辈分年龄的高下大小葬在一起；第三项是使亲戚之间能和睦相亲；第四项是使乡闾子弟联合就教于师儒；第五项是使朋友之间能够互相信任；第六项是使民人按其贵贱在同一等级内穿着相同的衣服。

（九）用"公布法律条文"与"读法"的方法防民罹于罪

这是一种反对不教而诛的措施。依《周礼》之制，所有的法令都要公之于众，使之家喻户晓。天官冢宰的治典、地官司徒的教典、春官宗伯的礼典、夏官司马的政典、秋官司寇的刑典，每年正月初一朝廷都要公布用文字写成的法典，公开悬挂在王宫门首，供民众观览，十天后才能收藏起来。冬官篇亡佚，笔者猜测其公布事典的办法亦同于其他五官。此外，《周礼》作者还设想了一套特殊的"读法"制度，由六乡的各级治民官经常地、反复地向民众读法宣讲。由于大规模地召集民众比较困难，上级官员读法的次数较少；越是下级的官员，读法的次数越多，到了闾胥这一级，几乎一个月有一次以上。

（十）颁"十二职"于邦国都鄙以辅导万民就业

《周礼·地官·大司徒》："颁职事十有二于邦国。"其十二种职业如下：第一种是种谷者，第二种是种植果木蔬菜者，第三种是采集山泽所出的材物者，第四种是养殖鸟兽者，第五种是雕琢或镶制金石珠玉等器物者，第六种是贩卖货物者，第七种是化治丝麻者，第八种是采集散生果实者，第九种是受雇于农工商贾虞衡从事各种生产工作者，第十种是学习道德和技艺者，第十一种是从事累世相传的专业艺事者，第十二种是替官府服务者。

（十一）以"乡三物"教化万民

《周礼·地官·大司徒》："以乡三物教万民而宾兴之。"即指以乡学的三种教法来教化万民，对其中贤能者待以宾礼，并荐举于王。第一种教法是六德（知、仁、信、义、中、和），第二种教法为六行（孝、友、睦、姻、任、恤），第三种教法是六艺（礼、乐、射、御、书、数）。

（十二）以"乡八刑"纠察万民

《周礼·地官·大司徒》："以乡八刑纠万民。"乡八刑即指适用于乡中的八种刑罚。第一种是对尊亲不孝的刑罚，第二种是对族人不睦的刑罚，第三种是对亲戚不姻的刑罚，第四种是对师长不敬的刑罚，第五种是对朋友无信的刑罚，第六种是不体恤贫穷者的刑罚，第七种是对造谣惑众者的刑罚，第八种是对乱民的刑罚。

（十三）以"五礼""六乐"教育民众

《周礼·地官·大司徒》："以五礼防万民之伪而教之中，以六乐防万民之情而教之和。"即用"五礼"（吉礼、凶礼、宾礼、军礼、嘉礼）来防止民人诈伪，教导他们事事都能中正合理；"六乐"（即黄帝、唐尧、虞舜、夏禹、商汤、周武王六代之乐）用以节制民人的情欲，教育他们心地平和。凡民人有不服教化而争讼的，会同当地的司法长官审讯判决。

四　属于小司徒之职者

（一）颁布统计户口财产之法以检核人口

《周礼·地官·小司徒》："颁比法于六乡之大夫。"即向六乡的大夫颁布调查统计户口、财产之法，使每个乡大夫都能清楚其乡人口的总数、六畜的总数、各种车辆的总数，清楚每家的财产，每一季度向小司徒呈报一次，小司徒据以施行政治教化，据以宣布征役征税的法令。每隔三年举行一次全国性的户口、财产调查统计，每到此时，就要接受外而至于畿外邦国、内而至于畿内乡遂呈报上来的调查统计账簿。

（二）按照军队编制来组织乡遂居民

《周礼·地官·小司徒》："乃会万民之卒伍而用之。"其法以五人为一伍，五伍为一两，四两为一卒，五卒为一旅，五旅为一师，五师为一军，用以作战、田猎和从事大的工程，用以点验追逐敌寇、伺捕盗贼的兵员是否到齐，用以实施交贡纳税的政令。凡遇到国家有征伐诸侯之事，就征集六乡的正卒；遇到国家有外敌侵犯或乱民造反，那就不但要征集正卒，而且要征集羡卒。

（三）在公邑和采地按照"井田制"来编组居民

《周礼·地官·小司徒》："乃经土地而井牧其田野。"其法如下，一夫授田百亩，九夫为一井，四井为一邑，四邑为一丘，四丘为一甸，四甸为一县，四县为一都，使民人根据实际情况经营土地，并命令他们交纳贡赋以及所有税收之事。

五　属于大宗伯之职者

（一）以"五礼"来规范邦国的礼仪活动

此为《周礼》春官大宗伯的执掌，其法如下：以"吉礼"祭享邦国的天神、人鬼、地祇，以"凶礼"哀吊救助邦国的忧患，以"宾礼"使邦国互相亲和，以"军礼"的威严统一邦国的制度，以"嘉礼"使万民亲和。

（二）以"九仪"统一邦国的爵位

《周礼·春官·大宗伯》："以九仪之命正邦国之位。"其法如下：官爵分为九等，一命至九命，以命多者为高，一命即可成为王朝正式的臣子，四命以上的可以接受官府所发的祭器，五命可获得方百里至方二百里的土地，六命可获得自置官吏的特权，七命可获得方三百里至方五百里的土地，八命的可以为一州诸侯之长，九命的可以为东西诸侯之长。

（三）以玉作"六瑞"齐一邦国的大小尊卑

《周礼·春官·大宗伯》："以玉作六瑞，以等邦国。"只有天子始能手持镇圭，公爵一律手执桓圭，侯爵一律手执信圭，伯爵一律手持躬圭，子爵一律手持谷璧，男爵一律手持蒲璧。

（四）以鸟兽作"六挚"以区分不同身份的臣民

《周礼·春官·大宗伯》："以禽作六挚，以等诸臣。"其法是：孤卿执持皮帛，卿执持小羊，大夫执持雁，士执持雉，平民执持鸭子，工商执持鸡。

(五) 以玉作"六器"来祭祀天地四方

《周礼·春官·大宗伯》:"以玉作六器,以礼天地四方。"用苍璧来敬礼天,用黄琮来敬礼地,用青圭来敬礼东方苍精之帝,用赤璋来敬礼南方赤精之帝,用白琥来敬礼西方白精之帝,用玄璜来敬礼北方黑精之帝,祭时都有牲币,按各方的颜色配置。

六 属于大司马之职者

(一) 以"九法"来治理诸侯各国

《周礼·夏官·大司马》:"掌建邦国之九法。"即用九种方法来治理诸侯各国。一是划定九畿之间、诸侯之间的封域,以明确邦国之间的边界;二是设立诸侯及群臣的礼仪,辨别其尊卑不同之朝会,以表明邦国君臣尊卑之等差;三是进献贤能与举荐功臣,以启发邦国的劝善乐业之心;四是任命管辖一州的州牧,建立统治一国的国君,以维持邦国;五是建立军队,穷究违禁,以匡正邦国;六是合理分配各种贡赋的份额,使邦国能够承受;七是考校核查诸侯各乡民众的数目,以便在用得着时征召;八是按照爵位的尊卑平均诸侯的封地面积,公平其法则,以安定邦国;九是使大国亲小国,小国事大国,以使邦国和睦相处。

(二) 以"九伐"之法规正诸侯各国

《周礼·夏官·大司马》:"以九伐之法正邦国。"即对犯法作乱者用九种不同的诛伐来匡正违抗王命的诸侯。一是对于以强凌弱、以众欺寡者,裁减其封土;二是对于杀戮贤臣、残害百姓者,则讨伐之;三是对于对内暴虐百姓、对外欺压邻国者,则幽禁其国君,另立贤者为君;四是对于田野荒芜、百姓离散者,则削减其封土;五是对于负隅顽抗、不服从王命者,则袭击之;六是对于恣意杀害其无辜亲属者,则将其逮捕治罪;七是对臣子敢于将其国君驱逐或杀害者,则剿灭之;六是对于违抗王命、藐视国之政法者,则堵塞其与邻国的交通;九是对于在家庭内外恣行淫乱、行同禽兽者,则诛灭之。

(三) 以"九畿"之册籍对诸侯国定贡赋和职分

《周礼·夏官·大司马》:"乃以九畿之籍,施邦国之政职。"即按照记载九畿礼数差别的册籍，对诸侯国定贡赋和职分。以王城为中心的四面方千里之地称为国畿，为王的直辖地域，称为王邦。其外分为九畿，国畿之外方五百里之地称为侯畿，侯畿之外方五百里之地称为甸畿，甸畿之外方五百里之地称为男畿，男畿之外方五百里之地称为采畿，采畿之外方五百里之地称为卫畿，卫畿之外方五百里之地称为蛮畿，蛮畿之外方五百里之地称为夷畿，夷畿之外方五百里之地称为镇畿，镇畿之外方五百里之地称为蕃畿。这是一种封给九等封君封地区域的划分。蒋伯潜《十三经概论》："此九畿者，封建之制也。大司徒所掌，为公、侯、伯、子、男五等国封疆之广狭，与此划分九畿者不同。《尚书·禹贡》所载五服，五百里甸服，五百里侯服，五百里绥服，五百里要服，五百里荒服，与此异者，一则时代不同，幅员广狭亦异；二则彼为禹时实行之制，此为《周礼》作者理想之制也。"[①]

（四） 制定对诸侯国军役征调之法

《周礼·夏官·大司马》："凡令赋，以地与民制之。"即是令诸侯国出军赋，按照其土地的肥瘠、人口的多少来制定章程。上等土地每年可以耕种的占三分之二，可供役使的正劳力每家三人；中等土地每年可以耕种的占二分之一，可供役使的正劳力每两家五人；下等土地每年可以耕种的占三分之一，可供役使的正劳力每家二人。

（五） 四时教军旅

根据《周礼·夏官·大司马》的记载，其内容如下：每年仲春，教民演习班师收兵的战法，司马竖起画有熊虎的招军旗，用以集合民众，等到民众到齐之后，整齐其行列，列成阵势，就像实战的阵势那样；每年仲夏，教民演习野地芟除草莱就地宿营的夜间战法，排列的阵势像春季演习振旅的阵势那样；每年仲秋，教民演习出兵的战法，排列的阵势就像春季演习振旅的阵势那样；每年仲冬，教民演习大阅。此前数日，乡师以下的各级地方官员要告诫民众做好演习大阅的各种准备工作。

（六） 出师时军队的调集

据《周礼·夏官·大司马》的记载，此项为大司马的专职。每逢天子

---

① 蒋伯潜：《十三经概论》，上海古籍出版社，1983，第 296 页。

巡狩和会同，大司马都要集合六军随行，以推行禁令与救助无辜，要亲自临视太卜对出兵吉凶的占卜；等到交战时，要巡视军阵，根据将士的作战表现来进行赏罚。如果师出有功，则大司马左手执律管、右手执大斧走在队伍的前方，下令奏起胜利的乐曲，向社神和宗庙报捷献功。如果出师无功，则大司马头戴厌冠而护送载有迁庙神主的车和载有社神神主的车。

七 属于大司寇之职者

（一）以轻重不同的三种法规来约束不同情况的诸侯之国

《周礼·秋官·大司寇》："大司寇之职，掌建邦之三典，以佐王刑邦国，诘四方。"即大司寇掌管建立国家轻重不同的三种法规，辅佐王对不同情况的诸侯国实施不同类型的刑法规范，以约束四方诸侯。第一种是轻典，用于刚刚建立的诸侯国；第二种是中典，用于承平守成的诸侯国；第三是重典，用于发生叛乱、篡杀的诸侯国。

（二）以"五刑"纠察万民

《周礼·秋官·大司寇》："以五刑纠万民。"五刑是五种不同的刑法：第一种是适用于野地的刑法，鼓励农功，惩治贪懒不出力者；第二种是适用于军中的刑法，鼓励服从命令，纠举有亏职守者；第三种是适用于六乡的刑法，鼓励遵守六德，惩治不孝父母者；第四种是施用于官府的刑法，鼓励贤能，纠举失职者；第五种是施行于国中的刑法，鼓励谨慎，纠举不法者。

（三）以"圜土"改造罢民

《周礼·秋官·大司寇》："以圜土教罢民。"即以狱城来聚教不良的游民。凡过失伤害人的，把他们关在狱城里，叫他们做事情，把他们的罪行写在方板上，挂在背上，使他们觉得这是一种耻辱。若能改过，释放后可以自由往来于国中，但不得与普通平民列叙长幼年齿。不能改过的，如逃出狱城，捕得即杀。

（四）凡有诉讼须双方当事人亲自到达

《周礼·秋官·大司寇》："以两造禁民讼，入束矢于朝，然后听之。以两剂禁民狱，入钧金，三日乃致于朝，然后听之。"意即凡有诉讼，必须双方当事人亲自到场，缴给庭上一捆矢作为保证，然后受理。若有情辞不实的，那就没收入官，以此种方法尽量减少民间的诉讼。民众如有重大事件的诉讼，必须缴交双方订立的合同契约，并缴交三十斤金作为保证，三天以后，传唤双方当事人亲自到场，然后审理。

（五）以"嘉石"制度来感化不良莠民

《周礼·秋官·大司寇》："以嘉石平罢民。"凡民人有罪过但还未触犯刑律而为害乡里的，加上脚镣手铐，命他们坐在嘉石上。坐过之后，再把他们交给司空，罚做劳役。重罪在嘉石上坐十二日，罚做一年的劳役。比较轻的，在嘉石上坐九日，罚做九个月的劳役。再轻一点的，在嘉石上坐三日，罚做三个月劳役。罚完之后，必须有地方上的人保证其不再做坏事，然后赦宥而释放之。

（六）以"肺石"制度给无告穷民审冤

《周礼·秋官·大司寇》："以肺石达穷民。"即用肺石（一种红色的石头）来转达无告穷民们的怨诉。凡畿内畿外没有兄弟子孙而老迈的人，为有事呈告王与冢宰，他们的地方行政长官（包括诸侯与乡遂大夫等）不肯代为转达的，在肺石上站三天，于是朝士接受他们的讼词，转达给王与冢宰，处分他们的长官。

八　属于小司寇之职者

（一）在外朝征询民意

《周礼·秋官·小司寇》："掌外朝之政，以致万民而询焉。"即小司寇掌理外朝的政法，召集万民垂询意见。第一是当国家危难时征询他们的意见，第二是要迁国都时征询他们的意见，第三是要选立嗣君时征询他们的意见。出席外朝人员的位置是：王面向南，三公和州长、百姓面向北，群臣面向西，乡遂公邑都鄙群吏面向东。小司寇请他们上前，按照爵秩尊卑的次序征询他们的意见，以大家的意见，辅助王的思考，决定怎样处理。

（二）按照五种刑罚来审理万民的狱讼

《周礼·秋官·小司寇》："以五刑听万民之狱讼。"凡是因获罪要判刑的，要以能宽则宽的态度将案子再加审讯，审讯得实以后，为慎重起见，还要等候十天才下判决，宣读犯人的罪状时则应依法定罪。凡是命夫命妇打官司，不必亲自出庭受审。凡是天子的同族犯罪，不在闹市上行刑。

（三）审案官要辨别"五声"以求得民情

《周礼·秋官·小司寇》："以五声听狱讼，求民情。"第一是辞听，听犯人说出来的话，测其说话是否有理；第二是色听，测其说话时的神色是否从容；第三是气听，测其说话时的气息是否平和；第四是耳听，测其言辞有无可疑之处；第五是目听，测其说话时的眼光是否清明有神。

（四）以"三刺"之法规定审案时要广泛征求官民意见

《周礼·秋官·小司寇》："掌三刺……之法。"协助大司寇审理好案件。一刺是征求群臣的意见，再刺就是征求群吏的意见，三刺就是征求万民的意见。根据上述三种人的意见，定出该杀或可以宽恕的，然后科以轻重相当的刑罚，以求得审判之公平。

（五）以"八议"之法优待亲贵

《周礼·秋官·小司寇》："以八辟丽邦法，附刑罚。"即以八种议刑法附于邦法，减免刑罚。第一是对王的宗亲的议刑法，第二是对王的故旧的议刑法，第三是对贤良的议刑法，第四是对有才能的议刑法，第五是对有功勋的议刑法，第六是对显贵的议刑法，第七是对勤劳官事的议刑法，第八是对宾客（指前朝之君的后裔）的议刑法。

（六）以"三宥"之法对三种特别情况下犯罪的减免刑罚

《周礼·秋官·小司寇》："掌……三宥……之法。"佐助大司寇审理好案件。一宥就是宽免那些由于认错了人而误杀人的罪犯，再宥就是宽免那些由于过失而杀人的罪犯，三宥就是宽免那些由于遗忘而误杀人的罪犯。

（七）以"三赦"之法规定对三种特殊人群实行赦免

《周礼·秋官·小司寇》："掌……三赦之法。"一赦就是七岁以下的幼童犯罪，不予追究法律责任；再赦就是七十岁以上的老人犯罪，不予追究法律责任；三赦就是智障者犯罪，不予追究法律责任。

（八）稽查人口

稽查人口也就是登记民数，是古代国家的一项要政，把人口控制在国家手中，竭力促进人口的增长，对国家具有十分重要的意义。因此，《周礼》中不但有许多官员要负查计人口的责任，形成官联，并且这种查计还分成两个不同的系统进行。一个是地官大司徒以下，包括小司徒、遂人、遂师直至乡大夫等官员；另一个是秋官系统，即由小司寇、司民以及乡士、遂士、县士所组成的系统。两个系统的职务有重叠的部分，显然出于互相制约的需要。《秋官·司民》之职掌，即是到了大校比的时候登记民人的数目，长出牙齿的婴儿以上的都要登记，送交天府备存。内史、司会、冢宰收取副本，借以制定国家赋税与财用。

第四节　《周礼》中蕴含的先秦官制

一　《周礼》中蕴含的西周官制

《周礼》与西周金文职官之比较如表 5-1 所示。

表 5-1　《周礼》与西周金文职官之比较

类别	官名	《周礼》中所载职掌	西周金文职官
天官之属	冢宰	使帅其属而掌邦治，以佐王均邦国	西周中晚期金文有毛公、番生等，职司与此相类，然不称宰
	小宰	掌建邦之宫刑以治王宫之政令，乃退以宫刑宪禁于王宫	西周金文有宰，管理王家内外，传达宫中之命与此同
	膳夫	掌王之食饮膳羞，以养王及后、世子	西周金文有膳夫，除掌膳食外兼达王命，地位比《周礼》中的膳夫为高
	甸师	掌帅其属而耕耨王籍	《载毁》：王令载作嗣土，官司籍田
	掌舍	掌王之会同之舍	《扬毁》之司空与此相当
	幕人	掌帷幕幄帟绶之事	金文有守宫，亦此类官
	掌次	掌王次之法，以待张事	同上
	司书	掌邦之六典、八法、八则、九职、九正、九事，邦中之版，土地之图	散盘之缕史应为此司书下属
	司裘	掌为大裘，凡邦之皮事掌之	裘卫诸器的裘与此同
	掌皮	掌秋敛皮，冬敛革，奉献之	同上
	内宰	掌书版图之法，以治王内之政令，以阴礼教六宫	西周金文之宰职司与此相近

续表

类别	官名	《周礼》中所载职掌	西周金文职官
天官之属	内小臣	掌王后之命，后有好事于四方则使往；掌王之阴事阴令	金文中之小臣有与此相近者
	阍人	掌守王宫之中门之禁	金文有小门人，与此有关
	寺人	掌王之内人及女宫之戒令	金文有寺，与此同
	九嫔	掌妇学之法，以教九御	金文有保倗母，乃女性之师保类官，职司与此类女官有相似之处
	世妇	掌祭祀宾客丧纪之事	金文有氏，与此相类
	女御	掌御叙于王之燕寝	同上
	女祝	掌王后之内祭祀	同上
	女史	掌王后之礼，逆内宫，书内令	同上
地官之属	司徒	使帅其属而掌邦教，以佐王安扰邦国	金文之司土、司徒与此相类
	大司徒	掌建邦之土地之图与人民之数，以荒政十有二聚万民，以乡八刑纠万民。若国有大故，则致万民于王门	西周金文之司土（徒）管理土地籍田及农林牧副业生产，并参与册命及带兵打仗，与此相类
	小司徒	掌建邦之教法，以稽国中及四郊都鄙之夫家九比之数	同上
	乡师	各掌其所治乡之教而听其治	西周中晚期金文有邑人与此相近
	乡大夫	各掌其乡之政教禁令	同上
	鼓人	掌教六鼓四金之音声	金文有鼓、钟，鼓即此鼓人
	牧人	掌牧六牲而阜繁其物，以供祭祀之牲牷	西周金文有牧，与此相近
	牛人	掌养国之公牛，以待国之政令	金文有牧牛，与此相近
	师氏	掌以美诏王，以三德教国子，使其属帅四夷之隶各以其兵服守王之门外，且跸	西周金文多师氏，其部分职司与此相同
	保氏	掌谏王之恶，而养国子以道，乃教之六艺、六仪	西周早期金文有保，其地位高于此，职司与此相类
	司门	掌授管键以启闭国门	金文有小门人，与此相近
	遂人	掌邦之野	《师晨鼎》有奠人与邑人相对，类此遂人
	遂师	掌其遂之政令戒禁	同上
	遂大夫	掌其遂之政令，稽功事，听其治讼	同上
	鄙师	掌其鄙之政令祭祀	《恒簋》《楚簋》有司亩，殆与此相近
	里宰	掌比其邑之众寡与其六畜兵器，治其政令	金文有里君与里人，即此邑里之宰

续表

类别	官名	《周礼》中所载职掌	西周金文职官
地官之属	山虞	掌山林之政令，而为之守禁	《免毁》《同毁》有吴，与此相近
	林衡	掌林麓之禁令，受法于山虞	《同毁》有林，与此同。散盘有录，亦同类官。林、录由虞兼管，与此相合
	川衡	掌巡川泽之政令	金文有吴，与此相当
	泽虞	掌国泽之禁令	西周金文有吴、虞，与此相类
	囿人	掌囿游之兽禁	《谏毁》有司王宥，与此同
	场人	掌国之场圃而树之果蓏珍异之物	《同毁》《南宫柳鼎》有司易，与此同
	廪人	掌九谷之数，数邦用以知足否，以治年之凶丰	金文有司𠭯，即司廪，与此相同
	舍人	掌平宫中之政，分其财守，以法掌其出入	同上
	仓人	掌粟入之藏	同上
春官之属	世妇	掌女宫之宿戒，诏王后之礼事	金文有妇氏与此相类
	钟师	掌金奏	《师𧽊毁》有鼓、钟与此同
	镈师	掌金奏之鼓	《师𧽊毁》之鼓与此相当
	籥师	掌教国子舞羽吹籥	金文有霝龠、龠与此同
	籥章	掌土鼓、豳籥	同上
	大卜	掌三兆之法、三易之法、三梦之法，以观国家吉凶	金文有卜、司卜，与此相近
	大祝	掌六祝之辞、以事鬼神示	金文有祝、五邑祝、大祝等，与此相类，然地位较此为高
	小祝	掌小祭祀，凡事佐大祝	《申毁》盖铭之申，职司与此相类，下属有九𧽊祝、丰人等
	大史	掌建邦六典，掌法则，颁告朔于邦国	金文有史、大史与此同，地位较此为高
	小史	掌邦国志，奠世系，辨昭穆，佐大史	同上
	内史	掌王之八枋之法，执国法国令之贰，凡命诸侯及孤卿大夫则策命之	金文有内史，与此同
	御史	掌邦国都鄙及万民之治令，以赞冢宰	金文有御史一官，与此相近
	司常	掌九旗之名物	金文有司㫃及叔金，与此相类

续表

类别	官名	《周礼》中所载职掌	西周金文职官
夏官之属	司马	使帅其属而掌邦政，以佐王平邦国	金文中有司马与此相类
	大司马	制畿封国，设仪辨位，进贤兴功，建牧立监，制军诘禁，施贡分职，简稽乡民，均守平则，比小事大，以九伐之法正邦国	西周早期有三事大夫，可能包括司马一官，中晚期有司马与此同，东周金文始有大司马
	小司马	凡小祭祀、会同、飨射、师田、丧纪，掌其事如大司马	同上
	小子	掌祭祀，赞羞受彻	金文中小子亦管理祭祀
	司爟	掌行火之政令	金文有司戜，与此或同
	射人	以射法治射仪，佐司马治射正	金文有射，小射与此同
	司士	掌群臣之版以治政令，掌国中之士治，凡其戒令，凡会同宾客，适四方使为介作士，凡邦国三岁则稽士任而进退其爵禄	金文有士、司士与此相近
	诸子	掌国子之倅戒令教治	金文有小子与此相近
	虎贲氏	掌先后王而趋以卒伍，守王闲王宫王门	金文有虎臣，虎臣之长应即虎贲氏，不过金文称师，此称虎贲氏而已
	大仆	掌正王之服位，出入王之大命，凡军旅田役赞王鼓，王射则赞弓矢	金文有仆、夷仆与此相近
	小臣	掌王之小命，凡大事佐大仆	金文小臣有与此相近者
	司兵	掌五兵五盾以待军事	金文有司戜，与此相类
	司戈盾	掌戈盾之物而颁之	同上
	司弓矢	掌六弓四弩八矢之法，掌其收藏与出入	金文有司服与此相类
	缮人	掌王之用弓弩矢服矰抉拾	金文有司服与此相类
	大御	掌御王路	金文有御正、王御等，与此处御、仆之类官相类
	戎仆	掌御戎车	
	齐仆	掌御金路以宾	
	道仆	掌御象路，掌贰车之政令	
	田仆	掌御田路	
	驭夫	掌御贰车、从车、使车	
	校人	掌王马之政	金文有效（教），即此校人

续表

类别	官名	《周礼》中所载职掌	西周金文职官
夏官之属	趣马	掌赞正良马	金文之走马、左右走马、五邑走马与此类似，然金文之走马有高低之分，此趣马只相当于其低者
	廋人	掌十有二闲之政教	金文中有牧马，与此相类
	圉师	掌教圉人养马	同上
	圉人	掌养马刍牧之事	同上
秋官之属	司寇	掌帅其属而掌邦禁，以佐王刑邦国	金文有司寇，地位较此低
	大司寇	掌建邦之三典以佐王刑邦国、诘四方，以邦之典法定断诸侯、卿大夫、庶民之狱讼	同上
	小司寇	掌外朝之政以致万民而询焉，以五刑听万民之狱讼	同上
	司约	掌邦国及万民之约剂，凡大约剂书于宗彝，小约剂书于丹图	金文有缓史，与此相近
	犬人	掌犬牲，凡相犬牵犬者属焉	金文有犬，与此相类
	司隶	掌帅四翟之隶，使之皆服其邦之服，执其邦之兵，守王宫与野舍之厉禁	金文虎臣乃由左列司隶所属之五种隶人组成
	罪隶	掌役百官府，与凡有事者，掌使令之小事	
	蛮隶	掌役校人养马其在王宫者	
	闽隶	掌役畜养鸟而阜蕃教扰之	
	夷隶	掌役牧人养牛马与鸟言	
	貉隶	掌役服不氏而养兽	

资料来源：张亚初、刘雨：《西周金文官制研究》，中华书局，1986，第111～137页。

二 《周礼》中蕴含的春秋官制

《周礼》中的官名与春秋时期相应职官如表5-2所示。

表 5 - 2 《周礼》中的官名与春秋时期相应职官

类别	官名	春秋时期相应职官
天官之属	太宰 少宰	宰（周王室置） 太宰（宋、楚、齐、鲁、吴置） 少宰（宋、楚置） 左宰（鲁置） 右宰（卫置） 家宰（卫、宋置） 宰人（齐置，即家宰）
	宫正 寺人	司宫（宋、鲁、郑置） 寝尹（楚置） 巷伯（宋、卫置） 寺人（宋、晋、齐置）
	膳夫 宰夫	膳夫（周王室置） 膳宰（晋置） 宰夫（郑、晋、齐置）
	内饔 外饔	饔人（鲁、齐置）
	甸师	甸人（晋置） 帅甸（宋置）
	兽人	兽人（晋置）
	渔人	侍渔（齐置）
	医师	医（晋、楚、鲁、卫置）
	掌舍 掌次	外仆（郑置）
	太府 玉府 内府 外府	府人（宋、郑、鲁置） 库人（郑置）
	小臣 内小臣	小臣（晋置） 内小臣（鲁置，又称司宫、侍人） 竖（鲁、卫、晋置）
	阍人	阍（吴置） 大阍（楚置）
	九嫔 世妇 女御	妃嫱（吴置） 嫔（齐置）

类别	官名	春秋时期相应职官
地官之属	大司徒 小司徒	司徒（周王室与鲁、晋、楚、卫、陈置） 大司徒（宋置） 锐司徒（齐置，为掌专务的司徒） 辟司徒（齐置，为掌专务的司徒）
	乡师 乡老 乡大夫	乡正（宋置）
	县师 县正	县人（郑置，又称守邑大夫） 县师（晋置） 县尹（楚置） 县公（楚置） 邑人（周王室及宋置） 邑大夫（周王室置） 邑宰（鲁置，为家邑之宰）
	师氏	师（周王室置） 太师（楚、蔡、晋置） 少师（卫、晋、随置） 左师（宋置） 右师（宋置）
	保氏	保（楚置） 太保（铜器有曾大保盆） 箴尹（楚置）
	司市 质人 廛人 胥师 贾师	市正（吴置） 市令（楚置） 褚师（宋、郑、卫置） 贾正（鲁置）
	里宰 闾胥	里人（鲁置） 司里（宋置） 里有司（齐、楚置） 里旅（齐置） 里尉（齐置）
	山虞 林衡 川衡 泽虞 囿人	虞人（周王室与鲁置） 兽人（晋置） 山人（鲁置） 衡鹿（齐置） 舟鲛（齐置） 祈望（齐置） 簏（楚置）

续表

类别	官名	春秋时期相应职官
地官之属	遂人 遂正 遂大夫	遂正（宋置，亦称属大夫） 正夫（晋置，即遂正之职）
	封人	封人（宋、郑、楚、蔡置）
	迹人	迹人（宋置）
	饎人	馈人（宋置）
春官之属	大宗伯 小宗伯 都宗人 家宗人	宗（虢置） 宗人（鲁置） 宗伯（鲁置） 宗老（楚置）
	典命	司正（晋置）
	冢人 墓大夫	司墓（郑置）
	大司乐 乐师 大师 小师 瞽矇 眡瞭 磬师 钟师 笙师 镈师 韎师 旄人 籥章 鞮鞻氏	师（楚置，指乐师） 工（鲁置，指乐工） 伶（周王室置） 泠人（楚置） 乐尹（楚置） 大师（周王室与楚置，为乐官之长） 少师（晋、楚置，乐官，为大师之佐）
	太卜 卜师 龟人 菙人 占人 占梦	卜（卫、晋、蔡置，即卜人） 卜人（卫、晋置） 守龟（鲁、晋、楚置） 卜正（周王室置，亦称太卜） 掌卜（秦置） 卜尹（楚置） 卜大夫（郑置） 占梦（齐置） 梦大夫（晋置，为家臣）

续表

类别	官名	春秋时期相应职官
春官之属	太祝 诅祝	祝（宋、齐、郑、虢置） 祝史（鲁、卫置）
	司巫 男巫 女巫	巫（齐置）
	太史 小史 内史 外史 御史	史（指卜筮之史，鲁、齐置） 太史（周王室、鲁、齐、郑、卫、晋置） 内史（周王室置） 左史（楚置） 外史（鲁、虢置） 南史（齐置） 筮史（卫、晋置）
	巾车 车仆	巾车（鲁、晋置）
夏官之属	大司马 小司马 军司马 司甲 司兵 司戈盾 司弓矢 都司马 家司马	司马（鲁、晋、郑、陈、蔡、吴置） 大司马（楚置） 左司马（楚置） 右司马（楚置） 马正（鲁置） 舟虞（鲁置，见《国语·鲁语下》，其职与司马有关） 都司马（晋置） 家司马（鲁置）
	司爟	火师（周王室置）
	司险	津人（周王室置） 涉人（楚置，即津吏之职）
	候人 怀方氏	候（周王室与陈置，即候人） 候人（陈置） 馆人（郑置）
	虎贲氏 旅贲氏 戎右 齐右	虎贲（周王室置） 亚旅（鲁、晋置） 虎臣（鲁置，即虎贲之职） 旅贲（卫置） 御士（周王室与宋、楚置） 戎右（晋置） 戎御（晋置，又称御戎） 骖乘（卫、晋、齐置） 环列之尹（楚置） 右领（楚置）

续表

类别	官名	春秋时期相应职官
夏官之属	御仆	正仆人（楚置） 仆人（晋置） 仆大夫（晋置） 乘马御（晋置，又称赞仆）
	校人 趣马 庾人 圉师 圉人	校正（宋、晋置） 校人（鲁置） 圉人（鲁置） 监马尹（楚置，相当于校人之职） 宫厩尹（楚置） 中厩尹（楚置）
秋官之属	大司寇 小司寇	司寇（周王室与鲁、晋、齐、郑、卫置） 大司寇（宋置） 少司寇（宋置） 司败（楚置）
	士师	士（齐置） 士师（鲁、郑、晋、齐置） 大士（晋置，为大理的别称） 李（齐置，又称司理） 理（齐、晋置，亦称大司理或大理，或称为士）
	乡士 遂士 县士 方士	野司寇（郑置）
	司刑	尉氏（周王室置）
	大行人 小行人	行人（周王室与鲁、晋、郑、卫、吴置） 行李（晋置，即行人） 执讯（郑置，掌同行人） 连尹（楚置） 令正（郑置）
	行夫	遽人（晋置，为家臣）
	象胥	舌人（周王室置）
冬官之属	大司空 小司空	司空（鲁、郑、晋置） 大司空（郑置） 司城（宋置） 工正（宋、鲁、齐置） 工尹（楚置） 玉人（宋置） 圬人（晋置） 轮人（齐置）

三 《周礼》一书对战国官制的若干反映

《周礼》中对于财政和商业职官的记载，远比春秋时实际存在的职官要多，它所反映的应是春秋晚期至战国初期的情况。《周礼》中有严密的财政管理体制。首先是重视国家财政管理机构的设置。《周礼》的财政机构总属于太宰，其下分为两个系统。

第一，太府系统，包括玉府、内府和外府。

太府　是掌管全国财政的最高机构，国家岁出、财物的收支、年终的决算等重要财政活动，均归其掌管。以玉府、内府、外府分藏财物兼司出纳。

玉府　实际上是王的私藏，收藏保管品质最优良的财物，供给王室享用。

内府　是国家的公库之一，掌管实物。

外府　是国家的公库之一，掌管货币。

掌管会计账目以及审核的机构是以司会为首的包括司书以及职内、职岁、职币在内的诸机构。

司会　总管国家的收入支出账目，是全国最高的会计官员。

司书　掌管各种账簿。

职内　专管岁入会计。

职岁　专管岁出会计。

职币　管理各官府、都鄙的财物结余。

此外，《周礼》在财政管理中特别强调法式，即按照规定的式样规范办事。强调建立一套"日成""月要""岁会"制度，实际上形成了一个完全审核报告制度。这些在春秋时期是无法做到的。

《周礼》的作者还把理想社会中的商业置于官府的严密控制之下，管理市集的主管官员是司市，商品的上市交易都在他和他的属官的监督下进行，商品的运转，则由司市、司门、司关共同负责稽查。

关于市集：

王城内有市集，王城的郊野也有市，而且设施比较完善。寄居者投宿于此，设有起居饮食之室。其他诸侯国也是如此。市集的形制以管理官员的办公处所为核心。司市的称为思次，思次挂上旗帜即表示开市，可以进行交易了。市集内有若干市肆，每肆由若干市舍排成长列，两列相对成为市巷。管理市场的官员如下。

司市 地官之属，为市官之长，掌管市场的治理、教化、政令、刑罚、度量衡以及禁令。

贾师 地官之属，各自掌管其所辖二十个肆买卖货物的治理。

胥师 地官之属，掌市场管理。其下有胥，每一胥管辖两个市肆。

肆长 地官之属，各掌其肆之政令。

质人 地官之属，掌理市集中的货物、奴婢、牛马、兵器物品的价格评估与核实，以防不法商人抬高物价或欺骗买主。

廛人 掌管征收市集的房租费、货物税、券书契约税、罚金、仓费，将征收到的费用送入泉府。

以上是市集中负责管理商务活动的官员。

司虣 掌市场治安。

司稽 掌稽查市场非法活动。

以上是管理市场治安的官员。

关于司门与司关：

司门 地官之属，掌王城十二门之管钥，征收出入城门货物的税金，凡有财物为触犯禁令获得的，没收之。

司关 掌管按验货物出入国境的证明，与司门、司市在工作上有联系。负责检查出入关口的货物，掌管有关这方面的事务、禁令和对货物课收关税。

参与市场经济活动的国家机构还有地官之属的泉府，负责管理依据市集征收税费而得的钱币，收购市场上民众不急用的滞销货物，以其原价收购，然后给此货物加上标签，以待急用者前来购买。

从上述财政机构和管理市场官吏设置的情况看，《周礼》所记官职远比春秋前期和中期实际存在的要多。《周礼》所反映的就是经济发展了的春秋晚期与战国初期的情况。

第二，战国时期沿袭的春秋设置的下述职官属于《周礼》的系统，也可以看作《周礼》对于战国制度的反映。

司徒　魏置，掌管民事。

司马　齐、楚置，楚又分大司马与左、右司马。赵也有大司马。司马掌管军事，左、右司马则掌军中两翼。

司空　韩置，掌管土地和工程。

司寇　赵置，掌管刑狱。

太傅　齐置，备国君顾问。

傅　魏置，掌同上。

师　齐、魏、赵置，掌同上。

左师　赵置，掌同上。春秋时在宋为执政之官。

右师　齐置，掌同上。春秋时在宋为执政之官。

太宰　楚置，总管内廷事务。

行人　赵置，为通使之官。

封人　韩置，掌筑社坛及籍田疆界。

虞人　魏、赵置，掌管山林川泽。

廪人　魏、赵置，韩有廪吏，掌管粮仓。

工师　齐置，掌管百工和官营手工业，即工正之职。

乐人　魏置，掌音乐。

太史　齐、魏置，韩有史。掌书记文籍典册。

太卜　楚置，掌占卜之事。

筮史　赵置，掌同上。

太子师　秦置，掌教导太子。

太子傅　秦、齐、赵、魏、燕置，掌同上。

庶子　魏有御庶子，秦、赵、韩有中庶子，秦又有少庶子，掌对于卿大夫庶子的教养、训诫。

骖乘　赵置，齐有附驾，为王车的陪乘者。

四　《周礼》构拟的国家蓝图为什么未能在大一统以后实行？

《周礼》作者为了维护各级土地占有者（即各级封君）的利益，在构拟一统国家的组织形式上，仍然采用分封制，保留复合制国家的形式，即区分内外服，在王畿内实行乡遂制。《周礼》中的六官叙官中，开头都有"惟王建国，体国经野"之语，说明《周礼》作者把维护国野制作为治理国家的纲要，以最大限度地保护各级土地占有者的利益。

《周礼》之制，距王城四周一百里地区为国都所在的中心地区，其中设置六乡；郊之外为野，野中分为甸、稍、县、都四个区域，分别距王城二百里、三百里、四百里和五百里。其中在甸地设置六遂；甸、稍、县、都四个区域都有公邑；稍、县、都三个区域都有采地。

六乡和六遂合称为乡遂，为王直辖，各按地域划分居民，而且与军队编制合而为一。其编组如表5-3所示。

表5-3　乡遂居民组织和军政编制的编组

乡遂居民组织			军政编制	
乡	遂	辖12500家	军将	辖12500人（五师为军）
州	县	辖2500家	师帅	辖2500人（五旅为师）
党	鄙	辖500家	旅帅	辖500人（五卒为旅）
族	酂	辖100家	卒长	辖100人（四两为卒）
闾	里	辖25家	两司马	辖25人（五伍为两）
比	邻	辖5家	伍长	辖5人（五人为伍）

乡遂是军队组成人员的主要来源，每乡一万二千五百家，家出一人为兵，合为一军，六乡共为六军，亦称为正六军。每遂亦为一万二千五百家，家出一人为兵合为一军，六遂共为六军，称为副六军。乡遂地域组织的官员，在战时即为相应军事组织的军官。

公邑也是王直辖的行政单位，分布在甸、稍、县、都，《周礼》中常有"四等公邑"的说法，即指距王城四种距离不等的区域内都有公邑存在。《周礼·地官·载师》所谓"以公邑之田任甸地"，是《周礼》一贯的举一概全的写法，指甸以下都有公邑。

在王畿中，王把一部分土地分封给宗室和公卿大夫，在《周礼》中称为采地。所谓采地，表明其主人只是采食这方土地上的租税，不拥有对土地的所有权。之所以如此，无非因为王畿为王直辖之区，不能再有分封的邦国，不能再有其他的土地所有者，只能以采地的形式出现。采地分布在稍、县、都三个等次不同的区域内。这些采邑的分布，呈现距王城越远面积越大的规律。受封者各以其地位的尊卑而获得大小不等的采地，尊者为大。大夫的地位低，采地只有方二十五里，只能算是稍稍给予，所以大夫的采地集中的地域就称为"稍"。分封给卿的方五十里，分封给公和宗室的方一百里，反正是面积越大距王城越远。王畿最边远的地方成为公和宗室占有的大都的所在地，故而这里以"都"命名。采地上的租税，采邑主不能独自享有，要上交四分之一给王。按照《周礼·天官·大宰》的记载，其有不同的名称。距王城二百里地区之赋称为邦甸之赋，离王城三百里地区之赋称为家稍之赋，距王城四百里地区之赋称为邦县之赋，离王城五百里地区之赋称为邦都之赋。

处于野的公邑和采地，都按"井牧田野"的方法来组织居民，即《周礼·地官·小司徒》所谓"九夫为井，四井为邑，四邑为丘，四丘为甸，四甸为县，四县为都"。这些地方的军赋，据《司马法》，丘出戎马一匹，牛三头；甸出长毂一乘，马四匹，牛十二头，甲士三人，步卒七十二人。

诸侯可以看作分封在王畿之外最大的半独立的封君，自己可以立国，诸侯之国称为邦国。《周礼》中所规定的王对诸侯国采取的控制措施如下。各诸侯国由中央派大司马按照王畿的模式建立，由中央派掸人向诸侯宣谕王命。王对诸侯的言行随时进行考察，四方诸侯必须四时轮流至都城向王述职；如诸侯中有违抗王命的，中央则罪之、伐之、坛之、削之、侵之、正之、残之、杜之、灭之，严惩不贷，即所谓九伐（见《周礼·夏官·大司马》）。为了便于了解各诸侯国的具体情况，真正控制各诸侯国，在夏官中设置山师、川师、原师等专职官员，掌管诸侯国的山林川泽及四方之地名。各诸侯国必须按时向王进贡规定的财物，为此，《周礼》设有"九贡"之制（见《周礼·天官·大宰》），还可以用削夺或改封的办法来体现其对诸侯国领土的所有权。

《周礼》设计的维护各级封君利益的乡遂制度，与大一统前的社会现实已不相适应，其设计的国野制度也与西周春秋时期的国野制度不合。

西周时期区分国野、实行乡遂制度是与当时的生产力相适应的，其时农业生产实行耦耕，必须集体协作，土地归家族所有，而有资格当兵的居民与一般从事农业劳动的居民身份不同，所以分别以乡遂，来编组他们。到了春秋前期，乡遂组织仍旧存在。管仲相齐桓公时实行"作内政以寄军令"的原则，乡遂居民的权利与义务仍然不同。国中分设二十一乡，士与工商居于乡，农则居于郊外的遂，四民分业，反映了春秋时期工商业发展了的社会现实。其时工商之乡有六，士乡有十五，其居民编组为：五家为轨，设轨长；十轨为里，设有司；四里为连，设连长；十连为乡，设良人。对应的军事组织为：五人为伍，轨长率之；五十人为小戎，里有司帅之；二百人为卒，连长帅之；二千人为旅，乡良人帅之；五乡设一帅，万人为一军，五乡之帅帅之。这时的军事编制是春秋时期步兵制兴起以后的军事编制，已与西周时期的兵制不同了。野亦称鄙，其居民组织如下：三十家为邑，设有司；十邑为卒，设卒帅；十卒为乡，设乡帅；三乡为县，设县师；十县为属，设属大夫。五属有属大夫五人，各使治一属。与野中的居民编制相对应的军队编组是：从邑到五属为四十五万家，每九家出一兵，得甲五万，九十家一车，得车五千乘，与国中的军事编组不同。所以春秋前期国野体制下乡遂组织的存在还有其实际意义。

到春秋后期，以铁器牛耕为标志的社会生产力的发展，使较小的血缘组织乃至个体家庭的独立耕作成为可能，各国纷纷改革田制、军制，破坏了宗族土地共有制，改变了土地占有权的分配方式，逐渐实行由国家直接授田给个体农民家庭的办法，政治隶属关系也随之改变，逐渐以郡县制代替分封制，实现由血缘关系向地域关系的转变，逐渐形成了郡、县、乡、里四级制。《周礼》的乡遂组织与萌芽于春秋、完善于战国的地域组织有一定的关系，却又不相同。《周礼》乡中的比、闾、族、党、州、乡，遂中的邻、里、酂、鄙、县、遂，与战国之郡、县、乡、里的四级制不合。《周礼》中乡遂以下所辖组织的人口皆有定数，整齐划一，与战国时期设县置乡无定数又不合。其实，《周礼》中乡遂各级组织之名，除县、乡、里外，多是地域概念而不是行政区划概念，只不过是被用来编组成组织之名罢了。

《周礼》乡遂组织系统是作者按管仲"作内政以寄军令"的原则编组而成的，但时代已至战国，《周礼》编制的乡遂两套组织名异而实同，乡出六军，遂出副六军，完全没有区分的必要。所以《周礼》的乡遂组织既不反映西周、春秋时代的乡遂组织的情况，又与战国时代的郡县制度不合。

再从分封制的国家组织形式的发展来看，夏商西周采用分封制是与其时代的生产力和生产关系相适应的。在那时候只能实行王邦与诸侯国构成的复合国家形式，即王对诸侯国家实行间接统治（或称"委托统治"）的形式。春秋时期周王已控制不了诸侯国，出现大国争霸的局面，这时大的诸侯国已发展到方千里的大国，到了"诸侯立家"的时代，即诸侯国在国君之下有了从属于自己的下级封君，相当于西周时期周天子分封诸侯的情况。各大诸侯国之间是互相独立的，周王仅在名义上是各诸侯国的共主。到了战国，周王室已没落为小诸侯国的规模。其时七个大国都已经是独立的国家，复合制国家的形式也不复存在。独立的各国间又战争不断。在此种情况下人们又渴望统一。《周礼》作者构拟的大一统以后的国家模式仍然采用以分封制为特征的复合制国家形式，与当时已经兴起的官僚制度背道而驰，不代表社会的先进力量。所以秦统一六国之后采用的国家形式是由皇帝集权的单一制国家形式，没有采用《周礼》构拟的那一套制度。但是《周礼》强调王的至高无上的地位，为秦始皇创立皇帝制度提供了依据。

第五节　《周礼》对后世国家机关设置的影响

一　《周礼》对新莽官制的影响

（一）中央官制

新莽官制，设孤卿三个、上卿六个，凡九卿，分属于三公。每一卿置大夫三人，每一大夫置三元士，凡二十七大夫、八十一元士，分主中都官职。三公九卿的具体设置如表5-4所示。

表 5 - 4 三公九卿的具体设置

区别	官名	职 掌	说 明
三公	大司马 大司空 大司徒	分领九卿	始建国元年（公元 9 年）以大司马、大司徒、大司空正其职为三公。三年（公元 11 年）三公皆兼称将军
孤卿	大司马司允 大司徒司直 大司空司若		合称三公司卿，皆位孤卿
上卿	秩宗	掌宗庙礼仪	即汉太常之职。始建国元年更今名。三年，加将军名号，秩上卿。又，汉设宗伯，掌亲属，新莽并其职于秩宗
	纳言	掌租税钱谷、盐铁和国家的财政收支	即汉大司农之职。汉平帝元始元年（公元元年）改置羲和官，后又改羲和为纳言。始建国三年加将军名号，秩上卿。其属官见于《汉书·王莽传》者有掌货大夫
	作士	掌刑狱	即汉廷尉（大理）之职。始建国元年更今名。三年，加将军名号，秩上卿
	典乐	掌关于接待少数氏族事务	即汉大鸿胪之职。始建国元年更今名。三年，加将军名号，秩上卿
	共工	掌山海池泽之税和皇室手工业制造，为皇帝的私库	即汉少府之职。始建国元年更今名。三年，加将军名号，秩上卿
	予虞	掌上林苑兼保管皇室财物及铸钱	即汉水衡都尉之职。始建国元年更今名。三年，加将军名号，秩上卿

上述六个上卿，显然是比拟《周礼》中的六官。

又有若干西汉官名的改易与新置职官，如表 5 - 5、表 5 - 6 所示。

表 5 - 5 西汉官名的改易

西汉官名	新莽改称	说 明
光禄勋 太仆 卫尉 执金吾 中尉	司中 太御 大卫 奋武 军正	左列五官与新莽新设之大赘官，号称六监，位皆上卿
御史 公车司马	执法 王路四门	

表 5 - 6　西汉新置职官

新莽新设官	说明
大赘官	主乘舆服御，后又典兵秩
司恭中大夫 司徒中大夫 司明中大夫 司聪中大夫 司中中大夫 诵诗工 彻膳宰	左列诸官，均掌司过

总体来看，新莽官制是与秦汉官制系统相同的，其模仿《周礼》中的若干制度，只是形式，为新朝作标榜而已。它只是反映了王莽的托古改制。

（二）地方官制

新莽西都和东都及两者附近地区的行政区划有着《周礼》乡遂制度的若干影子（见表 5 - 7）。

表 5 - 7　新莽西都和东都及两者附近地区的行政区划

类别	官名		职掌	说明
西都及其近郡	京兆大尹		掌西都京兆郡之政	始建国四年（公元 12 年）以京兆郡为新室西都
	属官	乡帅	每帅分主五县	天凤元年（公元 14 年）分常安（即汉长安）西都为六乡，置帅各一人
	六尉大夫		分掌六尉郡之政	天凤元年分三辅为京尉、师尉、翊尉、扶尉、光尉、列尉六尉郡，各以大夫主之，与京兆郡共治常安城
	属正		职如外郡之都尉	
东都及其近郡	保忠信卿		掌东都保忠信郡之政	汉河南郡，始建国四年以为新室东都。天凤元年更郡名为保忠信，河南大尹改称保忠信卿，益属县满三十
	属官	州长	每一州长分主五县	天凤元年分义阳（即汉洛阳）东都为六州，置长各一人，人主五县
	六队大夫			六队即六遂。据谭其骧《新莽职方考》，六遂为兆队、祁队、左队、右队、前队、后队
	属正		职如外郡之都尉	

京畿以外郡县长官之改名如表 5 - 8 所示。

表 5 - 8　京畿以外郡县长官之改名

西汉旧名	新莽改称
郡太守	大尹
都尉	太尉
县令长	宰

新莽把西都和东都及其附近地区比拟为《周礼》中的乡遂。西都在京兆大尹之下设乡，比拟《周礼》乡遂制度中的乡；以六尉比遂；京兆大尹与六尉大夫共治西都之政。东都以保忠信郡为《周礼》乡遂制度中的乡；以六队为遂；保忠信卿与六队大夫共治东都之政。至于西都六尉大夫与东都六队大夫之下的属正，则为汉代都尉之职，与《周礼》之制不合。

（三）爵秩制度

新莽以卿、大夫、士为官秩之名，则是仿《周礼》而设，于始建国元年施行。其具体规定如下。

卿　秩中二千石者称之。

上大夫　秩二千石者称之。

中大夫　秩比二千石者称之。

下大夫　秩千石者称之。

元士　秩六百石者称之。

命士　秩五百石者称之。

中士　秩四百石者称之。

下士　秩三百石者称之。

庶士　秩百石者称之。

（四）宫室与地名的改易

宫室与地名的改易如表 5 - 9 所示。

表5-9　宫室与地名的改易

西汉旧名	新莽改称	说明
长乐宫 未央宫 长安 洛阳	常乐室 寿成室 常安 义阳	
其他汉郡县之名	其建制与名称亦多有变易	《汉书·王莽传中》："大郡至分为五，郡县以亭为名者三百六十，以应符命文也。缘边又置竟尉，以男为之……莽下书曰：'常安西都曰六乡，众县曰六尉。义阳东都曰六州，众县曰六队。粟米之内曰内郡，其外曰近郡，有鄣徼者曰边郡。合百二十有五郡。九州之内，县二千二百有三。公作甸服，是为惟城；诸在侯服，是为惟宁；在采、任诸侯，是为惟翰；在宾服，是为惟屏；在揆文教，奋武卫，是为惟垣；在九州之外，是为惟藩：各以其方为称，总为万国焉。'其后岁复变更，一郡至五易名，而还复其故。吏民不能纪，每下诏书，辄系其故名，曰：'制诏陈留大尹、太尉：其以益岁以南付新平。新平，故淮阳。以雍丘以东付陈定。陈定，故梁郡。以封丘以东付治亭。治亭，故东郡。以陈留以西付祈隧。祈隧，故荥阳。陈留已无复有郡矣。大尹、太尉，皆诣行在所。'其号令变易，皆此类也。"

　　地名变动如此之大，要人记忆实在有困难，所以公文的下达只能新旧地名并列，才能使人知道公文涉及什么地点及其相关内容。一个地区的区划随意变更往往给当地的管理带来许多不便。此种任意更改地名、官名的做法最后势必引起混乱。《汉书·王莽传中》载：

　　（王莽）又好变改制度，政令烦多，当奉行者，辄质问乃以从事，前后相乘，愦眊不渫。莽常御灯火至明，犹不能胜。尚书因是为奸寝事，上书待报者连年不得去，拘系郡县者逢赦而后出，卫卒不交代三岁矣。

　　由于改变制度和名称，势必影响效率，本来可以照章办理的事情，现在也要仔细审问后才能处置，不弄清楚的不能结案，结果把王莽自己给弄苦了，挑灯夜战到天明，还是批不完公文。许多事被积压以后，尚书可以利用这个机会营私舞弊。那些上报的问题累年得不到及时处理。在郡县拘系的犯人，本来应该逢赦出狱的，由于看守的卫卒三年没有交班而无人去处理。各个机构之间的相互关系脱节，使各种矛盾尖锐化，社会产生了动荡现象。王莽的托古改制也必然以失败告终。

二 《周礼》对北魏官制的若干影响

主要表现在北魏拓跋族统治集团中代表部落贵族的旧势力利用《周礼》中若干形式来抵制汉化。

(一) 利用《周礼》官名抵制汉化

北魏道武帝于即位之初，依汉魏旧制设尚书省。以汉人主尚书省事，其尚书郎以下悉用汉人。由于鲜卑旧的部落势力抬头，天兴二年（公元399年）取消了尚书省和诸卿官署，打破了尚书省机构与诸外署（相当于汉魏以后的卿署机构）的界限，重新进行了划分，总共设置了三百六十个机构，即所谓三百六十曹（这是北魏中央政府的全部行政机构，但具体名称已无可考）。每曹设置大夫以主其事，直接对皇帝负责，减少了中间行政环节。这就是《魏书·官氏志》所说的"道武帝天兴二年三月，分尚书省三十六曹及诸外署，凡置三百六十曹，令大夫主之。大夫各有属官，其有文符，当曹敷奏，欲以省弹驳之烦"。这时中央行政各部门的形式是以大夫为曹的长官，下设若干属官，独立行使职权，并对皇帝负责。

但是由皇帝直接管辖三百六十个行政单位，终究不便于领导，所以此制实行了两年多，就又恢复了尚书省三十六曹。此即《魏书·官氏志》所记"天兴四年（公元401年）十二月，复尚书三十六曹，曹置代人令史一人，译令史一人，书令史一人"。至此，罢废了两年以后的尚书三十六曹又得到了恢复。但尚书郎以下悉用汉人的制度被取消了。诸曹属官以代人令史为首，掌文书事务的令史由汉人充任，译令史则充胡汉语言文字翻译之任。

(二) "六谒官"的设置

在恢复尚书省三十六曹之后，原来诸卿的官署（即诸外署）并未得到恢复。这些机构仍是直接中央的各曹。道武帝于是又在各曹之上设置了"六谒官"，作为皇帝与诸曹之间的中间环节。《魏书·官氏志》载：

> （道武帝）天赐元年（公元404年）八月，初置六谒官，准古六卿，其秩五品。属官有大夫，秩六品。大夫属官有元士，秩七品。元

士属官有署令、长，秩八品。令、长属官有署丞，秩九品。

《官氏志》说六谒官是"准古六卿"而设，"六谒官"是官名合称，其额数应是六员，其地位属于"卿"一级。六卿之说起于春秋，春秋时的六卿是执政之官，地位崇高。新莽之制，置九卿分属三公，每一卿置大夫三人，每大夫置元士三人，凡二十七大夫、八十一元士，分主中都官诸职。六谒官"其秩五品"，地位低于古代的六卿，仅相当于新莽官制中的九卿。其属有大夫与元士，亦略如新莽之制。其序列为：

六谒官——大夫——元士——署令、长——署丞

（五品）（六品）（七品）（八品）（九品）

《周礼》的六官之长亦称六卿，六卿之下亦有大夫、士两级，亦与六谒官之地位相当。六谒官分管若干大夫，而由六谒官直接中央，所以六谒官是北魏在设置诸卿之前的"卿"官。其存在的时间应在设置诸卿之前。北魏在道武帝时虽一度设有卫尉一职，而诸卿的普遍设置则是在太武帝时。由此推测，六谒官的存在时间应是在道武帝天赐元年至明元帝末年（公元 423 年）。在此期间，尚书省三十六曹以外的诸外署应分属于六谒官。

从官制发展的前后连贯性看，道武帝废除尚书三十六曹与诸外署（汉魏以来的卿署机构），打破界限重新编组为三百六十曹直接中央的做法，是西魏北周模仿《周礼》的六官制度设置六府的滥觞。

三　西魏北周中央政府的六官制度基本上仿照《周礼》设置

六官制度始建于西魏。北魏政权在农民起义中瓦解，宇文泰凭借六镇一小部分武力割据秦陇地区，拥立北魏皇族近支为帝，建立起西魏政权，自任丞相，总揽军政大权。当时西魏僻处西北，经济比较落后，但在历史上为西周王朝的中心区域，为了与东魏（后来为北齐）和南朝梁相抗衡，采用了苏绰、卢辩的建议，按《周礼》的六官制度来改组中央政府以表示其继承华夏文化的正统，借以取得中原地区汉族地主阶级的拥护。六官制度在西魏恭帝三年（公元 556 年）开始施行，同年十月，宇文泰病死，次

年，西魏为北周所代，宇文觉即位，沿用六官制度，一直到隋文帝杨坚代周称帝（公元581年），恢复汉魏官制，前后共行用了二十五年。六官指天官、地官、春官、夏官、秋官、冬官。其长官分别为大冢宰、大司徒、大宗伯、大司马、大司寇、大司空，合称六卿。六官所属大夫以下各级，几乎全依《周礼》定名，并将魏晋以来的九品等级改为九命，最低者为一命，与一般以最低为九品者正相反，六官的设官及其与《周礼》的渊源关系如表5-10至表5-15所示。

表5-10 西魏北周天官府之设官及其与《周礼》的渊源关系

西魏北周天官府之设官			与《周礼》的渊源关系
长官	大冢宰卿		《周礼》中的冢宰本称太宰，掌吏治、宫建事务，为宫内大臣或奴隶总管，只有天子下了"百官总已以听冢宰"的后命之后，太宰始得总摄其他五官，总理政务的六卿之首而称为冢宰
佐贰	小冢宰上大夫		《周礼·天官》有小宰为冢宰的副职
属官	天官府都上士		
	司会中大夫		《周礼·地官》之属有司会，掌统计和考核邦国、都鄙、官府的财政收支，为计官之长
	属官	司会上士、中士、旅下士	
		司书上士	《周礼·天官》有司书，所掌与司会略同，唯司会主考核会计，司书则为之分类记载于簿书
	宗师中大夫		
	属官	小宗师下大夫 小宗师上士、中士 宗正上士、中士、下士	
	左右宫伯中大夫		《周礼·天官》之属有宫正，掌管王宫的戒令纠禁；宫伯，掌王宫的士庶子。北周综此二职置左右宫伯中大夫
	属官	左右小宫伯下大夫 左右宫伯都上士 左右中侍上士 左侍上士、中士 右侍上士、中士	

西魏北周天官府之设官		与《周礼》的渊源关系
属官	左右前侍中士、下士 左右后侍中士 左右骑侍下士 左右宗士下士 左右庶士下士 左右勋侍下士	
御正上大夫、中大夫		《周礼》春官之属有内史，掌传达王的诏命
属官	小御正下大夫 小御正上士、中士	
	主寝上士、中士	《周礼》天官之属有宫人，掌管王所居宫室的扫除及供王沐浴等事
	司服上士、中士	《周礼》天官之属有司服，掌管王的吉凶冠服
纳言中大夫、下大夫		
属官	纳言上士、中士 给事上士、中士 掌式上士、中士	
	主玺下士	《周礼》地官之属有掌节，掌管各种符节
属官	膳部中大夫	《周礼》天官之属有膳夫，为食官之长，主管王、后、世子的饮食、膳羞
	小膳部下大夫	
	小膳部上士、中士	
	内膳上士、中士	《周礼》天官之属有内饔，掌理王及后、世子食物的烹调
	食医下士	《周礼》天官之属有食医，主管调配饮食之寒温、滋味、营养等，犹如配药，故以为名
	外膳上士、中士、下士	《周礼》天官之属有外饔，掌祭祀及宾客的食品
	典庖中士、下士	《周礼》天官之属有庖人，掌供王、后、世子的牲畜、禽类食品
	典饎中士、下士	《周礼》地官之属有饎人，掌炊煮饭食以供祭祀及王、后、世子之用
	酒正中士、下士	《周礼》天官之属有酒正，掌制酒的政令及其方法
	肴藏中士、下士	《周礼》天官之属有甸师下士，主管籍田及供给野物；兽人，掌理猎取野兽以供膳羞；渔人，掌捕取鱼类以供膳羞；腊人掌制干肉。北周综合以上诸职置肴藏中士

续表

西魏北周天官府之设官			与《周礼》的渊源关系
属官	属官	掌醢中士、下士	《周礼》天官之属有醢人奄及女醢，掌管祭祀时四次荐献豆里所盛的食物；丧事祭奠及飨宴宾客时亦如之
		司鼎俎中士、下士	《周礼》天官之属有内饔之职，杀牲盛馔进食于王之时，负责陈列鼎俎
		掌冰中士、下士	《周礼》天官之属有凌人，掌理藏冰出冰的政令
	太医下大夫		《周礼》天官之属有医师，主管医疗的政令
	属官	小医下大夫 小医上士 主药下士	
		医正上士、中士、下士	《周礼》天官之属有疾医，掌治疗内科疾病
		疡医上士、中士、下士	《周礼》天官之属有疡医，掌治疗外科疾病
	太府中大夫		《周礼》天官之属有太府，掌辅助太宰处理贡赋之事
	属官	太府上士	
		玉府上士、中士	《周礼》天官之属有玉府，掌保管王的金玉玩好、兵器、车辆、旗帜、彩色绸缎及一切珍贵之物，王赏赐臣下的财物由玉府供应
	外府上士、中士		《周礼》天官之属有外府，主管钱之数目，即政府钱币收入存于外府，其国用所需钱币亦由外府支出
	属官	左府上士、中士	《周礼》无此官
		右府上士、中士	《周礼》无此官
		缝工上士、中士	《周礼》春官之属有缝人，掌裁缝衣服之事
		染工上士、中士	《周礼》天官之属有染人，掌染丝帛之事
	计部中大夫		《周礼》无此官
	属官	小计部下大夫、上士	《周礼》无此官
		掌纳上士、中士	《周礼》天官之属有职内，主管财税收入事务
		掌出上士、中士	《周礼》天官之属有职岁，主管财政支出事务
	司内上士、中士		《周礼》天官之属有内宰，为宫中事务官之长，总理王宫之内务
	属官	内小臣奄中士、下士	
		内司服奄中士、下士	《周礼》天官之属有内司服奄、女御，掌王后之衣服

西魏北周天官府之设官		与《周礼》的渊源关系
属官 属官	典妇功奄中士、下士	《周礼》天官之属有典妇功，掌理妇人从事女工之事，以女工之事教育及督促嫔妇与内人
	巷伯中士、下士	《周礼》天官之属有寺人，为宫中近侍官，掌王的内人及女官的戒令

表 5 – 11　西魏北周地官府之设官及其与《周礼》的渊源关系

	西魏北周地官府之设官		与《周礼》的渊源关系
长官	大司徒卿		《周礼》有大司徒，为地官之长
副贰	小司徒上大夫		《周礼》地官之属有小司徒，为大司徒之副职
属官	民部中大夫		《周礼》秋官之属有司民，掌户籍，稽人口之数，男孩出生八个月、女孩七个月都要登记到户口簿上
	属官	乡伯中大夫 小乡伯下大夫 小乡伯上士、中士 乡大夫（每乡）下大夫 乡正上士、中士 州长（每州）上士、中士 党正（每党）旅下士	乡、遂、稍、县、畿为《周礼》中规定的天子直辖地域——王畿中的行政区划，各设官以管理之，掌辖区内的政教事务。北周是统一的中央集权的封建国家，不分内服外服，但仍附会《周礼》之制，以距王城百里之内为乡，百里至二百里为遂，二百里至三百里为稍，三百里至四百里为县，四百里至五百里为畿，设乡伯、左右遂伯、稍伯、县伯、畿伯诸中大夫，小乡伯、小遂伯、小稍伯、小县伯、小畿伯，均为地官府所属，使各掌其辖境内的政令禁戒，也就是在辖区内推行民部中大夫所管辖的政务
		左右遂伯（每方）中大夫 小遂伯下大夫 小遂伯上士、中士 遂大夫（每遂）下大夫 遂正上士、中士	
		稍伯（每方）中大夫 小稍伯上士、中士 稍大夫（每稍）下大夫 稍正上士、中士	
		县伯（每方）中大夫 小县伯下大夫 小县伯上士、中士 县大夫（每县）下大夫 正上士、中士	
		畿伯（每方）中大夫 小畿伯下大夫 小畿伯上士、中士 畿大夫（每畿）下大夫 畿正上士、中士	

续表

西魏北周地官府之设官			与《周礼》的渊源关系
属官	载师中大夫		《周礼》地官之属有载师,掌理土地赋役等事务
	属官	小载师下大夫 小载师上士	
		司封中士、下士	《周礼》地官之属有封人,掌封国及都邑的封域社壝及祭祀用的牛牲
		司农上士、中士	《周礼》地官之属有司稼,掌观察研究农田上的土质及适合农作物的品种以教民,并调节民食
		司赋上士、中士	《周礼》地官之属有闾师,掌理土地赋役等事
		司役上士、中士	《周礼》地官之属有均人,掌调节核定乡遂、公邑有关土地之各项赋税及力役之征
		掌盐(每地)中士、下士	《周礼》天官之属有盐人奄、女盐,掌盐的政令
		掌遗中士	《周礼》地官之属有遗人,掌邦国的委积,以待凶年馈赠施予及供应宾客、师役等途中住宿等事
		掌堰下士	《周礼》天官之属有渔人,掌捕取鱼类以供膳食
		典牧中士、下士	《周礼》地官之属有牧人,掌于田牧养六畜等事务
		典牛中士、下士	《周礼》地官之属有牛人,掌牧养公家之牛以供祭祀、宾客、军役之需
	师氏中大夫		《周礼》地官之属有师氏,掌小学以教国子
	属官	小师氏下大夫 小师氏上士	
		保氏下大夫	《周礼》地官之属有保氏,掌教贵族子弟,兼为王的谏官
		保氏上士	
		司谏上士、中士	《周礼》地官之属有司谏,掌教万民以道德艺业
		司救上士、中士	《周礼》地官之属有司救,掌以礼防禁万民为非而责让其邪恶过失
		司媒上士、中士	《周礼》地官之属有媒氏,掌理万民婚姻
		土训中士、下士	《周礼》地官之属有土训中士,专司观察天下土地、山川形势及所生异物,昭告于王,以为王行军之参考
		诵训中士、下士	《周礼》地官之属有诵训,掌晓四方习俗,博通古事,识记掌故,以备王的咨询
	司仓中大夫、下大夫		《周礼》地官之属有廪人与仓人,廪人掌计一年谷入之数并藏米,仓人掌谷物的储藏

续表

西魏北周地官府之设官			与《周礼》的渊源关系
属官	属官	小司仓上士	
		舍人上士	《周礼》地官之属有舍人，掌宫中用谷之事
		司禄上士	《周礼》地官之属有司禄，掌颁百官之禄
		神仓中士、下士	《周礼》地官之属有廪人，郑玄注："大祭祀之谷，籍田之收，藏于神仓者也。"
		稷仓中士、下士 稻仓中士、下士 豆仓中士、下士 麦仓中士、下士 米仓中士、下士 盐仓中士、下士 典曲中士、下士	
		典舂中士、下士	《周礼》地官之属有舂人奄，掌舂谷成米以供所需
		典中士、下士	
	司门下大夫		《周礼》地官之属有司门、掌守卫王城之十二门
	属官	小司门上士	
		掌节中士、下士	《周礼》地官之属有掌节，主管各种符节
		宫门中士、下士	《周礼》天官之属有阍人，掌宫门的禁令及启闭、门廷的扫除
		城门中士、下士	《周礼》地官之属有司门，郑玄注："司门若今城门校尉，主王城十二门。"
		司关中士、下士	《周礼》地官之属有司关，掌关门的禁令及征收关税
	司市下大夫		《周礼》地官之属有司市，为市官之长，掌理市肆的一切事务
	属官	小司市上士	
		均士中士、下士	《周礼》无此官
		平准中士、下士	《周礼》地官之属有质人、廛人。质人专司市肆中买卖货物价格的估计与核定，以防止不法商人抬高物价或欺骗买主；廛人掌理证收市中各种税收，如货物税、房税、地税等。西魏北周综合此二职置平准中士、下士
		泉府中士、下士	《周礼》地官之属有泉府，掌以市税之收入来调节货物之供求。其所掌实为以泉布（货币）赊贷于民，据本以征利

西魏北周地官府之设官			与《周礼》的渊源关系
	虞部中大夫		《周礼》地官之属有山虞、泽虞、林衡、川衡诸职。西魏北周综合此四职置虞部中大夫
属官	属官	小虞部上士	
		山虞中士、下士	《周礼》地官之属有山虞，主管山地的政令
		泽虞中士、下士	《周礼》地官之属有泽虞，掌国泽之政令
		林衡中士、下士	《周礼》地官之属有林衡，掌林麓之政令
		川衡中士	《周礼》地官之属有川衡，掌川泽之政令
		掌禽中士、下士	《周礼》地官之属有羽人，掌征收羽翮于山泽之农
		掌囿中士、下士	《周礼》地官之属有囿人，主管苑囿离宫的政事禁令
		掌圃下士	《周礼》地官之属有场人，管理农圃以种植瓜果菜蔬
		掌炭中士、下士	《周礼》地官之属有掌炭，掌征收灰物、炭物于山泽之农
		掌薪中士、下士	《周礼》地官之属有委人，掌征收野地园圃山泽的赋贡，收取薪柴、干草、果实以及所蓄积的干菜、瓜等物
		掌刍中士、下士	《周礼》地官之属有委人，西魏北周分其职置掌刍中士、下士

表5-12 西魏北周春官府之设官及其与《周礼》的渊源关系

西魏北周春官府之设官			与《周礼》的渊源关系
长官	大宗伯卿		《周礼》有大宗伯，为春官之长
副贰	小宗伯上大夫		《周礼》有小宗伯，为大宗伯之副贰
属官	春官府都上士		
	司宗中大夫		《周礼》春官之属有肆师，掌建立国中祭祀的礼仪，辅佐大宗伯掌理坛兆和宗庙中的政令
	属官	司宗上士、中士、旅下士	
	守庙中大夫		《周礼》春官之属有守祧奄、女祧，掌守先王先公的庙祧
	属官	小守庙下大夫 小守庙上士、下士	

西魏北周春官府之设官		与《周礼》的渊源关系
典祀中大夫		《周礼》春官之属有典祀，掌理四郊外祀祭坛的守护，坛外四周各有界域，执掌坛域的政令
属官	小典祀下大夫 小典祀上士	
	司几筵中士、下士	《周礼》春官之属有司几筵，掌祭祀用几筵之事
	司樽彝中士、下士	《周礼》春官之属有司樽彝，掌礼器中樽彝之类
	掌郁中士、下士	《周礼》春官之属有郁人，掌管裸器，在祭祀和接待宾客行裸礼时，把捣煮好的郁金掺和在鬯酒里，装在彝里陈设在行礼的地方
	司鬯中士、下士	《周礼》春官之属有鬯人，掌管供给鬯酒和彝尊上的饰巾
	司牺中士、下士	《周礼》地官之属有牧人，掌牧六牲以供祭祀之牲牷；牛人，掌供祭享之牛；充人，掌系祭祀的牲牷
	司鸡中士、下士	《周礼》春官之属有鸡人，掌供祭祀用的鸡牲，大祭祀之日，为报时之官
	司郊上士、中士、下士	《周礼》无此官
	司社中士、下士	《周礼》无此官
	掌次上士、下士	《周礼》天官之属有掌次，掌王外舍之法，以待张事
内史上大夫、中大夫		《周礼》春官之属有内史，在宫中佐太宰管理爵、禄的废置等政务以及颁王之策命等事
属官	小内史下大夫 小内史上士、中士、下士 御史上士、中士、下士	
	外史下大夫、上士	《周礼》春官之属有外史，掌书外令及四方之志
	著作上士、中士	《周礼》无此官
	校书下士	《周礼》无此官
礼部下大夫		《周礼》春官之属有典命，掌封迁群臣爵秩的文书
属官	小吏部上士	
	典瑞中士、下士	《周礼》春官之属有典瑞，掌所执的玉瑞与礼神的玉器的保管，辨别其名号物色与用处
	典服中士、下士	《周礼》春官之属有司服，掌王的吉凶衣服，辨别名号物色及其用处

西魏北周春官府之设官		与《周礼》的渊源关系
属官	司寂上士、中士	《周礼》无此官
	司玄中士、下士	《周礼》无此官
	治礼中士、下士	《周礼》无此官
	司谒中士、下士	《周礼》无此官
太史中大夫		《周礼》春官之属有太史，掌典、法、礼器，兼司星历
属官	太史上士	
	小史下大夫	《周礼》春官之属有小史，掌理王邦和畿内侯国的史记，记载王的世系、大丧、大宾客、大会同、大军旅，佐助太史行事，凡国家举行较小的礼仪，掌理其事
	小史上士	
	冯相上士、中士	《周礼》春官之属有冯相氏，掌天文星历推算之事
	保章上士、中士	《周礼》春官有保章氏，掌占天上的恒星，记载星辰日月的合会与变动，观察天下福祸的变迁，辨明吉凶
属官	乐部中大夫、下大夫	《周礼》春官之属有大司乐，为乐官之长，掌大学的教法，管理王国的学政，教国子乐德、乐语、乐舞
属官	乐部上士、中士	
	大学博士下大夫	《周礼》无此官
	太学助教上士	《周礼》无此官
	小学博士上士	《周礼》无此官
	小学助教中士	《周礼》无此官
	乐师上士、中士	《周礼》春官之属有乐师，掌乐政，教国子小舞
	乐胥中士、下士	《周礼》春官之属有大胥，掌卿大夫诸子学舞者的名籍及其征召；小胥佐大胥征召学舞者而督察之
	司歌中士、下士	《周礼》春官之属有太师、小师、瞽矇。太师为乐工之长，小师掌教乐歌，瞽矇掌播鼗祝敔琴瑟、弦歌、诵诗。西魏北周合以上三职置司歌中士、下士
	司钟磬中士、下士	《周礼》春官之属有钟师、磬师，分别掌教乐器中的钟磬之属

西魏北周春官府之设官			与《周礼》的渊源关系
	属官	司鼓中士、下士	《周礼》地官之属有鼓人，掌鼓，用于祭祀、军旅、田役等
		司吹中士、下士	《周礼》春官之属有笙师，掌教奏乐器中笙管之属
		司舞中士、下士	《周礼》地官之属有舞师，掌教兵舞、帗舞、羽舞、皇舞等，山川、社稷祭祀用之。又春官之属有韎师，掌教韎乐，祭祀或大飨时则帅其属而舞之
		籥章中士、下士	《周礼》春官之属有籥章，掌教奏土鼓豳籥
		掌散乐中士、下士	《周礼》春官之属有旄人，掌教舞散乐及夷乐
		典夷乐中士、下士	《周礼》春官之属有鞮鞻氏，掌四夷乐歌
		典庸器中士、下士	《周礼》春官之属有典庸器，掌藏乐器及庸器。庸器是指伐国所获之器
属官	太卜下大夫		《周礼》春官之属有太卜，总掌卜筮之事
	属官	小卜上士	
		龟占中士、下士	《周礼》春官之属有龟人、菙氏，占人。龟人取龟、藏龟、治龟以候卜；菙氏掌供荆木以灼龟；占人掌视著龟的兆卦而言其吉凶。西魏北周合此数职置龟占中士、下士
		筮占中士、下士	《周礼》春官之属有筮人，掌理以三易辨别九筮，以定吉凶
		梦占中士、下士	《周礼》春官之属有梦占，掌占验梦的吉凶
		视祲中士、下士	《周礼》春官之属有视祲，掌以望气之法占验吉凶
	太祝下大夫		《周礼》春官之属有太祝，为祝官之长，其下有小祝。祝为祭祀时主辞者
	属官	小祝上士	
		司巫中士、下士	《周礼》春官之属有司巫，为巫官之长，总群巫之事。巫者，指祷鬼神而替人治病消灾、请福免祸的人
		丧祝中士、下士	《周礼》春官之属有丧祝，掌理大丧时柩车行进的指挥及防护，卿大夫之丧，掌理有关事务及大小敛、饰棺等事，并掌丧事及亡国的社稷祭祀的祝号
		甸祝中士、下士	《周礼》春官之属有甸祝下士，掌四时田猎在立表之处举行神祭时的祝号

西魏北周春官府之设官			与《周礼》的渊源关系
属官	属官	诅祝中士、下士	《周礼》春官之属有诅祝。以言告神谓之祝，请神加殃谓之诅。诅祝掌诅盟之祝号，制作盟诅的载辞，以叙王国的信用，质正各邦国契券的效力
		神仕中士、下士	《周礼·春官》谓，凡以神仕者，掌理三辰的推算方法，图画人鬼天地神祇的位次，分别名号特色
	司车辂下大夫		《周礼》春官之属有巾车下大夫，掌理官有车辆的政令，辨明其用处和所配置的旗物，各有等级次序；管理车辆的领受和配出
	属官	小司车辂上士	
		典路中士、下士	《周礼》春官之属有典路，掌王与后的五路。"路"即辂，五路指玉路、金路、象路、革路、木路
		司车中士、下士	《周礼》春官之属有车仆，掌理戎路车队、广车车队、阙车车队、苹车车队、轻车车队，凡有军事行动，提供上述五种车队，以供战事之用
		司常中士、下士	《周礼》春官之属有司常，掌理九种旌旗，各有类属，以备国事所需。"常"指旌旗
	夏采下大夫		《周礼》天官之属有夏采，掌理大丧时在始祖庙和四郊行招魂礼
	属官	小夏采上士	
		守陵（每陵）上士、中士	《周礼》春官之属有冢人，掌冢墓、丧葬等事
		掌墓中士、下士	《周礼》春官之属有墓大夫，掌治墓地
		职丧中士、下士	《周礼》春官之属有职丧，掌诸侯、卿、大夫之丧

表 5 – 13　西魏北周夏官府之设官及其与《周礼》的渊源关系

西魏北周夏官府之设官		与《周礼》的渊源关系
长官	大司马卿	《周礼》有大司马，为夏官府的长官。其职任是掌理建立邦国的九法以辅佐王安定邦国；以九伐法规正诸侯各国；按照九畿规定的册籍，对诸侯各国定贡赋和职分。凡有事出动军队、调集六军、执行禁令、救助无辜、征伐有罪者，如果王亲自率军征伐，则掌理军中戒令
副贰	小司马上大夫	《周礼》夏官之属有小司马，为大司马的副职，掌管小祭祀、小会同、飨射、师田、小丧纪，其规制如同大司马

续表

西魏北周夏官府之设官			与《周礼》的渊源关系
属官	夏官府都上士		
	军司马中大夫		《周礼》夏官之属有军司马,职掌阙载。《唐六典·尚书兵部》"兵部郎中"条说:"《周官》大司马属官有军司马下大夫,盖郎中之任也。"后周依《周官》
	属官	军司马上士、中士、旅下士	
属官	职方中大夫		《周礼》夏官之属有职方,掌天下之地形,主四方之职贡
	属官	小职方下大夫 小职方上士	
		土方中士、下士	《周礼》夏官之属有土方,主管四方邦国的土地
		山师中士、下士	《周礼》夏官之属有山师,掌邦国山林与其所产物贡
		水师中士、下士	《周礼》夏官之属有川师,掌邦国川泽与其所产物贡
		怀方中士、下士	《周礼》夏官之属有怀方,掌招致远方之民及物
		训方中士、下士	《周礼》夏官之属有训方,掌教导四方之民
	吏部中大夫		《周礼》无此职,系根据汉魏官制设置
	属官	小吏部下大夫 小吏部上士	
	司士中大夫		《周礼》夏官之属有司士,掌理群臣的名籍,主管黜陟、计比、征召的政令及正朝仪等事
	属官	司士上士、中士	
	司勋中大夫		《周礼》夏官之属有司勋,掌赏赐功勋等事
	属官	司勋上士、中士	
		司录上士、中士	《周礼》无此职。录或为禄之讹,司禄为掌俸禄之官
	左右武伯中大夫		《周礼》夏官之属有"诸子"一职,掌理国子的教治与戒令
	属官	左右小武伯下大夫 左右小武伯上士	
		左右虎贲率上士	《周礼》夏官之属有虎贲氏,掌王出入先后仪卫等事
		左右虎贲率倅长中士 左右虎贲倅长下士	

续表

西魏北周夏官府之设官			与《周礼》的渊源关系
属官	属官	左右旅贲率上士	《周礼》夏官之属有旅贲氏，掌执戈盾，夹王车，以司守卫
		左右旅贲率倅长中士 左右旅贲倅长下士	
		左右射声率上士	《周礼》无此官。汉代有射声校尉，掌待诏射声士
		左右射声率倅长中士 左右射声倅长下士	
		左右骁骑率上士	《周礼》无此官。汉武帝以李广为骁骑将军，晋代为宿卫之官，南朝宋、齐、梁、陈与北魏、北齐均有骁骑将军
		左右骁骑率倅长中士 左右骁骑倅长下士	
		左右羽林率上士	《周礼》无此官。汉代有羽林中郎将，魏晋南朝宋、齐、梁、陈与北魏、北齐沿置，为宿卫之官
		左右羽林率倅长中士 左右羽林倅长下士	
		左右游击率上士	《周礼》无此官。汉始置游击将军，魏晋沿置，至南朝梁陈为宿卫军将领之一
		左右游击率倅长中士 左右游击倅长下士	
	兵部中大夫		《周礼》无此官。三国魏置五兵尚书，至北魏又有七兵尚书，西魏北周始置此官
	属官	小兵部下大夫 小兵部上士	
		武环率下大夫	《周礼》夏官之属有环人，掌致师（挑战），察军中奸臣，环巡邦国
		武环率上士 武环倅长下士	
		武候率下大夫	《周礼》夏官之属有候人，分设于四方，各掌本方边境道路的辨认、保护、检查及其政令
		武候率上士 武候倅长下士	
		司固上士、中士	《周礼》夏官之属有掌固，掌修护城郭、沟池而巡守之
		司火中士、下士	《周礼》夏官之属有司爟，掌理用火的政令，对于国中有失火的或擅自焚烧野草的，要加以刑罚

西魏北周夏官府之设官			与《周礼》的渊源关系
属官		司辰中士、下士	《周礼》夏官之属有挈壶氏，掌军中悬壶、悬辔、悬畚、以指示水井、军营、军粮之所在，并用漏水壶计算时间，轮流更换击柝与警卫人员
	大驭中大夫		《周礼》夏官之属有大驭，掌御王所乘的玉路
	属官	小驭下大夫	
		戎驭下大夫	《周礼》夏官之属有戎仆，掌理驾驭王的戎车、副车之政令，规正乘戎车者所穿着的服装；掌理从行兵车的仪法
		斋驭下大夫	《周礼》夏官之属有齐仆，掌理驾驭王的金路以接待宾客，按照仪法，各以尊卑贵贱的等级为乘车迎送的节度。齐仆的"齐"音 zhāi，即斋字
		道驭上士	《周礼》夏官之属有道仆，掌理驾驭王的象路，以备王早晚上朝与游燕出入，依法和齐车一样，并掌理副军的政令
		田驭上士	《周礼》夏官之属有田仆，掌理驾驭王的田路，用于田猎与巡行野地，并掌理副车的政令
		衔枚中士、下士	《周礼》秋官之属有衔枚氏，掌理禁止内外朝高声喧哗；国家有大祭祀，下令停止喧哗；凡在军旅田役令含枚，不得言语
	司右中大夫		"右"指骖乘。《周礼》夏官之属有司右，掌理群右的政令，凡有军旅会同，组合车队，编制车乘，配属车右
	属官	小司右下大夫 小司右上士、中士	
		戎右下大夫	《周礼》夏官之属有戎右，以勇士为之，衣甲，居王戎车之右，掌执戈矛以退敌，并在阵中传达王的命令
		斋右下大夫	《周礼》夏官之属有齐右，其职务是，有祭祀会同，接待宾客之时，王出，陪乘前马
		宾右上士	《周礼》无此官
		道右上士	《周礼》夏官之属有道右，为王象路的陪乘；王下车时，把车盖取下来，步行随王
		田右上士	《周礼》夏官之属有戎右。郑玄注："此充戎路之右，田猎亦为之右焉。"

西魏北周夏官府之设官			与《周礼》的渊源关系
	司射下大夫		《周礼》夏官之属有射人,其职掌是根据射箭礼法辅佐大司马演习大射礼仪,若王参加大射,则测量距离,张设三候(虎候、熊候、豹候,均为箭靶子)
	属官	小司射上士 司仗上士、中士	
	驾部中大夫		《周礼》夏官之属有舆司马,掌军车,其职阙载
属官	属官	小驾部下大夫 小驾部上士 左厩上士、中士 右厩上士、中士 左厩闲长下士 右厩闲长下士 典牝上士、中士 典牡上士、中士 典驼中士、下士	
		典羊中士、下士	《周礼》夏官之属有羊人,掌羊牲以供祭祀、宾客
		兽医上士、中士、下士	《周礼》夏官之属有兽医,掌治疗兽类各种疾病;夏官之属有巫马,掌畜养有病的马匹,观察它驾车的情形,知道疾病之所在,加以治疗。西魏北周综此数职置兽医上士、中士、下士
	武藏中大夫		《周礼》夏官之属有司甲,掌管兵甲,为司兵(掌管兵械)、司戈盾(掌理戈盾等器)之长。司弓矢下大夫为缮人(掌理制造弓弩矢之监督及费用之出入等)、槀人(掌王所用的弓弩矢之事)之长。西魏北周合司甲与司弓矢之职,于夏官府置武藏中大夫一职
	属官	小武藏下大夫	
		司袍袄中士、下士	《周礼》无此官
		司弓矢中士、下士	《周礼》夏官之属有司弓矢,掌管弓矢
		司甲中士、下士	《周礼》夏官之属有司甲,掌管甲兵
		司稍中士、下士	《周礼》夏官之属有司兵,掌管兵械
		司刀盾中士、下士	《周礼》夏官之属有司刀盾,掌理戈盾等器

表 5 – 14　西魏北周秋官府之设官及其与《周礼》的渊源关系

西魏北周秋官府之设官			与《周礼》的渊源关系
长官	大司寇卿		《周礼》有大司寇，为秋官之长，掌理天下的禁令，建立王邦的三典，辅佐王对各邦国施行刑罚，督察四方，以五刑纠察万民
副贰	小司寇上大夫		《周礼》秋官之属有小司寇，为大司寇的副职。其职掌是用五刑审理民众狱讼，如有触犯刑法的，根据情理与事实来询问他们，十日后判决，宣读罪证与供词的记录，确实而没有疑义，然后依法定刑。用五声来听狱讼，求民情。以八种议刑法附于邦法，减免刑罚。用三刺的方法，确定判决百姓们的狱讼。年终，命令群士统计已审理判决的狱讼，把判决书送交天府收藏
属官	秋官府都上士		
	司宪中大夫		
	属官	司宪上士、中士、旅下士	
	刑部中大夫		《周礼》秋官之属有司刑，掌管刑罚
	属官	小刑部下大夫 小刑部上士、下士	
		司刺上士	《周礼》秋官之属有司刺，掌以三刺、三宥、三赦之法，协助大司寇听断狱讼
		乡法上士、中士 遂法上士、中士 稍法上士、中士 县法上士、中士 畿法上士、中士	
		方宪上士、中士	《周礼》秋官有方士，掌四方都家的狱讼；又有讶士，掌迎宾客，兼理四方的狱讼。西魏北周合此二职，置方宪上士一职
		掌囚中士、下士	《周礼》秋官之属有掌囚，掌拘押囚犯
	掌朝下大夫		《周礼》秋官之属有朝士，掌外朝之法及禁令
	属官	小掌朝上士	
		掌察上士、中士、下士	《周礼》秋官之属有掌察，其职掌阙载。贾公彦疏："在此者，盖察邦国之事，但官阙不可强言也。"
		司约中士、下士	《周礼》秋官之属有司约，掌券契文书之法
		司盟中士、下士	《周礼》秋官之属有司盟，掌盟约之法

续表

		西魏北周秋官府之设官	与《周礼》的渊源关系
属官	属官	职金中士、下士	《周礼》秋官之属有职金，掌理识别金、玉、锡、石、丹砂、空青等矿物及其出纳之事
		掌璧中士、下士	西魏北周分《周礼》秋官之属职金的职掌，置掌璧中士、下士，掌有关玉的戒令
		司厉中士、下士	《周礼》秋官之属有司厉，掌盗贼货贿及男女奴
	布宪中大夫		《周礼》秋官之属有布宪，掌宣布法令
	属官	布宪上士	
		修闾中士、下士	《周礼》秋官之属有修闾氏，掌国中闾门道路的禁戒
		掌墐中士、下士	"墐"是路冢。《周礼》秋官之属有蜡氏，掌理埋葬尸体等事
		禁杀戮中士、下士	《周礼》秋官之属有禁杀戮，掌禁止民人互相伤害凶杀
		禁游中士、下士	《周礼》无此官
		禁暴中士	《周礼》秋官之属有禁暴氏，掌禁庶人之暴乱者
		司寤中士、下士	《周礼》秋官之属有司寤氏，掌夜间禁戒
	蕃部中大夫		《周礼》秋官之属有大行人，掌四方朝聘宾客及使命往来
	属官	小蕃部下大夫 小蕃部上士、下士	
		掌交上士、下士	《周礼》秋官之属有掌交，掌巡行邦国，结好诸侯
		司匡上士、中士	《周礼》夏官之属有匡人，掌向邦国传达法则，查察为奸作恶者
	宾部中大夫		《周礼》秋官之属有小行人，掌邦国宾客之礼，招待四方使者
	属官	小宾部下大夫 小宾部上士	
		司仪上士、中士	《周礼》秋官之属有司仪，掌接待宾客，傧相礼仪
		掌客上士、中士	《周礼》秋官之属有掌客，掌四方宾客
		司行上士	《周礼》秋官之属有行夫，掌邦国传递之小事
		掌讶中士、下士	《周礼》秋官之属有掌讶，掌迎宾客
		司环中士、下士	《周礼》秋官之属有环人，掌迎送宾客并为之守卫，负责人员、器物的安全

续表

	西魏北周秋官府之设官		与《周礼》的渊源关系
属官	属官	野庐中士、下士	《周礼》秋官之属有野庐氏，掌通达道路交通及其禁令
		象谞中士、下士	《周礼》秋官之属有象胥，为译言之官，掌向蛮、夷、闽、貉、戎、狄之国使者传达王言而谕说之
		掌货贿中士、下士	货指金玉，贿指布帛，《周礼》秋官之属有掌货贿，职掌缺载，贾公彦疏："在此者，盖掌邦国所致货贿，但官阙，不可强言也。"
	司要下大夫		《周礼》无此官。西魏北周置此官，可能是掌管供给祭祀用器物者
	属官	小司要上士	
		司烜氏中士、下士	《周礼》秋官之属有司烜氏，掌管用阳燧向日光取明火，用镜子向月亮取明水，以供给祭祀用的明斋（用明水洗涤后供祭祀用的谷物）、明烛、明水。国家有大事，供给竖立在门外和门内的大烛。修治京城与军旅的火禁
		伊耆氏中士、下士	《周礼》秋官之属有伊耆氏，其职掌为：国家大祭祀，供给参加祭祀的老臣们藏杖的箧；军旅，供给授予有爵命者的殳杖，供给王赐予年老者的杖
	司调下大夫		《周礼》地官所属有调人，掌排解调和万民的纠纷或有怨恨而相与仇雠者
	属官	司调中士、下士	
		司柞中士、下士	《周礼》秋官之属有柞氏，掌管除草及有关除草的政令
		司薙中士、下士	《周礼》秋官之属有薙氏，掌管伐除天然生长与人工种植的林木，及有关伐取树木的禁令
	田正下大夫		《周礼》天官之属有兽人，掌理猎取野兽以供王的膳羞
	属官	小田正上士	
		掌犬中士、下士	《周礼》秋官之属有犬人，掌理供给祭祀用的犬牲
		司迹中士、下士	《周礼》地官之属有迹人，掌公私田猎之地的政令
		弋禽中士、下士	《周礼》秋官之属有翨氏，掌攻猛鸟如鹰隼之类
		捕兽中士、下士	《周礼》秋官之属有冥氏，掌攻治猛兽

西魏北周秋官府之设官		与《周礼》的渊源关系
属官	掌皮中士、下士	《周礼》秋官之属有穴氏，掌攻治蛰居穴中之兽，如熊罴之类，以时献其珍异皮革
	弭妖中士、下士	《周礼》秋官之属有壶涿氏，掌治水虫
	翦蠹中士、下士	《周礼》秋官之属有翦氏，掌治蠹物
	庶蠹中士、下士	《周礼》秋官之属有赤友氏，掌治墙屋之虫；蝈氏，掌治蛙黾；庶氏，掌治毒虫。西魏北周综合此数职置庶蠹中士、下士
属官	司隶下大夫	《周礼》秋官之属有司隶，掌率领五隶（罪隶、蛮隶、闽隶、夷隶、貉隶）执行有关政令
	小司隶上士	
	掌罪隶中士、下士	《周礼》秋官之属有罪隶，掌管盗贼之家没入为奴者，以供官府役使
	掌夷隶中士、下士	《周礼》秋官之属有夷隶，掌管东夷之被俘虏为奴者，为牧人养牛，助为牵傍
属官	掌蛮隶中士、下士	《周礼》秋官之属有蛮隶，掌管南蛮之被俘虏以为奴者，以供校人役使养马
	掌戎隶中士	
	掌狄隶中士、下士	《周礼》秋官之属有貉隶，掌管貉族（东北夷人之一族）之被俘虏为奴者，以供"服不氏"役使养兽
	掌徒中士、下士	《周礼》秋官之属有司圜，掌理聚集莠民加以感化，凡为害乡里的不让他们戴帽子，只用黑巾蒙头，罚他们服劳役

表 5－15　西魏北周冬官府之设官及其与《周礼》的渊源关系

西魏北周冬官府之设官		与《周礼》的渊源关系
长官	大司空卿	《周礼》冬官职掌阙载，《环济要略》："冬官司空掌邦事，营城郭都邑，立社稷宗庙，造宫宅器械，监百工。"以其他五官之例推之，应以大司空为冬官之长
副贰	小司空上大夫	《周礼》冬官之文亡佚，依其他五官之例，应有小司空为大司空之副职

西魏北周冬官府之设官			与《周礼》的渊源关系
冬官府都上士			
工部中大夫			《周礼》无此官。《礼记·王制》与《礼记·月令》均有三师之官，郑玄注："工师，司空之属官，工官之长也。"
属官	小工部上士、中士、旅下士		
匠师中大夫			《周礼》地官"乡师"条提到匠师，郑玄注："乡师主役，匠师主众匠。"
属官	小匠师下大夫 小匠师上士、中士		
	内匠上士、中士		《周礼·考工记》："匠人建国。"
	外匠上士、中士		
	司量中士、下士		《周礼》夏官之属有量人，掌管建城郭营后宫，量市朝道巷门渠，造都邑，营军垒亦如之
	司准中士、下士 司度中士、下士 掌材上士、中士、下士		《周礼》无此官
属官	司木中大夫		《周礼》无此官
	属官	小司木下大夫 小司木上士	《周礼》无此官
		车工中士、下士	《周礼·考工记》："舆人为车。"
		角工中士、下士	《周礼》地官之属有角人，掌征收齿角骨物于山泽之农，以当地税
		彝工中士、下士	《周礼》无此官
		器工中士、下士	《周礼》无此官
		弓工中士、下士	《周礼》夏官之属有槁人，掌理制造弓弩矢箙
		箭工中士、下士	《考工记》："矢人为矢。"
		庐工中士、下士	《考工记》："庐人为庐器。"
	司土中大夫		《周礼》无此官。为西魏北周所置，掌土工之政令
	属官	小司土下大夫	《周礼》无此官
		小司土上士	《周礼》无此官
		复工中士、下士	《周礼》无此官
		陶工中士、下士	《考工记》："陶人为甗、盆、甑、鬲、庾。"
		涂工中士、下士	《周礼》无此官

续表

西魏北周冬官府之设官			与《周礼》的渊源关系
属官	司金中大夫		《周礼》无此官
	属官	小司金下大夫 小司金上士、中士	《周礼》无此官
		典矿中士、下士	《周礼》地官之属有矿人，掌产金石、锡石等矿产之地的禁令
		冶工中士、下士 铸工上士、中士、下士	《周礼》无此官
		锻工上士、中士、下士	《考工记》："段氏为镈器。"郑玄注："镈器，田器、钱镈之属。"
		函工上士、中士、下士	《考工记》："函人为甲。"
		雕工上士、中士、下士	《考工记》："刮磨之工五：玉、栉、雕、矢、磬。"
	司水中大夫		《周礼》无此官
	属官	小司水下大夫 小司水上士	《周礼》无此官
		典壅上士、中士、下士	《周礼》秋官之属有雍氏，掌沟渎浍池之禁令
		掌津中士、下士 舟工中士、下士	《周礼》无此官
		典鱼中士、下士	《周礼》天官之属有渔人，掌管根据捕鱼的季节在河中筑坝捕鱼，以供应宫廷、招待宾客和丧祭之所需，有关捕鱼的政令均归其所掌
		司彘中士、下士	"彘"即猪，亦称为豕。《周礼·春官·小宗伯》郑玄注："司徒主牛，宗伯主鸡，司马主马及羊，司寇主犬，司空主豕。"
	司玉下大夫		《考工记》："刮磨之工五：玉、栉、雕、矢、磬。"北周用其名置司玉下大夫
	属官	小司玉上士、中士	
		追工中士、下士	《周礼》天官之属有追师，掌制王后及内外命妇的冠戴。郑玄注："追，治玉石之名。"
		磬工中士、下士	《考工记》："磬氏为磬。"西魏北周据此置磬工中士、下士
		石工中士、下士	《周礼》无此官
	司皮下大夫		《周礼》天官之属有司裘，掌理制作大裘，以供王祭天时穿着的祭服，并掌理王邦中一切有关皮革的事务

西魏北周冬官府之设官		与《周礼》的渊源关系
属官	小司皮上士	
	裘工中士、下士	《考工记》有裘氏，职掌阙载。西魏北周因之置裘工中士、下士
	屦工中士、下士	《周礼》天官之属有屦人，掌理王和后各种服色所应穿的鞋子，辨别外内命妇的命屦、功屦、散屦
	鞄工中士、下士	《考工记》有鲍人。《说文解字》："鞄，柔革工也，从革，包声。"《周礼》曰柔皮之工鲍氏。鞄即鲍
	韗工中士、下士	《考工记》有韗人，孙诒让《周礼正义》："为工主治革以冒鼓。"
	韦工中士、下士	《考工记》有韦氏，孙诒让《周礼正义》："《一切经音义》引《字林》云：'韦，柔皮也。'盖此工专治柔熟之韦，与鲍人兼治生革异。"
	胶工中士、下士	《周礼》无此官
	毳工中士、下士	毳毛指羊的细毛。《周礼》天官之属有掌皮，其职务为秋天收取皮，冬天收取革，春天制成后选择其中质量最优良的进献给王，按照式法将皮革发给百工，供应兽的细毛作毡，准备邦中有祭祀、会同等事时用。西魏北周分《周礼》掌皮之职置毳工中士、下士
	司色下大夫	《考工记》："设色之工五：画、缋、钟、筐、慌。"西魏北周据此置司色下大夫
属官	小司色上士	
	缋工中士、下士	缋工为《考工记》五种设色工之一。缋与绘同，缋工即绘文彩之工
	漆工中士、下士 油工中士、下士	
	司织下大夫	《周礼》天官之属有典妇功，郑玄说是主妇人丝枲工官之长
属官	小司织上士	
	弁工中士、下士	《周礼》夏官之属有弁师，主管王的冠冕
	织丝中士、下士	《周礼》天官之属有典丝，主收受、保管及供给丝织品的事务
	织彩中士、下士	《周礼》无此官

西魏北周冬官府之设官		与《周礼》的渊源关系
属官	织枲中士、下士	"枲"即麻。《周礼》天官之属有典枲，掌理布（麻布）、緦（细麻布）、缕（麻绒）、纻（以纻所织之布，可杂用葛蕡之草）和制造这些物品的麻草等物
	织组中士、下士	"组"指丝编之绳。《周礼》天官有典丝之职，凡掌理修饰官府器物的官吏，可以取画有彩色的缯，经刺绣的锦、丝线、丝绳
属官	司卉下大夫	《周礼》无此官
	小司卉上士 竹工中士 籍工中士 罟工中工 纸工中士	《周礼》无此官

　　《周礼》中的大冢宰，是天子的宫内大臣，只有天子下了"百官总已以听于冢宰"的后命之后，才得总揽五府，成为真正的执政者。北周初年，宇文护任太师、大冢宰，总揽政权，符合《周礼》"五官总于天官"的制度。到北周武帝宇文护任其弟宇文宪为大冢宰之后，五官不总于冢宰，大冢宰就没有实权，国家的最高权力仍掌握在皇帝手里，六官只是处理日常政务。但对于大事决策，皇帝还是需要亲近的官僚协助。于是在事实上，掌管传达皇命的御正大夫，就相当于中书监令之任，掌出入侍从的纳言大夫，就成为门下侍中之任。另外，得以参评朝政机密的春官府的内史，地位也颇为重要。故六官可与尚书八座相比拟，御正、纳言也可以与中书、门下相比拟。北周后期，中央行政部门在组织形式上虽是《周礼》那一套的六官制度，但实际上还是靠着魏晋以来所形成的三省制度在起作用。北周的六官制度只施行于中央行政部门，其他如军事机构、府兵制度和地方制度仍依旧制没有变动。所以北周实行六官制度，并没有像新莽改制那样，以失败告终，反而清除了汉魏以来许多芜杂紊乱的名号而归于简易。隋文帝代周，废除了六官制度，恢复了三省制度。不过隋室讳"中"字，所以隋代称中书省为内史省，称中书监令为内史监令，门下省的侍中也改称纳言，这些仍是六官制度留下的影子。到了唐代不讳"中"字，仍改称中书

省、中书令与侍中。① 六官制度的废除说明，在中央集权的封建社会中，《周礼》那一套是行不通的。隋唐时期三省制度不但取代了六官制度，而且得到了确立。

四 《周礼》六官与隋唐以后的六部有一定的渊源关系

《周礼》一书是适应维护各级封君利益的分封制社会的国家设计，它只适合于生产力不发达的奴隶社会，在秦汉以后的封建社会中并未真正实行过。六部则是汉代以来尚书分曹发展的结果，至隋唐时定型为吏、户、礼、兵、刑、工六部，属于汉魏官制系统。两种不同体系的官制是如何联系起来的呢？试以下述二端论之。

（一）《唐六典》的编纂始以六部比拟六官

《唐六典》题为唐玄宗御撰，李林甫奉敕注。据《直斋书录解题》引韦述《集贤注记》注，开元十年（公元722年）起居舍人陆坚奉旨修此书，玄宗命按《周礼》分为理典（即治典）、教典、礼典、政典、刑典、事典六个部分，故以"六典"名书。后来宰相张说以其事委徐坚。因唐代官制与《周礼》中的官制大不相同，徐坚思考经年未能下笔。后又把撰书之事委毋煚、徐钦、韦述等，始采取以六部比拟《周礼》六官的办法把令式分别编入六部之中，官制沿革以注的形式说明，全书撰写历时十余年，中间多次换人，最后由宰相李林甫进奏皇帝。

修成的《唐六典》是一部以官制为纲的唐代行政法规汇编。其正文是开元时期中央和地方国家机关编制、职掌、员额、品级、待遇等，已属于行政法的范畴，除注文中叙述官制的历史沿革之外，在各机构之下还汇集了各机构管理范围之内的现行令式。《唐令》三十卷、《唐式》二十卷，合起来共五十卷，而《唐六典》的篇幅也有三十卷，估计收入《唐六典》中的令式约占全部令式的二分之一，因此《唐六典》可以说是一部系统的唐代行政法规的汇编。关于《唐六典》是否颁布施行的问题，历代学者颇有异论。今人岑仲勉的意见颇为中肯，他认为此书未经颁行是可以肯定的，

①　王仲荦：《北周六典》，中华书局，1979，前言第3~4页。

但《唐六典》是排比当时施行的令式编成的。令式本来就是行政法规，自然为人们所遵行。不过有一部分令式"成书前已改章"或"拟加修改而未经明诏施行者"。①

《唐六典》中的六部与《周礼》中的六官之间的对应关系是：以吏部比拟天官，以户部比拟地官，以礼部比拟春官，以兵部比拟夏官，以刑部比拟秋官，以工部比拟冬官。此后遂以天官、地官、春官、夏官、秋官、冬官作为吏、户、礼、兵、刑、工六部的别称。

（二）《周礼》六官与隋唐以后的六部在职掌上存在一定的继承关系

有的学者指出，上述"唐玄宗的想法，并非一无可取，他分明看出了唐代国家机关的主要部分——尚书省所辖六部同六官之间的继承关系。《周礼》的六官将并不属于国家行政事务的职司也划了进去，显得有些杂乱。如果将管理内宫事务的官员，以及掌管对君主进行谏议的官员，对国家行政机关实行监察的官员，以及史官等划出，则《周礼》有关国家行政事务的分类，仍然有自己的合理性。后来六部的大致职掌范围，不妨看成是对《周礼》中有关管理国家行政事务官员作了一些调整的结果。后世的吏部，掌官吏的任免、铨叙、考绩、升降等等，无非是天官、夏官中的一些相应属官的结合；户部，掌土地、户口、赋税、财政等项，则只需把天官属下的理财官收入地官即成；礼部，掌典礼、科举等项，也就是把春官所属去掉一部分，再加入原由地官一系承担的选举职能，规模就大致齐备；兵部、刑部、工部，与夏、秋、冬三官之间，变化要更小些"②。此说甚是。

另外应该指出的是，以《周礼》六官代称六部，对六部制度起到了稳定作用。自隋唐至清末，六部体制未有变更，而以六官代称六部之制也与六部相始终。

五 太平天国官制对《周礼》官制的若干汲取

（一）朝内杂职官

太平天国朝中杂职官，其名有采自《周礼》者如表 5–16 所示。

---

① 岑仲勉：《隋唐史》唐史第 53 节"职官概论"，中华书局，1982。
② 冯绍霆：《周礼：远古的理想》，中华书局，2008，第 16～17 页。

表 5 - 16　太平天国朝中杂职官与《周礼》官名的对应情况

《周礼》官名	太平天国朝中杂职官	
	官称	编制
天官·浆人	浆人	掌收发酱醋
天官·庖人	宰夫	掌宰杀牲畜
天官·疾医	内医 各军内医 朝内诊脉医生 天京各街道医生	掌治内科 掌治军人内科
天官·疡医	掌医	掌治外科
天官·兽医	医骡马	
天官·兽人	典天兽	
地官·舂人	舂人	掌粮食加工
《考工记》攻木之工八	典木匠	
《考工记》攻金之工六	典铜匠 典铁匠	

（二）太平天国军制

太平天国军官之名仿《周礼》，唯改军将为军帅（见表 5 - 17）。

表 5 - 17　太平天国军队编制与《周礼》官名的对应情况

《周礼》官名	太平天国军队编制	
	官称	编制
军将	军帅	前一军军帅至前十九军军帅 后一军军帅至后十九军军帅 左一军军帅至左十九军军帅 右一军军帅至右十九军军帅 中一军军帅至中十九军军帅（计95人）
师帅	师帅	每一军帅辖前、后、左、右、中五营师帅，系衔如前一军前营师帅、后十九军中营师帅
旅帅	旅帅	每一师帅辖前、后、左、右、中五营旅帅，系衔如前一军前营师帅前营旅帅、右二军后营师帅右营旅帅

《周礼》官名	太平天国军队编制	
	官称	编制
卒长	卒长	每一旅师帅辖五卒长，卒长以前后左右中、一二三四五编号，如前一军前营前前一卒长，即前一军前营师帅前营旅帅前一卒长；右三军中营后后五卒长，即右三军中营师帅后营旅帅后五卒长
两司马	两司马	每一卒长辖四两司马，两司马以东西南北编号，如前一军前营前前一东两司马，即前一军前营师帅前营旅帅前一卒长东两司马；中五军右营左左四北两司马，即中五军右营师帅左营旅帅左四卒长北两司马

（三）太平天国女官

太平天国女官，其官名仿《周礼》军官之名，唯少师帅、旅帅两级（见表5-18）。

表5-18 太平天国女官与《周礼》官名的对应情况

《周礼》官名	太平天国女官	
	官称	编制
军将	军帅	设前一军军帅至前八军军帅，后一军军帅至后八军军帅，左一军军帅至左八军军帅，右一军军帅至右八军军帅，中一军军帅至中八军军帅（共40人）
师帅		
旅帅		
卒长	卒长	设前一军前一卒长至前二十五卒长到前八军前一卒长至前二十五卒长，后一军后一卒长至后二十五卒长到后八军后一卒长至后二十五卒长，左一军左一卒长至左二十五卒长到左八军左一卒长至左二十五卒长，右一军右一卒长至右二十五卒长到右八军右一卒长至右二十五卒长，中一军中一卒长至中二十五卒长到中八军中一卒长至中二十五卒长（共1000人）

《周礼》官名	太平天国女官	
	官称	编制
两司马	管长 （两司马）	设前一军 前一东管长 前一西管长 前一南管长 前一北管长 至前一军 前二十五东管长 前二十五西管长 前二十五南管长 前二十五北管长 到前八军 前一东管长 前一西管长 前一南管长 前一北管长 至前八军 前二十五东管长 前二十五西管长 前二十五南管长 前二十五北管长 （每军 100 人，前一军至中八军四十军，共 4000 人）

（四）太平天国乡官

太平天国县以下的地方官统称为乡官，亦称乡土官，完全仿照《周礼》的军制设置。《天朝田亩制度》规定，以五家为一伍，设伍长一人；每二十五家为一两，设两司马一人；每一百家为一卒，设卒长一人；每五百家为一旅，设旅帅一人；每二千五百家为一师，设师帅一人；每一万二千五百家为一军，设军帅一人。自两司马至军帅均由人民公举，或委派当地人充任。定都天京后，凡初占地，即在乡里举军帅以下各乡官，并所辖地方户籍、赋税申报天京，所属各户一律改挂太平天国门牌。太平天国乡官与《周礼》中军制的对应情况如表 5-19 所示。

表 5-19 太平天国乡官与《周礼》中军制的对应情况

《周礼》中的军制	太平天国乡官	
	官称	职掌
军将	军帅	组织领导乡兵，维护地区治安，协助或参与太平军作战，征收赋税钱粮。不过乡官虽以军职命名，其实际地位不如军中之尊
师帅	师帅	
旅帅	旅帅	
卒长	卒长	
两司马	两司马	

主要参考文献

一　马克思主义经典著作

马克思：《摩尔根〈古代社会〉一书摘要》，人民出版社，1965。

马克思：《资本主义生产以前各形态》，人民出版社，1956。

恩格斯：《家庭、私有制和国家的起源》，人民出版社，1972。

二　古代文献

1. 经籍类

蒋伯潜：《十三经概论》，上海古籍出版社，1983。

（宋）朱熹：《诗集传》，中华书局，1960。

（唐）孔颖达撰《尚书正义》，收入（清）阮元校刻《十三经注疏》，中华书局，1980 年影印本。

顾颉刚、刘起釪：《尚书校释译论》（全四册），中华书局，2005。

李民：《尚书与古史研究》（增订本），中州书画社，1983。

（清）王聘珍撰《大戴礼记解诂》，中华书局，1983。

杨天宇撰《礼记译注》（全两册），上海古籍出版社，1997。

李景林、邵汉明、王素珍：《仪礼译注》，吉林文史出版社，1995。

（清）孙诒让撰《周礼正义》（全十四册），中华书局，1987。

林尹：《周礼今注今译》，台湾商务印书馆，1992。

吕友仁：《周礼译注》，中州古籍出版社，2004。

（春秋左传）左丘明原撰，（晋）杜预集解《春秋左传集解》（全五册），上海人民出版社，1977。

杨伯峻：《春秋左传注》（全四册），中华书局，1981。

童书业：《春秋左传研究》，上海人民出版社，1980。

（清）顾栋高辑《春秋大事表》（全三册），吴树平、李解民点校，中华书局，1993。

　2. 史籍类

（晋）皇甫谧撰《帝王世纪》，陆吉点校，收入《帝王世纪　世本　逸周书　古本竹书纪年》（合刊本），齐鲁书社，2010。

佚名撰：《世本》，周渭卿点校，收入《帝王世纪　世本　逸周书　古本竹书纪年》（合刊本），齐鲁书社，2010。

黄怀信：《逸周书校补注译》（修订本），三秦出版社，2006。

佚名撰：《古本竹书纪年》，张洁、戴和冰点校，收入《帝王世纪　世本　逸周书　古本竹书纪年》（合刊本），齐鲁书社，2010。

（西汉）刘向集录《战国策》（全三册），上海古籍出版社，1978。

（明）董说原著，缪文远订补《七国考订补》，上海古籍出版社，1987。

睡虎地秦墓竹简整理小组编《睡虎地秦墓竹简》，文物出版社，1978。

（汉）司马迁撰《史记》，中华书局，1959。

（东汉）班固撰《汉书》，（唐）颜师古注，中华书局，1962。

（宋）司马光编著《资治通鉴》（第1册），（元）胡三省音注，中华书局，1956。

　3. 诸子类

（清）戴望：《管子校正》，载国学整理社辑《诸子集成》第五册，中华书局，1954。

胡家聪：《管子新探》，中国社会科学出版社，2003。

陈奇猷校注《韩非子集释》（上、下册），上海人民出版社，1974。

陈奇猷校释《吕氏春秋校释》（上、下册），学林出版社，1984。

（汉）高诱注《淮南子》，载国学整理社辑《诸子集成》第七册，中华书局，1954。

三 近人著作

夏鼐:《中国文明的起源》,文物出版社,1985。

李学勤主编《中国古代文明与国家形成研究》,云南人民出版社,1997。

沈长云、张渭莲:《中国古代国家起源与形成研究》,人民出版社,2009。

王震中:《中国古代文明的探索》,云南人民出版社,2005。

王震中:《中国文明起源的比较研究》,陕西人民出版社,1994。

朱乃诚:《中国文明起源研究》,福建人民出版社,2006。

吕振羽:《史前中国社会研究》,生活·读书·新知三联书店,1961。

徐旭生:《中国古史的传说时代》,文物出版社,1985。

尹达:《新石器时代》,生活·读书·新知三联书店,1955。

易建平:《部落联盟与酋邦——民主、专制、国家起源问题的比较研究》,
    社会科学文献出版社,2004。

段渝:《酋邦与国家起源:长江流域文明起源比较研究》,中华书局,2007。

张富祥:《东夷文化通考》,上海古籍出版社,2008。

逄振镐:《山东古国与姓氏》,山东人民出版社,2006。

田广林:《中国东北西辽河地区的文明起源》,中华书局,2004。

谢维扬:《中国早期国家》,浙江人民出版社,1995。

周书灿:《中国早期国家结构研究》,人民出版社,2005。

郭沫若:《青铜时代》,科学出版社,1961。

张光直:《中国青铜时代》,生活·读书·新知三联书店,1983。

张光直:《中国青铜时代(二集)》,生活·读书·新知三联书店,1990。

郭沫若:《中国奴隶制时代》,人民出版社,1954。

金景芳:《中国奴隶社会史》,上海人民出版社,1983。

河南省考古学会、河南省博物馆编《夏文化论文选集》,中州古籍出版社,1985。

孙淼:《夏商史稿》,文物出版社,1987。

宋镇豪主编,王宇信、徐义华著《商代史》卷四《商代国家与社会》,中国
    社会科学出版社,2011。

韦心滢:《殷代商王国政治地理结构研究》,上海古籍出版社,2013。

胡厚宣主编《甲骨文与殷商史》，上海古籍出版社，1983。

吕振羽：《殷周时代的中国社会》，生活·读书·新知三联书店，1962。

许倬云：《西周史》，台湾联经出版事业公司，1984。

杨宽：《西周史》，上海人民出版社，1999。

张亚初、刘雨撰《西周金文官制研究》，中华书局，1986。

童书业：《春秋史》（校订本），中华书局，2006。

顾德融、朱顺龙：《春秋史》，上海人民出版社，2001。

杨宽：《战国史》，上海人民出版社，1980。

王贵民、杨志清编著《春秋会要》，中华书局，2009。

杨宽、吴浩坤主编《战国会要》，上海古籍出版社，2005。

左言东编著《先秦职官表》，商务印书馆，1994。

田昌五：《古代社会断代新论》，人民出版社，1982。

田昌五：《中国古代社会发展史论》，齐鲁书社，1992。

田昌五：《古代社会形态析论》，科学出版社，1986。

田昌五、臧知非：《周秦社会结构研究》，西北大学出版社，1996。

晁福林：《夏商西周的社会变迁》，北京师范大学出版社，1996。

瞿蜕园：《古史选译》，上海古籍出版社，1982。

杨宽：《古史新探》，中华书局，1965。

杨宽：《杨宽古史论文选集》，上海人民出版社，2003。

王国维：《观堂集林》（全四册），中华书局，2004。

王玉哲：《古史集林》，中华书局，2002。

黄中业：《三代纪事本末》，辽宁人民出版社，1999。

李雪山：《商代分封制度研究》，中国社会科学出版社，1996。

葛志毅：《周代分封制度研究》，黑龙江人民出版社，2006。

侯志义：《采邑考》，西北大学出版社，1989。

吕文郁：《周代的采邑制度》（增订版），社会科学文献出版社，2006。

朱凤瀚：《商周家族形态研究》，天津古籍出版社，1990。

王健：《西周政治地理结构研究》，中州古籍出版社，2004。

陈恩林：《先秦军事制度研究》，吉林文史出版社，1991。

蓝永蔚:《春秋时期的步兵》,中华书局,1979。

张铁牛、高晓星:《中国古代海军史》,八一出版社,1993。

沈家本:《历代刑法考》,载徐世虹主编《沈家本全集》,中国政法大学出版社,2010。

杨鸿烈:《中国法律发达史》,中国政法大学出版社,2009。

白焕然等:《中国古代监狱制度》,新华出版社,2007。

四 近人论文

石兴邦:《中国文化与文明发展和形成的考古学探讨》,载臧振华编《中国考古学与史学之整合研究》(上册),"中研院"历史语言研究所,1997。

张光直:《中国相互作用圈与文明的形成》,《庆祝苏秉琦考古五十五年论文集》,文物出版社,1989。

严文明:《中国新石器时代聚落形态的考察》,《庆祝苏秉琦考古五十五年论文集》,文物出版社,1989。

严文明:《黄河流域文明的发祥与发展》,《华夏考古》1997年第1期。

杨肇清:《试论郑州西山仰韶文化晚期古城址的性质》,《华夏考古》1987年第1期。

张学海:《东土古国探索》,《华夏考古》1997年第1期。

严文明:《略论中国文明的起源》,《文物》1992年第1期。

佟柱臣:《中国夏商周文明与方国文明试论》,《考古》1991年第11期。

严文明:《龙山时代城址的初步研究》,载臧振华编《中国考古学与史学之整合研究》(上册),"中研院"历史语言研究所,1997。

严文明:《中国文明起源的探索》,《中原文物》1996年第1期。

李友谋:《中国古代文明的发展状况与特点》,《中原文物》1996年第1期。

《中国文明起源研讨会纪要》(1991年11月27~30日),《考古》1992年第6期。

张亚初:《商代职官研究》,《古文字研究》(第十三辑),中华书局,1986。

王贵民:《商朝官制及其历史特点》,《历史研究》1986年第4期。

杨宽:《西周中央政权机构剖析》,《历史研究》1984年第1期。

李学勤：《战国题铭概述》分上中下三部份，分别刊于，《文物》1959 年第
　　7~9 期。

黄盛璋：《试论三晋兵器的国别和年代及其相关问题》，《文物》1974 年第
　　1 期。

顾颉刚：《"周公制礼"的传说和〈周官〉一书的出现》，《文史》第 6 辑，
　　中华书局，1979。

图书在版编目（CIP）数据

先秦时期国家机关的演进 / 俞鹿年著. -- 北京：
社会科学文献出版社, 2021.6
（中国社会科学院老年学者文库）
ISBN 978 - 7 - 5201 - 8385 - 7

Ⅰ.①先… Ⅱ.①俞… Ⅲ.①国家机构 - 研究 - 中国
- 先秦时代 Ⅳ.①D691.22

中国版本图书馆 CIP 数据核字（2021）第 086601 号

中国社会科学院老年学者文库
先秦时期国家机关的演进

著　　者 / 俞鹿年

出 版 人 / 王利民
组稿编辑 / 刘骁军
责任编辑 / 易　卉
文稿编辑 / 许文文

出　　版 / 社会科学文献出版社·集刊分社（010）59367161
　　　　　 地址：北京市北三环中路甲 29 号院华龙大厦　邮编：100029
　　　　　 网址：www.ssap.com.cn
发　　行 / 市场营销中心（010）59367081　59367083
印　　装 / 三河市尚艺印装有限公司

规　　格 / 开 本：787mm×1092mm　1/16
　　　　　 印 张：30.75　字 数：471 千字
版　　次 / 2021 年 6 月第 1 版　2021 年 6 月第 1 次印刷
书　　号 / ISBN 978 - 7 - 5201 - 8385 - 7
定　　价 / 158.00 元